高等学校应用技术型经济管理系列教材（会计系列）

高等学校应用型经济管理规划教材

总主编／李　雪　主审／徐国君

U0955099

政府审计

Government Audit

（第二版）

李　雪◎主　编
洪　宇◎副主编

立信会计出版社
LIXIN ACCOUNTING PUBLISHING HOUSE

图书在版编目(CIP)数据

政府审计 / 李雪主编. —2 版. —上海：立信会计出版社，2021.10(2024.12 重印)
高等学校应用技术型经济管理系列教材. 会计系列
ISBN 978-7-5429-6965-1

Ⅰ. ①政… Ⅱ. ①李… Ⅲ. ①政府审计—高等学校—教材 Ⅳ. ①F239.44

中国版本图书馆 CIP 数据核字(2021)第 218635 号

策划编辑　方士华
责任编辑　陈　旻
封面设计　南房间

政府审计(第二版)
ZHENGFU SHENJI

出版发行　立信会计出版社
地　　址　上海市中山西路 2230 号　　邮政编码　200235
电　　话　(021)64411389　　传　　真　(021)64411325
网　　址　www.lixinaph.com　　电子邮箱　lixinaph2019@126.com
网上书店　http://lixin.jd.com　　http://lxkjcbs.tmall.com
经　　销　各地新华书店

印　　刷　上海万卷印刷股份有限公司
开　　本　787 毫米×1092 毫米　1/16
印　　张　19
字　　数　498 千字
版　　次　2021 年 10 月第 2 版
印　　次　2024 年 12 月第 3 次
书　　号　ISBN 978-7-5429-6965-1/F
定　　价　49.00 元

总　序

教材是高校实现人才培养目标的重要载体，教材及教材建设对高校发展具有举足轻重的作用。与培养模式相对应的教材是培养合格人才的基本保证，是实现培养目标的重要工具。由于历史的原因，在财经类教材的出版方面，相关出版社出版研究型本科或者高职高专、中等职业等层次的教材较多，应用型本科教材较少。虽然近年来也出版了一些应用型本科教材，但总体而言，这些教材还是缺乏权威性、普适性、实用性、创新性。造成这种状况的原因主要在于：出版社对财经类应用型本科教材的出版还不够重视，没有进行有效的组织；财经类应用型本科院校多为新建院校，教材建设相对滞后，主观上也较愿意使用研究型本科教材；在教材使用中存在比较严重的混用现象，教材目标读者群不明确，如不少教材既适用于研究型本科又适用于应用型本科，或者既适用于本科院校又适用于高职高专院校。

由于目前财经类应用型本科教材种类和数量匮乏或质量欠佳，财经类应用型本科不得不沿用传统研究型教材。这些教材本身的质量很好、级别很高，但是并不适用于应用型本科的教学，教师和学生普遍反映不好用。即使在全国范围看，也还没有相对成套、成熟的适合财经类应用型本科的教材。现有教材存在的主要问题包括：①教材的定位和要求较高；②教材的内容多、难度大；③教材着重于理论解释，相关案例、实训等内容较少，缺乏普适性、实用性。

与此同时，信息技术的快速发展使学生的学习习惯和阅读习惯发生了改变，不断朝个性化、自主学习的方向发展，传统的单一纸质教材已经无法适应这种变化。翻转课堂、慕课、微课等网络课程的兴起，混合式教学的不断推进，也对立体化教材建设提出了新的要求。教材作为一种课堂上的教学工具，一种传播媒介，理应顺势而为，随课堂形式、学生学习方式的改变而改变，朝着数字化、立体化、可视化的方向发展。因此，需要编写适应学生水平、便于学生接受的立体化财经类应用型本科教材。

我们组织具有多年应用型人才培养经验的优秀教师和实务界专家编写了这套教材。本套系列教材有《会计基本技能》《出纳实务》《基础会计》《中级财务会计》《成本会计》《管理会计》《会计信息系统》《财务管理》《审计学》《高级财务会计》《商业分析》《税法》《经济法》《金融学》等构成。为了保证教材的质量，本套教材聘请了知名高校的专家教授进行专门指导和审核。每本教材至少有一名本学科的知名专家或学科带头人提出审核指导意见，至少有一名高等院校教学一线的高级职称教师组织编写，至少有一名行业协会、实务界专家或教学研究机构人员提出编写建议。

本系列教材的特色如下。

1. 应用性

应用型本科的教材建设应坚持培养应用型本科人才的定位，充分吸收和借鉴传统的普通本科教材与高职高专类教材建设的优点和经验，以就业为导向，做到理论上高于高职高专类教材、动手能力的培养上高于传统的本科院校教材。本系列教材体现了应用型本科的定位，体现了素质教育和“以学生发展为本”的教育理念，遵循了高等教育教学基本规律，重视知识、能力和素质的协调发展，根据应用型人才培养模式对学生的创新精神、实践能力和适应能力的要求，在内容选材、教学方法、学习方法、实验和实训配套等方面突出了应用性特征。

2. 针对性

本系列教材的编写符合会计学、财务管理和审计学等专业的培养目标、培养需求、业务规格和教学大纲的基本要求，与各专业的课程结构和课程设置相对应，与课程平台和课程模块相对应。教材在结构纵横的布局、内容重点的选取、示例习题的设计等方面符合教改目标和教学大纲的要求，把教师的备课、试讲、授课、辅导答疑等教学环节有机的结合起来。

3. 立体化

本系列教材为立体化教材，实现了由传统纸质教材向“纸质教材＋数字资源”的转变，通过技术手段将晦涩难懂的理论知识转变为直观的具体知识，以立体化、数字化的方式呈现，包括图文、动画、音频、视频等多种形式，生动、有趣且易懂，不仅可以激发学生的学习兴趣，还有利于教学效果的提升。

4. 趣味性

本系列教材聚焦注重趣味性，使用了大量的例题和案例，每章都加入了“思政育人”“相关思考”“延伸阅读”“扫一扫 练一练”等内容，使读者能够加深理解，便于掌握相关内容。在案例、例题等的设计选用上重点突出趣味性，易于引发读者的共鸣。

5. 先进性

本系列教材反映了应用型会计人才教育教学改革的内容，能够反映学科领域的新发展。教材的整体规划、每一种教材构造等均体现了创新性。教材还强调了系列配套，包括了教材、学习参考书、教学课件等。立体化教材在内容修订上更具有明显优势，线上资源可以随时根据政策法规、理论知识或工作实务等的变化进行调整，更有利于保持教材内容的先进性。

6. 基础性

本系列教材将打破传统教材自身知识框架的封闭性，尝试多方面知识的融会贯通，注重知识层次的递进，体现每一门科目的基本内容，同时在具体内容上突出实际运用能力，做到“教师易教，学生乐学，技能实用”。

7. 易于自学

自学能力是大学生的一项基本能力。学生只有具备了自主学习的能力，才能最终建立起终身学习的保障体系，这也是应用型本科人才培养的客观要求。应用技术型高校的生源素质与普通高校相比存在一定的差距,除一部分系高考发挥失误的学生外,有一部分学生在学习习惯、基础知识等方面存在一定的欠缺,这要求通过教材要调动这部分学生的学习积极性,在理论方面尽量通俗易懂,在实践方面尽量采用案例式教学。为了有利于学生课后自主学习,本系列教材配套了学习指导书和教学课件。

因此,本系列教材的定位准确,特色明显,适用于应用型本科院校教学,容易得到学生和市场的认可,便于学生的自学和教师的教学。

高等学校应用型经济管理系列教材(会计系列)凝聚了众多领导、教授和专家多年来的经验和心血。当然,由于我们的经验和人力有限,教材中难免存在不足,我们期待着各位同行、专家和读者的批评指正。我们将伴随着经济发展和会计环境的变迁不断修订教材,以便及时反映学科的最新发展和人才培养的最新变化。

本系列教材自2014年出版后,得到众多高校、学生和市场的认可,深受广大读者欢迎。为了更好地回馈读者,本系列教材从2017年起启动第二版的修订工作,2019年启动第三版的修订工作,2021年启动第四版的修订工作。各种教材的修订版将陆续出版。我们会一如既往地做好教材修订和相关服务工作,希望广大读者对本套系列教材继续给予支持。

李　雪

2021年11月

第二版前言

本书为高等学校应用技术型经济管理系列教材之一，具有应用性、针对性、先进性、基础性、自学性的特点，在充分吸收和借鉴传统的普通本科教材与高职高专类教材建设的优点和经验的基础上，以就业为导向，做到理论上高于高职高专类教材、动手能力的培养上高于传统的本科院校教材。

审计是社会生产力发展到一定阶段，为满足某种社会需要而产生和发展起来的。经济越发展，审计越重要。当今世界，之所以存在各种类型的政府审计制度，是由各国的政治制度、社会制度、经济制度、文化背景和生产力水平决定的。有什么样的政治制度、经济制度，就会产生和形成与其相适应的审计制度，即使同一个国家，在不同的历史阶段，所处的审计环境不同，审计制度也存在阶段性特征。国家审计制度是国家基本政治制度之一，是国家政权组织的重要组成部分，是国家治理的重要基石之一。

这些修订的制度与准则体系同以往相比更加细化和具有操作性，它对于规范政府审计行为，明确审计机关权限，将依法审计真正贯穿到审计工作的全过程，落实到每个审计机关及审计人员的行动上，让政府审计真正成为国家治理过程中推进民主与法治的有力工具，促进社会和谐和经济发展，发挥审计保障国家经济和社会健康运行的“免疫系统”功能起到了真正的作用。

中共十八大过后，实现国家治理体系和治理能力现代化的必然要求使得政府审计重新思考其自身在国家治理中发挥作用的路径选择问题，再一次引发学术界和实务界对“国家治理论”的高度重视和广泛的讨论研究。“国家治理论”作为对审计本质认识的超越和升华，对审计理论研究发展和审计实践深化具有战略指导意义。“国家治理论”认为，国家治理的目标决定了政府审计的方向。因此，审计的目标不再局限于经济监督或经济“免疫”，而是随国家治理目标的变化而变化，使审计更能满足国家治理、经济转型和政府转型的需求。“国家治理论”认为审计的目标是更好地为国家治理服务。因此，政府审计不应该局限于发挥某项职能，而应该根据客观环境的需要，全面发挥各项职能，整合各种审计类型，以更好地为国家治理服务。

无论如何，人们对于政府审计的关注达到前所未有的高度。作为长期从事审计教学的教育工作者、学者，我们有义务宣传和正确传达政府审计的本质与相关理论、技术方法。反观社会上关于审计的教材，绝大多数限于注册会计师审计、内部审计的内容，真正关于政府审计的教材凤毛麟角，无法全面、完整、准确地诠释政府审计独特的审计内容与方法。尤其是随着时间、环境的变化，国际、国内政府审计的实践已经发生了翻天覆地的变化，理论研究与实践总结明显落后于政府审计的实践，无法指导政府审计实践。为此，我们结合当前政府审计的最新理论与实践成果，组织编写了《政府审计》一书。

本教材由李雪教授主编，洪宇为副主编，秦悦、岳明慧、樊沙沙、吕安琪、朱会敏、张文娟、隋雪、李艳花为编者。具体分工如下：第1章政府审计概述（李雪、秦悦），第2章政府审计组织和人员（李雪、岳明慧），第3章政府审计准则（李雪、朱会敏），第4章政府审计程序（李雪、樊沙沙），第5章政府审计报告（李雪、吕安琪），第6章财政审计（洪宇、李艳花），第7章固定资产投资审计（洪宇、李艳花），第8章金融审计（唐琳），第9章国有企业审计（唐琳），第10章政府绩效审计（张文娟），第11章信息系统审计（隋雪），政府审计模拟试题及答案（洪宇）。

本书在编写的过程中，参考了大量相关教材和论著，在此向有关作者致以深深的谢意！

本书的编写先后经过多次讨论研究，力求内容编排合理、避免错误，但难免存在考虑不周、表达不妥当的地方，书中疏漏不足之处，敬请读者批评指正。

本教材的第二版由李雪、洪宇负责修订。

编　者

2021年8月

目　录

第 1 章　政府审计概述 ………… 1

内容提要 ………… 1

重点难点 ………… 1

学习目标 ………… 1

知识框架 ………… 1

1.1　政府审计的产生和发展 ………… 2

1.2　政府审计的本质 ………… 10

1.3　政府审计的目标和分类 ………… 16

本章小结 ………… 20

重要概念 ………… 21

阅读资料 ………… 21

本章练习 ………… 21

第 2 章　政府审计组织和人员 ………… 22

内容提要 ………… 22

重点难点 ………… 22

学习目标 ………… 22

知识框架 ………… 22

2.1　政府审计的组织体制 ………… 23

2.2　审计机关的设置和职责 ………… 27

2.3　政府审计人员 ………… 32

本章小结 ………… 35

重要概念 ………… 36

阅读资料 ………… 36

本章练习 ………… 36

第 3 章　政府审计准则 ………… 38

内容提要 ………… 38

重点难点 ………… 38

学习目标 ………… 38

知识框架 ………… 38

3.1　政府审计准则 ………… 39

3.2　政府审计职业道德 ………… 48

3.3　政府审计质量控制标准 ………… 50

本章小结 ………… 55

重要概念 …… 55
阅读资料 …… 55
本章练习 …… 55

第4章 政府审计程序 …… 58
内容提要 …… 58
重点难点 …… 58
学习目标 …… 58
知识框架 …… 58
4.1 政府审计程序概述 …… 60
4.2 政府审计程序内容 …… 61
4.3 审计工作底稿 …… 77
本章小结 …… 80
重要概念 …… 81
阅读资料 …… 81
本章练习 …… 81

第5章 政府审计报告 …… 83
内容提要 …… 83
重点难点 …… 83
学习目标 …… 83
知识框架 …… 83
5.1 政府审计报告概述 …… 86
5.2 审计结果报告和审计工作报告 …… 90
5.3 专项审计调查报告 …… 93
本章小结 …… 94
重要概念 …… 95
阅读资料 …… 95
本章练习 …… 95

第6章 财政审计 …… 97
内容提要 …… 97
重点难点 …… 97
学习目标 …… 97
知识框架 …… 98
6.1 财政审计概述 …… 99
6.2 财政预算执行审计 …… 105
6.3 财政决算审计 …… 112
6.4 其他财政收支审计 …… 116
本章小结 …… 119
重要概念 …… 119

阅读资料 …… 119
本章练习 …… 120

第 7 章 固定资产投资审计 …… 121
内容提要 …… 121
重点难点 …… 121
学习目标 …… 121
知识框架 …… 122
7.1 固定资产投资审计概述 …… 123
7.2 建设项目开工前审计 …… 128
7.3 建设项目在建审计 …… 133
7.4 建设项目竣工决算审计 …… 138
本章小结 …… 145
重要概念 …… 145
阅读资料 …… 145
本章练习 …… 145

第 8 章 金融审计 …… 146
内容提要 …… 146
重点难点 …… 146
学习目标 …… 146
知识框架 …… 146
8.1 金融审计概述 …… 148
8.2 商业银行审计 …… 151
8.3 保险业务审计 …… 164
8.4 证券业务审计 …… 169
本章小结 …… 172
重要概念 …… 172
阅读资料 …… 173
本章练习 …… 173

第 9 章 国有企业审计 …… 174
内容提要 …… 174
重点难点 …… 174
学习目标 …… 174
知识框架 …… 175
9.1 国有企业审计概述 …… 177
9.2 内部控制审计 …… 187
9.3 财务报表审计 …… 198
9.4 国有企业领导干部任期经济责任审计 …… 206
本章小结 …… 227

重要概念 …… 227
阅读资料 …… 227
本章练习 …… 228

第10章 政府绩效审计 …… 232
内容提要 …… 232
重点难点 …… 232
学习目标 …… 232
知识框架 …… 232
10.1 政府绩效审计的产生与发展 …… 234
10.2 政府绩效审计的程序 …… 241
10.3 政府绩效审计的方法 …… 245
10.4 政府绩效审计的评价指标 …… 251
本章小结 …… 258
重要概念 …… 259
阅读资料 …… 259
本章练习 …… 259

第11章 信息系统审计 …… 261
内容提要 …… 261
重点难点 …… 261
学习目标 …… 261
知识框架 …… 262
11.1 信息系统审计概述 …… 263
11.2 信息系统审计的程序 …… 266
11.3 信息系统审计的内容 …… 269
11.4 信息系统审计的方法和技术 …… 272
本章小结 …… 275
重要概念 …… 275
阅读资料 …… 275
本章练习 …… 275

政府审计模拟试题 …… 277
模拟试题(一) …… 277
模拟试题(二) …… 280

政府审计模拟试题参考答案 …… 283
模拟试题(一) …… 283
模拟试题(二) …… 286

参考文献 …… 289

第1章　政府审计概述

- 内容提要
- 重点难点
- 学习目标
- 知识框架
- 1.1　政府审计的产生和发展
- 1.2　政府审计的本质
- 1.3　政府审计的目标和分类
- 本章小结
- 重要概念
- 阅读资料
- 本章练习

内容提要

本章主要介绍了政府审计的概况，包括政府审计的产生和发展、政府审计的本质以及政府审计的目标和分类，并分为三小节进行讲解；本章重点为公共受托经济责任与现代政府审计本质的认识；政府审计的目标和分类。

重点难点

本章重点为政府审计的本质，其中特别关注公共受托经济责任与现代政府审计本质的认识；政府审计的目标和分类。

学习目标

学生通过本章学习，应了解政府审计是如何产生的，经历了哪些发展阶段，了解政府审计的本质和环境变迁使得政府审计发生了怎样的变化，以及政府审计的目标分类。

知识框架

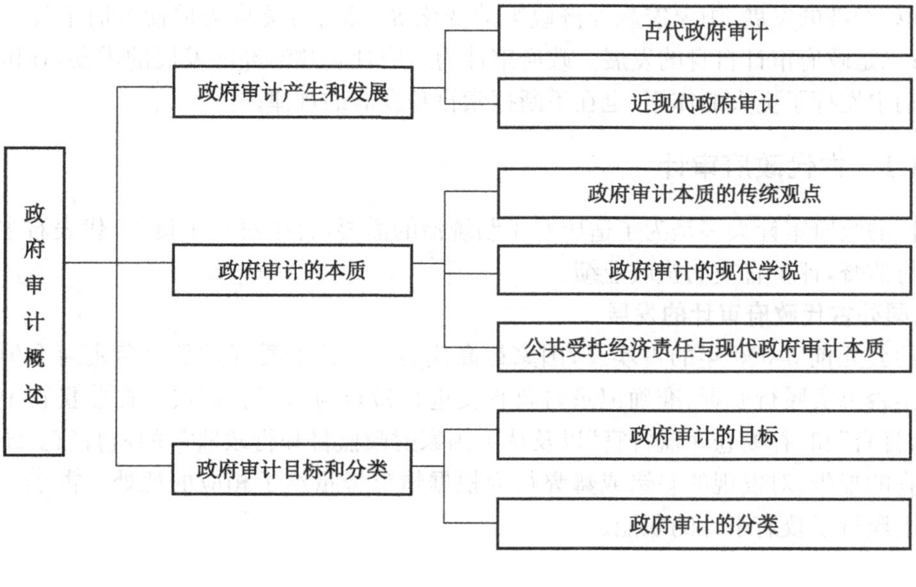

引入案例　政府审计认知实例

审计署确定2015年度重点审计项目

国家审计署公布了2015年度7项重点审计项目，具体内容如下：

(1) 贯彻落实中央重大政策措施方面。安排了稳增长、促改革、调结构、惠民生、防风险政策措施落实情况的跟踪审计，同时其他审计项目也都关注此方面的内容。

(2) 财政审计方面。安排了中央2014年度预算执行及决算(草案)编制审计，地方财政收支审计；受中央组织部委托，安排了省部级领导干部经济责任审计。

(3) 金融审计方面。安排了重点商业银行贷款跟踪审计；受中央组织部委托，安排了金融机构领导人员经济责任审计。

(4)企业审计方面。受中央组织部委托，安排了中央国有企业领导人员经济责任审计。

(5) 重点民生资金和重大投资项目审计方面。安排了城镇保障性安居工程跟踪审计，全国基本养老保险基金审计，高速公路建设情况审计。

(6) 资源环境审计方面。安排了矿产资源开发利用保护及相关资金征管情况审计，自然资源资产离任审计试点。

(7) 涉外审计方面。安排了国外贷援款项目审计，驻外经营性机构审计，驻外非经营性机构(含对外援助)审计。

上述审计项目是初步安排，在年度组织实施中，审计署将根据实际情况进行调整。

——中国质量新闻网

扩展资料　2018年度中央预算执行和其他财政收支的审计工作报告

亲爱的读者您对政府审计有了哪些新的认识？

审计主体：审计署　　审计什么？财政审计、金融审计、企业审计 、固定资产审计、资源审计、涉外审计

除了这些你还有什么样的新认识呢？请您谈一谈？

1.1　政府审计的产生和发展

在漫长的历史长河中，推动政府审计向前发展的主要动力有两个方面：一是社会政治经济的发展，如社会制度的变革、文明程度的提高、民主进程的演进、政权的更迭、社会经济制度的变革、经济的发展、国家宏观经济政策的变化等，都有可能成为促使政府审计向前发展的动因；二是政府审计自身的发展。政府审计为适应社会政治经济发展的需要，在国家政治经济活动中发挥了更大的作用，也在不断探索自身发展的规律。

1.1.1　古代政府审计

古代的政府审计大多是为了适应君主制统治的需要，直接对君主负责，代表君主对各级官吏进行监督，评价官吏的执政业绩。

1. 国外古代政府审计的发展

大约公元前3 000年的古埃及，国家最高代表——法老委任监督官负责对全国各机构和官吏是否忠实履行职责、准确记录财政收支进行检查与监督。古埃及在监督官中设立了“记录监督官”和“谷物仓库监督官”以及从事国家财政监督和行政监督的监督官。统治者根据监督官的报告，对发现的差错或舞弊行为根据情节轻重给予相应的惩处。古埃及的监督官实际上履行了政府审计的职能。

约公元前6世纪的古希腊首都雅典，由国家最高权力机构人民大会的常设机构抽签选举产生审计官和审计助理，令其对卸任官员任期内的会计账簿进行审查，通过审计，证明其没有贪污、受贿等行为后才能允许其离职，否则必须交由人民大会裁决，即现在意义的政府审计监督活动。

约公元前3世纪的古罗马，政府审计是由元老院、百人团会议选出的监督官和人民大会选出的财务官共同履行的。监督官和财务官协助元老院处理国家财政事务。真正掌握国家权力的是由贵族垄断的元老院，元老院具有立法机关的性质，元老院下设审计机构，对即将卸任的官员进行审计，检查他们在任期内是否忠实履行了所承担的经济责任，并决定给予相应的惩罚。元老院履行了政府审计的主要职能。监督官由全民大会(百人团会议)从贵族中选出，并且执政官与监督官相分离，监督官具有一定的独立审计职能。财务官负责国库记录和审计，卸任时向元老院报送账目。在审计方法上普遍采用了"账目听证会"的形式，现用的Audit一词就是从拉丁文Auditus(听证会)演变而来的。

12世纪时，英国为了加强对财政收支的监督，在财政部门设置了审计监督机构，由收支监督局审核收支局编制的会计账簿[亨利一世(1100—1135年)为了进一步巩固专制王权，在财政部内设上下两院。下院也称收支局，上院也称收支监督局]。当时的英国政府审计实质上是一种王权审计，审计机构没有独立性。1314年，英国国王任命历史上第一位国库主计长。

法国的政府审计晚于英国，但独具特色：教士出任审计官，封建专制下的法国是政教合一的国家体制。1256年，法国路易九世颁布法令，规定各城邦的政府官员在圣马丁节(11月11日)以前，携带其所辖城市的年度收支账目来巴黎接受王室审计官的审计。1320年，法国成立了拥有司法权的审计法庭，这对后世法国审计模式产生了重大影响。

封建德国拥有数百个王国，普鲁士和奥地利最为强盛。1714年，普鲁士国王费利德里奇·威廉一世创建了独立于行政部门的"总会计院"，后改称"最高审计院"，负责审查国家财政收支，并将审查结果和建议报告给国王。1761年，奥匈帝国建立会计院，负责监督会计制度的执行等职责。

2. 国内古代政府审计的发展

我国古代政府审计演进大体贯穿两条主线：一条是以勾考账簿为主，审查钱粮收支真实性；另一条是以考核官吏财政经济方面的治绩为主，与行政监察职能紧密结合。这两个方面互为补充，在不同时期又有增减强弱之分。我国古代审计经历了官厅审计、上计审计、比部审计、三司与审计司(院)审计和科道审计五个阶段。

夏商西周时期，是我国审计的萌芽和产生阶段。我国古代的政府审计最早产生于西周，其主要标志是"宰夫"这一官职的出现。在西周，周王是奴隶社会的最高统治者，其下设六卿，即天、地、春、夏、秋、冬六官，大宰乃天官之长、六卿之首，这个官职相当于后世的宰相。其中，国家机构大体可分为两大系统：一是掌握财政收入的"地官司徒"系统；二是掌握财政支出、会计核算和审计监督的"天官大宰"系统。当时，在天官之下有中大夫小宰，小宰之下配备大夫宰夫。据《周礼》记载，"宰夫之职，掌治朝法，以正王及三公、六卿、大夫群吏之位。掌其禁令，叙群吏之治。"可见，宰夫实施政府审计的职责，负责政治监察，掌管治理朝政之法，并监督官吏严格遵守和执行朝法。宰夫按照朝规，考核百官及地方各级官吏的政绩，凡奢侈浪费、出支不当以及虚列账册的，根据治朝之法报冢宰加以诛罚；凡节省开支、财政充裕、库府充盈又善于理财的，则随时上报，予以奖励。对宰夫的具体职权，《周礼》称："宰夫岁终，则令群吏正岁会；月终，则令正月要；旬终，责令正日成。而考其治，治以不时举者，以造而诛之。”“宰夫考其出入，而定刑赏”即每逢年终、月终、旬终，由宰夫命令各部门官吏对财计收支的情况予以上报，宰夫就地考核，发现违法乱纪，可以越级向天官乃至周王报告，请求加以处罚。宰夫审查收支情况的优劣，以此作为赏罚的依据。可见，宰夫虽然是独立于财计部门之外的官职，但承办监察业务，具有相当的权威性。与当时的社会经济发展水平相适应，西周时期的审计实际上属于政府审计的性质；审计工作具有一揽子的性质；审计工作尚未具有超然独立的特征。总之，西周审计制度的确立标志着我国 3 000 多年以前就已孕育了审计的萌芽，并开始初步发展和形成制度，它在我国审计史上产生了深远的影响。

秦汉时期是我国封建社会的建立和成长时期。封建社会经济的逐步发展和政治的逐步完善，促使我国建立了封建王朝的政府审计制度。秦朝实行御史制度，御史大夫是全国最高的监察长官，辅佐皇帝行使对国家政治和财政的监督工作；全国 36 郡设监察御史，对郡、县的政治和财政进行监察。这一时期，实行上计制度，即由皇帝亲自听取和审核各地地方官吏的财粮收支情况报告以决定赏罚，同时由御史大夫主持上计工作，这实际上就是掌管全国的民政、财政及财粮收支的审计工作。另外，秦朝还设置“治粟内史”掌管国家的财粮保管、财务收支、会计核算等工作；设置“少府”掌管皇室的财计工作，行使的是内部审计权。汉承秦制，仍由御使大夫兼上计的职责，行使监察职权；还设立了“计相”“司隶校尉”“刺史”等官职，建立了多层次的监察体系。尤为重要的是，汉代制定了《上计律》，使上计制度有法可依，标志着我国审计立法的开始。秦汉开创了御使大夫行使监督权的先河，御史组织系统的建立强化了国家对整个财政经济的控制和监督。但这一时期还未设有专门的审计机构，御史大夫行使的监督权涉及政治、经济、军事等各个方面，具有一揽子性质。上计制度是一种遏制贪污舞弊的有效形式，也是我国历史上最早的一套审计监督制度。总之，秦汉时期是我国审计发展历史上的一个重要时期。

隋唐两朝是我国封建社会的鼎盛时期，也是我国审计发展的主要时期，其中最重要的标志就是“比部”审计制度的健全完善。隋唐时期中央集权不断加强，官职系统日臻完善，社会经济快速发展，这对管理和监督提出了更高的要求。与之相适应，政府审计制度也相应地健全起来。隋唐开始设置“比部”(“比”就是考核审查的意思)，隶属都官或刑部之下，掌管国家财计监督，行使审计职权且具有司法监督的性质。唐朝改设三省六部，六部之中，刑部掌天下律令、刑法、徒隶等政令；比部仍置刑部之下，凡国家财计，军政内外，均施以勾稽，进行考核审理。唐朝比部开展审计的权力涵盖国家财经的各个领域，而且一直延伸至州、县。比部审查的范围极广，项目众多，而且具有很强的独立性和很高的权威性。唐代比部不受财务行政机构控制而直接与刑法结合，行使经济监督的职权，形成了一个比较完整、科学的审计监督体系，是我国古代审计监督在组织形式上的一次重大变革，特别是在组织结构建设、审计职权、审计方式、审计人员的选用和考察上都进行了较大的变革，处于当时世界审计的领先水平。与之相适应，唐朝在发展政府审计的过程中还建立了一些审计制度，规定了各种审计程序、送审时间和审计处理要求等重要事项，尤其是制定了考核审计官员的标准。据《新唐书·百官志》记载，唐朝对所有官吏视其职掌的不同，分别制定不同的考功标准，其中对审计官员提出“明于勘复，稽失毋稳，为勾检之最”的准则，足以引为后人鉴戒。可见，唐朝应属我国封建王朝健全审计机构、完善审计建制的政府审计兴盛时期。

进入宋朝，审计一度并无发展。宋初至元丰改制，取消比部，审计隶属于财政系统，实行财审合一。但这种财审合一的体制势必削弱审计的独立性和权威性,其弊端是显而易见的。元丰改制后,恢复了唐朝的财计官制,财审分离,审计重归于刑部之下的比部执掌,审计机构又独立出来。比部主要掌握中央及全国各地的账簿审计之事,无论是仓场粮粟,还是库署钱帛,凡属官有财务之出纳,均在审查范围之内。之后,专门设置"审计司",隶属于太府寺(属内部审计性质),南宋初年设置了"审计院"。宋朝审计司(院)的建立标志着我国"审计"的正式定名,从此"审计"这个概念成为财政经济监督的专门用语。总之,宋代的审计监督制度是比较严格的,审计范围也较广,宋朝是我国审计发展史上的重要阶段。

元明清时期随着君主专制制度的日益强化,这一时期的审计总体而言处于停滞衰退状态。元朝取消比部,逐渐强化御史检查机构的审计职能,户部兼管财计报告的审查工作,独立的审计机构已告消亡,到中后期,审计体制建设方面已成为一个非常薄弱的环节。明朝是我国君主专制走向极端的朝代,这一时期的政府审计也深深打上了为君主独裁政治服务的烙印,完成了政府审计体制由隋唐以来形成的司法模式向检查模式的过渡。明初设比部,不久即取消;洪武二十三年至明末,设督察院,以左右督查史的长官,审查中央财计。明承清制,继续设置督察院,职掌对君主进行规谏,对政务进行评价,对大小官吏进行纠弹,成为当时国家最高的监察、监督、弹劾和建议的机构。尽管明清两代施行的都察院制度使审计工作有所加强,但审计缺乏了独立性,特别是取消比部这种独立的审计机构,使政府审计职能严重削弱。总之,元明清三代的政府审计制度与隋唐相比已经明显衰落。

1.1.2 近现代政府审计

1. 国外近现代政府审计的发展

在西方,随着资本主义制度的建立,资产阶级民主制度取代了封建专制制度,尤其是社会化大生产促进了社会经济的巨大发展,相应地也就需要加强对国家财政收支和其他领域的经济监督。因此,各国纷纷建立和完善了政府审计制度。

现代资本主义国家大多实行议会制的政府制度,采用立法、行政、司法三权分立的国家政权组织形式,议会作为国家的最高立法机关,对政府行使包括财政监督在内的监督权,并在宪法或特别法令中规定了审计的法律地位,确立了政府审计机关的职权、地位和审计范围,授权其独立地对财政财务收支进行审计监督。西方国家多在议会下设立专门的审计机构,由议会或国会授权,对政府及公营企业、事业单位的财政财务收支进行独立的审计监督。例如,英国的王室财政审计制度始于13世纪。早期,英王一直控制着国家的财政大权,在财政部内设置审计监督部门,执行审计监督。1215年英国《大宪章》的颁布,使英王的权力受到制约,奠定了英国政府审计产生和发展的政治基础。1689年《权力法案》的通过,规定了财政权属于国会,之后又提出由国会审查国家预算和决算,并由财政大臣将上一年度的财税项目提交国会审议监督。到1785年,根据《更好检查和审计国王公共账目的法案》,取消了国库审计官一职,组建五人审计委员会,执行政府审计监督。1834年颁布了修订审计制度的法案,改建国库审计部,设审计长负责国库公款的监督(审计长为终身职务)。之后,1866年的《国库和审计部法》,取消国库审计部,成立了政府审计署(National Audit Office),最高审计长官为主计审计长。英国的政府审计署独立于行政部门,代表议会对政府实行审计监督,向议会报告工作。

继英国1866年颁布《国库和审计部法》之后,其他国家大多也以法律形式规定了政府审计的各项制度。比如,英国早年没有独立的财政监督机构,只在财政部设审计官进行财政审计,财政审计缺乏独立性;直至1919年,经参众两院建议组成预算特别委员会后,才把政府的账目审计从财政部的业务中分离出来。1921年,美国颁布《预算和会计法》,并根据该法建立了美国的最高审计机关——审计总署(General Accounting Office,简称GAO)。美国的审计总署是世界上最典型的隶属于国会的审计机关,其审计长由国会提名,经参议院同意,由总统任命。但审计总署和审计长则被置于总统管辖之外,独立行使审计监督权。除英美之外,加拿大的审计长公署、西班牙的审计法院都是隶属于国家立法部门的独立审计机关,其审计结果要向议会报告,享有独立审计监督权。

当然,西方还有一些国家的政府审计机关隶属于司法系统,即所谓司法型的审计体制。比如,法国的审计法院逐渐摆脱了法国议会和皇帝的控制,在1869年成为独立于立法系统(议会)与行政部门(内阁政府)的一个司法机构。法国审计法院的院长由总统任命并实行终身制;审计法院的裁决为终审判决,具有很强的法律效力;1958年依据法国的新宪法,审计法院协助议会检查国家财政法令的具体实施情况。另外,还有一些国家因为最高权力的设置高于立法、行政、司法体系,那么隶属于它管辖的审计机构就具有极高的独立性,日本就是这种体制的典型。1889年,日本建立了二元制君主立宪制,规定了一切权力属于天皇,并于同年制定了《会计检察院法》,规定最高审计机关是会计检察院,同时规定会计检查员对国家财政预算的审计及结果呈报均直接呈送天皇。1947年,日本实施了新宪法,沿承审计传统,会计检察院仍然独立于国会、内阁等司法机关之外,具有很强的独立性和权威性。

1929—1933年,资本主义遭受了严重的经济危机冲击,为了缓解经济危机对经济的冲击,各国都努力促进经济发展、维护社会经济稳定,国家干预经济的成分越来越多,公共资产参与社会经济活动的领域越来越广泛。为了加强对公共资产经营管理活动的监督,国家不仅要求政府审计在传统审计领域发挥作用,而且应对公共资产参与的所有领域加强审计,政府审计的范围不断扩大。第二次世界大战后,科学技术的进步促使世界经济得到迅速发展,同时也推动了西方政府审计的进一步发展,这使得政府审计体制日趋完善,并在审计理论与实务上取得了难得的建树。

随着各国公共支出的急剧增加,经济资源日益短缺。一方面,纳税人的纳税义务不断加重;另一方面,又面临着诸如失业率高、社会保障水平低、生存和发展环境恶化等一系列社会问题,社会矛盾日益加剧。在这种情况下,国家和公众不仅关注公共资金的使用是否合法,更关注公共资金是否得到经济有效的使用,公共支出是否达到预期目标。这给政府审计提出了新的课题,需要不断完善政府审计的目标体系,以及实现这些目标的方式方法。1945年,美国国会通过《政府公司控制法》,规定美国审计总署不仅审查联邦政府供应企业财务活动的合法性,而且应对其管理效率和内部控制系统的效果进行评价。1972年,美国审计总署颁布《政府机构、计划项目、活动和职责的审计标准》,确立了政府审计不仅监督财务活动的合法性,而且监督其经济性、效率性和效果性。继美国之后,加拿大、澳大利亚和英国等许多国家在财务合法性目标基础上,相继确立了经济性、效率性、效果性审计目标,建立了现代政府审计目标体系。在这一目标体系指导下,政府审计的内容、方式、方法也都得到了发展。就审计内容而言,在传统财务审计的基础上,政府审计发展了对管理的经济性、效率性和效果性进行评价的绩效审计;就审计方式而言,为了降低审计成本,提高审计效率,减少审计风险,审计机关和审计人员不断探索新的审计方式,建立健全了被审计单位的内部控制,为审计人员从评审内部控制入手，根据评审结果开展抽样审计提供了客观基础；就审计方法而言，由传统的以会计资料为基础的详细审计，发展到了以评审内部控制为基础的抽样审计，随后又出现了以风险为导向的审计模式，依托审计人员对企业环境和企业经营进行全面的风险分析，制定审计战略及多样化的审计计划，以保障审计工作的效率和效果。

20世纪70年代之后，西方政府审计进入"绩效审计"时代。走在世界前列的是美国。1972年美国审计总署发布《政府机构、计划项目、活动和职责的审计标准》，首次提出"绩效型审计"，将绩效审计注入了政府审计之中；1933年的《政府绩效与结果法案》明确规定了政府各部门的具体任务，并制定了绩效衡量的标准；2003年修订的《政府审计准则》，明确了政府绩效审计的目标是经济性、效率性和效果性。2004年，在英文字面上美国联邦审计总署从"会计总署"正式更名为"政府问责办公室"，这一改变不仅仅是名称的改变，它表明了美国联邦审计总署的使命和发展方向，即强化政府责任，改进工作绩效，确保联邦政府尽到对国会和美国人民应尽的责任。2007年美国再一次对《政府审计准则》进行修订，涵盖了政府绩效审计方面的准则，指出绩效审计评价标准包括：法律或规章规定，被审计单位管理部门确立的目的、目标及建立的政策和程序，技术标准，专家意见，以前年度的绩效，特定商业惯例，合同或付款协议的条款，其他企业或部门执行的特定的基本标准等。

在美国政府绩效审计的带动下，西方其他国家也开始了政府绩效审计建设的步伐，但侧重点有所不同。其中，澳大利亚审计署的政府绩效审计关注的是通过建立完备的信息模型和详细的审计标准，控制审计风险。英国1983年制定了《英国国家审计法》，按照管理项目的影响程度细分了政府绩效审计的类别，强调对严重现象、特定项目、管理活动和较小规模检查的政府绩效审计，赋予主计审计长开展绩效审计的职责。在2009年更新的《绩效审计手册》中，提出了绩效审计的基本原则，包括专业胜任能力、公正性、严密性、客观性、独立性、责任、增值性、沟通协调，并建立了适用于所有绩效审计项目的循环程序。加拿大则在1999年颁布了《绩效审计指南》，将政府绩效审计的内容确定为包括政府活动的经济性、效率、效果、成本效益、对环境的影响、对公共财产的保护及政府活动的合法性和合规性，并在具体做法中将绩效审计与常规审计结合，形成综合审计。可见，绩效审计已经成为当今世界审计的主流模式。

2. 国内近现代政府审计的发展

从我国来看，辛亥革命后，结束了清王朝的封建统治，建立了中华民国。1912年，当时的国民政府在国务院下设了中央审计处，各省设审计分处，并颁布《审计处暂行规定》等审计法规。1914年，北洋政府将审计处改为审计院，同年颁布《审计法》和《审计法实施细则》。1928年，南京国民政府重新颁布了《审计法》及其实施细则，次年颁布了《审计法组织法》，仍设"审计院"，后改为"审计部"，隶属于监察院，各省(市)设审计处。无法按行政区域划分的企事业单位，如国库、铁路、税务机关等，则根据需要设审计办事处，形成政府审计体系，分别对中央和地方各级行政机关以及各企事业单位的财政财务收支实行审计监督。民国时期政府审计的最重要的特点是：审计法规达到空前完备的程度。一方面，它突破了历代将审计内容附于其他刑法之内的习惯做法，公布了大量的专门的审计法规；另一方面，所颁布的审计法规涉及审计的各个领域，形成较为完整的审计法规体系。此时，我国政府审计处于逐步演进状态，接近欧美发达国家的政府审计发展水平。应当提及的是，这一时期，在中国共产党领导下，革命根据地也实行了较为严格的审计制度，有一定的审计组织，还颁布了审计法规。

中华人民共和国成立以后，由于实行了高度集中的计划经济体制，国有资源的财产所有权与经营管理权一体化，国家没有设立独立的审计机构，基本上是以会计检查代替了审计监督。国家一方面赋予国有企业的会计人员对财政财务收支的监督职权，另一方面由企业主管部门对所属企业单位实行不定期的会计检查，同时财政、税务、银行等部门也实施相应的业务监督。实践证明，这些检查和监督对保证社会经济的健康运行曾起到积极作用，但它们既不能有效地实施自我监督，也难以实现互相监督，难以适应经济发展的客观要求，具有很大的局限性。

中共十一届三中全会以来，党和政府的工作重点转移到经济建设上来。在经济体制改革过程中，人们逐渐认识到迅速建立社会主义审计制度、完善社会主义经济监督体系的必要性。政府审计首先需要组织上的法律设定。1982 年 12 月 5 日，第五届全国人民代表大会第五次会议通过了修改的《中华人民共和国宪法》(以下简称《宪法》)，规定我国建立审计机构，实行审计监督制度。1983 年 9 月，国务院设立了我国最高审计机关——中华人民共和国审计署，并在全国县以上的各级政府相继成立各级审计机关，从此政府审计呈现出蓬勃发展的新局面。随后，就是政府审计法规体制的完善。1985 年 8 月，公布了《国务院关于审计工作的暂行规定》；同年 10 月，又公布了《审计工作试行程序》；1988 年 12 月，国务院颁布了《中华人民共和国审计条例》。在此基础上，1994 年 8 月第八届全国人大常委会第九次会议通过了《中华人民共和国审计法》(以下简称《审计法》)，并于 1995 年 1 月 1 日实施。《审计法》对我国政府审计监督的基本原则、审计机关和审计人员、审计机关职责和权限、审计程序、法律责任等都作了明确的规定，这使我国政府审计正式进入法制化的轨道，为审计事业适应社会主义市场经济的发展奠定了基础。2000 年 1 月 28 日，以中华人民共和国审计署第 1 号令发布了《中华人民共和国审计基本准则》《审计机关审计处罚的规定》《审计机关审计复议的规定》《审计机关项目质量检查暂行规定》。所有这些都表明，在社会主义市场经济持续发展的推动下，我国政府审计正朝着民主化、法制化和规范化的方向阔步前进。从近几年的发展情况看，我国政府审计的范围也在进一步扩展，对一些社会公共资金，如环保资金、社会保障资金等开展了审计。同时就政府审计方法体系而言，为了控制审计风险，一些政府审计机关在原有审计方法体系基础上，探索、运用以评价审计风险为基础，综合运用包括信息技术审计在内的各种方法的审计方法体系，审计的手段更加现代化和科学化。

但是，发展往往需要通过反面的教训来纠正自己的方向，我国 2003 年以来的“审计风暴”就是政府审计纠偏和曝光的例证。2003 年，审计署推出审计结果公开制度，6 月 25 日，李金华代表审计署提交了一份长达 22 页的审计报告，并首次在第一时间全文公布了牵涉很多重要部门的审计报告。一大批中央部委被公开曝光，人们用“审计风暴”来形容报告所带来的冲击波。经历了“审计风暴”的洗礼，2004 年以来的整改情况效果明显。为了促进审计效果，落实审计监督作用，2006 年 2 月 28 日，第十届全国人民代表大会常务委员会第 20 次会议审计通过了《关于修改〈中华人民共和国审计法〉的决定》，自 2006 年 6 月 1 日起施行。《审计法》(2006 年修订)的颁布实施，有利于加强政府审计监督，维护财政经济秩序，提高财政资金使用效益，并加强了我国政府审计民主法制化建设。

“审计风暴”的警醒毕竟属于事后督查，而审计的真正作用是做好事前防范。2008 年审计署审计长刘家义指出，审计监督不仅是国家监督体系的重要组成部分，而且已经成为国家治理的重要工具和手段，是保障国家经济社会健康运行的“免疫系统”。审计机关以独立、客观、公正、超脱的优势，探知经济风险，揭露财政问题，防范消极因素入侵整个经济社会系统，提高经济社会运行质量和绩效，增强经济社会运行的"免疫力"，推动经济社会全面协调可持续发展。

但随着经济环境日益复杂，《审计法》(2006年修订)中的一些规定已不能适应社会的需要，审计体制的问题终究没有得到解决，政府审计权力运行依然有限，事后监督的问题还没有从根本上改善，政府审计遭遇制度困境。国务院于2010年2月2日颁布的《中华人民共和国审计法实施条例》(以下简称《审计法实施条例》)更细化和明确，具有更强的可操作性。

2011年，为了规范和指导审计机关和审计人员执行审计业务的行为，保证审计质量，防范审计风险，发挥审计保障国家经济和社会健康运行的"免疫系统"功能，审计署以中华人民共和国审计署第8号令颁布了《中华人民共和国审计准则》(以下简称《国家审计准则》)，同时废止了2000年中华人民共和国审计署第1号令中的《中华人民共和国国家审计基本准则》和《审计机关审计处罚的规定》。《国家审计准则》的修订和颁布，是继《审计法》和《审计法实施条例》修订后我国审计法制建设的又一件大事，是完善我国审计法律制度的重大举措，是国家审计准则体系建设史上一个重要的里程碑。《国家审计准则》以贯彻落实科学发展观为指针，坚持运用科学的审计理念和先进的审计技术方法，体现了很强的科学性；同时，系统总结了我国国家审计20多年来的实践经验，将行之有效的做法确定下来，体现了很强的实用性。此外，《国家审计准则》还充分借鉴国际政府审计准则的内容和外国审计机关的有益做法，体现了很强的国际性。

中共十八大以来，党和政府对国家发展作出的重大战略部署使政府审计面临新的任务与挑战。2011年7月8日，刘家义审计长在中国审计学会第三次理事论坛上提出了"政府审计是国家治理的重要组成部分……政府审计应在国家治理中发挥重要作用"这一论断。2013年，中共十八届三中全会提出，"全面深化改革的总目标是完善和发展中国特色社会主义制度，推进国家治理体系和治理能力现代化。"自此，引发了学术界和实务界对"国家审计与国家治理"议题的高度重视和广泛的讨论研究。政府审计机关作为国家权力监督的执行机构和国家权力制衡的组成部分，无疑成为新形势下推进国家治理体系和治理能力现代化的重要力量。政府审计也逐渐成为国家治理过程中推进民主与法治的有力工具，成为促进社会和谐、经济发展的有力推手。政府审计的基础理论由最初套用西方现代审计学理论发展到"以维护国家财政、国家财产的安全、有效性为目标"的"看门狗说"(watchdog)和"经济卫士说"，发展到"免疫系统说"和"国家治理论"。

基于我国目前处于全面深化改革的新时期，党中央、国务院对审计工作提出了新要求，2014年6月9日发布了《国务院关于修改〈中华人民共和国审计法实施条例〉的决定(征求意见稿)》[以下简称《审计法实施条例》(2014年征求意见稿)]。《审计法实施条例》(2014年征求意见稿)细化、补充和完善了具体审计职责，在一定程度上扩大了审计机关的权限，将很多内容明确纳入审计监督，审计体制也做出了很大改进。它还明确指出，审计机关应当对审计发现的经济社会运行中的风险隐患、管理漏洞和体制、机制、制度缺陷，研究并提出改进意见。这次《审计法实施条例》的修改解决了以前遗留的很多问题，具有很强的前瞻性，意义重大。

为切实加强审计工作，推动国家重大决策部署和有关政策措施的贯彻落实，更好地服务于改革发展，维护经济秩序，促进经济社会持续健康发展，国务院于2014年10月27日公布了《关于加强审计工作的意见》(以下简称《意见》)，《意见》对于加强审计力量、创新审计方式、提高审计效率、促进社会经济健康快速发展，具有重要意义。《意见》指出，要坚持围绕中心、服务大局、发现问题、完善机制的原则要求，依法开展审计，秉公用好审计监督权。《意见》要求加大审计力度，创新审计方式，提高审计效率；要重点围绕稳增长、促改革、调结构、惠民生、防风险等政策措施落实情况，以及公共资金、国有资产、国有资源、领导干部经济责任履行情况进行审计，实现审计监督全覆盖。《意见》还要求狠抓审计发现问题的整改落实。被审计单位主要负责人作为整改第一责任人，要切实抓好审计发现问题的整改工作，各级政府要将整改纳入督察督办事项。各地区各部门要把审计结果及其整改情况作为考核、奖惩的重要依据，整改不力、屡审屡犯的，要严格追责问责。

由此可见，无论是事先预防，还是事后督查，都秉承着政府审计的战略意义，即通过政府审计维护国家经济安全，维护国民经济的良性运行，推动国家治理能力现代化。政府审计是国家政治制度的重要组成部分，是依法用权力监督制约权力的制度安排。政府审计的本质是国家治理这个大系统中内生的具有预防、揭示和抵御功能的"免疫系统"，核心是推动民主法治，实现国家良好治理，促进国家经济社会健康运行和科学发展，从而更好地保障人民的根本利益。

所以，新时期的政府审计工作，不能只停留在查处违法违规问题上，更要在国家治理中发挥重要作用，进而切实维护好国家经济安全，为我国经济在险象环生的国际竞争环境下提供可靠的安全保障。同时，从国家治理的角度，可以进一步深化对政府审计本质特征的认识，准确把握政府审计的发展规律，从而更好地发挥审计监督的作用，推动政府审计的科学发展。

扩展资料环境变迁与现代政府审计地位作用的变化

1.2 政府审计的本质

1.2.1 政府审计本质的传统观点

1. 查账论

查账论源于会计，认为政府审计是会计发展到一定阶段的产物，是适应会计检查的需要而产生的。因此，早期人们对审计的认识就是会计检查，审计就是"查账"。比如我国20世纪30年代著名的会计学家潘序伦先生认为，审计就是对会计记录的检查。20世纪80年代初，我国不少会计、审计理论界的权威人士也认为，审计的主要作用在于对会计资料的审查。西方的审计学者也有持"查账论"观点的，如1975年版的《大英百科全书》和日本番场嘉一郎主编的《会计学大词典》，也将政府审计定义为一种查账活动。这一观点的主要论据有：

(1) 会计是运用一定的记录方法，对所有的经济业务进行反映，并且以报告的方式，达到特定的目的，以供分析和解释。这样，会计记录和报告是否真实、正确，就必须由有关人员进行检查。政府审计的"计"，一般指的就是会计的"计"，政府审计就是审查会计。

(2) 我国历史上曾将政府审计表述为"听从会计"，英语 audit 和法语 audition 均源于拉丁语 audire(听)。这表明古代的政府审计是由会计人员大声朗读会计记录，政府审计官员听取这些记录，进而判断会计记录是否正确。

(3) 从政府审计发展过程来看，在相当长的一段时间内，政府审计主要工作内容就是查账，也就是以会计资料为对象，以会计和有关财经法规制度为依据。

2. 方法过程论

这一观点在西方审计理论界较为流行。美国经典教材《审计概念与方法》指出:“审计是一个系统的过程:客观地获得和评估关于对经济活动和经济事件的认定的证据,以查明这些认定与确立的标准之间相符合的程度,并把其结果传达给有利益关系的用户。”这种观点关注的是政府审计的过程和采用的方法,从本质上说,政府审计是一个获得客观有效证据的动态变化过程,而不是最终的审计报告结果。

3. 财政监督论

这种观点认为,政府审计行为源于财政监督的需要,它是为了“保证国家财产分配的完整,对于财政活动有关的单位、组织所进行的一种监督活动”,其观点类似于国家职能论、经济监督论、维护王权论、权力制衡论、民主政治论。其理论依据主要是随着国家占有的财产规模日益庞大,管理日益困难,开支的范围逐渐广泛,使用者也逐渐增多,需要由一套监督系统,以保证国家能够使所占有的财产的使用符合统治者或者公共权力的意图,政府审计便是出于这种监督的需要应运而生的。例如,古代埃及的国家财政几乎等于王室财政,审计是出于监督王室财政的需要;中世纪的英国,王室财政与地方财政相分离,还有巡回法官的地方财政监督,审计是出于王室财政和地方财政监督的需要。

4. 经济监督论

这种观点认为,政府审计从刚一开始就不是会计的附属品,两者是不同质的两个概念,政府审计产生于经济监督的需要。这种观点实际上认为,政府审计的起源与会计的起源是同一基础的所有权与管理权的分离,或者说同源于受托责任。会计是报告受托者履行受托责任的结果,政府审计是报告受托者履行受托责任的结果是否真实、是否符合受托者的意愿,即对受托者履行受托责任的监督。

著名审计史学家理查德·布朗(Richard Brown)在论述这个问题时曾经指出:“审计的起源可追溯到与会计起源相距不远的时代……当文明的发展产生了需要某人受托管理他人财产的时候,显然就要求对前者的诚实性进行某种检查。”“某种检查”就是通常所说的“经济监督”。他在这里实际上提出了一个受托责任的问题,并且明确地论述了它与审计的关系。当然,理查德·布朗这里所讲的审计确切地说就是指政府审计,因为从审计史来看,最早出现的是政府审计。

5. 受托责任论

所谓受托责任,是由于在人类社会的发展进程中,随着生产力水平的不断提高,社会财富日益增多,剩余的生产产品逐渐集中于少数人手中,当资源财产的所有者不能直接经营和管理其所拥有的财富时,就需要授权或委托他人代为经营和管理;同时,由于这种给所有权与经营管理权的分离以及相继出现的管理者内部分权制,便产生了委托和受托关系,这种关系就是受托责任关系。受托责任论是当前我国审计理论界与实务界普遍认同的一种观点。该观点认为,审计是在两权分离的情况下,基于经济控制的客观需要而产生的,并伴随着受托责任的发展而发展。一方面,由于两权分离,财产所有者将其财产交付、委托给他人代为管理或经营。这时,财产所有者授予受托者管理或经营的权力,而受托者负有为财产所有者代为管理或代为经营的责任。因此,两权分离的结果是形成了一种受托责任关系。另一方面,一个大规模的组织内部,在集中领导下实行多层次的分权管理或者分权经营,如政府内部实行中央地方各级的分层次管理,企业内部实行总公司、分公司的分层次经营管理。这时，上一级的管理机构把部分管理经营权授予下一级的管理机构，下一级管理机构对上一级管理机构则负有受托管理或受托经营的责任。可见，这种多层次分权管理或分权经营的体制也会形成受托责任关系。

不论是在两权分离下，还是在多层次管理经营体制下，由于委托人的授权，都会形成一种受托责任关系。当受托责任关系确立后，客观上就存在授权委托者对受托管理者或受托经营者实行控制的需要，这是客观必然。也就是说，授权委托者为了维护其利益有必要对受托管理者或受托经营者所负责任的履行情况进行审查，以评价其责任，进而确认、解脱其责任。但应指出，受托责任的确立并不一定产生审计活动，它只是审计产生的前提条件。这是因为如果这种审计评价活动由授权委托人自身完成，就不能称为审计活动。只有当这种控制活动由授权委派人委派（或委托人委托）独立的专门机构和人员代行时，才会产生这种具备独立性的审计活动，这里之所以采用委派和委托两个词，是因为委派用于政府审计和内部审计，委托则用于注册会计师审计。

1.2.2 政府审计本质的现代学说

1. 民主法制论与政府治理工具论

政府审计的受托责任关系在民主制原则下，可以理解为将其所有政府机构和官员看作人民这个委托者的受托管理者，对公共资金和资源进行管理。从这个角度分析，政府审计是对这些受托管理者的经济责任的一种监督，这是现代民主政治和法制的重要内容，它为滥用权力、贪污盗窃和效率低下设置了障碍，满足了公共资金必须光明磊落、公正廉洁的要求，并实现了公民负责行使主权的基本权力。因此，可以这样说，没有近代民主政治，就没有现代意义上的政府行政机构和官员的经济责任；没有这样的经济责任，也就没有现代政府审计制度。推动现代政府审计诞生的最深层动力，就是近代民主政治的孕育。事实上，现代审计是民主与法制的产物，更是民主与法制的工具。因为只有民主进步到一定程度，政府审计机关才能得到授权对政府部门和公营机构进行监督，并将其审计结果对人民公开、向人民负责；没有法制作保证，审计就无法履行职责。把握审计的本质，有利于审计机关在社会生活中摆正自己的位置，有利于把政府审计提升到一个更高的层次和水平，有利于促进用最少的资源消耗为社会稳定发展作出贡献。由此可见，政府审计的本质之一还是政府实施民主政治和法制的工具。

此外，从政府审计的发展来看，政府审计随着国家政治的产生而出现，随着社会政治的发展而完善，对它的需求是随着生产力的发展、阶级和国家的诞生而逐渐形成的，并逐渐成为政府统治的工具。没有政府审计，统治阶级无法巩固自己的统治，欲维护其政治统治，必先巩固国家政权、实现国家政治统治职能；要实现国家政治统治职能，必先维持国家机器运转的各项开支，由此便产生了财政收入和支出；同时，为了更好地利用和管理这些收入支出，就产生了政府审计监督系统以确保维持国家财政收入与支出符合统治阶级的意志。从政府审计的现实状况来看，尽管世界各国的政府审计的体制有所不同，但实质上所实施的政府审计制度都已成为国家政治制度的组成部分，都已成为国家政治统治的有效工具。因此，政府审计还具有政府治理的本质。

2. "看门狗"和经济卫士论

德国前审计长扎威尔伯格曾说过："审计是国家财产的'看门狗'(watchdog)。"我国前审计长李金华对此说法不无认可，并于2003年提出："国家审计要发挥'眼睛'的作用。"这里的

"国家审计"即本书中的"政府审计"。后来这一说法又演变为政府审计是"国家的经济卫士"的观点。这一观点表达了要从给政府审计与国家社会、经济的关系，以及政府审计在国家社会、经济运行中的功能或作用角度来探究其本质。

3. "免疫系统"论

在2007年召开的中国审计学会五届三次理事会上，刘家义审计长全面、系统地阐述了政府审计作为国家经济社会运行"免疫系统"的重要观点。这一理论创新是在当前政治和经济环境下对审计本质的理性认识和科学定位，深化了审计工作的本质，拓展了审计工作的外延。2008年年初，刘家义审计长又对政府审计功能作出了新的概括，提出了政府审计"免疫"系统功能理论，认为："国家审计（即政府审计）是国家经济、社会运行的'免疫'系统。"这个新概括精炼地反映了政府审计实践的最新发展，集中反映了审计机关对政府审计认识的最新理论成果。

政府审计的本质体现为国家经济社会运行的"免疫系统"，说明政府审计首先是一个系统，然后是一个像人体免疫系统一样的系统。政府审计又体现为一种"免疫"系统，说明政府审计这个系统具有"免疫性"功能和作用。它是国家经济、社会运行系统中内生的、具有不可替代的建设性作用的子系统。

政府审计"免疫系统"功能的本质可以理解为四种形式的本质：一是安全防护。政府审计主要通过对有关部门、有关组织的安全防护机制的监控，保证其正常履行其安全防护职责，使国家经济社会和运行始终处于健康、可控的状态，形成有效的国家安全防火墙。二是问题揭露。即及时揭露项目审计中发现的微观问题，以及这些微观问题所反映出的体制、机制性的问题。三是机制修复。审计机关通过与有关部门、被审计单位等的开放性互动，使国家经济、社会运行实现机制性自动修复。或者通过审计建议，督促被审计单位进行整改；或者通过审计建议，完善政策、制度等；或者通过公之于众，引入舆论监督；或者通过审计移交，由有关职能部门进行问责处理。政府审计的机制修复功能，并不是说审计机关"包打天下"，而是说政府审计主要是促进并完善国家经济、社会的健康运行机制。四是科学预警。国家审计的预警功能，一方面体现在重要问题的风险预警方面，它不但揭示问题的现状，而且要阐明问题的风险趋势；另一方面还体现在政策性问题预警方面，它通过审计结果的综合分析，针对倾向性问题可能对宏观经济产生的影响提前预警，并提出可行的审计建议。

4. 国家治理论

2011年7月，刘家义审计长提出了"审计实质上是国家依法用权力监督制约权力的行为，其本质是国家治理这个大系统中一个内生的具有防御、揭示和抵御功能的'免疫系统'，是国家治理的重要组成部分"的重要论断（简称审计的国家治理论）。2013年，中共十八届三中全会提出"全面深化改革的总目标是完善和发展中国特色社会主义制度，推进国家治理体系和治理能力现代化"，再一次引发了学术界和实务界对国家治理论的高度重视和广泛的讨论研究。国家治理论作为对审计本质认识的超越和升华，对审计理论研究发展和审计实践深化具有战略指导意义。

国家治理论认为，政府审计是国家治理的重要组成部分。国家治理就是通过配置和运行国家权力，对国家和社会事务进行控制、管理和提供服务，确保国家安全，捍卫国家利益，维护人民利益，保持社会稳定，实现科学发展。在这一过程中，政府审计通过依法履行职责，对权力运行进行监督和制约，发挥防御、揭示和抵御的"免疫系统"功能，推动实现国家良好治理。人民通过法律，把权力、责任赋予和委托给人民意志的代表——国家，国家再用法律形式把这些权力和责任分解给代表国家在某个方面行使权力、履行责任的公共权力机关。其中，对公共资源、公共财政、公有财产等的配置、管理、使用过的权力和责任，赋予和委托给了某些公共权力机构及其权力人。对于这些权力行使得如何、责任履行得如何，国家又通过法律授权由专门的机关对其进行监督，这个专门机关进行的监督就是政府审计。所以，在国家治理中，审计实质上是国家依法用权力监督制约权力的行为，其本质是国家治理这个大系统中的一个内生的具有防御、揭示和抵御功能的“免疫系统”，是国家治理的重要组成部分。

国家治理论还明确指出，政府审计对完善国家治理具有重要作用，实现国家的良治是国家发展的客观需要。在不同历史时期，各个国家的治理目标、模式、手段和方法不同，但实现良治或者良政，则是共同追求。一般来说，良治包括合法性、法治、透明性、责任性、回应性、有效性、参与、稳定、廉洁和公正等特征。归纳起来，良治的标准主要有五条：一是有效的国家安全体系，对外维护主权和对内维持政局稳定；二是有效的权力运行和制约机制，遏制腐败；三是有效的法律规则和社会秩序，实现公平正义；四是有效的民生权益保障机制，促进摆脱贫困和增进福利；五是有效的经济社会发展机制，保障国家经济社会健康运行。当今世界，无论各个国家国体和政体如何不同，政府审计都是作为国家基本政治制度的重要组成部分，通过发挥预防、揭示和抵御的“免疫系统”功能，在不断完善国家治理，进而实现国家的可持续发展等方面发挥着积极作用。在推动实现国家良治的过程中，政府审计的作用主要体现在六个方面：第一，政府审计是维护国家安全的重要手段。第二，政府审计是监督制约权力运行的重要措施。第三，政府审计是加强反腐倡廉的有力工具。第四，政府审计是推进民主法治的重要途径。第五，政府审计是维护民生权益的有效保障。第六，政府审计是推动深化改革的重要力量。

因此，国家治理论提出从国家治理的层面去认识政府审计，为进一步深化对政府审计本质特征的认识、准确把握政府审计的发展规律和推动政府审计的科学发展，提供了更宽广的视野和平台。当前，我国国家治理面临着一系列挑战和变化，这就要求审计工作必须不断总结经验、寻找差距，调整和校正发展路径，通过理念创新、机制创新、方式创新和管理创新，适应有效服务国家治理的需要，推动国家治理的完善和改进。首先，要进一步解放思想，牢固树立科学审计理念。其次，要进一步突出重点，在更高层次上发挥审计监督作用。此外，还要进一步改进方式，不断提升服务国家治理的水平和绩效。

国家治理论秉承社会契约论，基于不完全契约下的代理理论，在政府审计本质、目标和职能认识上，实现了对“免疫系统论”“看门狗”和经济卫士论的超越和升华。“免疫系统论”是对“看门狗”和经济卫士论的发展，拓展了审计的功能，而国家治理论则是对“看门狗”和经济卫士论及“免疫系统论”的超越和升华，极大地丰富了审计的内涵。具体表现在两个方面：

一是国家治理论实现了对审计理论基础认识的升华。“看门狗”和经济卫士论及“免疫系统论”都根源于受托责任观，强调政府和人民之间的受托关系，而国家治理论秉承社会契约论，强调政府与人民之间的契约关系。对契约关系的强调，实现了对理论基础认识的升华。首先，契约论是现代公民社会的理论基础，更符合现代公民社会的要求，更有助于政府审计从行政主导向公民主导转变。其次，契约关系中，审计不仅是一种治理机制，而且要为其他治理机制服务，为审计在促进民主法治、提高政府审计透明度中发挥作用提供了强有力的理论依据。

二是国家治理论实现了对审计本质的认识和升华。无论是“看门狗”和经济卫士论，还是“免疫系统论”，都没有超出审计的工具论，把审计当作政府实现目标的工具。国家治理论认为，审计是国家治理的重要组成部分，不仅要帮助政府实现目标，而且要促进责任效率政府的建立。另外，对审计本质认识的变化，导致对审计目标和职能的认识也相应改变。国家治理论认为，国家治理的目标决定了政府审计的方向。因此，审计的目标不再局限于经济监督或经济“免疫”，而是随着国家治理的目标变化而变化，使审计更能满足国家治理、经济转型和政府转型的需求。国家治理论认为，审计的目标是更好地为国家治理服务。因此，政府审计不应该局限于发挥某项职能，而应该根据客观环境的需要，全面发挥各项职能，以更好地为国家治理服务。

1.2.3 公共受托经济责任与现代政府审计本质的认识

以上关于政府审计本质的各种观点，都从不同的角度、不同的侧面对不同历史阶段的政府审计本质作了论述。由于审计的产生是基于所有权和经营、管理或行政权的分离，基于受托责任，基于所有者授权之后“不放心”的心理，也就是说，当所有者不具体行使经营、管理或行政权的时候，就请独立的、有专业能力的第三方，即审计人员来实施监督，使审计逐步嵌入了经济社会运行过程，成为其中一个不可缺少的环节，而政府审计是基于国家对经济安全维护的需要而形成一种权力监督机制，因此，理论界和实务界认为政府审计的本质需要从受托责任的角度理解。对此，本书赞同并采用具有普遍意义的受托责任的观点，并进一步指出，现代政府审计是确保公共受托责任实现和解除的一种审计。

对于公共受托经济责任，最高审计机关亚洲组织在《关于公共责任指导方针的东京宣言》中曾定义如下：“公共受托经济责任是指受托经管公共资产的人员或当局有责任报告对这些资产的经管情况并负有财务、管理和计划项目方面的责任。”秦荣生教授在《受托经济责任论》中也指出：“公共受托经济责任（public accountability）是指受托经营管理公共财产的机构或个人报告经营管理这些财产的责任。受托经营管理公共财产的机构，其范围很广泛，不仅包括中央和地方政府机构，而且包括较大程度上依赖中央或地方政府提供的公有资金或利用其他公共财产的机构。因此，这些机构对公共财产的有关方面以及利益相关的其他方面负有报告责任。”从以上定义我们可以看出，其共同点就是受托人经管公共资产的全部职责，并需要就这些职责向委托人承担责任。在现代民主的国家，人民通过选举代表组成代表机构——国会（在我国是全国人民代表大会），并授予其管理国家事务的权力和提供进行管理所需要的公共资源，这个代表机构就此向人民负责并承担责任。当然，这个代表机构不直接行使具体事务，通过立法将国家管理的权限下放，授予各级管理者行使，分配给其从事管理活动所需要的资源，并向其负责。而这些责任是否得到有效履行，是否实现预期目标，只有通过控制才能得到保证，这种控制的专门机构就是政府审计。在实现和解除受托经济责任程序中，政府审计可以公正评价公共责任的实现情况，揭露其中存在的差错、舞弊、浪费、混乱、玩忽职守等问题，并把这些信息传达给公共财产的授予者或其他关系人，或者公布于众；针对这些存在的问题，政府审计可以作出进一步分析，提出改进建议，鼓励实施一些控制措施，促进公共受托经济责任的实现和解除。公共受托经济责任是政府审计产生的前提条件，而政府审计又因受托经济责任的发展而不断完善。在我国，各级政府按照本级人民代表大会所体现的人民意志对公共财产行使管理经营权，从而对人民负有公共受托经济责任，政府审计则负有确保政府公共受托责任实现和解除的责任。

审计产生于受托经济责任关系，基于受托责任，并逐步嵌入了整个经济社会运行过程中。根据传统的审计理论，政府审计的本质是对公共受托经济责任履行情况进行独立的监督，即经济监督论。其对象表现为对政府财政财务收支的审计监督。政府审计一方面产生于公共受托经济责任关系，另一方面随着公共受托经济责任内涵的丰富而发展。在我国经济转轨、政府转型的大背景下，政府公共受托经济责任内涵的丰富而发展，也使得审计机关对于政府审计本质的认识逐步深化。政府审计逐步从单纯的监督向监督与服务并重转变，从被动向主动转变，从具体的经济活动向关注民生、关注经济社会系统的运行安全转变。对于新时期政府审计本质的理解，原审计长李金华(2003)认为，现代政府审计是民主法治的产物，是推动民主法治进程的工具。依据这一本质的理解，我们认为，从公共受托经济责任的角度来看，维护本土人民的经济安全是其民主法治本质的要求和公共受托经济责任的具体表现形式，是法定职责。对于现代政府审计本质的认识，现任审计长刘家义(2008)在全国审计工作会议上提出，从本质上看，政府审计是保障国家经济安全功能的形象比喻。作为一种制度安排，政府审计机关在政府内部具有内生的“免疫”作用，它可以通过审计所特有的独立、客观、公正从更高的层面、更广的范围，密切关注经济问题可能引发社会不稳定因素甚至演变为政治问题，及时提出对策性建议，防范苗头性问题演变成趋势性问题、局部性问题演变为全局性问题，及早感受风险，提前发出警报。

总之，现代政府审计是伴随着公共受托责任的产生而产生，伴随着公共受托责任内涵的发展而发展。公共受托经济责任是现代政府审计的本质特征，也是现代政府审计理论的重要基石。

答案解析

1.3 政府审计的目标和分类

1.3.1 政府审计的目标

政府审计目标是指在一定的社会环境下政府审计活动意欲达到的理想境地或预期效果，是审计工作的出发点和归结点。政府审计目标的确立是主观见之于客观的活动，是政府审计本质与特定环境相互联系和相互作用的产物。政府审计的目标是根据公共受托责任论，即受全体人民委托对各级政府及其各部门、使用公共资金的企事业单位、社会团体以及相关个人等受托责任的履行情况进行检查、作出评价而派生出来的，简而言之，即监督被审计单位财政收支、财务收支及有关经济活动的真实性、合法性和效益性。

1. 真实性

真实性是审计机关对审计事项的真实性进行审计监督，这一目标主要是确定财政、财务收支是否与实际情况相符合，是否已经发生，有无差错、虚假、舞弊行为等；各种经济信息是否客观、真实、全面、正确地反映了实际的财政、财务收支状况和经营管理成果，政府各项经济责任是否如实履行，向社会和公众所发布的信息是否真实无误，所作承诺有无如约兑现等。

2. 合法性

合法性是审计机关对审计事项的合法性进行审计监督。这一目标主要是确定各项财政、财务收支是否符合法律和规章制度的规定，包括财政财务收支的发生是否违反法律规定，财政财务收支程序是否合法，各项会计处理是否遵循了法律和会计准则的规定，特别是对政府是否依法行政、规范行政，其行政执法行为是否客观、公正等进行审计监督。

3. 效益性

效益性是审计机关对审计事项的经济效益、社会效益和环境效益进行审计监督，着重解决财政、财务收支活动是否符合经济性(economy)、效率性(efficiency)、效果性(effectiveness)。在西方又称作“3E”审计。经济性是用以评价实际资金投入或费用列支，与预计资金投入或者费用的列支相比，是节约还是超支的一个目标。效率性是用以评价实际资金投入或者费用列支与预计相比，是否获利及获利的频率如何的一个目标，即产品、服务或其他形式的产出与其消耗资源的关系。一项有效率的活动应该是在保证质量的前提下，以一定的投入实现最大的产出或实现一定的产出使用最小的投入。效果性是评价实际所得与预期所得相比的结果优劣程度的一个目标，即既定目标的实现程度，以及一项活动的实际效果与预期效果的关系。

从长远来看，真实性、合法性、效益性三者相互联系、相互影响，其中真实性是合法性、效益性的基础，真实性目标实现了，在很大程度上就解决了合法性问题，被审计单位真实的效益也必然清晰地反映出来。因此，在确保会计信息真实的基础上，揭露查处各种严重违法违纪行为，促进被审计单位加强改善经营管理、提高经济效益和社会效益，逐步实现真实、合法、效益三个审计目标的统一，从而全面实现政府审计的目标。自我国重新建立审计机关以来，一直是以真实性、合法性为首要目标，不可否认，这是与我国当时的历史时期和特定环境相适应的。有限的审计资源使得审计机关只有先解决真实性问题、查处各种弄虚作假行为、纠正会计信息失真问题，才有可能真正实现合法性和效益性目标。政府审计以真实性、合法性、效益性为目标，对维护国家财经法纪、严肃财经纪律、促进廉政建设，较好地发挥了应有的作用。但随着我国社会主义市场经济体制的建立和完善，所有权与经营权进一步分离，政府的职能逐步由直接管理企业向以宏观调控为主和完善企业的运作环境方向转变。公共财政、公共管理等政府治理行为的转变，使得以效益性作为政府审计的目标逐步成为可能。在此种环境下，真实性、合法性不能再作为政府审计的唯一目标，这是与公共受托责任的发展、市场经济体制、民主法治建设对政府审计所提出的最新要求不相吻合的。这时，我国的审计机关开始了以效益性为目标的政府绩效审计实践，像国债资金、扶贫资金、三峡移民资金等，虽然没有把绩效审计的效益性目标明确提出来，但已经在具体实施过程中体现了不同程度的效益性。从各国绩效审计的实践来看，我国与国外相比，目前开展以效益性为目标的绩效审计还存在相当大的差距，一是有限的审计资源制约着政府审计向绩效审计延伸，虽然绩效审计作用大，效果好，但投入大于财政财务审计，在审计资源有限的情况下很难向绩效审计领域倾斜；二是目前开展绩效审计的环境尚不具备，大多数被审计单位企业管理松弛，会计核算不规范，在这种环境下开展绩效审计难度很大；三是审计主体的素质尚不能完全适应绩效审计的要求，这也将是未来我国政府审计亟待开展的工作。为此，我国应在结合自身情况的基础上，将财务审计与绩效审计相结合，逐步探索一条有中国特色的绩效审计之路。

1.3.2 政府审计的分类

政府审计可以从不同的角度，依据不同的标准，划分出不同的类型。审计分类的一般方法是：首先，提出分类的标志，并根据每一种标志，确定归属其下的几种审计。然后，按照一定的逻辑程序，将各类审计有秩序地排列起来，形成审计类型的群体。具体分类如下。

1. 按审计的内容分类

政府审计按审计的内容分类，可以分为财政财务收支审计、财经法纪审计和经济效益审计三类。

（1）财政财务收支审计。财政财务收支审计又称传统审计，在西方国家叫作财务审计或依法审计，是指对审计单位财政财务收支活动和会计资料是否真实、正确、合法和有效所进行的审计。财政财务收支审计的主要内容是财政财务收支活动，目的是审查财政财务收支活动是否遵守财经方针、政策、财经法令和财务会计制度、会计原则，是否按照经济规律办事，借以纠正错误，防止弊病，并根据审计结果，提出改进财政财务管理、提高经济效益的建议和措施。财政财务收支审计不仅要审核检查被审计单位的会计资料，而且要审核检查被审计单位的各项资金及其运作。财政财务收支审计按照对象不同，又可以分为财政收支审计和财务收支审计。财政收支审计是指审计机关对本级财政预算执行情况、下级政府财政预算的执行情况和决算，以及预算外资金的管理和使用情况的真实性、合法性进行的审计监督。财务收支审计是对金融机构、企事业单位的财务收支及有关的经济活动的真实性、合法性所进行的审计监督。以企业财务收支审计为例，审计内容主要有：企业制定的财务会计核算办法是否符合《企业财务通则》《企业会计准则》以及国家财务会计法规、制度的规定；对企业一定时期内的财务状况和经营成果进行综合性的审查并作出客观评价。

（2）财经法纪审计。财经法纪审计是由审计组织对严重违反财经法纪的行为进行的专项审计。财经法纪审计的目的在于维护国家经济利益，保护国家利益不受侵占和损害。当前，由于财经法规逐步健全，一些单位在执行财经纪律时还不够严格，加之财务管理有些偏松，财产损失浪费、违法乱纪的现象仍普遍存在，因此，加强财经法纪审计活动，有利于加强社会主义法治，维护国家财经法纪，纠正不正之风，遏制腐败现象，切实加强廉政建设和党风建设，保护国家、集体和个人三者的正当权益，保证党和国家各项方针、政策的贯彻执行。财经法纪审计的主要任务是审查被审计单位贯彻执行财经法纪情况及存在问题，彻底查明各种违法乱纪案件，并根据审计结果，提出处理建议和改进财政、财务管理的意见。财经法纪审计的主要内容就是追查一切违法乱纪事件及其发生原因，包括对于那些不顾国家利益截留税利、挤占财政收入、偷税、转移挪用资金、乱搞计划外工程、乱挤成本、乱涨价、擅自提高开支标准等违反财经纪律的行为，应加以揭露和纠正；对于那些在流通领域内大搞不正之风、受贿、私分产品、私设小金库、滥发奖金、损公肥私的行为，应彻底查明并进行处理；对于那些贪污盗窃、投机诈骗、破坏经济建设、侵吞国家财产等违法活动，应立专案审查，对严重的违法经济案件，要移送司法机关查处。

（3）经济效益审计。经济效益审计是对财政财务收支及其有关经济活动的效益进行监督的行为。审计机关对列入审计监督范围的所有单位和项目，都可以进行经济效益审计，其中以审计公共财政资金使用效益最为典型。目前，我国审计机关主要开展财政收支审计和财务收支审计。随着我国经济增长方式由粗放型逐步向集约型转变和实现可持续发展战略的实施，人们越来越关注经济效益问题。审计机关在对财政收支和财务收支进行监督的同时，将根据客观需要逐步开展经济效益审计。

2. 按审计实施时间分类

政府审计按其实施时间不同，可以分为事前审计、事中审计和事后审计。

（1）事前审计。事前审计也称防护性审计，是指审计组织在被审计单位某项经济业务发生前进行的审计。它一般用来审查目标、计划、预算、决策、合同、方案等的编制是否可行、经济有效、合理合法，以起到防患于未然的作用。事前审计的着眼点不在于历史性的财务收入，而在于促进被审计单位的经济活动达到预期效果和经营决策的实现。反之，决策和计划制定得不科学，就会导致严重的后果。加强事前审计，特别是在内部审计中加强事前审计，将有利于完善被审计单位经济管理工作中的基础工作，有利于严肃执行财政财务管理制度，加强计划的科学性，避免主观决策、盲目决策对经济工作带来的危害。这样，就能做到防患于未然，确保财政财务收支和经济活动达到预期的目标。

(2) 事中审计。事中审计也称期间审计、跟踪审计，是指审计组织在被审计单位某项经济业务发生过程中进行的审计。它一般用来审查目标、计划、预算、决策、合同、方案等的实施情况，以便及时发现和纠正差错，保证目标、计划等的顺利实现。

(3) 事后审计。事后审计是指审计组织在被审计单位某项经济业务结束后进行的审计。它一般用来审查目标、计划、预算、决策、合同、方案等的执行结果，以评价经济业务是否合理、合法、有效，有关会计资料是否真实、公允。事后审计是审计活动中通常采用的一种传统审计方式。它可以根据实际需要由审计机关确定时间，包括年后审计和年中审计，也就是说，既可以定期每年、每季或每半年进行一次，也可以不定期根据需要随时进行审计。例如，专案贪污盗窃的审计等。这些审查对于防止或减少错误和弊端的发生、维护财经纪律、保护国家集体经济利益，都有重要作用。以事后审计为基础，积极向事前、事中审计的延伸是现代审计的发展方向。

3. 按审计执行地点分类

政府审计按其执行地点不同，可以分为报送审计和就地审计。

(1) 报送审计。报送审计也称送达审计，是指由被审计单位按照审计机关规定的期限(月、季或年度)，按需要审查的有关资料送达到审计机关所进行的审计。报送审计适用于对行政机关和事业单位等业务量较少、会计资料不多或地域分散的单位进行的审计。这种审计可以提高审计机关的权威性，有利于节约审计费用，但是，不利于彻底查清问题，它一般适用于对行政机关和事业单位的经费预决算审计。

(2) 就地审计。就地审计是指审计机关派审计人员或者审计组直接到被审计单位所在地进行的审计。这种审计主要适用于企业，大多数属于定期的年度审计。但对于某些特殊案件，如贪污舞弊案件等临时性的专案审计，也必须到被审计单位进行就地审计。这种审计不仅有利于减少审计资料往返运送的时间，保证审计资料的安全，而且有利于审计人员深入现场，调查了解实际情况，进行全面深入的审查，保证审计质量。为了保证审计质量，审计机构应尽可能地采用就地审计方式，特别是财经法纪审计和效益审计，必须采用就地审计。

4. 按审计组织方式分类

审计按其组织方式不同，可分为委托审计、联合审计、驻地审计、巡回审计、预告审计和突击审计。

(1) 委托审计。委托审计是指由审计委托人委托注册会计师审计组织，按委托方的要求对被审计单位所进行的审计。

(2) 联合审计。联合审计是指两个以上的审计组织或审计组织与有关经济监督机构联合进行的审计。

(3) 驻地审计。驻地审计是指审计机关派出审计机构或审计人员驻在被审计单位对其进行经常性的审计。

(4) 巡回审计。巡回审计是指审计组织按规定的时间和先后次序轮流到几个被审计单位进行的审计。

(5) 预告审计。预告审计也称通知审计，是指审计组织在进行审计之前，把将要进行审计的目的及主要内容等，预先通知被审计单位及其有关人员的情况下所进行的审计。它主要适用于一般性财务审计和效益审计。

(6) 突击审计。突击审计是指审计组织在进行审计之前，不预先把审计的目的、日期及主要内容等通知到被审计单位及有关人员，而采用突然袭击的方式所进行的审计。它主要适用于保密性较强的专案审计。

5. 按审计范围分类

审计按其范围不同，可以分为全部审计、局部审计与专项审计。

(1) 全部审计。全部审计也称全面审计，是指审计组织对被审计单位在审计期内的全部经营活动及其经济资料所进行的审计。例如，企业会计报表审计就是典型的全面审计。全面审计内容的业务面广、量大，需要耗费较多的人力、物力与时间，一般情况下，都是年后审计，定期进行，因此全面审计也称为常年审计或年终的财务审计。这种审计具有彻底审查的优点，但是，它的工作量一般比较大，审计成本比较高。因而，它一般采用抽样审计方法进行，而且需要定期进行。以财务审计来说，它不仅要从凭证到报表进行全过程的审核，而且要求将审计的范围从企业的财会部门扩大到一切职能部门，包括供应、生产、销售等部门在内，查证、查明整个经济活动所存在的问题，分析全部业务工作的成绩、缺点，评价其真实、准确程度和是否合法、合理。

(2) 局部审计。局部审计是指审计组织对被审计单位审计期内的部分经营活动及其经济资料所进行的审计。

(3) 专项审计。专项审计是指对被审计特定项目进行的审计。专项审计具有针对性强、审查细致的优点，但往往不够全面彻底。它可以根据需要随时进行。

综上所述，依据不同的标准对政府审计所进行的各种分类，既各有特点、相互区别，又相辅相成、密切相关。审计人员在执行审计任务时，应根据不同的审计目标和要求，结合被审计单位的实际情况，恰当地选用审计类型，更好地完成审计任务，同时可以选用几种审计类型，结合使用，使其相互补充，扬长避短。

本章小结

本章主要学习了政府审计的产生和发展、政府审计的本质以及政府审计目标和分类。从世界范围来看，政府审计的产生和发展大致经历了古代政府审计、近现代政府审计的发展阶段，并日臻完善；随着政府审计理论和实践的不断发展，对政府审计本质的探索也逐渐深入，主要有查账论、方法过程论、财政监督论、经济监督论、受托责任论的传统观点以及民主法治论与政府治理工具论、“看门狗”和经济卫士论、“免疫系统”论、国家治理论的现代观点，本书进一步指出现代政府审计是确保公共受托责任实现和解除的一种审计；政府审计的目标主要有真实性、合法性和效益性；政府审计从不同的角度，依据不同的标准，划分出不同的类型，本书从内容、实施时间、执行地点、组织方式和审计范围等来划分。

重要概念

政府审计本质　受托经济责任　政府审计目标　政府审计分类

阅读资料

[1] 张庆龙,沈征.政府审计学[M].北京:中国人民大学出版社,2015.
[2] 尹平,郑石桥.政府审计学[M].北京:中国时代经济出版社,2013.

本章练习

一、单项选择题

1. 中国政府审计最早产生于(　　)。

A. 汉朝　　B. 唐朝　　C. 西周　　D. 清朝

2. 政府审计的目标不包括(　　)。

A. 真实性　　B. 效益性　　C. 合法性　　D. 公允性

3. 我国最高审计机关——中华人民共和国审计署正式成立于(　　)年。

A. 1982　　B. 1983　　C. 1988　　D. 1995

4. 确定财政、财务收支是否与实际情况相符合,是否已经发生,有无差错、虚假、舞弊行为等属于政府审计的(　　)目标。

A. 真实性　　B. 效益性　　C. 合法性　　D. 公允性

5. 按照审计范围划分,政府审计可以被划分为(　　)。

A. 全部审计、局部审计和专项审计　　B. 报送审计和就地审计

C. 委托审计、联合审计和突击审计　　D. 事前审计、事中审计和事后审计

二、多项选择题

1. 按照审计内容划分,政府审计可以被划分为(　　)。

A. 财政财务收支审计　　B. 财经法纪审计

C. 经济效益审计　　D. 委托审计

E. 持有至到期投资

2. 按照审计实施时间划分,政府审计可以被划分为(　　)。

A. 事前审计　　B. 联合审计　　C. 事中审计　　D. 事后审计

3. 按照审计组织方式划分,政府审计可以被划分为(　　)。

A. 委托审计　　B. 联合审计　　C. 驻地审计　　D. 巡回审计

E. 预告审计　　F. 突击审计

三、简答题

1. 简述公关受托经济责任与现代政府审计本质的关系。

2. 简述国家治理论下的政府审计本质的基本观点。

第 2 章　政府审计组织和人员

➤ 内容提要
➤ 重点难点
➤ 学习目标
➤ 知识框架
➤ 2.1　政府审计的组织体制
➤ 2.2　审计机关的设置和职责
➤ 2.3　政府审计人员
➤ 本章小结
➤ 重要概念
➤ 阅读资料
➤ 本章练习

内容提要

本章主要讲解政府审计机关的组织模式、领导体制，审计机关的设置、职责和权限以及政府审计人员的组成、职业化和素质要求等内容，分为两节课进行讲解；本章重点为审计机关的领导体制；本章内容都较为容易理解，难度较低。

重点难点

本章重点为审计机关的领导体制；本章内容难度相对较低，容易理解。

学习目标

学生通过本章学习，应掌握政府审计的组织模式和领导体制、审计机关的设置和职责；了解政府审计人员的组成、职业化和素质要求；熟悉政府审计的权限等内容。

知识框架

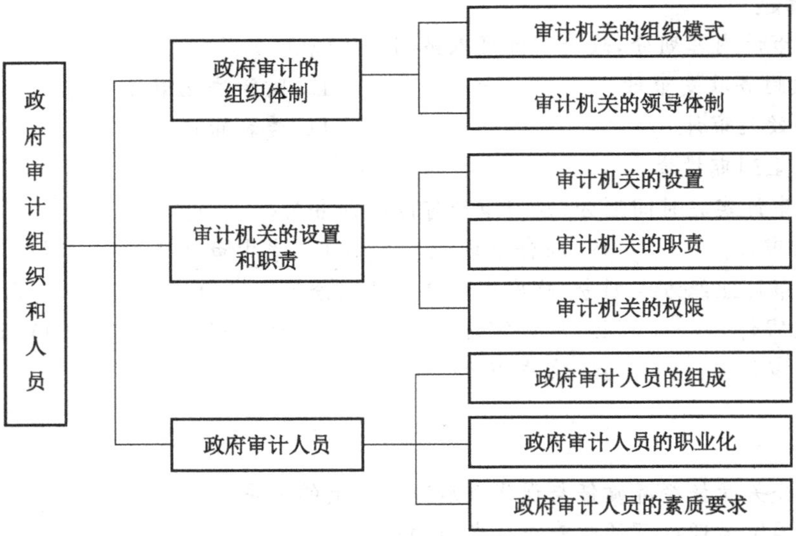

引入案例　美国的审计组织体系

美国是一个多元政治的联邦制国家，实行“三权分立”的统治形式，全部国家权力分为立法权、行政权和司法权三部分，分别由议会、政府和法院行使，相互约束，以达到“权力制衡”。美国的最高国家审计机关是美国会计总署，它是不属于任何党派的中立组织，隶属于议会，向议会报告审计结果。会计总署由总监察和副监察领导，正副监察由议会确定人选，由总统提名，任期15年，在其任职期间不得随意撤换。美国地方审计机关与联邦会计总署不存在领导与被领导的关系，甚至各州的体制各不相同。一种是隶属于地方议会，另一种是与地方议会、政府平行。

美国会计总署机构庞大，人员众多，主要是审计师和会计师，另外还包括经济、管理、工程、数学、统计和电子计算机方面的专家。美国审计机关人员结构复杂，体现了多样性审计对象对广博知识的要求，为进一步拓宽审计范围打下了坚实基础。美国会计总署的工作人员是通过严格的考核录用的，由于审计人员审查政府财政支出肩负重大责任，他们使用较先进的审计方法，在审计界中享有较高声誉。

美国会计总署是依据《预算与会计法》设立的。一开始是协助议会促进预算和会计管理，后来为强化对政府财政行为的经济监督，致使会计总署的职能由以会计为主转变为以审计为主。会计总署负有会计和审计双重职能，一方面，要为联邦政府制定会计制度。另一方面，还拥有审计的职责和权限，并且可以制定审计标准。

美国的会计总署的职权范围广泛，除中央情报局和总统办公室等特殊机构外，联邦政府各部门及其所属企事业单位与公共开支有关的所有事项，都列入审计范围。由于政府部门的支出都有相应的立法标准，因此，审计工作特别注重所有支出的合法性。会计总署制定的《政府的机构、计划项目、活动和职责的审计标准》，增加了国家审计的工作内容，在原来的财务审计基础上扩大了经济、效率和效果审计。会计总署的职权仅限于检查、评价和向议会报告，没有行政处罚权。

2.1 政府审计的组织体制

政府审计组织体制是国家根据政治、经济发展的需要，通过宪法、审计法等法定程序，对审计机关的组织形式、领导体制以及职权设置等制度的总称。简单来讲，政府审计组织体制就是审计机关归谁领导、对谁负责以及最高审计机关与地方审计机关之间关系的制度，其内容涉及审计机关的组织模式和领导体制。

2.1.1 审计机关的组织模式

目前，世界上180多个国家或地区设立了政府审计制度，按照审计机关的隶属关系可以划分为立法模式、司法模式、行政模式和独立模式。

1. 立法模式

立法模式的审计机关隶属于国家的立法机关(议会或国会)，受国家立法机关领导，根据《宪法》和《审计法》赋予的权限，对各级政府部门的财政收支和其他经济活动，以及国有企事业单位的财务收支活动和有关经济活动进行监督检查。在该种模式下，审计机关拥有调查权和建议权，但是没有处理权。政府审计机关独立行使审计监督权，对议会或国会负责并报告工作，完全不受行政当局的控制和干扰，其地位较高，独立性和权威性较强。

在这种模式下，审计机关接受立法机关(社会公众或纳税人的代表)的委托，对政府(公共资源的经营者)的经济行为实施审计，向立法机关报告工作结果。审计报告反映财政收支的合法性和绩效性，对议会审查政府的预算拨款法案（追加、削减或停止拨款）具有重要的导向作用。同时，政府审计机关还常被立法机关用以从外部制衡政府的行为，避免政府与市场主体的合谋导致的市场失灵，如审计机关参与重要产业政策的辩论会或听证会，对将要实施政策的利弊作出评价，提出建设性意见。

目前实行立法、行政、司法三权分立政治制度的国家大多倾向于选择立法模式。英国是这一组织模式的先行者，其最高审计机关——审计署就隶属于议会，对议会负责并报告工作。美国是采用立法模式较为成熟的国家，审计总署就隶属于国会，对国会负责，不受行政当局的控制和干涉，地位较高，独立性较强。此外，世界上还有许多国家实行这一类型的组织模式，如加拿大、澳大利亚、奥地利等。

2. 司法模式

司法模式的政府审计机关独立于立法机关和行政系统，隶属于国家的司法机关，受司法机关的领导，拥有一定的司法权，政府审计具有审计和经济审判的双重职能。由于审计与司法结合，审计机关的地位及权威性较高，审计的职能和作用通过完整的法律条款加以确定，成为社会法制链条的重要环节。

在这种审计组织模式下，审计机关拥有最终判决权，有权直接对违反财经法规、制度的任何事项和人进行处理。公共会计每年须将反映公款征收收入和公务支出的账目提交审计机关接受审计，审计机关的决定具有终审效力，被审计单位必须执行，只有在判决越权、判决程序不符或违反法律时，才可以向最高行政法院提出上诉。同时，政府审计机关对发布拨款命令的拨款人和决策者实施审计，防止产业政策、社会福利政策制定或执行中的非理性经济行为的发生，维护基本经济秩序。

这一审计组织模式起源于法国，以法国为例，其设立审计法院，性质属于行政法院，拥有充分独立的调查权和审判权，可以对违法或造成损失的事件进行审理并予以处罚。意大利、西班牙等西欧大陆、南美和非洲的一些国家的审计制度也属于这一模式。

3. 行政模式

行政模式下的审计机关隶属于政府行政部门或隶属于政府某一部门的领导，审计机关根据国家法律赋予的权限，对政府各部门、各单位的财政预算和收支活动进行审计，并对政府负责，保证政府财经政策、法令、计划和预算等的正常实施。行政模式下，最高审计机关的独立性和权威性不强，其审计监督属于行政监督，是政府经济管理的自然延伸和必要补充，与政府经济管理的定位高度吻合。行政模式起源于前苏联，并主要为原东欧一些社会主义国家所采用，我国的审计署隶属于国务院就属于此类。

在此模式下，审计机关既是政府的职能部门，执行政府的指令，完成政府交办的各项任务，能够在政府授权下直接实施审计监督，或直接为政府经济管理服务；同时，审计机关又是政府的监督部门，代表社会公众利益对政府经济管理进行监督，对政府行政权力进行制约和规范，所以审计机关又可以在法定范围内对政府这一规范者进行再规制。

目前采取这种模式的国家不多，我国的审计署和地方审计机关分别隶属于国务院和各级地方政府，在国务院总理和各级政府行政首长的领导下，独立行使审计监督权。属于这种模式的国家还有瑞典、巴基斯坦、泰国、越南等。

4. 独立模式

独立模式下的审计机关独立于立法、司法和行政部门，单独形成国家政权的一个分支，以民间或半民间半官方的身份从事独立的审计监督和审计规制活动。审计机关以会计检察院或审计院为组织形式。审计机关坚持依法审计的原则，客观公正地履行监督职能，只对法律负责，不受议会各政党或任何政治因素的干扰，对审计出来的问题没有处理权，需交司法机关处理。

在独立模式下，审计机关代表社会公众对政府经济活动和产业规制实施监控，或协助政府解决市场经济运行和产业规制中涉及公众利益或公众关注的难点、疑点、热点问题。独立模式是对政府经济行为的体外监控，这种监督不代表任何政党和利益集团，而只能是代表社会绝大多数成员的利益，所以规制的力量来自社会民众。因此，无论从理论上看，还是从形式上看，独立型审计组织模式下的审计机关的独立性都是最强的。

德国的最高审计机关是联邦审计院，其独立于立法、司法和行政部门，仅对法律负责，并依法向立法部门提供咨询和提出审计报告，地方审计机关是州审计院，也依据法律独立审计，向地方立法部门、行政部门及司法部门提供有价值的建议和信息。日本的最高政府审计机关是会计检察院，既不隶属于国会和内阁，也不隶属于司法机关，独立检查国家财政的预算执行情况并定期向国会报告工作，同时还审查国家投资占50%以上的企事业单位或有选择的审查国家投资低于50%的单位的财务收支等。属于这一类型的国家还有孟加拉国、阿尔及利亚、尼泊尔、不丹等。

总之，审计机关是国家政权的一个组成部分，其体制模式取决于该国的经济发展状况、政治制度结构特征和历史传统。审计机关的不同组织模式之间不存在孰优孰劣的问题，每一种模式都有其产生和发展的历史背景和环境，都有其不同的审计职责、职权和隶属关系，如表2-1所示。因而，政府审计的组织模式的选取应在国家权力架构内，结合一国经济、政治制度的发展要求去审度国家的审计体制。没有哪一种审计体制是最优的，只要适应国家的整体环境，能够充分发挥审计监督作用、实现审计监督目标，这样的审计体制就是最适宜的。

表2-1 **各国政府审计组织模式比较一览表**

组织模式	隶属关系	审计职权	审计经费	代表国家
立法型	议会、国会	检查建议、报告	议会支付、独立核算	英国、美国
司法型	司法序列	检查、调查、报告、处理、裁决、建议	议会拨付、独立核算	法国、意大利
行政型	国务院、总统	检查、调查、处理、建议、报告、裁决	独立核算、财政部拨付	中国、泰国
独立型	独立	检查、调查、报告、建议、处理、审计立法权	独立核算	德国、日本

2.1.2 审计机关的领导体制

政府审计机关领导体制是指审计机关的隶属关系和权力划分等方面的制度体系的总称，即上下级审计机关之间的领导关系。综观世界各国，政府审计机关的领导体制包括分级领导体制、垂直领导体制和双重领导体制。

1. 分级领导体制

分级领导体制是指中央审计机关和地方审计机关各自独立，没有任何领导或指导的关系。这种领导体制适用于联邦制国家。在联邦制国家，地方有独立的立法权，地方审计机关对当地的立法机关负责，不受联邦审计机关的领导。例如，美国地方审计机关主要对当地的立法机关负责，其在实现各自的审计职能与向各州和地方议会报告方面所起的作用跟审计总署基本相同，但并不接受联邦审计总署的领导。各州和地方政府审计局直接对各州和地方议会负责，有权对该州政府和地方政府的任何官方事务或与政府有关的事务进行审查和监察。审计总署与各州或地方审计局之间没有上下级的隶属关系，它们之间不存在任何领导或指导的关系。为了排除外来压力的影响，中央和地方审计机关的经费分别由联邦和各州议会单列预算予以保证。

2. 垂直领导体制

垂直领导体制是指地方审计机关受其上级审计机关的领导，中央审计机关与地方审计机关之间的关系是上下级之间的关系。在垂直领导体制下，中央审计机关与地方审计机关可以分别对中央与地方的财政资金进行监督，但地方审计机关在业务上要接受中央审计机关的领导。例如，印度各邦的主计审计长是主计审计长公署驻所在邦的代表，在主计审计长公署的领导下，审查所在邦的财政收支和公共企事业的财务收支。这种领导体制适用于计划经济和中央集权的国家，也在一些小国实行。其特点是行政级别较少，决议的传递和执行情况的反馈较为迅速；其缺点是地方审计机关没有自主权，不能针对本地区的实际情况开展必要的审计工作。

3. 双重领导体制

双重领导体制是指地方审计机关受其上级审计机关和本级地方政府的双重领导，上级审计机关的领导以业务领导为主，本级地方政府的领导以行政领导为主。世界上少数国家采用这种体制，我国就是其中之一。我国《宪法》规定：地方各级审计机关对本级人民政府和上一级审计机关负责。我国审计机关的双重领导具有以下三个特征：一是审计机关直接受本级人民政府行政首长的领导；二是地方审计机关实行双重领导体制，同时受本级人民政府行政首长和上一级审计机关的领导；三是地方审计机关的审计业务以上级审计机关领导为主。

设立双重领导体制的初衷是加强国家财政审计工作的一致性和独立性，减少地方政府对审计工作的影响。但在实际工作中，这种体制恰恰严重地影响着审计的独立性，制约着审计监督作用的发挥。首先，在双重领导体制下，存在一个地方审计机关是按照上一级审计机关的要求如实反映情况还是听从地方政府的指令保留或夸大实际的问题。这在主观上反映的是地方审计机关从上还是从下的矛盾，在客观上反映的是国家利益与地方利益的冲突。只要存在国家与地方之间的利益冲突，只要实行的是这种双重领导体制，审计机关就必定会在夹缝中处于两难之境，审计工作必定会阻碍重重，难以达到预期效果。其次，审计的独立性要求审计机关独立于被审计单位，但中央审计机关和地方审计机关不仅在组织关系上隶属于其要审计的行政部门，而且其经济命脉也被审计单位掌握，独立性无从谈起。虽然在我国颁布的《审计法实施条例》(2014 年征求意见稿)第十二条已经规定："国务院和地方各级人民政府应当保证审计机关履行职责所需人力和经费，并为审计机关提供相应的工作条件"，但实际上许多地方审计机关的经费只是按照当地定员定额标准列入财政预算，而其他履行职责所必需的经费则未列入预算，往往需要审计机关临时单独报批，这既影响审计机关的工作效率，也限制了审计机关的工作范围。但是，现行审计体制出现的有碍审计独立性的问题，症结不在于审计体制的隶属关系，而是源于双重领导的内在矛盾。因此，我国审计机关领导体制的改革方向应为垂直领导体制，切断审计机关与地方政府的组织设置、人员任免、经费来源等行政关系，使地方审计机关在“业务上和行政上都直接接受审计署的领导”。

新时期我国审计机关领导体制的新格局

2.2 审计机关的设置和职责

2.2.1 审计机关的设置

1. 审计机关设置的原则

为了更好地履行审计的职责，充分发挥审计职能，设置审计机关时，应主要遵循独立性与权威性两项原则。

(1) 独立性原则。独立性是审计的灵魂。审计机关的设置必须独立于财政财务部门和其他业务管理部门，必须独立于被审计单位，以确保审计机关能够依照法律规定独立行使审计监督权，不受其他行政机关、社会团体和个人的干涉，从而保证审计工作的客观公正性。审计机关的独立性主要体现在组织、人员、经费和工作上的独立性，以保证审计监督的客观性、公正性、权威性和有效性。组织上的独立性是指审计机关应独立设置，与被审计单位没有组织上的隶属关系。人员上的独立性，是指审计人员与被审计单位应当不存在经济利害关系，不参与被审计单位的经营管理活动。工作上的独立性，是指审计机关及其审计人员依法独立开展审计工作，作出审计判断、提出审计报告、出具审计意见书和作出审计决定，其他行政机关、社会团体和个人不得干涉。经费上的独立性，是指审计机关履行职责所必需的经费，按照审计法的规定单独列入财政预算，以保证有足够的经费独立开展工作。

(2) 权威性原则。权威性一般体现在国家法律对审计组织的权限和地位方面的规定。以审计机关为例，为了确保其能完成法律所赋予的综合性的经济监督工作，包括对其他经济监督部门的再监督任务，审计机关必须在经济监督体系中占据较高层次的地位，并且必须依法设置。

2. 审计机关设置的法律依据

审计机关的设置要遵循独立性和权威性的原则，两者是政府审计得以顺利进行的基本条件，而政府审计机关的独立性和权威性须由法律来保证。从世界各国审计机关的设置来看，大都通过政府法律的形式，确立了政府审计的地位、作用、权限与职责。对此，最高审计机关国际组织《利马宣言》规定：“最高审计机关的建立及其独立的程度应在宪法中加以规定。”目前，各国审计机关的设置都有其法律渊源，有的是以成文宪法作为法律依据，有的是以不成文宪法作为法律依据。例如，英国的《大宪章》和《权利法案》等宪法性文件，规定了议会对国家的税收和财政的审查权力，这就意味着政府审计权归议会所有。英国议会还专门通过《财政和审计法》确认政府审计的地位。我国通过《宪法》和《审计法》确定了政府审计的法律地位。

3. 我国审计机关的设置

我国的审计机关是国家行政机关的组成部分，是根据《宪法》《审计法》的规定建立起来并实施审计工作的。根据《宪法》以及《审计法》(2006 年修订)的规定，国家实行审计监督制度，国务院设立审计机关，县级以上的地方各级人民政府设立审计机关。

从地域而言，审计机关分为中央审计机关和地方审计机关；从组织形式上看，有常设机关，也有派出机关。我国审计机关由审计署和地方审计机关组成，各级审计机关的审计范围按照被审计单位财政财务的隶属关系来划分，如属于中央的企事业单位由审计署负责审计；属于地方的企事业单位，分别由省、市、县审计机关负责审计。

(1) 中央审计机关。中央审计机关是在国务院总理直接领导下的审计机关，在我国，中央的审计机关为审计署，成立于1983年9月15日，它是国务院所属部委级的国家机关，是我国最高审计机关。它具有双重法律地位：一方面，它作为中央政府的部门，要接受国务院的领导，执行法律、行政法规和国务院的决定，以独立的行政主体从事活动，直接审计管辖范围内的审计事项；另一方面，审计署作为我国的最高审计机关，在国务院总理的领导下，主管全国的审计工作，它又有自己的职责范围，对自己所管辖的事项，以独立的行政主体从事活动，并承担由此而产生的责任。根据《审计法实施条例》(2014年征求意见稿)的规定，国务院设立审计署，在国务院总理的领导下，主管全国的审计工作。审计署的基本任务是：①接受委托起草、修改审计法律、行政法规草案；②研究、制定审计工作的方针、政策，发布审计工作的命令、指示和规章，确定审计工作重点，指导编制全国审计工作计划；③办理审计署管辖范围内的审计事项，组织对全国财政收支有关的特定事项的专项调查研究；④领导管理全国审计机关的审计业务以及其他审计工作；⑤依照法律、法规规定，指导、监督全国的内部审计和注册会计师审计工作。

审计署由署机关、派出机关和直属事业单位组成。署机关可以分为专业审计司和综合行政部门两类。其中，审计署内设的专业审计司有：财政审计司、金融审计司、行政事业审计司、农业与资源环保审计司、社会保障审计司、固定资产投资审计司、外资运用审计司、经济责任审计司、企业审计司、境外审计司。它们主要负责直接进行审计，开展专项审计调查，组织派出机关和地方审计机关进行行业审计，对派出机关和地方审计机关进行业务指导等。综合行政部门包括办公厅、法规司、国际合作司、人事教育司、直属机关党委等。其主要负责机关内部综合行政工作、信息传递与对外宣传、审计计划统计、政策法规的制定、审计执法检查与审计质量管理、受理被审计单位提出的对下级审计机关或者派出机关的复议申请、人事调配、党群工作等。

此外，《审计法实施条例》(2014年征求意见稿)第十条规定："省、自治区人民政府设有派出机关的，派出机关的审计机关对派出机关和省、自治区人民政府审计机关负责并报告工作，审计业务以省、自治区人民政府审计机关领导为主。"我国审计机关设立的派出机构有两类，即审计机关驻地方派出机构和驻部门派出机构。审计机关派出机构是审计机关派出的工作机构，其审计职权依靠派出的审计机关授予，因此，它不是一级审计机关，而是审计机关的内部机构，只能在审计机关授权范围内以自己的名义开展活动，作出具体行政行为。同时，为了就近审计和同行业审计的需要，审计机关有必要在重点地区和部门派出审计特派员，需经国务院批准。审计特派员工作机构根据审计署的授权，依法独立进行审计工作，审计终结后，出具审计意见书，做出审计决定。现在，审计署在国务院25个部门设立了派出机构，在地方18个城市设立了驻地方派出机构，称审计署驻×××特派员办事处。一些地方审计机关也根据实际情况设立了驻部门派出机构。驻部门派出机构是审计机关派驻本级政府其他部门的审计机构。

(2) 地方审计机关。地方审计机关是指省、自治区、直辖市、设区的市、自治州、县、自治县、不设区的市、直辖市人民政府设立的审计组织，负责本行政区域内的审计工作。地方审计机关也是根据《宪法》《审计法》有关条文规定设立的，同样也具有法律地位。

省、自治区审计机关称审计厅,其他地方各级审计机关统称为审计局。地方各级审计机关在法律上也具有双重地位:一方面,它是各级政府的一个职能部门,直接对本级政府行政首长负责。另一方面,地方审计机关对自己管辖范围内的审计事项,以独立的行政主体资格从事活动。地方审计机关按照国家法律和本级政府的政策、决议行使权力,处理行政事务。地方审计机关的基本任务是:①制定审计规章制度,根据本级人民政府和上一级审计机关的要求,确定本行政区域内的审计工作重点,编制审计项目计划;②办理本级管辖范围内的审计事项,组织对本级财政收支有关的特定事项的专项审计调查;③领导、管理下级审计机关的审计业务以及其他审计工作;④根据规定,具体指导、监督本行政区域内的内部审计和注册会计师审计工作;⑤办理法律、有关规章规定的,以及本级人民政府和上级审计机关交办的其他事项。

2.2.2 审计机关的职责

1. 审计机关职责的特征

(1) 不可推卸性。对于特定的主体而言,职责是不可推卸的任务。审计职责是审计机关及其审计人员在依法行使审计监督权过程中必须承担的义务。它必须按照法律规定的范围、内容、程度和频率等履行职责。审计机关不能超越法定职责范围进行审计,也不能不充分履行相关法律规定的职责,否则就是无作为和失职。

(2) 法定性。审计机关和审计人员履行的职责必须有法律依据,要依法履行审计职责。审计职责的法定性是保证政府审计具有强制性和权威性的重要前提条件。依法审计是政府审计的基本原则,它要求国家健全审计法律规范,在相关法律法规中明确审计主体的资格条件、职责权限、程序方法、责任追究等内容,也要求审计机关及其人员必须依法行使职责权限,不得越权行使职责,不得不履行或不严格履行法定审计职责,不得转移法定审计职责。

(3) 与审计权限的并存性。审计职责与审计权限相伴相生,不可分离。有责就有权,否则,职责就是空的;有权也必须有责,否则,权限就是虚假的。审计职责涉及什么领域,审计权限也应涉及什么领域。政府审计权限是履行政府审计职责的权限,政府审计职责也是政府审计权限履行的领域。

2. 审计机关的法定职责

(1) 审计署的主要职责。

第一,主管全国审计工作。负责对国家财政收支和法律法规规定属于审计监督范围的财政收支的真实、合法和效益进行审计监督,维护国家财政经济秩序,提高财政资金使用效益,促进廉政建设,保障国民经济和社会健康发展。对审计、专项审计调查和核查注册会计师审计机构相关审计报告的结果承担责任,并负有督促被审计单位整改的责任。

第二,起草审计法律法规草案,拟定审计政策,制定审计规章、审计准则和指南并监督执行。制定并组织实施审计工作发展规划和专业领域审计工作规划,制定并组织实施年度审计计划。参与起草财政经济及其相关的法律法规草案。对直接审计、调查和核查的事项依法进行审计评价,作出审计决定或提出审计建议。

第三,向国务院总理提出年度中央预算执行和其他财政收支情况的审计结果报告。受国务院委托向全国人民代表大会常务委员会提出中央预算执行和其他财政收支情况的审计工作报告、审计发现问题的纠正和处理结果报告。向国务院报告对其他事项的审计和专项审计调查情况及结果。依法向社会公布审计结果。

第四,直接审计下列事项,出具审计报告,在法定职权范围内作出审计决定或向有关主管机关提出处理处罚的建议:①中央预算执行情况和其他财政收支,中央各部门(含直属单位)预算的执行情况、预算和其他财政收支;②省级人民政府预算的执行情况、决算和其他财政收支,中央财政转移支付资金;③使用中央财政资金的事业单位和社会团体的财政收支;④中央投资和以中央投资为主的建设项目的预算执行情况和决算;⑤中国人民银行、国家外汇管理局的财政收支,中央国有企业和金融机构、国务院规定的中央国有资本占控股或主导地位的企业和金融机构的资产、负债和损益;⑥国务院部门、省级人民政府管理和其他单位受国务院及其部门委托管理的社会保障资金及其他有关基金、资金的财务收支;⑦国际组织和外国政府援助、贷款项目的财务收支以及法律、行政法规规定应由审计署审计的其他事项。

第五,按规定对省部级领导干部及依法属于审计署审计监督对象的其他单位主要负责人实施经济责任审计。

第六,组织实施对国家财经法律、法规、规章、政策和宏观调控措施执行情况、财政预算管理或国有资产管理使用等与国家财政收支有关的特定事项进行专项审计调查。

第七,依法检查审计决定执行情况,督促纠正和处理审计发现的问题,依法办理被审计单位对审计决定提请行政复议、行政诉讼或国务院裁决中的有关事项。协助配合有关部门查处相关重大案件。

第八,指导和监督内部审计工作,核查注册会计师审计机构对依法属于审计监督对象的单位出具的相关审计报告。

第九,与省级人民政府共同领导省级审计机关,依法领导和监督地方审计机关的业务,组织地方审计机关实施特定项目的专项审计或审计调查,纠正或责成纠正地方审计机关违反国家规定做出的审计决定。

第十,组织审计国家驻外非经营性机构的财务收支,依法通过适当方式组织审计中央国有企业和金融机构的境外资产、负债和损益。

(2) 地方审计机关的主要职责。

第一,本级财政预算执行情况和其他财政收支。

第二,下级人民政府预算的执行情况和决算以及预算外资金的管理和使用情况。

第三,地方国有和国有资产占控股地位的金融机构的资产、负债和损益。

第四,地方国家事业组织的财务收支。

第五,地方国有资产占控股地位或者主导地位的企业。这些企业包括:①国有资本占企业资本总额的50%(含)以上的企业;②国有资本占企业资本总额的比例不足50%,但是国有资产投资者实质上拥有控制权的企业。

第六,地方政府投资、国有企业投资的建设项目和以政府投资、国有企业投资为主的建设项目的预算执行情况和决算,与国家建设项目直接有关的建设、设计、施工、采购等单位的财务收支。

第七,本级政府部门管理的和社会团体受政府委托管理的社会保障基金、社会捐赠资金、环境保护资金及其他有关基金、资金的财务收支。这里的社会保障基金包括养老、医疗、工伤、失业、生育等社会保险基金,救济、救灾、扶贫等社会救济基金,以及发展社会福利事业的社会福利基金。

第八,审计署授权的国际组织和外国政府援助、贷款项目的财务收支。

第九,受本级组织人事等部门的委托,对本地区有关国家机关、国有及国有资产占控股地位的企业和金融机构、国家的事业组织及管理、使用财政资金的其他负责人,在任职期间对本地方、本部门或者本单位的财政收支、财务收支以及有关经济活动所负经济责任的履行情况进行审计监督。

第十,法律、行政法规规定的应当审计的其他事项。

2.2.3 审计机关的权限

审计机关权限是国家立法赋予审计机关的法定权力,是审计机关有效履行审计监督职责的重要保证。《审计法》(2006年修订)及其实施条例以及其他法规赋予审计机关的审计监督权限比较广泛,主要包括以下内容。

1. 要求报送资料权

要求报送资料权是审计机关最基本的权力,是履行审计监督职责的前提条件。它是指审计机关有权要求被审计单位按照审计机关的规定提供预算或者财务收支计划、预算执行情况、决算、财务会计报告,运用电子计算机存储处理的财政收支、财务收支电子数据和必要的电子计算机技术文档,在金融机关开立账户的情况,注册会计师审计机关出具的审计报告,以及其他与财政收支或财务收支有关的资料,被审计单位不得拒绝、拖延、谎报。同时,要求被审计单位负责人对本单位提供的财务会计资料的真实性、完整性负责。审计机关有权要求被审计单位负责人对本单位提供的资料的真实性、完整性做出书面承诺。

2. 检查权

检查权是审计机关权限的核心内容,它是指审计机关有权检查被审计单位的会计凭证、会计账簿、财务会计报告和运用电子计算机管理财政收支、财务收支电子数据的系统,以及其他与财政收支、财务收支有关的资料和资产,被审计单位不得拒绝,不得转移、隐匿所持有的违反规定取得的资产。

3. 调查取证权

调查取证权是指审计机关依法享有的就审计事项的有关问题向有关单位和个人进行调查,并取得有关证明材料的权力。调查取证权是审计机关享有审计监督权的必要条件。

调查取证权的具体内容包括:有权就审计事项的有关问题向国家机关、社会团体、企事业单位和个人进行调查,有关单位和个人应当支持、协助审计机关工作,如实向审计机关反映情况;经县级以上人民政府审计机关负责人批准,有权查询被审计单位在金融机关的账户;有证据证明被审计单位以个人名义存储公款的,经县级以上人民审计机关主要负责人批准,有权查询被审计单位以个人名义在金融机关的存款。调查取证时,审计机关应持县级以上人民政府审计机关主要负责人签发的协助查询个人存款通知书。

4. 采取强制措施权

采取强制措施权是指审计机关对审计过程中发现的被审计单位违反审计法和国家规定的行为采取临时性强制措施的权力,目的是维护国有资产的安全完整,保证审计工作的顺利进行。

对被审计单位转移、隐匿、篡改、毁弃会计凭证、会计账簿、财务会计报告以及其他与财政收支或者财务收支有关的资料，转移、隐匿所持有的违反国家规定取得的资产，审计机关有权予以制止，必要时，经县级以上人民政府审计机关负责人批准，有权封存有关资料和资产，对其中在金融机关的有关存款需要予以冻结的，应当向人民法院提出申请。对被审计单位正在进行的违反国家规定的财政、财务收支行为，审计机关有权予以制止，制止无效的，经县级以上人民政府审计机关负责人批准，通知财政部门和有关主管部门暂停拨付款项，已经拨付的暂停使用。采取强制措施权，不得影响被审计单位合法的业务活动和生产经营活动。

5. 建议纠正处理权

审计机关认为被审计单位所执行的上级主管部门有关财政收支、财务收支的规定与法律、行政法规相抵触的，应当建议有关主管部门纠正；有关主管部门不予纠正的，审计机关应当提请有权处理的机关依法处理。这项权力的规定有利于发挥审计在促进规章制度建设中的作用，有利于发挥审计对宏观管理的影响作用。

6. 通报或公布审计结果权

通报或公布审计结果权即审计机关有权向政府有关部门通报或者向社会公布审计结果和专项调查结果。审计机关通报或者公布审计结果和专项调查结果时，应当依法保守国家秘密和被审计单位的商业秘密，遵守国务院的有关规定。审计机关可以向社会公布下列审计事项的审计结果：①本级人民政府或者上级审计机关要求向社会公布的；②社会公众关注的；③法律、法规规定向社会公布的其他审计事项的审计结果。

7. 提请协助权

提请协助权是指审计工作遇到困难时，审计机关请求有关职能部门予以协助的权力。审计机关履行审计监督职责，可以提请公安、监察、财政、税务、海关、工商行政管理等机关予以协助。

2.3 政府审计人员

2.3.1 政府审计人员的组成

政府审计人员是指在审计机关中接受政府指令或委托、依法行使审计监督权、从事具体审计业务的人员。政府审计人员是审计监督行为的执行者，它的组成形式和业务素质直接决定着政府审计的质量和效果。

政府审计拥有其特定的审计人员组成结构和形式。根据我国《宪法》和有关规定，审计署设审计长一人，副审计长若干人。审计长是审计署的行政首长，由国务院总理提名，全国人民代表大会决定人选，国家主席任免，副审计长则由国务院任免。县级以上地方各级审计机关负责人是本级人民政府的组成人员，由本级人民代表大会常务委员会决定任免，副职由本级人民政府任免；审计机关负责人依照法定程序任免，审计机关负责人没有违法失职或者其他不符合任职条件情况的，不得随意撤换。地方各级审计机关负责人、副职的任免、调动和纪律处分，均应事前征得上级审计机关的同意。这些规定在现行政府审计模式下，既有利于地方审计机关与地方政府的业务合作，又有利于保证地方审计机关客观公正地开展审计工作。

政府审计机关审计人员实行专业技术资格制度，审计署和省级审计机关建立专业技术资格考试、评审制度。审计专业技术资格分为初级资格(审计员、助理审计师)、中级资格(审计师)、高级资格(高级审计师)。初级资格、中级资格通过参加全国统一考试,并达到合格标准后获得。高级资格实行考试与评价相结合的方法,考试合格和评价通过后,取得高级审计师的资格。审计机关录用的审计人员,经过专业培训,训练合格后,才能开展审计业务。审计机关的专业人员除由熟悉会计、审计、财务的人员组成外,还可根据工作需要临时聘任工程技术人员、经营管理人员、法律工作人员等。

2.3.2 政府审计人员的职业化

现代政府审计作为社会化大生产的产物,已经由专业性转向职业性,以职业化作为自己的目标取向。政府审计职业人员是经过专门的训练,并具有一定专业知识和技能、独特的社会角色群体。政府审计实质上是一种专家行为,这种职业性体现在政府审计人员是掌握系统的审计理论知识和相关学科的知识并依此形成特殊的审计技能和思维方式、具有严格准入标准的社会群体。具体而言,政府审计人员的职业化要求包括以下几方面。

1. 政府审计人员的专门化

专门化是指某种专业或行业的工作和活动由独特的角色群体专门承担。专门化是职业化的前提,它使职业人员能够专注特定行业而不断获得提升。政府审计人员的专业化体现在:政府审计人员属于国家行政管理的公职人员,但在职责权限、专业素质、社会角色和行业思维方面与其他国家公务人员明显区分;同时,政府审计人员在审计内容、职责权限、行为规范等方面又与注册会计师审计和内部审计人员迥然相异。

2. 政府审计人员的独立化

独立化是指职业者在从事职业活动时保持最大限度的自主性。独立化是职业化的基础,它使职业人员能够保持基于职业要求的客观性和公正性。政府审计人员的独立性体现在:政府审计人员在从事审计工作过程中,只服从法律和客观规律的要求,受国家相关法律保护,不受任何外部影响;政府审计人员与被审计单位之间不存在任何利益关系和其他形式的关联;同时,在具体审计过程中,审计人员之间相互独立,不受不正当的干涉和操控的影响。

3. 政府审计人员的制度化

制度化是指从业人员在从事职业活动时需要遵循相关制度的要求,是职业化的根本保证,它使所有的从业人员都能在制度的框架内实现职业的责任与功能。政府审计制度化体现在:政府审计人员需要遵循政府审计资格准入制度和遴选制度、审计工作制度、职业等级制度、培训教育制度、审计奖惩制度和审计职业道德准则和行为规范,使自己的职业行为符合制度的要求。

4. 政府审计人员的精英化

由于政府审计特定的职业能力要求与审计业务范围,政府审计人员不仅需要具备专业的审计知识和实务,精通审计原理,而且需要深谙政府审计的关系处理,精通政府审计可能遇到的各方面的知识,这对政府审计人员提出了很高的专业要求,要求从事政府审计工作的人员专业博学,要求政府审计群体的精英化。

为加强政府审计人员的职业化,我国应从建立和完善审计职业准入制度方面入手,设立审计职业资格考试制度,通过法律形式对审计职业所必须具备的政治和业务资格条件作出明确规定，并采用向社会公开考试的形式，通过每年的定期考试和考核来确认审计职业资格，不具备资格条件的一律不能进入审计机关。同时，还要不断加强对审计人员的后续职业业务培训和政治、道德素养的培养。

2.3.3 政府审计人员的素质要求

审计人员素质的高低直接决定着审计事业的成败。政府审计职能定位要求政府审计人员必须具有较高的职业素养，这样才能实现对政府的管理和对公共资源利用效益的客观评价。政府审计人员需要具有扎实的经济理论功底、坚实的法律基础、深厚的管理积淀、广博的理论知识和长期的实践经验，才能满足政府审计作为专家行为的职业化要求。

我国对政府审计人员选任资格条件，从政治素质、业务素质和职业特质三个方面进行了详细的规定。

1. 政治素质

政治素质是指审计人员必须坚持正确的政治方向，坚持四项基本原则；具有较高的政策水平，能自觉贯彻执行党的路线方针政策，以及国家的财经法规和制度；热爱审计事业，具有敬业精神和奉献精神；认真履行岗位职责，在审计业务工作中建功立业，为发展社会主义市场经济作出贡献；同时讲究工作方法，正确处理审计工作中各个方面的关系。

2. 业务素质

业务素质是指政府审计人员必须具备与履行职责相适应的专业知识和技能。政府审计人员应当熟悉国家有关政策、法律、法规，以及审计、会计和其他相关专业知识；掌握检查财政财务收支账目、收集证据、评价审计事项的技能；具有调查研究、综合分析、沟通协调和文字表达能力。

我国审计机关的审计人员遵循专业技术资格制度。审计专业技术资格分为初级（审计员、助理审计师）资格、中级审计师资格、高级审计师资格。其中，初级和中级审计专业技术资格，通过参加全国统一考试并达到合格标准后获得；高级审计师资格实行考试与评价相结合的评价办法。但在多数国家并不单独设置政府审计人员的职称，它们规定政府审计人员只要取得注册会计师资格即可，主要是因为在这些国家中，注册会计师审计实务已较为成熟，资格考试要求及后续教育的措施也较为严格，只有具备相当审计业务能力的人员才能通过资格考核，因此，以注册会计师资格来约束政府审计人员的素质，以审计机关自行设置一套考核办法来说要经济得多。

在我国，不同审计专业职称对应不同的业务素质能力要求，具体如下：

（1）高级审计师应具备的专业知识和业务能力。

第一，具有系统、坚实的审计专业和经济理论基础知识，熟悉财政、税务、金融和基建、企业财务管理、会计核算等相关知识。

第二，了解国家宏观经济政策和各项经济改革措施，熟悉与审计工作相关的经济法律、法规，通晓《审计法》和各项配套法规以及有关行业的财务会计制度。

第三，了解国内外审计专业的发展趋势、国家审计准则，以及最高审计机关国际组织主要成员有关审计工作的法律、规范、办法等。

第四，能熟练运用基础理论和专业知识，解决审计领域内重要的或关键的疑难问题；能针对审计工作发展的新趋势，提出与之相适应的审计工作重点、方式与方法；能解决审计工作与其他工作配合、协调中的重大问题。

第五，能够组织、指导中级审计人员学习审计业务，指导、考核其业务工作；能够主持审计科研课题研究工作；具有较高的文字表达能力。

第六，熟练掌握一门外国语，了解计算机基础知识，掌握计算机操作技能。

(2) 审计师应具备的专业知识和业务能力。

第一，掌握比较系统的审计专业理论和业务知识，有一定的经济基础理论和经济管理知识以及经济法知识。

第二，熟悉并能正确执行国家有关财经方针、政策、法令及规章制度。

第三，有较丰富的审计实际工作经验和一定的分析能力，能组织和指导具体审计项目的审计工作并担任主审，能组织实施行业性审计或审计调查；能承担重大专案审计工作任务；具有一定的审计科研能力和文字表达能力。

第四，掌握一门外国语，了解计算机基础知识，运用计算机完成有关审计业务工作。

(3) 助理审计师应具备的专业知识和业务能力。

第一，掌握审计专业基础理论和专业知识，掌握经济管理基础知识，基本了解经济法知识。

第二，了解并能够正确执行国家有关财经方针、政策、法令及规章制度。

第三，掌握有关的审计技术方法，能够承担某个方面的审计工作。

第四，初步掌握一门外国语，了解计算机基础知识，运用计算机完成某一方面的审计业务工作。

(4) 审计员应具备的专业知识和业务能力。

第一，掌握审计专业基础理论和专业知识，了解经济管理和经济法知识。

第二，了解国家有关财经方针、政策、法令及规章制度。

第三，能协助审计师和助理审计师开展审计业务工作。

3. 职业特质

政府审计人员在具备了政治素质和业务素质之后，能够实施审计工作、完成政府审计的任务，还需要具备政府审计工作所必需的特质。具体包括：

(1) 敏感性。政府审计工作本身要求审计人员在发现问题的广度和深度方面具有特殊的敏感性。面对政府审计特定的审计材料，迅速找出审计切入点，依据特定的审计目标及时收集审计证据，并对审计材料所展现的审计敏感问题作出专业的判断。

(2) 洞察性。政府审计工作要求审计人员在敏感性的基础上，洞察所发现的问题的实质，发现问题的关键环节渊源。洞察性是对审计对象具体事务的因果关联分析，它能使审计人员准确把握事物的本质，分析事物的发展趋势，深层次挖掘解决问题的关键。

(3) 整合性。在对审计资料掌握和分析之后，需要审计人员对事物进行综合的分析判断，整合各方面的信息，形成审计判断，并对政府审计目标的实现产生直接影响。整合特质的培养需要政府审计人员具备较强的综合力、分析力和判断力，它直接关系到政府审计的效果。

本章小结

本章主要介绍了审计机关的组织模式和领导体制，审计机关的设置、职责和权限以及政府审计人员的组成、职业化和素质要求等。审计机关的组织模式是指政府审计机关的隶属关系，可以划分为立法模式、司法模式、行政模式和独立模式四种类型，我国政府审计的组织模式属于行政模式。领导体制是指地方审计机关与国家审计机关的关系，主要分为分级领导体制、垂直领导体制和双重领导体制，我国政府审计的领导体制属于双重领导体制。

审计机关的设置要遵循独立性和权威性的原则。审计机关的职责是审计机关应完成的审计工作任务，具有不可推卸性、法定性和与审计权限的并存性的特点。审计机关的权限是审计机关拥有的权力，主要包括要求报送资料权、检查权、调查取证权、采取强制措施权、建议纠正处理权、通报或公布审计结果权、提请协助权等。

政府审计人员是政府审计组织中最为活跃的因素，其组成形式和业务素质直接决定着政府审计的质量和效果。政府审计人员的职业化应从专业化、独立化、制度化和精英化四个方面入手。审计署和地方审计机关负责人的组成、任免的依据是《宪法》，审计人员实行专业技术资格制度，分为初级（审计员、助理审计师）资格、中级审计师资格、高级审计师资格。政府审计人员的素质包括政治素质、业务素质和职业特质，不同专业技术资格的审计人员其业务素质的具体要求也不同。

重要概念

政府审计组织体制　组织模式　领导体制　行政模式　双重领导体制　审计机关职责　审计机关权限　政府审计人员职业化　政府审计人员业务素质　政府审计人员职业特质

阅读资料

[1] 刘三昌.政府审计(第二版)[M].大连：东北财经大学出版社，2016.
[2] 张庆龙，沈征.政府审计学[M].北京：中国人民大学出版社，2015.
[3] 尹平，郑石桥.政府审计学[M].北京：中国时代经济出版社，2013.

本章练习

一、单项选择题

1. 我国政府审计的组织模式是(　　)。
A. 立法模式　B. 司法模式　C. 行政模式　D. 独立模式

2. 我国政府审计机关的领导体制属于(　　)。
A. 分级领导体制　B. 垂直领导体制
C. 双重领导体制　D. 行政型模式

3. 下列不属于审计机关职责特征的是(　　)。
A. 不可推卸性　B. 独立性
C. 法定性　D. 与审计权限的并存性

4. 助理审计师属于政府审计人员专业技术资格的(　　)。
A. 初级审计师资格　B. 中级审计师资格
C. 高级审计师资格　D. 注册会计师资格

二、多项选择题

1. 政府审计独立型组织模式的代表性国家包括(　　)。

A. 英国、美国　　B. 法国、意大利

C. 德国、日本　　D. 孟加拉国、尼泊尔

2. 下列属于审计机关权限的有(　　)。

A. 要求报送资料权　　B. 检查权

C. 调查取证权　　D. 建议纠正处理权

E. 移送权　　F. 通报或公布审计结果权

3. 政府审计人员的职业化要求包括(　　)。

A. 专门化　　B. 独立化　　C. 制度化　　D. 精英化

三、判断题

1. 政府审计立法型组织模式的主要代表国家是法国和意大利。(　　)

2. 审计机关的设置应主要遵循独立性与权威性两项原则。(　　)

3. 行政强制措施权、处理处罚权和提请协助权是审计机关的三项审计权限。(　　)

4. 我国政府审计人员的素质要求主要包括政治素质、业务素质和职业特质三个方面。(　　)

四、简答题

1. 简述政府审计组织模式的主要类型。

2. 简述政府审计机关领导体制的主要类型。

3. 简述我国审计机关的主要权限。

第 3 章　政府审计准则

- 内容提要
- 重点难点
- 学习目标
- 知识框架
- 3.1　政府审计准则
- 3.2　政府审计职业道德
- 3.3　政府审计质量控制标准
- 本章小结
- 重要概念
- 阅读资料
- 本章练习

内容提要

本章主要讲解了政府审计准则、政府审计职业道德和政府审计质量控制标准；本章重点为政府审计职业道德，特别是我国政府审计准则体系框架的内容，以及审计项目质量分级负责标准；难点为政府审计准则的国际比较和协调。

重点难点

本章重点为政府审计职业道德，特别是我国政府审计准则体系框架的内容，以及审计项目质量分级负责标准；难点为政府审计准则的国际比较和协调。

学习目标

学生通过本章学习，应了解政府审计准则的含义和作用，了解中外政府审计准则的对比，掌握我国审计准则的框架，掌握政府审计的职业道德的作用与内容，掌握政府审计质量控制标准的内容，包括审计人员素质控制标准、项目过程质量控制标准、项目质量检查控制标准、项目质量分级负责标准和项目质量责任追究制度。

知识框架

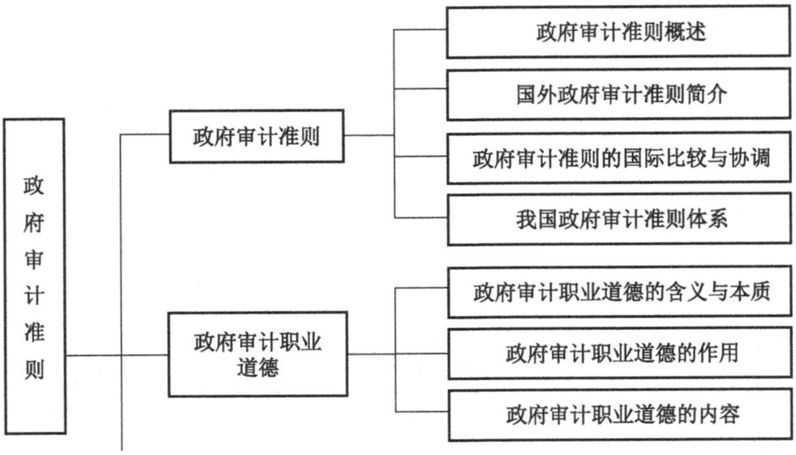

（续图）

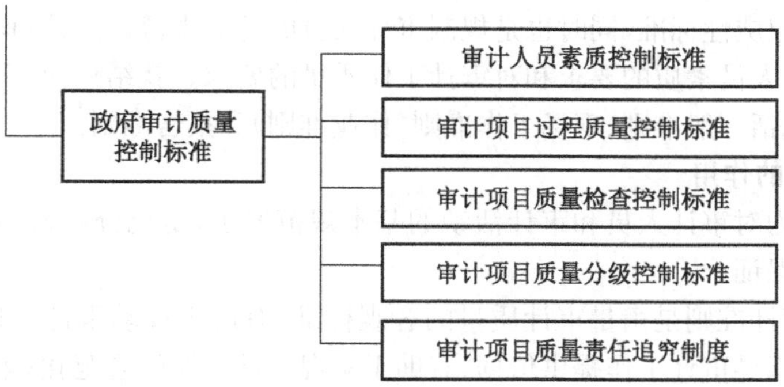

引入案例　审计准则的比较

独立审计基本准则与国家审计基本准则虽都是为了规范审计业务、明确审计责任、保证审计质量而制定的，但两者在以下几个方面有明显的不同之处。

1. 制定准则的机构和依据不同。《独立审计基本准则》由中国注册会计师协会根据《中华人民共和国注册会计师法》制定，在1995年12月25日由财政部发布，自1996年1月1日起施行。《国家审计基本准则》则由审计署制定颁布，依据的是《中华人民共和国审计法》，该准则自1997年1月1日起施行。

2. 规范与适用的对象不同。《独立审计基本准则》适用于注册会计师对任何单位会计报表及其相关资料进行的以发表审计意见为目的的独立审计。《国家审计基本准则》则适用于国家审计机关依法对国务院各部门和地方各级人民政府及其各部门的财政收支审计、国有金融机构和企业事业单位的财务收支审计，以及其他的财政、财务收支审计。

3. 规定的审计目的不同。独立审计的目的是对被审计单位会计报表的合法性、公允性及会计处理方法的一贯性发表审计意见，国家审计的目的是对上述运用主体的财务收支及其他财政、财务收支的真实、合法、效益进行审计监督。可见，独立审计强调的是会计处理方法的公允性和一贯性，而国家审计则强调财政、财务收支的真实性和效益性。

4. 体现的审计人员的身份与职权不同。《独立审计基本准则》特别强调审计人员的独立性，即他们仅仅接受客户的委托，就客户会计报表的合法性、公允性及会计处理方法的一贯性发表审计意见，无权就被审计单位存在的问题作出处理意见。国家审计则不同，它不仅能够表达审计意见，而且还应当对违反国家规定的财政收支、财务收支行为，在法定职权范围内作出处理、处罚的审计决定。可见，独立审计主要执行鉴定职能，而国家审计则特别强调监督职能，这突出体现在国家审计基本准则中的处理、处罚准则上。

5. 审计报告方面的不同。独立审计报告的收件人是审计业务委托人，国家审计报告的收件人是审计机关。审计机关审定财务报告后，对审计事项作出评价，出具审计意见书。审计意见书的评价意见分为无保留、保留和否定三种类型，而没有独立审计报告中的拒绝表示意见的情形。另外，在国家审计中，对违反国家规定的财政、财务收支行为除出具审计意见书外，还应在法定职权范围内作出处理、处罚的审计决定。可见，国家审计在报告阶段较之独立审计要复杂得多。

3.1 政府审计准则

3.1.1 政府审计准则概述

1. 审计准则含义

审计准则是审计工作应遵循的规范和尺度，是评价审计工作质量的权威性规则。不同国家、不同审计主体对审计准则的表述各不相同,总体而言,审计准则是组织审计工作、衡量审计工作质量的权威性标准,同时也是规制审计人员的行为规范。因此,审计准则包括两大基本内容:对审计人员素质的要求和对审计工作质量的要求。就结构而言,审计准则通常由三段结构组成,包括一般准则、现场工作准则(作业准则)和报告准则。

2. 审计准则的作用

审计准则作为对审计人员和审计活动的基本规范要求,是充分有效地发挥审计作用的必要条件和重要保证。

具体而言,审计准则是衡量审计质量的客观标准,有助于推动审计工作质量的提高;审计准则为规范和指导审计工作提供依据,有助于实现审计工作的规范化;审计准则能够将审计工作程序化,同时能够作为审计组织与社会沟通的中介,有助于提高社会公众对审计工作结果的信任程度;审计准则可以维护审计组织和审计人员的正当权益,使得他们免受不公正的指责和控告;此外,审计准则还能推动审计理论的研究和审计人才的培养,巩固审计的职业地位,从而有利于维护和实现民众的整体利益。

3. 政府审计准则概述

审计准则在政府审计领域始终备受关注。政府审计准则是指由国家审计机关颁布的、对审计机关及其审计人员具有约束力的、规范审计业务工作的行为规范。政府审计准则是审计准则体系的一个重要组成部分,与独立审计准则和内部审计准则一起构成了审计准则体系。

世界上第一个政府审计准则是美国审计总署(GAO)于 1972 年颁布的《政府机构、计划项目、活动和职能的审计准则》,即《黄皮书》,它提出了政府支出和投资活动审计的质量要求。之后,许多国家都制定了自己的政府审计准则。这些准则虽然以注册会计师审计为范本,但都突出了两者在地位、工作范围、工作性质等方面的差异,以适应政府审计的特定要求。

政府审计准则的制定结构一般有如下几种:最具有代表性的是以美国为代表的一些国家,根据本国的实际、政府审计的性质和特殊性,制定了独立的政府审计制度;第二种是以加拿大为代表的国家,直接依照注册会计师审计准则制定了政府审计准则;第三种是一些国家虽未制定独立的审计准则,但是在有关政府审计的法规中作了相应的规定;第四种是有些国家至今尚未制定政府审计准则,甚至有的国家对此持否定态度。

3.1.2 国外政府审计准则简介

1. 美国政府审计准则

美国审计总署从 20 世纪 60 年代中期开始进行政府审计准则的研究,到 1972 年依据国会 1921 年《预算和会计法案》的授权,颁布了世界上第一部国家审计准则——《政府机构、计划项目、活动和职能的审计准则》。该准则参照美国民间公认审计准则,采用三段式文件框架,包括一般准则、现场作业准则和报告准则,形成政府审计准则文本,在全球范围迈出了规范国家政府审计行为的第一步。美国政府审计准则经过多次修订,形成了以审计业务分类为主线的准则框架,其中技术指导部分的叙述占全部 7 个章节中的 4 个章节,其内容横跨财务收支审计、鉴证审计和绩效审计三个业务类别,为审计实践提供了法律依据。

2011 年年末,美国发布了经过第六次修改之后的《政府审计准则》,上次修订的时间为 2007 年 7 月,当时距次贷危机爆发仅 3 个月。面对金融危机,美国《政府审计准则》第五修订版显然暴露出若干监管缺陷。例如，政府审计监控未能实现对市场运行的动态监控，没有及时对金融创新等资本市场面临的风险作出预警或调整等有效反应。这些情况表明，在高度不确定的全球市场经济环境下，政府审计现有监管体系正在暴露出若干明显缺陷，其发现和应对市场风险的体系或方法亟须作出调整和完善。

这次修订与第五修订版相比，突出以下三方面的变化：第一，提出了独立性概念框架。新版政府审计准则提出的独立性概念框架，可以帮助审计师确定、评估、应用防范措施，从而最终解决独立性威胁。新版审计准则提出了独立性威胁的定义和类型，列举了应对独立性威胁的防范措施，并且明确了概念框架如何运用。第二，对审计师为被审计单位提供非审计服务提出了新的要求。新版审计准则放弃了 2007 版准则非审计服务作为影响组织独立性情况的分类方式，而是规定了提供非审计服务在独立性方面的一般性要求和对一些具体非审计服务的考虑因素。审计师应将非审计服务对独立性的影响，在独立性概念框架的基础上进行评估和解决。第三，对鉴证项目进行了分类讨论。与 2007 版准则相比，新版政府审计准则将鉴证项目分为检查项目、复核项目和商定程序项目分别进行讨论，并针对每一个鉴证项目类别，分别讨论了政府审计准则对现场审计、报告和特殊考虑方面的要求。

2. 最高审计机关国际组织审计准则

最高审计机关国际组织（International Organization of Supreme Audit Institutions，简称 INTOSAI）创立于 1953 年，是由世界各国最高一级政府审计机关所组成的国际性组织。该组织秉承“互相交流情况，交流经验，推动和促进各国审计机关更好地完成本国的审计工作”的宗旨，为指导各成员国审计准则的制定，制定了最高审计机关国际准则（ISSAI）。最初设定的最高审计机关国际准则框架由四个层次构成：第一个层次是《利马宣言》，是对公共部门审计的综合认识的基础。第二个层次是道德守则，是指导审计人员日常工作的价值和原则的说明。第三个层次是审计准则，是进行审计工作的前提和原则。审计准则又包括四部分内容：基本原则（ISSAI 100）、一般准则（ISSAI 200）、外勤准则（ISSAI 300）、报告准则（ISSAI 400）。第四个层次是指南准则，帮助最高审计机关在各项工作中运用审计准则。

2012 年，INTOSAI 一系列新准则的发布，使最高审计机关国际准则框架发生了一定的变化。在《利马宣言》的基础上，INTOSAI 发布了新的《最高审计机关国际准则第 2 号——最高审计机关的价值与成效：为公民生活带来不同》，共同作为最高审计机关国际准则的基础性原则，对第三个层次的改动幅度最大。INTOSAI 接连发布了新的 ISSAI100，200，300 和 400，分别为《政府审计基本准则》《财务审计基本准则》《经营审计基本准则》和《合规审计基本准则》，将旧的审计准则内容结构全盘推翻，进行了大刀阔斧的改变。再加上 INTOSAI 分别于 2007 年、2010 年发布的属于第二层次的一系列准则（包括 ISSAI10，11，20，21，40 等）增加了对审计的独立性、透明度、问责制及质量控制方面的要求，形成了现行的最高审计机关国际准则框架，如图 3-1 所示。

3.1.3 政府审计准则的国际比较和协调

1. 政府审计准则的国际比较

由于各国国情不同，政府审计的范围、职责权限、工作任务等皆不相同，因此不同国家的政府审计准则也各不相同。以下从工作范围、审计人员资格条件要求、审计工作具体要求、审计报告等几方面进行比较。

第一层	基础性原则（ISSAI1~9）
第二层	最高审计机关行使职能的前提条件（ISSAI10~99）
第三层	审计基本准则（ISSAI100~999）
第四层	一般审计指南（ISSAI1000~4999） ·财务审计 ·经营审计 ·合规审计 特殊事项指南（ISSAI5000~5999）

图 3-1 最高审计机关国际准则框架

（1）工作范围的比较。现代政府审计工作的范围突破了财务审计领域，还包括针对政府各项活动的经济性、效率性和效果性（简称“3E”）的绩效审计内容。美国政府于 1994 年修订了《美国政府审计准则》，在其中明确说明其工作范围包括财务审计和绩效审计两部分；加拿大的《审计长法》也规定了在给众议院的年度报告中，除了报告财务审计所发现的问题外，还应说明“没有适当考虑经济和效率而已花费的款项”和“没有建立令人满意的程序来衡量和计划项目的效果，但这些程序是能够适当地、合理地应用的”。这些规定已经成为《审计长公署审计标准》的组成部分。可见，加拿大的政府审计的范围也已经扩大到了“3E”审计领域。

（2）审计人员资格条件要求的比较。对审计人员资格和条件的要求是政府审计一般准则的内容，一般包括审计人员的独立性、审计人员的业务技能及审计人员合理的职业谨慎。各国政府审计准则中虽然对此表达方式不同，但基本精神是相同的，都要求审计人员在实施审计业务时保持公正态度，不受其他个人或组织的影响；都要求通过合格的审计人员保证审计质量；要求审计人员完成审计任务过程中应保持合理的职业谨慎。

对于独立性，有的国家在政府审计准则中直接强调独立，如美国、澳大利亚；有的国家不提“独立”，却强调“客观”，如加拿大；还有的国家同时强调“独立”“客观”，如厄瓜多尔、中国。

对于业务技能，美国的《政府的机构、计划项目活动和职责的审计准则》中一般准则的第一条就规定：“合格性：被指派进行审计工作的审计人员必须在整体上具备完成任务所需要的熟练业务能力”，并详细提出了合格性的三方面要求；加拿大审计长公署采用的是民间审计准则的规定。

美国、加拿大、澳大利亚、新西兰等国的政府审计准则，都对合理的职业谨慎提出了详细要求，基本内容也比较一致。

（3）审计工作具体要求的比较。审计人员从事审计工作的具体要求是现场工作准则的内容，包括制定审计计划、对现场工作进行监督、评价内部控制、收集审计证据、归纳收集和整理审计文件资料等方面。

各国的政府审计准则一般都对审计计划和监督审计工作作了详细、严格的规定，要求对审计工作进行适当或充分的计划和有效监督。美国就在财务审计、绩效审计的现场工作准则中作了这样的规定,加拿大、澳大利亚也有类似规定。

由于"确定被审计方的经济活动是否与法律法规、规章制度相一致"是政府审计的一项主要业务,在各国的政府审计准则中,都强调审计工作与法律、制度的一致性。美国的财务审计报告准则中规定,关于报表的报告应该描述对内部控制、遵守法律规章情况测试的范围及测试结果。在绩效审计的现场工作准则中也规定审计师应该在合规性要求对审计目标关系重大时对审计工作进行规划,为合规性要求提供保证。澳大利亚政府也在政府准则中规定对违反法律、规章的行为要积极地予以揭露。

作为现代审计的一项重要内容,调查评价被审计人的内部控制在许多国家的审计准则中都有明确要求,而且指出,审计类型不同,对内部控制审查的范围和重点也不相同。例如美国的准则中指出,对财务审计,应调查评价控制环境、保护控制、对遵循法律和规章实施的控制、控制风险评估;对绩效审计则要研究评估管理控制。

许多国家在政府审计准则中规定:审计人员作出判断和结论,必须以具有充分证明力的证据为基础。美国还在准则中规定了对证据的分类,并规定要把审计工作过程中具体、详尽的记录资料收集起来,以便查证参考。澳大利亚、加拿大、秘鲁等国都提出了大致相同的要求。

(4) 审计报告的比较。由于国家审计机关的审计报告通常要提交立法或行政部门审阅,在报告准则中要对提交方式、分发范围、批准过程等作出规范,这是报告准则中的内容。与民间审计相比,这部分内容要复杂得多。

各国对审计报告的要求不尽相同,但对报告编写都有相同的原则要求。主要包括遵守法律制度的原则;客观公正的原则;充分证据原则;保密性原则。美国、加拿大、澳大利亚、秘鲁、斐济等国的准则都有明确规定。

对审计报告的形式,许多国家的准则中都规定要用书面形式表达,如美国、瑞典都有这种规定;对报告的分发范围,由于各国国情的差异而有所不同,美国不仅规定要向委托机构送交报告,还规定了报告分发范围,包括可能采取行动的其他官员和其他有权收到报告的人士,并应备有报告副本供公众检验,新西兰、加纳等则未作规定;大多数准则中对报告的时间也作了规定,如美国为一事一报,加拿大规定一年报告一次,澳大利亚规定在法定日期前报出,等等;准则中还对报告的文字表达提出了基本要求,主要有简要、完整、清晰等,加拿大、美国、新加坡等都有类似的规定。

至于报告的内容要求,由于国情、审计类型的差异,准则中的规定有很大区别,但以下内容是基本一致的:一是审计报告中必须说明审计范围;二是在审计报告中应表明审计是按照审计准则进行的。对于报告的核心内容,即问题和结论,各国的规定也在两方面是基本相同的:一方面是对合法性的评价;另一方面是对内部控制的评价,财务审计报告中一般不要求发表评价意见,而是通过"致管理部门函"形式提出,绩效审计报告则应包括评价意见。各国的政府审计准则一般都规定在审计报告中提出建设性意见,但比较灵活,如加拿大、澳大利亚规定"在必要时""在可行时"提出适当的审计建议。美国、澳大利亚的准则中还规定对经营管理成绩卓著的可以肯定和表扬。

2. 政府审计准则的国际协调

政府审计准则国际协调的目的在于"经验共享,全球共惠",为各国政府审计准则的制定提供指导。协调主要通过最高审计机关国际组织进行,联合国对此也作出了一定的努力。

最高审计机关国际组织对政府审计准则的协调，集中表现在第九届大会通过的《利马宣言——审计规则指南》、第十二届大会批准和颁布的新《关于绩效审计、公营企业审计和审计质量的总声明》、第十七届大会批准和颁布的新《最高审计机关国际组织审计准则》以及2012年发布的最新的《最高审计机关国际准则第100号——政府审计基本准则》等文件。虽然最高审计机关国际组织的决议对各成员国没有约束力，但各成员国一般都结合自己的实际情况积极组织实施自己赞成的决议。因此，上述经典性的文件对各国政府审计的发展以及政府审计准则的制定发挥了巨大的促进作用。

联合国除组织了一系列与政府审计准则的国际协调相关的专题研讨外，还在1977年出版了《发展中国家政府审计手册》，对政府审计准则进行了较为详细的论述。

总之，政府审计准则的国际协调已引起越来越多的国家和国际组织的关注，随着这些国家和国际组织的进一步关注和努力，政府审计准则的国际协调一定会取得令人满意的成果。

3.1.4 我国政府审计准则体系

我国政府审计准则体系是指由审计署制定颁布的、对审计机关及其审计人员具有约束力的、规范审计业务工作的行为规范。为了适应发展社会主义市场经济的需要，实现政府审计工作的规范化，明确审计责任，保证审计质量，我国最高审计机关——审计署自1989年起就开始制定我国政府审计准则的工作。1996年首次发布了《中华人民共和国国家审计基本准则》和7个国家审计具体准则，2000年又对已发布的审计准则进行了全面的修订和补充。为了规范和指导审计机关和审计人员执行审计业务的行为，保证审计质量，防范审计风险，发挥审计保障国家经济和社会健康运行的“免疫系统”功能，审计署在广泛征求意见的基础上，于2010年9月1日发布了《中华人民共和国国家审计准则》（以下简称《国家审计准则》），这是我国政府审计规范化建设的重要举措。

1. 序言

政府审计准则序言旨在说明审计准则的制定依据、目标、体系、法律效力、适用范围、制定和发布程序、修订和解释权等问题。

（1）制定政府审计准则的依据和目标。我国政府审计准则是为了规范和指导审计机关和审计人员执行审计业务的行为，保证审计质量，防范审计风险，发挥审计保障国家经济和社会健康运行的“免疫系统”功能，依据《审计法》及其实施条例，结合我国审计机关审计工作实践，借鉴国际公认审计准则经验而制定的。政府审计准则的目标是通过监督被审计单位财政收支、财务收支以及有关经济活动的真实性、合法性、效益性，维护国家经济安全，推进民主法治，促进廉政建设，保障国家经济和社会健康运行。

（2）政府审计准则的体系。我国的政府审计准则是审计法律规范体系的组成部分，它由中华人民共和国政府审计基本准则、通用审计准则和专业审计准则或审计指南三个层次组成。其中，政府审计基本准则是制定其他审计准则和审计指南的依据，是政府审计准则的总纲，是审计机关和审计人员依法办理审计事项时应当遵循的行为规范，是衡量审计质量的基本尺度。通用审计准则是依据政府审计基本准则制定的，是审计机关和审计人员在依法办理审计事项、提交审计报告、评价审计事项、出具审计意见书、作出审计决定时应当遵循的一般具体规范。专业审计准则是依据政府审计基本准则制定的，是审计机关和审计人员依法办理不同行业的审计事项时，在遵循通用审计准则的基础上，同时应当遵循的特定具体规范。审计指南是对审计机关和审计人员办理审计事项提出的审计操作规程和方法，为审计机关和审计人员从事专门审计工作提供可操作的指导性意见。

(3) 政府审计准则的法律效力。政府审计基本准则、通用审计准则和专业审计准则是审计署依照《审计法》规定制定的部门规章，具有行政规章的法律效力，全国所有审计机关和审计人员依法开展审计工作时必须遵照执行。审计指南是指导审计机关和审计人员办理审计事项的操作规程和方法，不具有行政规章的法律效力，全国审计机关和审计人员应当参照执行。

(4) 政府审计准则的适用范围。政府审计准则是审计署依照《审计法》规定制定的规范全国审计机关依法审计的部门规章，适用于各级审计机关和审计人员依法开展的审计工作。其他审计组织承办政府审计机关审计事项也应当遵守本准则。

(5) 政府审计准则的制定、发布和修改。审计署成立审计准则体系构建工作领导小组。领导小组下设办公室，具体承担制定审计准则的日常组织管理等工作。审计署有关司局及有关特派员办事处、省(自治区、直辖市)审计厅(局)分别承担审计准则的草拟工作，向审计准则体系构建工作领导小组办公室提交审计准则草稿。审计准则体系构建工作领导小组办公室聘请审计机关的专家成立内部专家组，聘请审计机关以外的专家成立外部专家组，负责对审计准则的草稿进行讨论及修改。讨论、修改后的审计准则草稿经广泛征求全国审计机关及社会有关方面意见后，由审计准则体系构建工作领导小组办公室进一步修改、审核，报审计署审计长会议审定，由审计署批准发布施行。

2. 政府审计准则

政府审计准则是审计机关和审计人员履行法定审计职责的行为规范，是执行审计业务的职业标准，是评价审计质量的基本尺度。政府审计准则依据《审计法》及其实施条例制定，是统帅各项具体审计业务规范和审计管理规范制定的重要依据。修订后的《国家审计准则》分七章，包括总则、审计机关和审计人员、审计计划、审计实施、审计报告、审计质量控制和责任、附则，共计200条。

(1) 总则。为了规范和指导审计机关和审计人员执行审计业务的行为，保证审计质量，防范审计风险，发挥审计保障国家经济和社会健康运行的“免疫系统”功能，根据《中华人民共和国审计法》《中华人民共和国审计法实施条例》和其他有关法律法规，制定政府审计准则。政府审计准则是审计机关和审计人员履行法定审计职责的行为规范，是执行审计业务的职业标准，是评价审计质量的基本尺度。

政府审计准则中使用“应当”“不得”词汇的条款为约束性条款，是审计机关和审计人员执行审计业务必须遵守的职业要求。使用“可以”词汇的条款为指导性条款，是对良好审计实务的推介。审计机关和审计人员未遵守政府审计准则中的约束性条款的，应当说明原因。

政府审计准则不仅在审计机关和审计人员执行审计业务时适用，其他组织或者人员接受审计机关的委托、聘用，承办或者参加审计业务，也应当适用本准则。

审计机关和审计人员执行审计业务，应当区分被审计单位的责任和审计机关的责任。在财政收支、财务收支以及有关经济活动中，履行法定职责、遵守相关法律法规、建立并实施内部控制、按照有关会计准则和会计制度编报财务会计报告、保持财务会计资料的真实性和完整性，是被审计单位的责任。依据法律法规和本准则的规定，对被审计单位财政收支、财务收支以及有关经济活动独立实施审计并得出审计结论，是审计机关的责任。

审计机关的主要工作目标是通过监督被审计单位财政收支、财务收支以及有关经济活动的真实性、合法性、效益性,维护国家经济安全,推进民主法治,促进廉政建设,保障国家经济和社会健康发展。真实性是指反映财政收支、财务收支以及有关经济活动的信息与实际情况相符合的程度。合法性是指财政收支、财务收支以及有关经济活动遵守法律、法规或规章的情况。效益性是指财政收支、财务收支以及有关经济活动实现的经济效益、社会效益和环境效益。

审计机关对依法属于审计机关审计监督对象的单位、项目、资金进行审计。审计机关按照国家有关规定,对依法属于审计机关审计监督对象的单位的主要负责人经济责任进行审计。审计机关依法对预算管理或者国有资产管理使用等与国家财政收支有关的特定事项向有关地方、部门、单位进行专项审计调查。审计机关进行专项审计调查时,也应当适用政府审计准则。

(2) 审计机关和审计人员。审计机关执行审计业务,应当具备下列资格条件:①符合法定的审计职责和权限;②有职业胜任能力的审计人员;③建立适当的审计质量控制制度;④必需的经费和其他工作条件。

审计人员执行审计业务,应当具备下列职业要求:①遵守法律法规和基本准则;②恪守审计职业道德;③保持应有的审计独立性;④具备必需的职业胜任能力;⑤其他职业要求。

审计人员应当恪守严格依法、正直坦率、客观公正、勤勉尽责、保守秘密的基本审计职业道德。审计人员执行审计业务时,应当保持应有的审计独立性,遇有可能损害审计独立性情形的,应当向审计机关报告。审计人员不得参加影响审计独立性的活动,不得参与被审计单位的管理活动。

审计机关可以聘请外部人员参加审计业务或者提供技术支持、专业咨询、专业鉴定。

审计人员应当具备与其从事审计业务相适应的专业知识、职业能力和工作经验。审计机关应当建立和实施审计人员录用、继续教育、培训、业绩评价考核和奖惩激励制度,确保审计人员具有与其从事业务相适应的职业胜任能力。

审计机关应当合理配备审计人员,组成审计组,确保其在整体上具备与审计项目相适应的职业胜任能力。被审计单位的信息技术对实现审计目标有重大影响的,审计组的整体胜任能力应当包括信息技术方面的胜任能力。

(3) 审计计划。审计机关应当按照下列步骤编制年度审计项目计划:①调查审计需求,初步选择审计项目;②对初选审计项目进行可行性研究,确定备选审计项目及其优先顺序;③评估审计机关可用审计资源,确定审计项目,编制年度审计项目计划。下列审计项目应当作为必选审计项目:①法律法规规定每年应当审计的项目;②本级政府行政首长和相关领导机关要求审计的项目;③上级审计机关安排或者授权的审计项目。

上级审计机关直接审计下级审计机关审计管辖范围的重大审计事项,应当列入上级审计机关年度审计项目计划,并及时通知下级审计机关。上级审计机关可以依法将其审计管辖范围内的审计事项,授权下级审计机关进行审计。对于上级审计机关审计管辖范围内的审计事项,下级审计机关也可以提出授权申请,报有管辖权的上级审计机关审批。获得授权的审计机关应当将授权的审计事项列入年度审计项目计划。

(4) 审计实施。审计机关应当在实施项目审计前组成审计组。审计组由审计组组长和其他成员组成。审计组实行审计组组长负责制。审计组组长由审计机关确定,审计组组长可以根据需要在审计组成员中确定主审，主审应当履行其规定职责和审计组组长委托履行的其他职责。

审计机关应当依照法律法规的规定，向被审计单位送达审计通知书。

审计组应当调查了解被审计单位及其相关情况，评估被审计单位存在重要问题的可能性，确定审计应对措施，编制审计实施方案。

审计人员应当结合适用的标准，分析调查了解被审计单位及其相关情况，判断被审计单位可能存在的问题。审计人员应当运用职业判断，根据可能存在问题的性质、数额及其发生的具体环境，判断其重要性。审计组应当评估被审计单位存在重要问题的可能性，以确定审计事项和审计应对措施。审计人员应当依照法定权限和程序获取审计证据。审计人员获取的审计证据，应当具有适当性和充分性。审计人员根据实际情况，可以在审计事项中选取全部项目或者部分特定项目进行审查，也可以进行审计抽样，以获取审计证据。

审计人员应当真实、完整地记录实施审计的过程，得出的审计结论和与审计项目有关的重要管理事项。审计人员作出的记录，应当使未参与该项业务的有经验的其他审计人员能够理解其执行的审计措施、获取的审计证据、作出的职业判断和得出的审计结论。审计记录包括调查了解记录、审计工作底稿和重要管理事项记录。

(5) 审计报告。审计报告包括审计机关进行审计后出具的审计报告以及专项审计调查后出具的专项审计调查报告。审计组实施审计或专项审计调查后，应当向派出审计组的审计机关提交审计报告。审计机关审定审计组的审计报告后，应当出具审计机关的审计报告。遇有特殊情况，审计机关可以不向被调查单位出具专项审计调查报告。

审计报告应当内容完整、事实清楚、结论正确、用词恰当、格式规范。专项审计调查报告除符合审计报告的要素和内容要求外，还应当根据专项审计调查目标重点分析宏观性、普遍性、政策性或者体制、机制问题，并提出改进建议。

对审计或者专项审计调查中发现被审计单位违反国家规定的财政收支、财务收支行为，依法应当由审计机关在法定职权范围内作出处理处罚决定的，审计机关应当出具审计决定书。审计或者专项审计调查发现的依法需要移送其他有关主管机关或者单位纠正、处理处罚或者追究有关人员责任的事项，审计机关应当出具审计移送处理书。审计组应当根据审计发现问题的性质、数额及其发生的原因和审计报告的使用对象，评估审计发现问题的重要性，如实在审计报告中予以反映。

审计机关业务部门应当对审计事项进行复核，并将复核修改后的审计报告、审计决定书等审计项目材料连同书面复核意见，报送审理机构审理。

审计机关应当依法实行公告制度。

审计机关应当建立审计整改检查机制，督促被审计单位和其他有关单位根据审计结果进行整改。

(6) 审计质量控制和责任。审计机关应当建立审计质量控制制度，以保证实现下列目标：①遵守法律法规和本准则；②作出恰当的审计结论；③依法进行处理处罚。

审计机关应当针对下列要素建立审计质量控制制度：①审计质量责任；②审计职业道德；③审计人力资源；④审计业务执行；⑤审计质量监控。

审计机关应当按照国家有关规定，建立健全审计项目档案管理制度，明确审计项目归档要求、保存期限、保存措施、档案利用审批程序等。

审计机关实行审计业务质量检查制度，对其业务部门、派出机构和下级审计机关的审计业务质量进行检查。

审计机关应当对其业务部门、派出机构实行审计业务年度考核制度，考核审计质量控制目标的实现情况。

审计机关应当对审计质量控制制度及其执行情况进行持续评估，及时发现审计质量控制制度及其执行过程中存在的问题，并采取措施加以纠正或者改进。

(7) 附则。配合有关部门查处案件、与有关部门共同办理检查事项、接受交办或委托办事不属于法定审计职责和事项，不适用政府审计准则。地方审计机关可以根据本地实际情况，在遵循本准则规定的基础上制定实施细则。政府审计准则由审计署负责解释。

3.2 政府审计职业道德

3.2.1 政府审计职业道德的含义与本质

道德是调整社会中人与人、个体与群体、个人与社会之间的行为规范的总和。它依靠社会舆论、传统习惯和内心信念的约束力量使个人行为规范化，符合社会对个人发展的方向性要求。相应的，职业道德是社会一般道德要求在职业生活中的具体体现，就政府审计职业而言，同样拥有自己的职业道德规范。所谓政府审计的职业道德，是指审计人员在长期从事政府审计工作过程中逐步形成的应当普遍遵守的行为规范，具体包括政府审计人员的职业道德、职业纪律、职业胜任能力和职业责任等内容。

政府审计是一种依法独立进行的监督活动，它要求审计人员必须依据规范保持较高的独立性，并以客观和公正的态度，实事求是地反映被审计单位的问题，发表审计意见，呈报并发布审计报告。作为一种道德范畴，政府审计的职业道德依靠审计人员的精神信仰、内心信念和社会舆论的支持，没有强制的约束力。但是由于政府审计工作的特殊性，国家需要要求政府审计人员强制性地服从职业道德规范，以国家认可的方式赋予职业道德规范以法律依据，这样就将本属于道德领域的职业规范提升为法律领域的法律规范。例如，我国就曾为政府审计人员的职业道德制定了专门准则，于 2001 年 8 月 1 日修订并重新颁布了《审计机关审计人员职业道德准则》。2010 年 9 月 8 日，审计署公布了新修订的《国家审计准则》，并在第二章“审计机关和审计人员”中，详细规定了审计机关审计人员的职业道德。新准则于 2011 年 1 月 1 日生效，《审计机关审计人员职业道德准则》同时废止。可见，政府审计的职业道德本质上是具有法律影响力的审计职业道德标准。

3.2.2 政府审计职业道德的作用

1. 审计的职业道德是完成政府审计工作的保障

政府审计职业道德所强调的忠于职守、勤奋工作、依法审计、廉洁奉公等道德观念，可以对政府审计人员的思想和行为产生较大的影响，增强审计人员的事业心，培养审计人员的责任感，约束审计人员的工作行为，调整审计组织内部的人际关系。在道德习惯形成审计人员的行为习惯之后，就能使政府审计人员自觉、正确地处理审计过程当中的具体事务，重视所履行的工作职责，客观公正地处理审计问题，获得相关机构的认可，从而保障政府审计工作顺利完成。

2. 审计的职业道德是树立审计专业精神的依靠

在复杂的审计关系中，政府审计人员需要知道自己的工作方向，需要培养审计的工作精神，这就需要严肃的政府审计职业道德作为自己工作选择的指引，结合具体的工作原则，培养政府审计人员的选择能力和沟通能力，树立政府审计的精神信条和专业原则，鞭策他们以明确的信念处理和协调各种社会关系，做好政府审计的工作。道德为精神提供依靠，精神为行为提供指引，行为则为现实提供直接的结果和影响，对政府审计工作而言更是如此。

3. 审计的职业道德能够补充纳入必要而又未成法规的事项

审计法规能够限定审计人员在具体的审计行为当中必须做什么和必须不做什么，但却不能说明审计人员应该以何种精神面貌和工作态度进行审计工作，而这些只能通过政府审计的职业道德来提出和倡导。审计法律法规通常是对政府审计工作人员的最低要求，而审计职业道德则升华了对审计人员的要求，它纳入了与审计工作紧密相关但却尚未纳入法规制度的重要规范，以此使政府审计工作更能获得全面的指引，提升政府审计工作的效率。

4. 审计的职业道德直接关乎社会道德风尚的方向

我国审计机关和审计人员肩负着维护国家经济秩序、监督政府财政收支、促进廉洁政府建设、保障社会主义市场经济建设进行的重要任务。由于审计工作涉及经济领域的方方面面，同时在群众眼中审计机关及其工作人员是代表人民监督政府极为有效的方式和手段，所以政府审计就应该对从事审计人员的职业道德进行严格要求，才能在社会上形成清正廉洁、奉公守法、勤俭节约、忠实诚信的社会道德风尚。所以，政府审计职业道德的遵循可以树立审计工作的公信度，并发挥审计道德对社会道德风尚的标志性作用。

3.2.3 政府审计职业道德的内容

政府审计人员职业道德包括审计机关人员的职业品德、职业纪律、职业胜任能力和职业责任。

1. 职业品德

审计人员应当依照法律法规的职责、权限和程序，进行审计工作，并遵守政府审计准则。审计人员办理审计事项，应当遵守正直坦诚、客观公正、勤勉尽责的职业品德。

审计人员应当正直坦诚，做到崇尚国家利益和公共利益；坚持原则，不屈从于外部压力；不隐瞒审计发现的问题，不歪曲审计结论。审计人员应当客观公正，做到以适当、充分的审计证据支持审计结论；实事求是地评价和处理审计发现的问题；保持不偏不倚的立场和态度，避免偏见。审计人员应当勤勉尽责，做到敬业奉献，认真履行应尽的审计职责；严谨细致，保证审计工作的质量；勤勉高效，及时完成所承担的审计业务；廉洁自律，不利用职权谋取私利。

2. 职业纪律

审计人员应当遵守国家的法律、法规和规章以及审计工作纪律和廉政纪律。审计人员应当认真履行职责，维护政府审计的权威，不得有损害审计机关形象的行为，同时审计人员应当维护国家利益和被审计单位的合法权益。

为此，审计人员在执行职务时，必须保持应有的独立性，不受其他行政机关、社会团体和个人的干涉。所以，审计人员在实施政府审计时应避免与被审计单位负责人或有关主管人员有夫妻关系、直系血亲关系、三代以内旁系血亲以及近姻亲关系，避免与被审计单位或者审计事项有直接经济利益关系，避免对曾经管理或者直接办理过的相关业务进行审计等情况发生。审计机关则需要采取相关人员依法回避制度，限制相关人员审计范围，并对相关审计人员的工作追加必要的复核程序等措施来保障审计独立性纪律的实现。

此外，审计人员在执行职务时，还应当忠诚老实，不得隐瞒或者曲解事实。审计人员在职务特别是作出审计评价、提出处理处罚意见时，应当做到依法办事，实事求是，客观公正，不得偏袒任何一方。

3. 职业胜任能力

审计人员应当具有符合规定的学历，通过岗位任职资格考试，具备与从事的审计工作相适应的专业知识、职业技能和工作经验，并保持和提高职业胜任能力。同时，审计人员还应当合理运用审计知识、技能和经验，保持职业谨慎，不得对没有证据支持的、未经核清事实的、法律依据不当的和超越审计职责范围的事项发表审计意见。

审计人员不得从事不能胜任的业务，还应当遵守审计机关的继续教育和培训制度，参加审计机关举办或者认可的继续教育、岗位培训活动，学习会计、审计、法律、经济等方面的新知识，掌握与从事工作相适应的计算机、外语等技能，不断优化知识结构，更新职业技能，积累工作经验，保持持续的职业胜任能力。

4. 职业责任

审计人员应当遵守国家法律、法规和规章以及审计工作纪律和廉政纪律。审计人员应当认真履行职责，维护政府审计的权威，不得有损害审计机关形象的行为。同时，审计人员还需要对其执行职务时知悉的国家秘密和被审计单位的商业秘密负有保密义务，尤其是对执行职务中取得的资料和审计工作记录，未经批准不得对外提供和披露，不得用于与审计工作无关的目的。

3.3 政府审计质量控制标准

3.3.1 审计人员素质控制标准

人员素质是保证审计质量的前提。审计人员的素质主要包括独立性、专业胜任能力和道德品质等方面。因此，政府审计人员素质控制标准应当包括以下几方面。

1. 审计机关要保证所有参加审计的人员具有独立性

审计机关应当制定和实施审计纪律，并要求全体审计人员严格遵守，对违反审计纪律的要给予严肃处分；应要求审计人员定期向审计机关汇报自己在工作中是否严格遵循了独立性原则，以及在被审计单位有无应予回避的人际关系和经济关系；应当与被审计单位保持联系，检查参与审计的人员有无损害独立性的情况。

2. 审计机关要保证所有审计人员都有胜任的专业能力

审计机关应当建立严格的聘用制度，保证聘用的审计人员都胜任自己的工作；应当建立严格的专业培训和继续教育制度，不断提高审计人员的政策素质、业务素质和职业道德水平；应建立严格的职务晋升制度，保证被提升的审计人员都德才兼备，能胜任新职务。

3. 审计机关要督导所有审计人员严格遵循职业道德准则

各级审计机关应当按照《国家审计准则》中对职业道德的相关规定及其他有关规定，制定更详细的审计人员执业纪律、职业品德要求、职业胜任能力和职业责任追究制度；应当经常检查审计人员职业道德遵循情况，开展评比活动；审计机关对违反审计职业道德人员，要严肃处理。总之，要使严守职业道德成为政府审计人员的自觉行动。

3.3.2 审计项目过程质量控制标准

1. 审计方案的质量控制

审计机关和审计人员执行审计业务，应当依据年度审计项目计划，编制审计实施方案，获取审计证据，作出审计结论。

审计机关应当在实施项目审计组成审计组，审计组应调查了解被审计单位及其相关情况，评估被审计单位存在重要问题的可能性，确定审计应对措施，编制审计实施方案。对于审计机关已经下达审计工作方案的，审计组应当按照审计工作方案的要求编制审计实施方案。审计组由审计组组长和其他成员组成。审计组实行审计组组长负责制。审计组组长由审计机关确定，审计组组长可以根据需要在审计组成员中确定主审，主审应当履行其规定职责和审计组组长委托履行的其他职责。一般审计项目的审计实施方案应当经审计组组长审定，并及时报审计机关业务部门备案。重要审计项目的审计实施方案应当报经审计机关负责人审定。

审计实施方案的内容主要包括审计目标、审计范围、审计内容、重点及审计措施（包括审计事项和审计应对措施）、审计工作要求（包括项目审计进度安排、审计组内部重要管理事项及职责分工等）。采取跟踪审计方式实施审计的，审计实施方案应当对整个跟踪审计工作作出统筹安排。专项审计调查项目的审计实施方案应当列明专项审计调查的要求。编制和调整审计实施方案可以采取文字、表格或者两者相结合的形式。

2. 审计证据的质量控制

审计证据是指审计人员获取的能够为审计结论提供合理基础的全部事实，包括审计人员调查了解被审计单位及其相关情况和对确定的审计事项进行审查所获取的证据。审计人员应当依照法定权限和程序获取审计证据。审计人员获取的审计证据，应当具有适当性和充分性。适当性是指对审计证据质量的衡量，即审计证据在支持审计结论方面具有的相关性和可靠性。相关性是指审计证据与审计事项及其具体审计目标之间具有实质性联系。可靠性是指审计证据真实、可信。充分性是指对审计证据数量的衡量。审计人员在评估存在重要问题的可能性和审计证据质量的基础上，决定应当获取审计证据的数量。

审计人员对审计证据的相关性进行分析时，应当关注下列方面：第一，一种取证方法获取的审计证据可能只与某些具体审计目标相关，而与其他具体审计目标无关。第二，针对一项具体审计目标可以从不同来源获取审计证据或者获取不同形式的审计证据。

审计人员可以从下列方面分析审计证据的可靠性：第一，从被审计单位外部获取的审计证据比从内部获取的审计证据更可靠；第二，内部控制健全有效情况下形成的审计证据比内部控制缺失或者无效情况下形成的审计证据更可靠；第三，直接获取的审计证据比间接获取的审计证据更可靠；第四，从被审计单位财务会计资料中直接采集的审计证据比经被审计单位加工处理后提交的审计证据更可靠；第五，原件形式的审计证据比复制件形式的审计证据更可靠。不同来源和不同形式的审计证据存在不一致或者不能相互印证时，审计人员应当追加必要的审计措施，确定审计证据的可靠性。审计人员获取的电子审计证据包括与信息系统控制相关的配置参数、反映交易记录的电子数据等。采集被审计单位电子数据作为审计证据的，审计人员应当记录电子数据的采集和处理过程。

审计人员对于重要问题，可以围绕下列方面获取审计证据：第一，标准，即判断被审计单位是否存在问题的依据；第二，事实，即客观存在和发生的情况，事实与标准之间的差异构成审计发现的问题；第三，影响，即问题产生的后果；第四，原因，即问题产生的条件。审计人员在审计实施过程中，应当持续评价审计证据的适当性和充分性。已采取的审计措施难以获取适当、充分审计证据的，审计人员应当采取替代审计措施；仍无法获取审计证据的，由审计组报请审计机关采取其他必要措施或者作出审计结论。

3. 审计记录、审计报告和审计档案的质量控制

(1) 审计记录的质量控制。审计记录包括调查了解记录、审计工作底稿和重要管理事项记录。审计人员应当真实、完整地记录实施审计的过程、得出审计结论和与审计项目有关的重要管理事项，以实现下列目标：第一，支持审计人员编制审计实施方案和审计报告；第二，证明审计人员遵循相关法律法规和审计准则；第三，便于对审计人员的工作实施指导、监督和检查。审计人员作出的记录，应当使未参与该项业务的有经验的其他审计人员能够理解其执行的审计措施、获取的审计证据、作出的职业判断和得出的审计结论。

审计组在编制审计实施方案前，应当对调查了解被审计单位及其相关情况作出记录。调查了解记录是审计记录的一种，也是审计实施阶段审计人员了解被审计单位相关情况的最重要的载体。

审计工作底稿主要记录审计人员依据审计实施方案执行审计措施的活动。审计人员对审计实施方案确定的每一审计事项，均应当编制审计工作底稿。一个审计事项可以根据需要编制多份审计工作底稿。通过审计工作底稿来记录反映审计实施方案的执行情况，从而使审计工作底稿更具科学性和可操作性。

为了更加注重对审计过程的监督，便于对审计人员的工作实施指导、监督，保证审计人员遵循相关的法律法规，《国家审计准则》将一些原来具体审计准则中分散的内容进行综合整理，统一归并为重要管理事项记录。重要管理事项记录应当记载与审计事项相关并对审计结论有重要影响的管理事项。重要管理事项记录可以使用被审计单位承诺书、审计机关内部审批文稿、会议记录、会议纪要、审理意见书或者其他书面形式。

(2) 审计报告的质量控制。审计报告包括审计机关进行审计后出具的审计报告以及专项审计调查后出具的专项审计调查报告。审计组实施审计或者专项审计调查后，应当向派出审计组的审计机关提交审计报告。审计机关审定审计组的审计报告后，应当出具审计机关的审计报告。遇有特殊情况，审计机关可以不向被调查单位出具专项审计调查报告。审计报告应当内容完整、事实清楚、结论正确、用词恰当、格式规范。

出具对国际组织、外国政府及其机构援助、贷款项目的审计报告，按照审计机关的相关规定执行。

(3) 审计档案的质量控制。审计组应当按照审计档案管理要求收集与审计项目有关的材料，建立审计档案。审计档案实施审计组负责制，审计组组长对审计档案反映的业务质量进行审查验收。审计组应当确定立卷责任人及时收集审计项目的文件资料，审计项目结束后，立卷责任人应及时办理立卷工作，将与审计项目有关的文件材料归入审计项目案卷。立卷负责人将文件材料归类整理、排列后，交由审计组组长审查验收，并签署审查意见。有关审计记录、审计报告和审计档案的内容，本书将在后面章节进行详细阐述。

3.3.3 审计项目质量检查控制标准

1. 审计项目质量检查的组织与管理

审计项目质量检查，是指审计机关依据有关法律、法规和规章的规定，对本级派出机关、下级审计机关完成审计项目质量情况进行审查和评价。审计署领导全国的审计项目质量检查工作。地方各级审计机关负责本行政区域内的审计项目质量检查工作。审计机关负责法制工作的机构具体办理审计项目质量检查事项。

审计署负责组织对省、自治区、直辖市审计厅(局)，各特派员办事处、各派出审计局审计项目质量的检查。必要时，可以对其他各级审计机关项目质量进行抽查。地方审计机关负责组织对本级派出机构、本地区下一级审计机关审计项目质量的检查。

审计机关审计项目质量检查工作实行计划管理。审计署制定对省、自治区、直辖市审计厅(局)，各特派员办事处、各派出审计局审计项目质量检查的计划。地方审计机关制定对本级派出机构、本地区下一级审计机关审计项目质量检查的计划。审计机关组成审计项目质量检查组，并在实施检查前，向被检查审计机关送达审计项目质量检查通知书。

2. 审计项目质量检查的内容与方法

审计机关对本级派出机构、下一级审计机关审计项目质量检察的内容包括审计工作中执行有关法律、法规的情况；建立和执行审计质量控制制度的情况；执行各项审计准则的情况；审计项目成果反映的客观性、真实性以及成果所发挥作用的情况；上级审计机关统一组织的审计项目的事实和反映情况；其他有关审计项目质量的情况。审计项目质量检查主要通过检查审计档案的方式进行，必要时可以到被审计单位核查。

3. 内审计项目质量检查结果的处理

审计项目质量检查结束后，应向被检查审计机关下达审计项目质量检查结论。上级审计机关认为被检查审计机关审计项目质量较好的，可以予以表扬；有问题的，应当责成被检查审计机关予以纠正或者采取相应的改进措施；质量问题严重的，给予通报批评。被检查审计机关对于审计项目质量检查中发现的问题，应当认真整改。每年11月底之前，省、自治区、直辖市审计厅(局)应当将对本地区审计机关审计项目质量检查情况的综合报告报审计署。

3.3.4 审计项目质量分级负责标准

1. 审计方案编制与审批的分级负责

审计人员实施审计时，应当持续关注已作出的重要性判断和对存在的问题可能性的评估是否恰当，及时作出修正，并调整审计应对措施。一般审计项目的审计实施方案应当经审计组组长审定，并及时报审计机关业务部门备案。重要审计项目的审计实施方案应当报经审计机关负责人审定。审计组调整审计实施方案中的审计目标、审计组组长、审计重点、现场审计结束时间等事项时，应当报经审计机关主要负责人批准。由于审计实施方案编制、调整不当，造成重大违规问题应当查处而未能查处，有关人员应当承担相应的责任。其中，审计机关分管领导应对审计实施方案所确定的审计目标的恰当性负责；审计组所在部分负责人应对审计范围和审计重点的适当性负责；审计组组长应对审计内容的适当性、步骤和方法的可操作性负责；审计组成员应对审前调查过程中形成的有关记录的真实性和完整性负责。

2. 审计证据的分级负责

审计组组长应当督导审计人员收集审计证据工作，审核审计证据。发现审计证据不符合要求的，应当责成审计人员进一步取证。审计人员应对其收集的审计证据严重失实，或者隐匿、篡改、毁弃审计证据的行为承担责任。审计组组长应当对重要审计事项未收集审计证据或者审计证据不足以支持审计结论，造成严重后果的行为承担责任。

3. 审计记录的分级负责

审计组组长或者其委托的有资格的审计人员在必要时可以对审计记录进行检查。对审计记录中存在的问题，审计组组长应当责成审计人员及时纠正。审计人员应当对审计记录的真实性、完整性负责；对未执行审计实施方案导致重大问题未发现的，审计过程中发现问题隐瞒不报或者不如实反映的，以及审计查出的问题严重失实的承担责任。审计组组长对复核意见负责，对未能发现审计记录中严重失实的行为承担责任。

4. 审计报告的分级负责

审计组应当将审计报告报送审计机关业务部门复核。审计机关业务部门在收到政府审计组提交的审计报告后，应由专门的复合机构或专职的复核人员进行复核，并提出书面复核意见。审计机关业务部门应当将符合修改后的审计报告、审计决定书等审计项目材料连同书面复核意见，报送审理机构审理。审理机构以审计实施方案为基础，重点关注审计实施过程及结果，主要审理下列内容：第一，审计实施方案确定的审计事项是否完成；第二，审计发现的重大问题是否在审计报告中反映；第三，主要事实是否清楚，相关证据是否适当、充分；第四，适用法律法规和标准是否适当；第五，评价、定性、处理处罚意见是否恰当；第六，审计程序是否符合规定。

审理机构审理时，应当就有关事项与审计组及相关业务部门进行沟通。必要时，审理机构可以参加审计组与被审计单位交换意见的会议，或者向被审计单位和有关人员了解相关情况。审理过程中遇到复杂问题的，经审计机关负责人同意后，审理机构可以组织专家进行论证。审理机构审理后，应当出具审理意见书。审理机构将审理后的审计报告、审计决定书连同审理意见书报送审计机关负责人。审计报告、审计决定书原则上应当由审计机关审计业务会议审定；特殊情况下，经审计机关主要负责人授权，可以由审计机关其他负责人审定。

5. 审计档案的分级负责

审计组成员对文件材料内容的真实性、完整性负责。立卷责任人对卷内文件材料的完整性、归档的规范性负责。审计组组长对审核验收意见负责。审计组所在部门负责对归档的及时性负责。

3.3.5 审计项目质量责任追究制度

审计组成员、审计组组长、审计组所在部门负责人、法制工作机构负责人和复核人员、审计机关领导在执行审计项目过程中，违反审计法规、政府审计准则和审计质量控制办法等有关审计项目质量控制规定的，应当追究相应责任。

1. 追究审计项目质量责任的处理形式

追究审计项目质量责任的处理形式有：责令改正错误；告诫、批评教育；责令书面检查；通报批评；停职培训、转岗；情节严重的，按照有关规定给予行政处分；构成犯罪的，依法追究刑事责任。除上述形式外，可以并处取消评优、评先、晋级、晋职资格。

有下列情形之一的，可以减轻或者免予处理：非审计人员人为因素造成不良后果的；主动改正错误或者情节轻微的；其他可以减轻或者予以免除处理的情形。

2. 审计项目质量检查委员会的设立与运行

审计机关设立审计项目质量检查委员会，负责评估和追究审计项目质量责任。审计机关主要领导为委员会主任，委员为审计机关其他领导、相关审计业务机构、法制工作机构、人事教育机构、监察机构、机关党委、办公厅(室)负责人及有关专家。审计项目质量检查委员会下设办公室，办公室设在法制工作机构。

审计机关各有关部门应当加强对审计项目质量的检查和了解，对违反审计项目质量控制规定的行为，由法制工作机构及时报告审计项目质量检查委员会。审计项目质量检查委员会对违反审计项目质量控制规定的行为，责成各有关部门、法制工作机构进行调查，并根据调查结果作出处理决定，应当追究刑事责任的，移送司法机关处理。审计机关主要负责人违反审计项目质量控制规定需要承担责任的，由上级审计机关审计项目质量检查委员会负责评估和追究。

3. 被追究人的申诉

被审计项目质量检查委员会处理的人员若对处理决定不服，可以在收到处理决定之日起30日内向审计项目质量检查委员会提出申诉，由审计项目质量检查委员会作出相应处理。

本章小结

本章主要学习政府审计准则的三部分内容，包括政府审计准则、政府审计职业道德和政府审计质量控制标准，通过讲授要求掌握我国政府审计准则体系、政府审计职业道德的内容与作用以及政府审计质量控制的五种标准；需重点掌握审计项目过程质量控制标准和审计项目质量分级负责标准，为学习政府审计奠定基础。

重要概念

政府审计准则体系　政府审计职业道德　政府审计质量控制　项目过程质量控制　项目质量检查　项目质量分级负责　项目责任质量追究

阅读资料

[1] 张庆龙，沈征.政府审计[M].北京：中国人民大学出版社，2015.

本章练习

一、单项选择题

1. 下列政府审计准则中，不具有法律效力的是(　　)。

A. 政府审计基本准则　　　　B. 通用审计准则

C. 专业审计准则　　D. 审计指南

2. 修改、审核后的审计准则由(　　)批准、发布和施行。

A. 审计署

B. 审计准则体系构建工作领导小组办公室

C. 国务院

D. 各级政府

3. 政府审计人员职业道德包括(　　)方面的内容。

A. 一　　B. 二　　C. 三　　D. 四

4. 审计档案实行(　　)。

A. 审计组组长负责制　　B. 审计机关负责制

C. 审计组负责制　　D. 审计人员负责制

5. 审计组调整审计实施方案中的事项时，应当报经(　　)批准。

A. 审计机关业务部门　　B. 审计机关主要负责人

C. 审计组组长　　D. 审计署

6. 审计机关设立(　　)，负责评估和追究审计项目质量责任。

A. 审计机关业务部门　　B. 审理机构

C. 审计项目质量检查委员会　　D. 法制工作机构

7. 被审计项目质量检查委员会处理的人员若对处理决定不服，可以在收到处理决定之日起(　　)日内向审计项目质量检查委员会提出申诉。

A. 20　　B. 30　　C. 50　　D. 60

二、多项选择题

1. 审计人员执行审计业务，应当具备的职业要求有(　　)。

A. 遵守法律法规和本准则　　B. 恪守审计职业道德

C. 保持应有的审计独立性　　D. 具备必需的职业胜任能力

2. 审计记录包括(　　)。

A. 调查了解记录　　B. 审计工作底稿

C. 审计通知书　　D. 重要管理事项记录

3. 审计人员获取的证据，应当具有(　　)。

A. 可比性　　B. 适当性　　C. 真实性　　D. 充分性

4. 审计项目质量分级负责标准包括(　　)的分级负责。

A. 审计证据　　B. 审计方案编制与审批

C. 审计记录　　D. 审计报告

三、判断题

1. 审计机关应当依照法律法规的规定，向被审计单位送达审计通知书。　　(　　)

2. 审计机关业务部门应当将复核修改后的审计报告、审计决定书等审计项目材料连同书面复核意见，报送审计项目质量检查委员会。　　(　　)

3. 审计机关在法定职权范围内对被审计单位作出处理处罚决定的，审计机关应当出具

审计决定书。 (　　)

4. 审计人员作出的记录,应当使未参与该项业务的有经验的其他审计人员能够理解其执行的审计措施、获取的审计证据、作出的职业判断和得出的审计结论。 (　　)

5. 审计署领导全国的审计项目质量检查工作。 (　　)

6. 省、自治区、直辖市审计厅(局)应当将对本地区审计机关审计项目质量检查情况的综合报告报国务院。 (　　)

四、简答题

1. 政府审计准则有哪些国际协调?
2. 政府审计职业道德的内容有哪些?
3. 审计项目质量分级负责标准是什么?

第 4 章　政府审计程序

- 内容提要
- 重点难点
- 学习目标
- 知识框架
- 4.1　政府审计程序概述
- 4.2　政府审计程序内容
- 4.3　审计工作底稿
- 本章小结
- 重要概念
- 阅读资料
- 本章练习

内容提要

本章主要讲解了政府审计程序,包括政府审计程序概述、政府审计程序的内容以及审计工作底稿,并分为三节课进行讲解。本章重点为政府审计程序的各阶段及审计工作底稿;难点为政府审计的程序。

重点难点

本章重点为政府审计程序各阶段及其主要内容,以及审计工作底稿;难点为政府审计的程序。

学习目标

学生通过本章学习,应掌握政府审计程序是如何进行的,不同审计阶段进行的审计工作有哪些,并了解相关的审计工作底稿。

知识框架

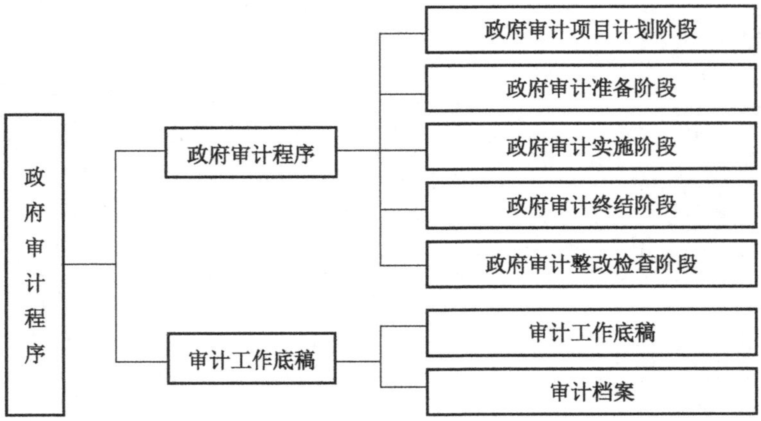

引入案例　一张银行利息通知单“挖”出一个女“巨贪”①

2008年5月，湖北省随州市中级人民法院公开审理了原随州市第二棉纺厂厂长、党委书记，后来升任随州市经济技术开发区主任(副处级)的武晓丽经济案件。武晓丽因贪污罪，被随州市中级人民法院最终判处有期徒刑5年，并处没收个人财产10万元。

武晓丽，女，1965年出生，研究生学历，1998年3月任随州市第二棉纺厂厂长、党委书记；同年7月兼任随州金环织业有限公司经理；2000年10月，任随州大地有限公司经理；2002年3月，任湖北省铁树纺织印染集团董事长、总经理、党委书记；2004年，到随州市经济技术开发区任职。一路的提升，一连串的头衔，一切似乎都是那么正常、顺当，这多少会让武晓丽感到头晕目眩、飘飘然，甚至不可一世，私家小车开着，金银首饰戴着，也许她连做梦都没想到，在仕途一帆风顺，事业如日中天，正走在通向更加灿烂且充满阳光的大道上还会“栽跟头”！人世间的事情，往往就是这样，在犯罪分子侥幸之时，就是她堕入“深渊”的开始。

2007年1月，随州市审计局受该市纪律检查委员会委托，组成审计组对原随州市第二棉纺厂宣布破产后织部维持生产经营期间盈亏情况进行审计。

审计组进驻原随州市第二棉厂采取就地审计，审计人员从一开始就表现很平静，不与过多的人接触，只与相关的会计人员联系，但是他们内心有数，采取稳扎稳打、步步为营的战术展开审计调查。首先摸清该厂破产前后的基本情况，据了解，1998年7月，随州市第二棉纺厂(以下简称二棉厂)，将其纺部租赁给广东省佛山市石湾区东鄱纱布经销公司(以下简称东鄱公司)，东鄱公司以租赁的纺部成立了随州兴发纺织有限公司；同年同月，二棉厂以其织部成立了该厂控股的湖北随州金环织业有限责任公司(以下简称金环公司)。2000年10月22日，原随州市人民法院依法宣告二棉厂破产还债，并委托资产评估事务所对二棉厂资产进行评估。2000年10月25日，随着二棉厂破产而注销的金环公司改称兴发织部，由武晓丽受随州市政府委托管理经营。2001年2月，二棉厂破产清算组在二棉厂资产评估总值基础上出标的，决定对该厂整体拍卖。经协商，拟由东鄱公司以3 900万元购买二棉纺部，由武晓丽牵头购买成立随州大地纺织有限公司(以下简称大地公司)以1 000万元购买织部。

根据所掌握的情况，精明的审计人员为了弄清二棉厂破产前的财产情况，没有直接审计二棉厂2000年10月至2001年5月维持生产经营期间经营盈亏情况，而是从大地公司2005年财产情况往前查起，面对纷繁复杂的账目、凭证等资料，仅账目凭证就堆满了大半间房子，审计人员并没有因为需要付出大量心血和工作而退缩，经过2个多月的奋战，实际情况要比审计人员想象的复杂得多，二棉厂涉及的业务往来大户南阳棉纺织厂等就有16个。直到开始审计二棉厂2000年资产、负债，包括财务收支情况时，仍未能发现有价值的线索或破绽，整个审计工作为此陷入了僵局。该市审计局领导立即召集参与审计的人员，分析前段时间的工作情况，研究布置下一步工作，最后决定，有必要继续往前延伸审计，使审计人员进一步增强了信心。忽然有一天，一位细心的审计人员在查看金环公司2000年财务费用分类账原始凭证时，发现一张某银行存款利息通知单：时间2000年5月26日，利息1 017.5元。且利息收入与其他费用抵冲，同时某银行存款利息通知单利息票面显示属定期存款利息，存款户：金环织业有限责任公司，存折账号：8054010255。这位审计人员仔细查看过这张存款利息通知单之后，顿时感到有点蹊跷，迅速跟身边的一位审计人员讨论，决定带着疑问到某银行查询，结果某银行的负责人告诉审计人员此存折账号系1999年5月26日300万元现金存款。然后，审计人员又通过二棉厂及下属金环公司往来账审计查明：1999年5月，经武晓丽安排，以准备企业破产后职工生活费用为由，二棉厂、金环公司财务人员将二棉厂原纺部的卖纱款转出300万元至金环公司的存折户，账务处理为虚增金环公司佛山办应收账款300万元。2000年7月5日，因生产需要，从该存折户转出100万元存入金环公司的经营账户投入生产，账务处理为增加金环公司经营存款，减少佛山办应收账款，至此，金环公司虚增佛山办应收账款为200万元，在2000年10月二棉厂破产评估时作呆账处理。审计人员又发现，经武晓丽同意，会计人员在财务报表上将金环公司银行存款余额677 025.19元调整为应收账款，也在2000年10月二棉厂破产评估

① 湖北省随州市审计局：《一张银行利息通知单“挖”出一个女“巨贪”——原随州市第二棉纺厂厂长、党委书记贪污案案查处纪实》，中华人民共和国审计署网站，2009年4月。

时作呆账处理。随后,该市审计部门迅速将审计报告,按程序移交到随州市纪委和随州市人民检察院。

随州市中级人民法院审理认为:被告人武晓丽身为国有企业工作人员和受政府委托管理经营国有资产的工作人员,利用职务之便,将二棉厂国有资金人民币 267.7 万元,变通转移至绝对控股的大地公司非法控制占有,其行为已构成贪污罪。

4.1 政府审计程序概述

政府审计程序是指审计机构及其审计人员在项目审计中自始至终必须遵循的工作步骤和操作规程。政府审计程序的安排遵循着标准的审计程序,包括五个阶段:政府审计项目计划阶段、政府审计准备阶段、政府审计实施阶段、政府审计终结阶段和政府审计整改检查阶段。具体审计程序,如图 4-1 所示。

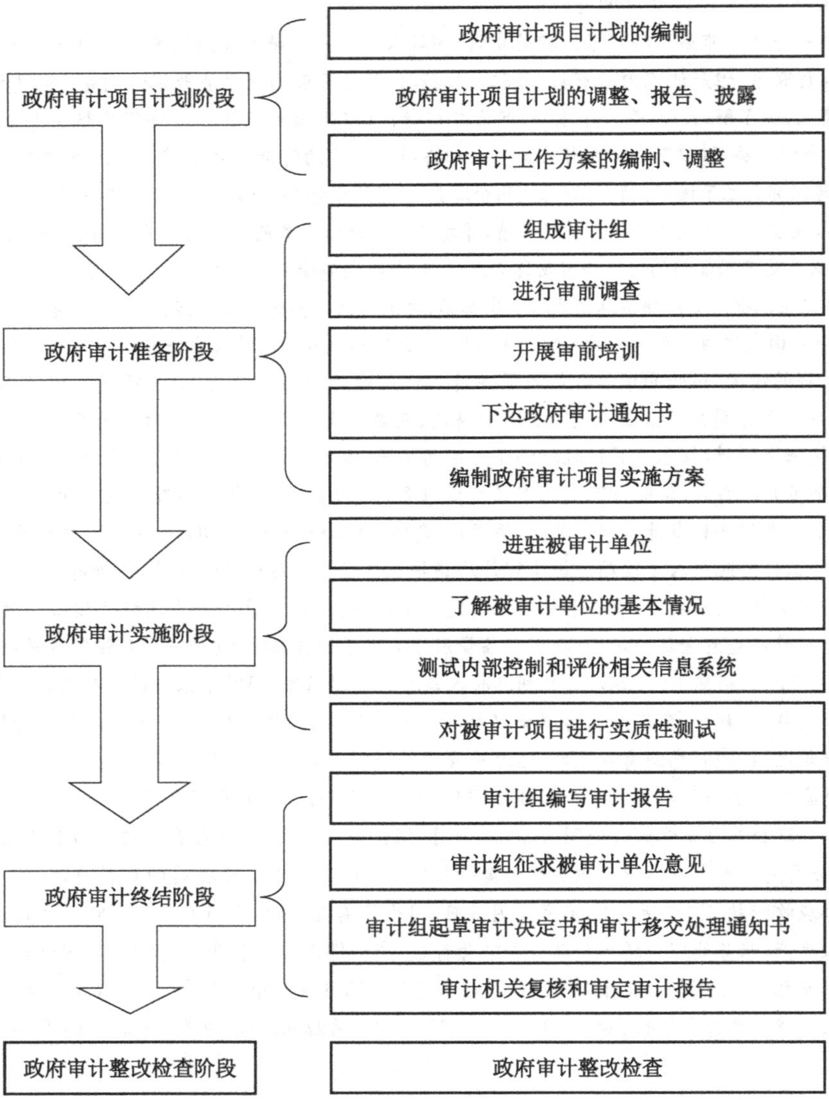

图 4-1 政府审计程序流程图

中华人民共和国审计署发布的《中华人民共和国国家审计准则》规范了政府审计程序的具体内容。

4.2 政府审计程序内容

4.2.1 政府审计项目计划阶段

政府审计项目计划是指审计机关按年度对审计项目和专项审计调查项目预先作出的统一安排。政府审计项目计划按规定经审计机关或同级人民政府审核批准后执行，并作为检查考核审计工作的主要依据。

1. 政府审计项目的构成

政府审计项目是指按照被审计单位或被审计的具体对象进行划分的审计活动的种类。政府审计项目按其来源可以分为以下几类：

(1) 上级审计机关统一组织项目。这是上级审计机关为了更好地发挥审计在宏观调控中的作用，围绕政府工作重心所确定的在所辖区域内由下属各级审计机关统一开展的审计项目，该类项目应作为下级审计机关的必选项目。

(2) 授权审计项目。这是指由上级审计机关授权下级审计机关实施的、属于上级审计机关管辖范围内的审计项目，该类项目同样属于下级审计机关的必选项目。

(3) 政府交办项目。这是指各级政府要求审计机关实施的项目，对于该类项目，各级审计机关也必须及时列入项目计划。

(4) 其他交办、委托或举报项目。一类是由本级政府以外的其他领导或权力部门要求审计机关实施审计的项目，如本级人大或政协等交办的项目；另一类是由其他部门委托审计机关实施审计的项目或提请审计机关配合审计的项目，如纪律检查委员会、监察部门、组织人事部门和业务主管部门委托的项目；还有一类是接受群众举报，审计机关决定应当实施审计的项目。

(5) 自行安排项目。这是指各级审计机关根据自己的审计力量情况，在本机关审计管辖和分工范围内，自行安排开展的审计项目。

2. 政府审计项目计划的内涵

审计项目计划简称审计计划，是指审计机关按照年度对审计项目和专项审计调查项目预先作出的统一安排。审计项目计划的核心是审计项目的安排，审计项目一定要按照上级审计机关统一组织项目、授权项目、政府交办项目和自行安排项目的顺序进行安排。

审计机关年度审计项目计划的内容主要包括：审计项目名称；审计目标，即实施审计项目预期要完成的任务和结果；审计范围，即审计项目涉及的具体单位、事项和所属期间；审计重点；审计项目组织和实施单位；审计资源。

审计项目计划可以采用文字的形式，也可以采用表格的形式，或者采用文字和表格相结合的形式。审计项目计划的文字部分主要包括：上年度审计项目计划的完成情况，本年度审计项目安排的指导思想，审计项目计划编制的依据，所确定的主要任务，完成计划的重要措施。表格部分主要列明审计项目的名称、类别、级别和数量，完成计划项目的时间要求和责任单位，被审计单位的名称及其主管部门和所在地区等。采取跟踪审计方式实施的审计项目，年度审计项目计划应当列明跟踪的具体方式和要求。专项审计调查项目的年度审计项目计划应当列明专项审计调查的要求。

3. 政府审计项目计划的管理

(1) 审计项目计划管理概述。审计项目计划管理简称审计计划管理，是审计机关对年度审计项目计划的编制、协调、调整、检查和考核等一系列相互关联的活动的总称，是政府审计管理的一个重要环节。

我国《审计法》《审计法实施条例》以及《国家审计准则》等审计法律法规规范，对于审计项目计划管理的加强都有相关规定。与我国的审计体制相适应，审计机关的审计项目计划管理工作实行统一领导、分级负责的制度。审计署负责管理审计署统一组织的审计项目计划和审计署本级审计项目计划，指导全国的审计项目计划管理工作。县级以上地方各级审计机关分别负责本行政区域内审计项目计划管理工作。

(2) 审计项目计划管理的一般原则。审计项目计划管理没有固定的模式，不同的审计制度会导致不同的管理方式，因而审计计划重点内容的确定、编制程序、执行与调整等方面的原则也不尽相同。就目前我国审计计划的编制与执行来看，应遵循以下基本原则。

第一，科学性。这是对计划管理工作的首要要求。即整个审计计划工作，从立项、编制、执行、反馈、考评等均须采用严谨的态度和科学方法来完成。

第二，全面性。计划管理涉及方方面面，对于其中的诸多因素及其关系必须以全面、联系的观点来对待。

第三，目的性。计划工作应有鲜明的目的。即在计划编制、执行中要有明确的要求和切实可行的目标。在执行完计划后，还要对是否达到最初的目标进行测评和考核，使得任务和目标能落到实处，取得实效。

第四，审慎性。在计划执行时要对审计重要性进行评估，并运用正确的审计方法，实施必要的审计程序，有效地防范审计风险。同时，对审计风险水平也要有正确的评估，以免出现不必要的审计失误而出现新的审计风险。

第五，可操作性。计划是审计工作开展的依据。因此，计划中制定的任务、提出的要求、达到的目标及执行情况的评估等都必须切合工作实际，具有可操作性，这样才能使审计工作高效有序。

(3) 审计项目计划管理的核心问题。审计项目计划管理是一项科学性很强的工作，一些经济学家曾指出，计划或决策在执行中可能遇到的主要障碍就是资源分散、能源浪费，所以计划管理的核心问题就是研究如何合理有效地分配和利用审计资源。也就是说，确定审计计划目标，并据以安排审计项目，实质上是在分配审计资源，以保证能在给定资源的条件下充分履行审计职责。

在审计计划管理工作中，必须充分分析和把握现有审计资源状况，也就是要对审计机关作出彻底的自我评价，不仅要考虑审计机关自身的长处和短处，还要研究外部环境等因素。只有这样，才能制定出适合审计工作发展的有效策略和计划。

在我国，法律规定了我国审计机关的基本职责和监督范围，也大体上确定了我国社会、政治、经济、生活对政府审计的总体要求，但现有审计资源是无法完全满足这些要求的，也就是说审计资源相对不足是制约审计工作发展的一个重要因素。这就要求审计机关必须以现有审计资源水平为基础，认真选定审计重点，充分发挥审计资源的效用，进一步吸引国家资源对政府审计的投入。

(4) 审计项目计划的管理模式。

第一,管理模式的一般类型。审计项目计划管理模式是审计组织体系内部各个层次审计计划管理权限和职责分工的组织形式。就各国审计计划管理的实践看,审计计划管理模式可以归纳为以下两种主要类型:

集权型模式。在这种模式下,下属层次和各职能部门很少有审计计划管理的权力,而主要担负执行审计计划的职责,具有单纯执行性的特点。这种模式还具有保证审计目标的实现和易于协调审计业务的特点,但不利于各审计业务组织灵活开展审计业务。这种模式适合在一定范围内实行高度集中统一管理的审计项目。

分权型模式。该模式的基本特征是:各层次审计组织都有自身的计划特别权限和相应地完成审计计划的职责。这种模式适合主要由自身独立的审计组织灵活完成的审计项目。这种模式有利于个审计组织灵活开展审计业务活动,但不利于整个审计业务活动的协调统一和审计目标的实现。

第二,我国政府审计项目计划管理模式。就我国目前的审计计划管理模式来说,既不纯属于集权型,也不纯属于分权型,而是两者相互结合,既集中统一又分散灵活的审计计划管理模式。在我国,一般把审计项目分为必审项目、选审项目和自定项目,并根据这三类审计项目的性质不同,分别划定审计计划管理的职责和权限。

必审项目计划。某一时期在全国或地区范围内对重点行业、专项资金进行审计的项目,有审计署确定,作为必审项目。各级审计机关根据审计署对必审项目审计范围的要求,确定审计单位数,列入本级审计项目计划草案,经批准后予以执行。所以,必审项目计划基本上采取集权型管理模式。

选审项目计划。各级审计机关在审计署提出的审计项目范围内,根据本地区实际情况因地制宜、量力而行、各有侧重地选定审计项目,并确定审计单位数,列入本级审计项目计划草案,报上一级审计机关同意后执行。可见,选审项目计划采取的是介于集权型和分权型之间的管理模式。

自定项目计划。由各级审计机关根据本级政府的部署自行确定审计项目和审计单位数,列入本级审计项目计划草案,经批准后予以执行,因此,自定审计项目计划主要采用分权型管理模式。

4. 政府审计项目计划的编制

(1) 制定审计项目计划的基本步骤。审计机关应当根据法定的审计职责和审计管辖范围,编制年度审计项目计划。编制年度审计项目计划应当服务大局,围绕政府工作中心,突出审计工作重点,合理安排审计资源,防止不必要的重复审计。

审计项目计划举例

审计机关按照下列步骤编制年度审计项目计划:

第一,调查审计需求,初步选择审计项目。审计机关从下列方面调查审计需求,初步选择审计项目:国家和地区财政收支、财务收支以及有关经济活动情况;政府工作中心;本级政府行政首长和相关领导机关对审计工作的要求;上级审计机关安排或者授权审计的事项;有关部门委托或者提请审计机关审计的事项;群众举报、公众关注的事项;经分析相关数据认为应当列入审计的事项;其他方面的需求。

第二,对初选审计项目进行可行性研究,确定备选审计项目及其优先顺序。审计机关对初选审计项目进行可行性研究，确定初选审计项目的审计目标、审计范围、审计重点和其他重要事项。进行可行性研究重点调查研究下列内容：与确定和实施审计项目相关的法律法规和政策；管理体制、组织结构、主要业务及其开展情况；财政收支、财务收支状况及结果；相关的信息系统及其电子数据情况；管理和监督机构的监督检查情况及结果；以前年度审计情况；其他相关内容。

审计机关在调查审计需求和可行性研究过程中，从下列方面对初选审计项目进行评估，以确定备选审计项目及其优先顺序：项目重要程度，评估在国家经济和社会发展中的重要性、政府行政首长和相关领导机关及公众关注程度、资金和资产规模等；项目风险水平，评估项目规模、管理和控制状况等；审计预期效果；审计频率和覆盖面；项目对审计资源的要求。

第三，评估审计机关可用审计资源，确定审计项目，编制年度审计项目计划。年度审计项目计划应当按照审计机关规定的程序审定。审计机关在审定年度审计项目计划前，根据需要，可以组织专家进行论证。

下列审计项目应当作为必选审计项目：法律法规规定每年应当审计的项目；本级政府行政首长和相关领导机关要求审计的项目；上级审计机关安排或者授权的审计项目。

审计机关对必选审计项目，可以不进行可行性研究。

审计机关计划管理部门与业务部门或者派出机构，应当建立经常性的沟通和协调机制。调查审计需求、进行可行性研究和确定备选审计项目，以业务部门或者派出机构为主实施；备选审计项目排序、配置审计资源和编制年度审计项目计划草案，以计划管理部门为主实施。

(2) 审计项目计划编制原则和过程。为保证政府审计项目计划的科学有效和切实可行，审计项目计划编制过程中应遵循以下原则：第一，依法审计、独立监督的原则，在法定职责内自主安排审计项目，排除来自其他行政机关、社会团体和个人的干扰。第二，服务全局的原则，在选择审计项目时，要注意围绕国家和本地区经济工作中心和宏观经济调控重点展开。第三，全面审计与重点审计相结合的原则，安排审计项目时既要注意审计的覆盖面，又要确保重点审计项目不遗漏。第四，量力而行、留有余地的原则，安排审计项目时既要充分利用现有的审计资源，又要适当预留一部分审计资源以应付计划执行过程中可能会发生的审计风险。第五，协调平衡、避免重复的原则，安排审计项目时既要注意避免将很多项目同时安排在相同的时间内实施，又要避免出现重复审计的现象。

审计机关编制政府审计项目计划，除上级审计机关统一组织的审计项目外，应当在规定的审计管辖范围内安排。审计署统一组织的政府审计项目计划，由审计署各专业审计司或者派出机构在调查中审计需求、进行可行性研究、确定备选项目的基础上，于每年 11 月提出安排意见，并填制统一印发的审计项目工作量测算报表；审计署计划管理部门对备选项目排序、配置审计资源、编制审计项目计划草案，将审计项目计划草案报审计长会议，审计长会议根据审计项目评估结果，确定年度审计项目计划。省级审计机关根据审计署统一组织的审计项目、授权审计项目和当地实际情况，编制本地区政府审计项目计划，并报经本级政府行政首长批准，于每年 4 月底前报审计署备案。

5. 政府审计项目计划的调整

经过审批确定的政府审计项目计划，规定了审计机关在一定时期内的工作目标和责任，是审计机关开展审计工作的重要依据。年度审计项目计划一经下达，审计项目组织和实施单位应当确保完成，不得擅自变更。但是，年度审计项目计划执行过程中，遇有下列情形之一的，应当按照原审批程序调整：第一，本级政府行政首长和相关领导机关临时交办审计项目的；第二，上级审计机关临时安排或者授权审计项目的；第三，突发重大公共事件需要进行审计的；第四，原定审计项目的被审计单位发生重大变化，导致原计划无法实施的；第五，需要更换审计项目实施单位的；第六，审计目标、审计范围等发生重大变化需要调整的；第七，需要调整的其他情形。

遇到上述特殊情况，应当按照规定的程序报批，经批准后，方可进行调整。具体程序为：第一，审计署统一组织政府审计项目计划的调整，由署有关专业审计司提出意见，送署办公厅协调处理，报署领导审批后，通知有关单位执行。第二，授权地方审计机关政府审计项目计划的调整，由省级审计机关提出意见，报审计署审批。第三，地方政府审计项目计划的调整，由下达计划的审计机关审批。第四，领导交办项目及时报批、调整。

6. 政府审计项目计划的报告与检查

为了使政府审计项目计划真正落到实处，审计机关必须建立政府审计项目计划执行情况的报告制度。审计署统一组织政府审计项目计划的执行，由审计署有关专业审计司和省级审计机关分别于每年7月和次年2月向审计署提出上半年及全年计划执行情况的综合报告。报告的主要内容包括：计划执行进度、审计的主要成果、计划执行中存在的主要问题及改进措施与建议等。

此外，各级审计机关应当组成审计项目质量检查组，根据有关法律、法规和规章的规定，对本级派出机构或下级审计机关完成审计项目的质量情况进行检查。检查的主要内容包括：计划编制、执行情况报告的及时性。完整性，计划安排的科学性、合理性，计划完成质量及效果等。在检查的基础上，对被考核单位要作出恰当的评价意见或结论。在实施检查前，应向被检查的审计机关送达审计项目质量检查通知书。审计项目质量检查结束后，应向被检查的审计机关下达审计项目质量检查结论。

7. 政府审计工作方案的编制和调整

年度审计项目计划确定审计机关统一组织多个审计组共同实施一个审计项目或者分别实施同一类审计项目的，审计机关业务部门应当编制审计工作方案。审计工作方案的内容主要包括：①审计目标；②审计范围；③审计内容和重点；④审计工作组织安排；⑤审计工作要求。

审计机关业务部门编制审计工作方案，应当根据年度审计项目计划形成过程中调查审计需求、进行可行性研究的情况，开展进一步调查，对审计目标、范围、重点和项目组织实施等进行确定。

审计机关业务部门编制的审计工作方案应当按照审计机关规定的程序审批。审计机关批准审计工作方案前，根据需要，可以组织专家进行论证。在年度审计项目计划确定的实施审计起始时间之前，下达到审计项目实施单位。

审计机关业务部门根据审计实施过程中情况的变化，可以申请对审计工作方案的内容进行调整，并按审计机关规定的程序报批。

4.2.2 政府审计准备阶段

政府审计准备阶段，是指从组成审计组到编制政府审计项目实施方案为止的这一段时期。准备阶段在整个政府审计程序中居于重要位置，准备阶段的各项准备工作是否充分，直接影响着审计工作能否顺利进行、审计工作效率的高低和预定审计目标能否实现。

1. 组成审计组

审计机关应当根据政府审计项目计划所确定的审计事项，按照其特点和要求，在实施项目审计前组成审计组。审计组由审计组组长和其他成员组成。审计组实行审计组组长负责制。审计组组长由审计机关确定，审计组组长可以根据需要在审计组成员中确定主审，主审应当履行其规定职责和审计组组长委托履行的其他职责。

成立政府审计组时，应注意考虑三方面的问题：第一，人员素质。要根据审计项目的性质和预计工作量，以及项目的复杂程度和完成时限等因素，确定所需的审计人员数量及知识结构。第二，保持连续性。为了提高审计效率，审计分工应相对稳定，对某些审计项目，审计组中应尽量包括曾经对该项目进行过审计的人员或以此类人员为主。保持审计人员的连续性，还有利于检查被审计单位对以往审计决定的落实情况。第三，严格遵守回避制度。为了保证审计工作的客观公正，凡是与被审计单位有利害关系的人员，均不得进入审计组。

2. 进行审计前调查

为了合理确定审计风险，突出审计重点，并确保审计实施方案的切实可行，组成政府审计组后，应当进行审计前调查。审计组应当调查了解被审计单位及其相关情况，评估被审计单位存在重要问题的可能性，确定审计应对措施，编制审计实施方案。审计前调查了解的内容包括：第一，单位性质、组织结构；第二，职责范围或者经营范围、业务活动及其目标；第三，法律法规、政策及其执行情况；第四，财政财务管理体制和业务管理体制；第五，适用的业绩指标体系以及业绩评价情况；第六，相关内部控制及其执行情况；第七，相关信息系统及其电子数据情况；第八，经济环境、行业状况及其他外部因素；第九，以往接受审计和监管及其整改情况；第十，需要了解的其他情况。具体来看，调查了解被审计单位相关内部控制及其执行情况应该关注以下几方面：第一，控制环境，即管理模式、组织结构、责权配置、人力资源制度等；第二，风险评估，即被审计单位确定、分析与实现内部控制目标相关的风险，以及采取的应对措施；第三，控制活动，即根据风险评估结果采取的控制措施，包括不相容职务分离控制、授权审批控制、资产保护控制、预算控制、业绩分析和绩效考评控制等；第四，信息与沟通，即收集、处理、传递与内部控制相关的信息，并能有效沟通的情况；第五，对控制的监督，即对各项内部控制设计、职责及其履行情况的监督检查。调查了解被审计单位信息系统控制情况时，应该关注以下几方面：第一，一般控制，即保障信息系统正常运行的稳定性、有效性、安全性等方面的控制；第二，应用控制，即保障信息系统产生的数据的真实性、完整性、可靠性等方面的控制。

审计人员可以采取下列方法调查了解被审计单位及其相关情况：第一，书面或者口头询问被审计单位内部和外部相关人员；第二，检查有关文件、报告、内部管理手册、信息系统的技术文档和操作手册；第三，观察有关业务活动及其场所、设施和有关内部控制的执行情况；第四，追踪有关业务的处理过程；第五，分析相关数据。

审计人员根据审计目标和被审计单位的实际情况，运用职业判断确定调查了解的范围和程度。对于定期审计项目，审计人员可以利用以往审计中获得的信息，重点调查了解已经发生变化的情况。审计人员在调查了解被审计单位及其相关情况的过程中，可以选择下列标准作为职业判断的依据：第一，法律、法规、规章和其他规范性文件；第二，国家有关方针和政策；第三，会计准则和会计制度；第四，国家和行业的技术标准；第五，预算、计划和合同；第六，被审计单位的管理制度和绩效目标；第七，被审计单位的历史数据和历史业绩；第八，公认的业务惯例或者良好实务；第九，专业机构或者专家的意见；第十，其他标准。审计人员在审计实施过程中需要持续关注标准的适用性。

职业判断所选择的标准应当具有客观性、适用性、相关性、公认性。标准不一致时，审计人员应当采用权威的和公认程度高的标准。审计人员应当结合适用的标准，分析调查了解的被审计单位及其相关情况，判断被审计单位可能存在的问题。运用职业判断，根据可能存在问题的性质、数额及其发生的具体环境，判断其重要性。审计人员判断重要性时，可以关注下列因素：第一，是否属于涉嫌犯罪的问题；第二，是否属于法律法规和政策禁止的问题；第三，是否属于故意行为所产生的问题；第四，可能存在问题涉及的数量或者金额；第五，是否涉及政策、体制或者机制的严重缺陷；第六，是否属于信息系统设计缺陷；第七，政府行政首长和相关领导机关及公众的关注程度；第八，需要关注的其他因素。

3. 开展审前培训

为了使参审人员明确要求，熟悉有关审计依据，正确掌握政策界限，应当组织审前培训。审前培训是紧紧围绕本次审计的工作目标，组织人员对审计组进行的培训。其内容包括：有关法律法规和政策规定，被审单位核算程序和方法，主要的专业管理规定，以及必要的相关审计技术和方法等。审前培训的形式可以多种多样，如编制审计讲解提纲、请专家介绍情况、审计人员互相交流审计方法和经验。同时，在审前培训时，要锁定培养重点，结合行业或专项资金的业务特点，有重点、有针对性地进行深入的分析和研讨，重实用，讲实效。

4. 下达政府审计通知书

政府审计通知书是审计机关通知被审计单位接受审计的书面文件，是政府审计组执行审计任务、进行审计取证的依据。审计通知书的内容主要包括被审计单位名称、审计依据、审计范围、审计起始时间、审计组组长及其他成员名单和被审计单位配合审计工作的要求、审计机关公章及签发日期等。同时，还应当向被审计单位告知审计组的审计纪律要求。采取跟踪审计方式实施审计的，审计通知书应当列明跟踪审计的具体方式和要求。专项审计调查项目的审计通知书应当列明专项审计调查的要求。

表 4-1　**审计通知书**

××（审计机关全称）

对××（审计项目名称）进行审计（专项审计调查）的通知

××（主送单位全称或者规范简称）：

根据《中华人民共和国审计法》第××条的规定，我署（厅、局、办）决定派出审计组，自××××年××月××日起，对你单位（×××内容）（审计目的及范围）进行审计（专项审计调查），必要时将追溯到相关年度或者延伸审计（调查）有关单位。请予以配合，并提供有关资料（包括电子数据资料）和必要的工作条件。

审计组组长：×××

审计组副组长：×××

审计组成员：×××（主审）　×××　×××　×××

附件：×××

（审计机关印章）

××××年××月××日

根据《国家审计准则》第五十五条规定："审计机关应当依照法律法规的规定，向被审计单位送达审计通知书。"审计通知书应由审计机关的负责人签发，在发送被审计单位的同时，还应该抄送被审计单位的上级主管部门和有关部门。为了明确被审计单位和审计机关的责任，审计机关在向被审计单位下达审计通知书的同时，还应当要求被审计单位的法定代表人和财务主管人员就与审计事项有关的会计资料的真实、完整和其他相关情况作出承诺。承诺书可以与审计通知书一起送达被审计单位。被审计单位要对其所作出的承诺承担责任。承诺书经被审计单位法定代表人签字后，应作为审计证据编入审计工作底稿。

5. 编制政府审计项目实施方案

政府审计项目实施方案是政府审计组实施审计项目的具体安排和内容，是保证审计工作取得预期效果的重要手段，也是审计机关检查、控制审计质量和审计工作进度的基本依据。审计组应当调查了解被审计单位及其相关情况，评估被审计单位存在重要问题的可能性，确定审计应对措施，编制审计实施方案。对于审计机关已经下达审计工作方案的，审计组应当按照审计工作方案的要求编制审计实施方案。

审计实施方案的内容主要包括：审计目标；审计范围；审计内容、重点及审计措施，包括审计事项和根据本准则第七十三条确定的审计应对措施；审计工作要求，包括项目审计进度安排、审计组内部重要管理事项及职责分工等。采取跟踪审计方式实施审计的，审计实施方案应当对整个跟踪审计工作作出统筹安排。专项审计调查项目的审计实施方案应当列明专项审计调查的要求。

表 4-2　　**政府审计项目实施方案**

被审计单位名称		审计方式	
审计项目名称		编制人员	
编制依据		编制日期	

被审计单位基本情况：

审计目标、范围、内容和重点：

审计方法和实施步骤：

预定时间：

审计组组长及成员：

人员分工：

部门负责人审批：

主管领导审批：

一般审计项目的审计实施方案应当经审计组组长审定，并及时报审计机关业务部门备案。重要审计项目的审计实施方案应当报经审计机关负责人审定。

审计人员应当持续关注已作出的重要性判断和对存在重要问题可能性的评估是否恰当，及时作出修正，并调整审计应对措施。遇有下列情形之一的，审计组应当及时调整审计实施方案：第一，年度审计项目计划、审计工作方案发生变化的；第二，审计目标发生重大变化的；第三，重要审计事项发生变化的；第四，被审计单位及其相关情况发生重大变化的；第五，审计组人员及其分工发生重大变化的；第六，需要调整的其他情形。

审计组调整审计实施方案中的下列事项，应当报经审计机关主要负责人批准：第一，审计目标；第二，审计组组长；第三，审计重点；第四，现场审计结束时间。

4.2.3 政府审计实施阶段

政府审计实施阶段是审计组进驻被审计单位，就地审查会计凭证、会计账簿、财务会计报告，查阅与被审计事项有关的文件、资料，检查现金、实物、有价证券，并向有关单位和个人调查，以取得证明材料的过程。这一阶段是审计实施方案付诸实施的过程，也是审计目标实现的过程。

1. 进驻被审计单位

下发审计通知书后，政府审计组随即可以进入被审计单位实施审计工作。在有关单位人员进行调查取证时，审计人员出示工作证件和审计通知书副本。为了保证审计工作中沟通有效以及审计工作的顺利进行，为取得被审计单位领导及其工作人员的配合，可以召开由被审计单位负责人、财会人员、相关负责人员和审计人员参加的审计启动工作会议。在此期间，被审计单位应当配合审计机关的工作，明确审计工作的纪律，按照审计机关的规定权限和要求，积极提供相关情况和资料，并提供必要的工作条件。

2. 了解被审计单位的基本情况

审计组实施审计时，应当调查了解被审计单位及其相关情况，为审计人员作出下列职业判断提供基础：确定职业判断适用的标准；判断可能存在的问题；判断问题的重要性；确定审计应对措施。

表4-3 **被审计单位基本情况表**

被审计单位名称		法定代表人	
经济性质		主管部门(单位)	
法定地址		联系电话	
基本情况 注册资金 其中：国家资本金 法人资本金 个人资本金			
生产经营状况			
财务状况 (主要经济指标)			
其他情况			
审计评估			

审计主管： 编制人： 编制日期：

审核人： 审核日期：

审计组应当评估被审计单位存在重要问题的可能性，以确定审计事项和审计应对措施。审计组针对审计事项确定的审计应对措施包括：第一，评估对内部控制的依赖程度，确定是否及如何测试相关内部控制的有效性；第二，评估对信息系统的依赖程度，确定是否及如何检查相关信息系统的有效性、安全性；第三，确定主要审计步骤和方法；第四，确定审计时间；第五，确定执行的审计人员；第六，其他必要措施。了解被审计单位基本情况的内容与准备阶段初步调查了解内容相同。

3. 测试内部控制和评价相关信息系统

审计组应当根据对被审计单位内部控制了解的情况，评估内部控制的可信赖程度，决定是否需要测试内部控制的有效性。在下列情况下，应当测试相关内部控制的有效性：第一，某项内部控制设计合理且预期运行有效，能够防止重要问题的发生；第二，仅实施实质性审查不足以为发现重要问题提供适当、充分的审计证据。在下列情况下，可以直接进行实质性测试：第一，审计人员决定不依赖某项内部控制的，可以对审计事项直接进行实质性审查。第二，被审计单位规模较小、业务比较简单的，审计人员可以对审计事项直接进行实质性审查。测试控制运行的有效性，主要是测试内部控制在各个不同时点按照既定设计得以一贯执行。

如果被审计单位对日常交易或与财务报表相关的其他数据（包括信息的生成、记录、处理、报告）采用高度自动化处理的情况下，会计信息是以电子形式存在，此时审计证据是否充分和适当通常取决于自动化信息系统相关控制的有效性和安全性。此时，审计组还应考虑是否检查相关信息系统的有效性和安全性。下列情况下，应当检查相关信息系统的有效性、安全性：第一，仅审计电子数据不足以为发现重要问题提供适当、充分的审计证据；第二，电子数据中频繁出现某类差异。审计人员在检查被审计单位相关信息系统时，可以利用被审计单位信息系统的现有功能或者采用其他计算机技术和工具，检查中应当避免对被审计单位相关信息系统及其电子数据造成不良影响。

测试内部控制和评价相关信息系统的直接目的是，检查内部控制是否有效运行，相关信息系统是否安全、有效。最终目的是判断审计实施方案是否科学，是否需要调整。如果发现原审计方案所确定的审计重点、范围、具体实施步骤和方法与测试和评价的结果不吻合，则必须按照规定的程序及时修订审计方案，对实质性测试的范围和重点作出切合实际的调整。修订后的审计方案须经派出政府审计组的审计机关主管领导批准后方可组织实施。

4. 对被审计项目进行实质性测试

审计组在完成了对被审计单位内部控制的测试和相关信息系统评价后，即可开始对被审计单位的经济业务进行有重点、有目的的实质性测试。实质性测试是审计人员对各类交易、账户余额、列报的真实性进行的测试。实质性测试是项目审计工作的中心环节，它既是审计人员收集、鉴定和综合审计证据的过程，也是审计机关出具审计意见书和作出审计决定的基础。这一阶段的工作主要是正确运用各种审计方法，取得充分适当的审计证据和编制审计工作底稿等。

(1) 收集审计证据。审计证据是指审计人员获取的能够为审计结论提供合理基础的全部事实，包括审计人员调查了解被审计单位及其相关情况和对确定的审计事项进行审查所获取的证据。

审计人员应当依照法定权限和程序获取审计证据。审计人员可以采取下列方法向有关单位和个人获取审计证据：

第一，检查，是指对纸质、电子或者其他介质形式存在的文件、资料进行审查，或者对有形资产进行审查。

第二，观察，是指查看相关人员正在从事的活动或者执行的程序。

第三，询问，是指以书面或者口头方式向有关人员了解关于审计事项的信息。

第四，外部调查，是指向与审计事项有关的第三方进行调查。

第五，重新计算，是指以手工方式或者使用信息技术对有关数据计算的正确性进行核对。

第六，重新操作，是指对有关业务程序或者控制活动独立进行重新操作验证。

第七，分析，是指研究财务数据之间、财务数据与非财务数据之间可能存在的合理关系，对相关信息作出评价，并关注异常波动和差异。

审计人员进行专项审计调查，可以使用上述方法及其以外的其他方法。

审计人员获取的审计证据，应当具有适当性和充分性。适当性是对审计证据质量的衡量，即审计证据在支持审计结论方面具有的相关性和可靠性。相关性是指审计证据与审计事项及其具体审计目标之间具有实质性联系。可靠性是指审计证据真实、可信。审计人员对审计证据进行相关性分析时，应当关注下列方面：一种取证方法获取的审计证据可能只与某些具体审计目标相关，而与其他具体审计目标无关；针对一项具体审计目标可以从不同来源获取审计证据或者获取不同形式的审计证据。审计人员可以从下列方面分析审计证据的可靠性：从被审计单位外部获取的审计证据比从内部获取的审计证据更可靠；内部控制健全有效情况下形成的审计证据比内部控制缺失或者无效情况下形成的审计证据更可靠；直接获取的审计证据比间接获取的审计证据更可靠；从被审计单位财务会计资料中直接采集的审计证据比经被审计单位加工处理后提交的审计证据更可靠；原件形式的审计证据比复制件形式的审计证据更可靠。不同来源和不同形式的审计证据存在不一致或者不能相互印证时，审计人员应当追加必要的审计措施，确定审计证据的可靠性。充分性是对审计证据数量的衡量。审计人员在评估存在重要问题的可能性和审计证据质量的基础上，决定应当获取审计证据的数量。

审计人员在审计实施过程中，应当持续评价审计证据的适当性和充分性。已采取的审计措施难以获取适当、充分审计证据的，审计人员应当采取替代审计措施；仍无法获取审计证据的，由审计组报请审计机关采取其他必要的措施或者不作出审计结论。

审计人员获取的电子审计证据包括与信息系统控制相关的配置参数、反映交易记录的电子数据等。采集被审计单位电子数据作为审计证据的，审计人员应当记录电子数据的采集和处理过程。

审计人员根据实际情况，可以在审计事项中选取全部项目或者部分特定项目进行审查，也可以进行审计抽样，以获取审计证据。第一，存在下列情形之一的，审计人员可以对审计事项中的全部项目进行审查：审计事项由少量大额项目构成的；审计事项可能存在重要问题，而选取其中部分项目进行审查无法提供适当、充分的审计证据的；对审计事项中的全部项目进行审查符合成本效益原则的。第二，审计人员可以在审计事项中选取下列特定项目进行审查：大额或者重要项目；数量或者金额符合设定标准的项目；其他特定项目。需要说明的是，选取部分特定项目进行审查的结果，不能用于推断整个审计事项。第三，在审计事项包含的项目数量较多，需要对审计事项某一方面的总体特征作出结论时，审计人员可以进行审计抽样。

(2) 检查重大违法行为。重大违法行为是指被审计单位和相关人员违反法律法规、涉及金额比较大、造成国家重大经济损失或者对社会造成重大不良影响的行为。审计人员执行审计业务时，应当保持职业谨慎，充分关注可能存在的重大违法行为。审计人员在检查重大违法行为时，应当评估被审计单位和相关人员实施重大违法行为的动机、性质、后果和违法构成。审计人员调查了解被审计单位及其相关情况时，可以重点了解可能与重大违法行为有关的下列事项：第一，被审计单位所在行业发生重大违法行为的状况；第二，有关的法律法规及其执行情况；第三，监管部门已经发现和了解的与被审计单位有关的重大违法行为的事实或者线索；第四，可能形成重大违法行为的动机和原因；第五，相关的内部控制及其执行情况；第六，其他情况。

审计人员可以通过关注下列情况，判断可能存在的重大违法行为：第一，具体经济活动中存在的异常事项；第二，财务和非财务数据中反映出的异常变化；第三，有关部门提供的线索和群众举报；第四，公众、媒体的反映和报道；第五，其他情况。

审计人员根据被审计单位实际情况、工作经验和审计发现的异常现象，判断可能存在重大违法行为的性质，并确定检查重点。审计人员在检查重大违法行为时，应当关注重大违法行为的高发领域和环节。发现重大违法行为的线索，审计组或者审计机关可以采取下列应对措施：第一，增派具有相关经验和能力的人员；第二，避免让有关单位和人员事先知晓检查的时间、事项、范围和方式；第三，扩大检查范围，使其能够覆盖重大违法行为可能涉及的领域；第四，获取必要的外部证据；第五，依法采取保全措施；第六，提请有关机关予以协助和配合；第七，向政府和有关部门报告；第八，其他必要的应对措施。

(3) 做好审计记录。审计记录是2010年颁布的《国家审计准则》规定的一项重要审计文书，包括调查了解记录、审计工作底稿和重要管理事项记录。其中，调查了解记录是编制审计实施方案的最重要依据；审计工作底稿是审计人员在从事具体审计项目中所采集和撰写的原始证据，也是编写审计报告、作出审计决定的主要依据；重要管理事项记录是记录审计过程和控制审计质量的重要载体。审计记录的好坏不仅直接影响审计工作的质量及审计工作的效果，而且能够充分体现审计人员的综合素质，在具体审计项目中起着至关重要的作用。

第一，调查了解记录。审计组在编制审计实施方案前，应当对调查了解被审计单位及其相关情况做出记录。调查了解记录的内容主要包括：对被审计单位及其相关情况的调查了解情况；对被审计单位存在重要问题可能性的评估情况；确定的审计事项及其审计应对措施。

第二，审计工作底稿。主要记录审计人员依据审计实施方案执行审计措施的活动。审计人员对审计实施方案确定的每一审计事项，均应当编制审计工作底稿。一个审计事项可以根据需要编制多份审计工作底稿。审计工作底稿的内容主要包括：①审计项目名称；②审计事项名称；③审计过程和结论；④审计人员姓名及审计工作底稿编制日期并签名；⑤审核人员姓名、审核意见及审核日期并签名；⑥索引号及页码；⑦附件数量。审计工作底稿记录的审计过程和结论主要包括：①实施审计的主要步骤和方法；②取得的审计证据的名称和来源；③审计认定的事实摘要；④得出的审计结论及其相关标准。审计证据材料应当作为调查了解记录和审计工作底稿的附件。一份审计证据材料对应多个审计记录时，审计人员可以将审计证据材料附在与其关系最密切的审计记录后面，并在其他审计记录中予以注明。审计组起草审计报告前，审计组组长应当对审计工作底稿的下列事项进行审核：①具体审计目标是否实现；②审计措施是否有效执行；③事实是否清楚；④审计证据是否适当、充分；⑤得出的审计结论及其相关标准是否适当；⑥其他有关重要事项。审计组组长审核审计工作底稿，应当根据不同情况分别提出下列意见：①予以认可；②责成采取进一步审计措施，获取适当、充分的审计证据；③纠正或者责成纠正不恰当的审计结论。

第三，重要管理事项记录。重要管理事项记录应当记载与审计项目相关并对审计结论有重要影响的下列管理事项：①可能损害审计独立性的情形及采取的措施；②所聘请外部人员的相关情况；③被审计单位承诺情况；④征求被审计对象或者相关单位及人员意见的情况、被审计对象或者相关单位及人员反馈的意见及审计组的采纳情况；⑤审计组对审计发现的重大问题和审计报告讨论的过程及结论；⑥审计机关业务部门对审计报告、审计决定书等审计项目材料的复核情况和意见；⑦审理机构对审计项目的审理情况和意见；⑧审计机关对审计报告的审定过程和结论；⑨审计人员未能遵守本准则规定的约束性条款及其原因；⑩因外部因素使审计任务无法完成的原因及影响以及其他重要管理事项。重要管理事项记录可以使用被审计单位承诺书、审计机关内部审批文稿、会议记录、会议纪要、审理意见书或者其他书面形式。

4.2.4 政府审计终结阶段

政府审计终结阶段也称政府审计报告阶段，是政府审计程序的重要组成部分。该阶段的主要工作有：编写审计报告并征求被审计单位意见、复核和审定审计报告、起草审计决定书和审计移送处理书等。

1. 审计组编写审计报告

政府审计组在撰写审计报告之前，应把分散在审计人员手中的审计工作底稿集中起来，并按照审计项目的性质和内容进行分类、归集、排序和分析整理。将汇总的审计资料按问题的性质和情节进行分类组合，附上相关资料，为撰写审计报告做好准备工作。

审计报告是审计人员对审计工作的全面总结，也是审计人员所做审计工作的最终成果，是对被审计单位财政收支、财务收支的真实性、合法性和效益性发表审计意见的书面文书，集中反映了审计工作的质量。审计报告包括审计机关进行审计后出具的审计报告以及专项审计调查后出具的专项审计调查报告。审计组实施审计或者专项审计调查后，应当向派出审计组的审计机关提交审计报告。审计机关审定审计组的审计报告后，应当出具审计机关的审计报告。遇有特殊情况，审计机关可以不向被调查单位出具专项审计调查报告。

审计组在起草审计报告前，应当讨论确定下列事项：第一，价审计目标的实现情况；第二，审计实施方案确定的审计事项完成情况；第三，评价审计证据的适当性和充分性；第四，提出审计评价意见；第五，评估审计发现问题的重要性；第六，提出对审计发现问题的处理处罚意见；第七，其他有关事项。审计组应当对讨论前款事项的情况及其结果作出记录。

审计组组长应当确认审计工作底稿和审计证据已经审核，并从总体上评价审计证据的适当性和充分性。审计组根据不同的审计目标，以审计认定的事实为基础，在防范审计风险的情况下，按照重要性原则，从真实性、合法性、效益性方面提出审计评价意见。审计组应当只对所审计的事项发表审计评价意见。对审计过程中未涉及、审计证据不适当或者不充分、评价依据或者标准不明确以及超越审计职责范围的事项,不得发表审计评价意见。

审计组应当根据审计发现问题的性质、数额及其发生的原因和审计报告的使用对象,评估审计发现问题的重要性,如实在审计报告中予以反映。

表 4-4　××××(审计机关全称)

审计报告

被审计单位:×××××××××

审计项目:×××××××××

根据《中华人民共和国审计法》第××条的规定,××××(审计机关全称或规范简称)派出审计组,自××××年××月××日至××××年××月××日,对××××(被审计单位全称或者简称)××××(审计范围)进行了审计(专项审计调查),对重要事项进行了必要的延伸和追溯。××××(被审计单位简称)及其有关单位对其提供的财务会计资料及其他相关资料的真实性和完整性负责。××××(审计机关全称或规范简称)的责任是依法独立实施审计并出具审计报告。

一、被审计单位基本情况

(略)。

二、审计评价意见

(略)。

三、审计发现的主要问题和处理(处罚)意见

(略)。

四、审计建议

(略)。

对本次审计发现的问题,请××××(被审计单位简称)自收到本报告之日起××日(审计机关根据具体情况确定)内,将整改情况书面报告××××(审计机关全称或规范简称)。

(审计机关印章)

××××年××月××日

2. 审计组征求被审计单位意见

审计组实施审计或者专项审计调查后,应当提出审计报告,按照审计机关规定的程序审批后,以审计机关的名义征求被审计单位、被调查单位和拟处罚的有关责任人员的意见。经济责任审计报告还应当征求被审计人员的意见;必要时,征求有关干部监督管理部门的意见。审计报告中涉及的重大经济案件调查等特殊事项,经审计机关主要负责人批准,可以不征求被审计单位或者被审计人员的意见。

被审计单位、被调查单位、被审计人员或者有关责任人员对征求意见的审计报告有异议的,审计组应当进一步核实,并根据核实情况对审计报告作出必要的修改。审计组应当对采纳被审计单位、被调查单位、被审计人员、有关责任人员意见的情况和原因,或者上述单位或人员未在法定时间内提出书面意见的情况作出书面说明。

3. 审计组起草审计决定书和审计移送处理通知书

审计组对审计发现的问题提出处理处罚意见时,应当关注下列因素:法律法规的规定;审计职权范围:属于审计职权范围的,直接提出处理处罚意见,不属于审计职权范围的,提出移送处理意见;问题的性质、金额、情节、原因和后果;对同类问题处理处罚的一致性;需要关注的其他因素。审计发现被审计单位信息系统存在重大漏洞或者不符合国家规定的,应当责成被审计单位在规定期限内整改。审计组应当针对经济责任审计发现的问题,根据被审计人员履行职责情况,界定其应当承担的责任。对被审计单位或者被调查单位违反国家规

定的财政收支、财务收支行为，依法应当由审计机关在法定职权范围内进行处理处罚的，审计组应当起草审计决定书。对依法应当由其他有关部门纠正、处理处罚或者追究有关责任人员责任的事项，审计组应当起草审计移送处理书。

对审计或者专项审计调查中发现被审计单位违反国家规定的财政收支、财务收支行为，依法应当由审计机关在法定职权范围内作出处理处罚决定的，审计机关应当出具审计决定书。审计决定书的内容主要包括：第一，审计的依据、内容和时间；第二，违反国家规定的财政收支、财务收支行为的事实、定性、处理处罚决定以及法律法规依据；第三，处理处罚决定执行的期限和被审计单位书面报告审计决定执行结果等要求；第四，依法提请政府裁决或者申请行政复议、提起行政诉讼的途径和期限。

表 4-5　　××××（审计机关全称）关于××××（审计范围）的审计决定

××××（被审计单位全称或规范简称）：

自××××年××月××日至××××年××月××日，我署（厅、局、办）对你单位××××（审计范围）进行了审计（专项审计调查）。现根据《中华人民共和国审计法》第四十一条（专项审计调查项目同时应用《中华人民共和国审计法实施条例》第四十四条）和其他有关法律法规，作出如下审计决定：

一、关于××××问题的处理（处罚）

（略）。

二、关于××××问题的处理（处罚）

（略）。

本决定自送达之日起生效。你单位应当自收到本决定之日起××日（审计机关根据具体情况确定）内将本决定执行完毕，并将执行结果书面报告我署（厅、局、办）。

（审计机关印章）

××××年××月××日

审计或者专项审计调查发现的依法需要移送其他有关主管机关或者单位纠正、处理处罚或者追究有关人员责任的事项，审计机关应当出具审计移送处理书。审计移送处理书的内容主要包括：第一，审计的时间和内容；第二，依法需要移送有关主管机关或者单位纠正、处理处罚或者追究有关人员责任事项的事实、定性及其依据和审计机关的意见；第三，移送的依据和移送处理说明，包括将处理结果书面告知审计机关的说明；第四，所附的审计证据材料。

表 4-6　　××××（审计机关全称）关于××××（审计范围）的审计移送处理书

××××（主送单位全称或规范简称）：

我署（厅、局、办）在××××（审计范围）审计（专项审计调查）中发现，××××（单位名称或人员姓名）×××（涉嫌犯罪、违法违规或违纪行为）。具体情况如下：

（略）。

依据《中华人民共和国刑法》（或者《中华人民共和国刑法修正案》等刑事法律）第××条的规定，上述行为涉嫌构成××罪，应当依法追究刑事责任。现移送你单位依法处理。请将立案情况及查处结果及时书面告知我署（厅、局、办）。

附件：证明材料××份

（审计机关印章）

××××年××月××日

4. 审计机关复核和审定审计报告

审计组提交的审计报告草案、审计决定书草案和审计移送处理书，需要经过审计机关业务部门、审理机构和审计机关业务会议或负责人的三级复核或审定，最后提出审计机关的审计报告、审计决定书和审计移送处理书。

(1) 审计机关业务部门的复核。审计机关业务部门复核审计组报送的下列资料：审计报告；审计决定书；被审计单位、被调查单位、被审计人员或者有关责任人员对审计报告的书面意见及审计组采纳情况的书面说明；审计实施方案；调查了解记录、审计工作底稿、重要管理事项记录、审计证据材料；其他有关材料。重点对下列事项进行复核：①审计目标是否实现；②审计实施方案确定的审计事项是否完成；③审计发现的重要问题是否在审计报告中反映；④事实是否清楚、数据是否正确；⑤审计证据是否适当、充分；⑥审计评价、定性、处理处罚和移送处理意见是否恰当，适用法律法规和标准是否适当；⑦被审计单位、被调查单位、被审计人员或者有关责任人员提出的合理意见是否采纳；⑧需要复核的其他事项。审计机关业务部门复核后，应当出具书面复核意见。审计机关业务部门应当将复核修改后的审计报告、审计决定书等审计项目材料连同书面复核意见，报送审理机构审理。

(2) 审计机构审理机构的审理。审理机构以审计实施方案为基础，重点关注审计实施的过程及结果，主要审理下列内容：第一，审计实施方案确定的审计事项是否完成；第二，审计发现的重要问题是否在审计报告中反映；第三，主要事实是否清楚、相关证据是否适当、充分；第四，适用法律法规和标准是否适当；第五，评价、定性、处理处罚意见是否恰当；第六，审计程序是否符合规定。审理机构审理时，应当就有关事项与审计组及相关业务部门进行沟通。必要时，审理机构可以参加审计组与被审计单位交换意见的会议，或者向被审计单位和有关人员了解相关情况。审理机构审理后，可以根据情况采取下列措施：第一，要求审计组补充重要审计证据；第二，对审计报告进行修改。审理过程中遇有复杂问题的，经审计机关负责人同意后，审理机构可以组织专家进行论证。审理机构审理后，应当出具审理意见书。审理机构应当将审理后的审计报告、审计决定书连同审理意见书报送审计机关负责人。

(3) 审计机关业务会议或负责人的审定。审计报告、审计决定书原则上应当由审计机关审计业务会议审定；特殊情况下，经审计机关主要负责人授权，可以由审计机关其他负责人审定。审计机关业务会议或负责人的审核为最终审定。审计决定书经审定，处罚的事实、理由、依据、决定与审计组征求意见的审计报告不一致并且加重处罚的，审计机关应当依照有关法律法规的规定及时告知被审计单位、被调查单位和有关责任人员，并听取其陈述和申辩。

审计报告、审计决定书经审计机关负责人签发后，按照下列要求办理：审计报告送达被审计单位、被调查单位；经济责任审计报告送达被审计单位和被审计人员；审计决定书送达被审计单位、被调查单位、被处罚的有关责任人员。

4.2.5 政府审计整改检查阶段

审计整改期，是指自被审计单位收到审计机关审定后的审计报告和审计决定书之日到审计决定书规定的整改结束之日。在这一阶段被审计单位要根据审计决定书和审计移送通知书，完成相关事项的整改和移送处理。审计机关在审计整改期结束后，对被审计单位执行审计决定情况进行审计。审计整改检查，可以督促被审计单位认真执行审计处理决定，可以发现并纠正原审计处理决定存在的不当之处，因此，审计整改检查有利于维护审计机关的权威性和严肃性。

审计机关应当建立审计整改检查机制，督促被审计单位和其他有关单位根据审计结果进行整改。审计机关主要检查或者了解下列事项:第一,执行审计机关作出的处理处罚决定情况;第二,对审计机关要求自行纠正事项采取措施的情况;第三,根据审计机关的审计建议采取措施的情况;第四,对审计机关移送处理事项采取措施的情况。

审计组在审计实施过程中,应当及时督促被审计单位整改审计发现的问题。在出具审计报告、作出审计决定后,应当在规定的时间内检查或者了解被审计单位和其他有关单位的整改情况。审计机关可以采取下列方式检查或者了解被审计单位和其他有关单位的整改情况:第一,实地检查或者了解;第二,取得并审阅相关书面材料;第三,其他方式。对于定期审计项目,审计机关可以结合下一次审计,检查或者了解被审计单位的整改情况。检查或者了解被审计单位和其他有关单位的整改情况应当取得相关证明材料。

审计机关指定的部门负责检查或者了解被审计单位和其他有关单位整改情况,并向审计机关提出检查报告。检查报告的内容主要包括:第一,检查工作开展情况,主要包括检查时间、范围、对象、和方式等;第二,被审计单位和其他有关单位的整改情况;第三,没有整改或者没有完全整改事项的原因和建议。审计机关对被审计单位没有整改或者没有完全整改的事项,依法采取必要措施。对审计决定书中存在的重要错误事项,应当予以纠正。审计机关汇总审计整改情况,向本级政府报送关于审计工作报告中指出问题的整改情况的报告。

4.3 审计工作底稿

4.3.1 审计工作底稿

审计工作底稿在审计工作中居于非常重要的位置,具有非常重要的作用。因此,审计人员应当对实施审计的过程、获取的审计证据、得出的审计结论和与审计项目有关的重要管理事项作出记录,真实、完整地记录实施审计的过程、得出的结论和与审计项目有关的重要管理事项,以实现下列目标:支持审计人员编制审计实施方案和审计报告;证明审计人员遵循相关法律法规和本准则;便于对审计人员的工作实施指导、监督和检查。

表 4-7 **审计工作底稿**

索引号: 金额单位: 第 页(共 页)

被审计单位名称			
审计(调查)事项			
实施审计期间或截止日期			
审计人员		编制日期	
审计过程记录:			
审计认定的事实摘要及审计结论:			
复核意见:			
审核人员		审核日期	

审计工作底稿主要记录审计人员依据审计实施方案执行审计措施的活动。审计人员对审计实施方案确定的每一审计事项，均应当编制审计工作底稿。一个审计事项可以根据需要编制多份审计工作底稿。审计工作底稿的内容主要包括：第一，审计项目名称；第二，审计事项名称；第三，审计过程和结论；第四，审计人员姓名及审计工作底稿编制日期并签名；第五，审核人员姓名、审核意见及审核日期并签名；第六，索引号及页码；第七，附件数量。审计工作底稿记录的审计过程和结论主要包括：第一，实施审计的主要步骤和方法；第二，取得的审计证据的名称和来源；第三，审计认定的事实摘要；第四，得出的审计结论及其相关标准。

审计取证单是支撑审计工作底稿的相关内容的证明材料，是审计过程中获取的说明审计过程和结论的有关资料。

表 4-8　　**审计取证单**

第　页（共　页）

<table>
<tr><td>项目名称</td><td colspan="4">某市长任期经济责任审计</td></tr>
<tr><td>审计（调查）单位或个人</td><td colspan="4">某市环保局</td></tr>
<tr><td>审计（调查）事项</td><td colspan="4">环境保护政策措施制定情况</td></tr>
<tr><td>审计（调查）事项摘要</td><td colspan="4"></td></tr>
<tr><td>审计人员</td><td colspan="2"></td><td>编制日期</td><td></td></tr>
<tr><td rowspan="2">证据提供单位意见</td><td colspan="4">（盖章）</td></tr>
<tr><td>证据提供单位负责人
（签名）</td><td></td><td>日期</td><td></td></tr>
</table>

附件：　页

审计组组长应当对支持审计实施方案和审计报告的审计工作底稿的下列事项进行审核：第一，具体审计目标是否实现；第二，审计措施是否有效执行；第三，事实是否清楚；第四，审计证据是否适当、充分；第五，得出的审计结论及其相关标准是否适当；第六，其他有关重要事项。

同时，对于支持审计实施方案的审计工作底稿，应当在审计实施方案批准前复核；对于支持审计报告的审计工作底稿，应当在起草审计报告前复核。

审计组组长审核审计工作底稿，应当根据不同情况分别提出下列意见：第一，予以认可；第二，责成采取进一步审计措施，获取适当、充分的审计证据；第三，纠正或者责成纠正不恰当的审计结论。

审计组可以通过编制审计工作底稿汇总表等方式，反映支持审计实施方案的审计工作底稿与审计实施方案中相关审计事项的对应关系，反映支持审计报告的审计工作底稿与审计报告中相关审计事项的对应关系。

4.3.2　审计档案

1. 审计档案的内涵及管理内容

为了规范审计档案管理，维护审计档案的完整与安全，保证审计档案的质量，发挥审计档案的作用，根据《中华人民共和国档案法》《中华人民共和国审计法》和其他有关法律法规，制定《审计机关审计档案管理规定》。依据此规定，审计档案是指审计机关进行审计（含专项审计调查）活动中直接形成的对国家和社会具有保存价值的各种文字、图表等不同形式的历史记录。

审计机关建立审计档案并进行搜集、整理、保管、利用、编研、统计、鉴定和移交的活动，就是审计档案管理。审计档案案卷质量的基本要求是：审计项目文件材料应当真实、完整、有效、规范，并做到遵循文件材料的形成规律和特点，保持文件材料之间的有机联系，区别不同价值，便于保管和利用。审计文件材料按审计项目立卷，不同审计项目不得合并立卷。

审计文件材料应当按照结论类、证明类、立项类、备查类四个单元进行排列。

(1) 结论类文件材料：上级机关（领导）对该审计项目形成的《审计要情》《重要信息要目》等审计信息批示的情况说明、审计报告、审计决定书、审计移送处理书等结论类报告，及相关的审理意见书、审计业务会议记录、纪要、被审计对象对审计报告的书面意见、审计组的书面说明等。

(2) 证明类文件材料：被审计单位承诺书、审计工作底稿汇总表、审计工作底稿及相应的审计取证单、审计证据等。

(3) 立项类文件材料：上级审计机关或者本级政府的指令性文件、与审计事项有关的举报材料及领导批示、调查了解记录、审计实施方案及相关材料、审计通知书和授权审计通知书等。

(4) 备查类文件材料：被审计单位整改情况、该审计项目审计过程中产生的信息等不属于前三类的其他文件材料。

2. 审计档案的管理机制

就管理机制而言，审计机关审计档案应当实行集中统一管理。审计机关的审计档案管理工作接受同级档案行政管理部门的监督和指导；审计机关和档案行政管理部门在各自的职责范围内开展审计档案工作。审计机关统一组织多个下级审计机关的审计组共同实施一个审计项目，由审计机关负责组织的业务部门确定文件材料归档工作。

就人员设置而言，审计机关应当设立档案机构或者配备专职（兼职）档案人员，负责本单位的审计档案工作。审计文件材料归档工作实行审计组组长负责制。审计组组长确定的立卷人应当及时收集审计项目的文件材料，在审计项目终结后按立卷方法和规则进行归类整理，经业务部门负责人审核、档案人员检查后，按照有关规定进行编目和装订，由审计业务部门向本机关档案机构或者专职（兼职）档案人员办理移交手续。

3. 审计档案的管理维护

(1) 审计档案的顺序管理。审计文件材料应当按照结论类、证明类、立项类、备查类四个单元进行排列。审计档案应当采用“年度—组织机构—保管期限”的方法排列、编目和存放。审计案卷排列方法应当统一，前后保持一致，不可任意变动。

审计复议案件的文件材料由复议机构逐案单独立卷归档。为了便于查找和利用，档案机构（人员）应当将审计复议案件归档情况在被复议的审计项目案卷备考表中加以说明。

(2) 审计档案的时间管理。审计文件材料的归档时间应当在该审计项目终结后的5个月内，不得迟于次年4月底。跟踪审计项目，按年度分别立卷归档。审计档案的保管期限应当根据审计项目涉及的金额、性质、社会影响等因素划定为永久、定期两种，定期分为30年、10年。第一，永久保管的档案，是指特别重大的审计事项、列入审计工作报告、审计结果报告或第一次涉及的审计领域等具有突出代表意义的审计事项档案。第二，保管30年的档案，是指重要审计事项、查考价值较大的档案。第三，保管10年的档案，是指一般性审计事项的档案。审计机关业务部门应当负责划定审计档案的保管期限。执行同一审计工作方案的审计项目档案，由审计机关负责组织的业务部门确定相同保管期限。审计档案的保管期限自归档年度开始计算。

(3) 审计档案的保密管理。审计机关应当根据审计工作保密事项范围和有关主管部门保密事项范围的规定确定密级和保密期限。凡未标明保密期限的，按照绝密级30年、机密级20年、秘密级10年认定。审计档案的密级及其保密期限，按卷内文件的最高密级及其保密期限确定，由审计业务部门按有关规定作出标识。审计档案保密期限届满，即自行解密。因工作需要提前或者推迟解密的，由审计业务部门向本机关保密工作部门按解密程序申请办理。

(4) 审计档案的存储管理。审计机关应当按照国家有关规定配置具有防盗、防光、防高温、防火、防潮、防尘、防鼠、防虫功能的专用、坚固的审计档案库房，配备必要的设施和设备。审计机关应当加强审计档案信息化管理，采用计算机等现代化管理技术编制适用的检索工具和参考材料，积极开展审计档案的利用工作。

(5) 审计档案的权限管理。审计机关应当建立健全审计档案利用制度。借阅审计档案，仅限定在审计机关内部。审计机关以外的单位有特殊情况需要查阅、复制审计档案或者要求出具审计档案证明的，须经审计档案所属审计机关分管领导审批，重大审计事项的档案须经审计机关主要领导审批。

(6) 审计档案的移送管理。省级以上(含省级)审计机关应当将永久保管的、省级以下审计机关应当将永久和30年保管的审计档案在本机关保管20年后，定期向同级国家综合档案馆移交。

(7) 审计档案的销毁管理。审计机关应当按照有关规定成立鉴定小组，在审计机关办公厅(室)主要负责人的主持下定期对已超过保管期限的审计档案进行鉴定，准确地判定档案的存毁。审计机关应当对确无保存价值的审计档案进行登记造册，经分管负责人批准后销毁。销毁审计档案，应当指定两人负责监销。

对审计机关工作人员损毁、丢失、涂改、伪造、出卖、转卖、擅自提供审计档案的，由任免机关或者监察机关依法对直接责任人员和负有责任的领导人员给予行政处分；涉嫌犯罪的，移送司法机关依法追究刑事责任。档案行政管理部门可以对相关责任单位依法给予行政处罚。

本章小结

本章主要学习政府审计程序的具体内容及审计工作底稿，通过讲授，要求掌握政府审计程序的各个阶段以及不同审计阶段进行的具体审计工作内容。政府审计程序包括政府审计项目计划阶段、准备阶段、实施阶段、终结阶段以及整改检查阶段。同时，需要了解在政府审计过程中所涉及的相关审计工作底稿。

重要概念

政府审计程序　审计计划　审计通知书　审计决定书　审计工作底稿

阅读资料

[1] 刘三昌.政府审计[M].大连:东北财经大学出版社,2016.
[2] 张庆龙,沈征.政府审计学[M].北京:中国人民大学出版社,2015.
[2] 李雪.审计学原理[M].上海:立信会计出版社,2015.

本章练习

一、单项选择题

1. 审计项目计划的编制原则不包括(　　)。

A. 服务全局　　B. 全力以赴　　C. 独立监督　　D. 协调平衡

2. 对审计中发现被审计单位违反国家规定的财政收支、财务收支行为,依法由审计机关作出处理处罚决定的,应当出具(　　)。

A. 政府审计报告　　B. 审计公告
C. 审计移送处理书　　D. 审计决定书

3. 下列关于政府审计程序的表述中,错误的是(　　)。

A. 审计项目一定要按照上级审计机关统一组织项目、授权项目、政府交办项目和自行安排项目的顺序进行安排
B. 选取部分特定项目进行审查的结果,不能用于推断整个审计事项
C. 我国目前的审计计划管理模式属于分权型
D. 遇有特殊情况,审计机关可以不向被调查单位出具专项审计调查报告

二、多项选择题

1. 编制审计项目计划,其核心是选择合适的审计项目,选择项目应当考虑的因素有(　　)。

A. 上级领导关心的问题　　B. 法律法规的要求
C. 审计机关资源状况　　D. 上级审计机关对审计工作的要求
E. 本级人民政府对审计工作的要求

2. 审计准备阶段应当做好的工作有(　　)。

A. 组成审计组　　B. 进行审前调查
C. 实施内部控制测试　　D. 编制审计方案
E. 下达审计通知书

3. 审计决定书主要包括的内容有(　　)。

A. 依据审计意见书中所列审计机关认定的被审计单位违反国家规定的财政收支、财务

收支行为的事实

B. 引证有关法律、规章和具有普遍约束力的决定、命令的条文以及据以作出的审计处理、处罚决定

C. 审计处理、处罚决执行的期限

D. 改进财政、财务收支管理的建议

E. 审计的内容和时间

三、判断题

1. 审计机关不可以自主安排审计项目,必须由国务院统一部署。 ( )

2. 审计项目已经下达,可以擅自变更调整。 ( )

3. 编制审计项目计划,一方面要充分利用现有的审计资源,另一方面也要预留部分审计资源,应对可能临时出现的各种情况。 ( )

四、简答题

1. 政府审计程序包括哪些内容?

2. 政府审计报告、审计决定书和审计移送处理书之间有什么区别?

第 5 章　政府审计报告

- 内容提要
- 重点难点
- 学习目标
- 知识框架
- 5.1　政府审计报告概述
- 5.2　审计结果报告和审计工作报告
- 5.3　专项审计调查报告
- 本章小结
- 重要概念
- 阅读资料
- 本章练习

内容提要

本章主要讲述了政府审计报告的内容、基本要素和编制；审计结果报告和审计工作报告的内容、程序和两者之间的关系；专项审计调查报告的程序和内容；本章的重点是政府审计报告的基本要素及其内容、审计结果报告和审计工作报告。

重点难点

本章难点为审计结果报告和审计工作报告的关系。

学习目标

学生通过本章学习，了解政府审计报告的内容、格式以及编制要求，了解政府审计结果报告和工作报告，结合具体案例了解专项审计调查报告。

知识框架

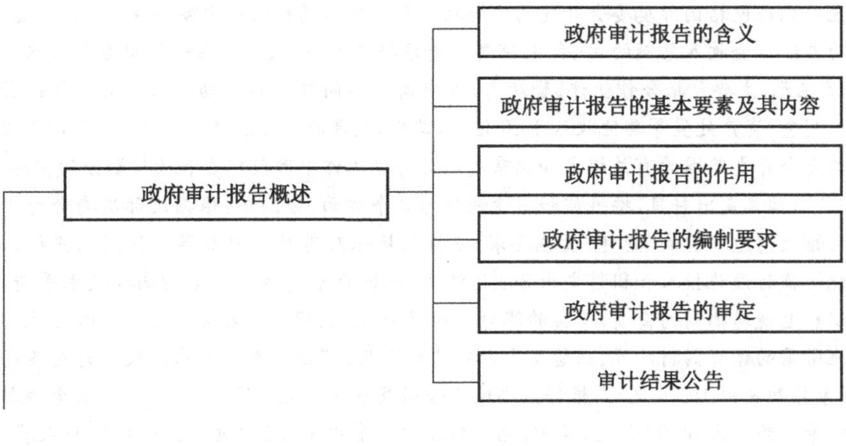

（续图）

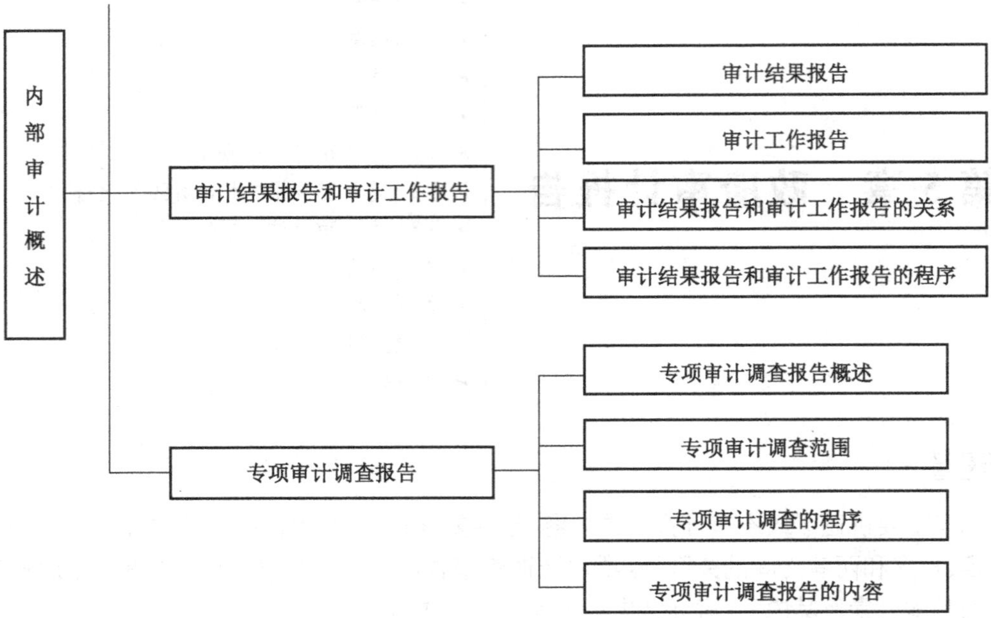

引入案例　北京奥运会财务收支审计结果公告

一、财务收支总体情况

（一）北京奥组委财务收支情况

北京奥组委系奥运历史上第一次同时组织举办奥运会和残奥会的组委会，其收入和支出分为奥运会和残奥会两部分。

1．奥运会部分

根据截至2009年3月15日的实际收支数、后续应实现收入和待结算支出的统计结果，北京奥组委收入将达到205亿元，较预算增加8亿元；支出将达到193.43亿元，较预算略有增加；收支结余将超过10亿元。

收入的主要构成包括国际奥委会开发的市场收入和电视转播权收入中按协议分配给主办城市的部分，此部分收入约占组委会收入总额的40%；北京奥组委根据主办城市合同，在国际奥委会授权下实施的市场开发收入98.7亿元，主要包括合作伙伴、赞助商、供应商等不同级别的赞助收入以及特许经营收入；门票、住宿、收费卡、利息、资产处置等其他收入19.6亿元，其中，门票收入12.8亿元，财产处置收入2.4亿元。

按国际奥委会开支范围的有关规定和北京奥运会筹办工作中部门职责和项目划分的实际情况，北京奥组委共设有28个预算支出科目，按性质和用途划分为8个方面，分别是：根据国际奥委会对于主办城市举办奥运会的场馆及周边环境的"硬件"设施要求，安排的场馆改造补贴以及赛时使用的帐篷、活动板房、围栏、隔断、管线等临时设施投入和租赁支出39.62亿元；依据北京奥运会竞赛指南和技术手册，为满足国际单项体育组织和电视转播商的需要，安排的赛时计时计分系统、通信等技术支出32.98亿元；用于竞赛、训练场馆等场地所需的体育器材购置、租赁支出，举办"好运北京"测试赛的支出以及赛时对各场馆的能源消耗、运行保障等补助支出19.65亿元；根据主办城市合同及往届奥运会惯例，安排的赛时电视转播、住宿、交通、医疗、餐饮等服务支出50.92亿元，其中，电视转播运行费用17.23亿元，运动员、官员及贵宾住宿餐饮、车辆租赁、兴奋剂检测、医疗设备购置、定点医院补助等支出33.69亿元；用于开闭幕式的创意、组织、实施，火炬的境内外传递、奥运宣传和主题活动支出12.72亿元；用于支付工作人员工资和用于工作人员、志愿者的招募、培训、激励、制服等人力资源支出14.24亿元；北京奥组委行政办公、法律咨询，以及涵盖运动员、技术官员、工作人员和志愿者的人身保险和财产保险，收费卡等运行支出18.46亿元；根据《主办城市合同》的约定，奥运会对残奥会的补助支出4.84亿元。

2. 残奥会部分

为体现“节俭办奥运”的原则，减少重复投入，对于可从奥运会延续使用的设施、设备(如临时建筑、转播、技术等)，以及行政办公、人员工资、法律服务等与奥运会无法分割的支出项目，统一由奥运会预算负担。残奥会预算主要是直接用于残奥会筹办和向残奥运动员提供特别服务的预算(如残奥会开闭幕式、火炬接力、体育器材、住宿、餐饮、制服、计时计分系统、医学分级、假肢轮椅维修等)，按此口径计算，残奥会收入、支出均为8.63亿元。

(二) 中央专项彩票公益金投入使用情况

在北京奥组委预算之外，经国务院批准，财政部向北京市单独安排了中央专项彩票公益金预算27.5亿元用于北京奥运会相关项目，实际拨款27.03亿元，主要用于增加的临时设施改造和对安保、交通、废弃物清理等方面的补助，这些资金的投入对圆满举办奥运会(残奥会)发挥了积极作用。

(三) 重要事项组织及开支情况

1. 开闭幕式情况

为确保奥运会开闭幕式表演成功，北京奥组委成立北京奥运会开闭幕式工作领导小组、开闭幕式工作部以及开闭幕式运营中心，按照决策层、管理层和执行层三层机制运行，同时北京奥组委监察审计部向开闭幕式运营中心派驻监察审计组负责全程监督，保障了各项筹备工作顺利进行。北京奥运会、残奥会开闭幕式共支出8.31亿元。

2. 火炬传递情况

北京奥运会火炬传递是奥运历史上传递路线最长、传递范围最广、参与人数最多的一次火炬接力活动。北京奥运会火炬传递支出3.12亿元。北京残奥会火炬传递支出0.2亿元。

3. 志愿者情况

北京奥运会、残奥会共招募赛会志愿者10万人，其中，奥运会志愿者7万人，残奥会志愿者3万人。北京奥组委用于志愿者招募、培训、组织运行等相关支出共计1.71亿元。

4. 奥运会门票销售情况

奥运会可销售门票共计680.43万张，实际售出646.41万张，销售率达95%，实现销售收入12.8亿元。

5. 资产处置情况

奥运会结束后，北京奥组委将所有资产分为通用物资、专用物资和特殊物资三类，分别采取公开拍卖、场馆有偿留用、供应商回购、折价转让、捐赠等多种方式进行处置。截至2009年3月15日，奥组委账面物资(包括固定资产和低值耐用品)原值为9.09亿元，其中56%的物资已完成处置，实现处置收入1.46亿元。其余物资，北京奥组委计划采取公开拍卖，向公益、福利事业和政府部门捐赠，将具有重要意义的开闭幕式道具、演出服装等交与文物部门、档案部门以及博物馆收藏等方式进行处置。

二、审计情况

审计署自2005年9月开始对北京奥组委财务收支进行全过程跟踪审计，每年审计两次，至今共审计5次。奥运会结束后，审计署又及时组织对北京奥组委财务收支决算(草案)情况进行审计。

审计署在跟踪审计中，始终以“服务奥运、保障奥运”和促进奥组委贯彻落实中央“廉洁办奥运、节俭办奥运”方针为主要目标，结合北京奥组委筹备工作进程，有重点、有步骤、分层次开展工作，帮助北京奥组委加强内部控制，规范管理，查找问题，提高效率和效益，取得显著效果。

三、审计评价

自2001年12月13日北京奥组委成立以来，党中央、国务院高度重视奥运会筹办工作，指示要举办一届“有特色、高水平”运动会，并提出“廉洁办奥运、节俭办奥运”方针。中央和北京市政府成立多个协调领导小组，制定有关税收、知识产权保护等政策，并专项安排中央彩票公益金用于奥运筹办。

审计结果表明，北京奥组委认真落实党中央、国务院关于“廉洁办奥运、节俭办奥运”方针，坚持贯彻“绿色奥运、科技奥运、人文奥运”理念，经过7年多不懈努力，北京奥运会、残奥会取得圆满成功，实现了“有特色、高水平”和“两个奥运、同样精彩”的目标。北京奥组委根据筹办工作进程，不断建立健全组织机构，稳步推进场馆建设、团队建设、开闭幕式、测试赛等重点工作，保障了筹办工作高效有序进行。北京奥组委重视加强内部控制，严格审批预算，不断完善资金使用审批权限和程序，加强对经费支出各环节审批制约，有效控制了开支，资金使用效益总体较好，结余将超过10亿元，比原预算的4.1亿元增加较多，预算规模得到较好控制。赛后，认真审查未结项目和遗留事项，坚持实事求是、从严控制原则，确保后续预计支出的真实、合理。同时，北京奥组委按照公平公正、公开透明的原则认真做好赛后物资保全、回收和处置工作。总的看，北京奥组委各项内控制度比较健全，监督管理比较严格，资金支出得到较好控制，审计未发现重大违法违规问题。

四、审计发现的主要问题和审计建议

(一) 审计发现的问题及整改情况

在跟踪审计中发现，北京奥组委有的部门在奥运会筹办过程中存在一些管理上的问题，主要体现在有的项目计划性不强、有的项目预算标准偏高、有的信息系统设备使用效益不高、有的物资采购备用比例较高等问题。

北京奥组委高度重视审计发现的问题和提出的审计意见及建议，按照国务院领导和奥组委领导批示，及时采取有效措施整改落实，取得明显成效。先后制定、修改、完善内部管理制度10项，并根据审计建议调整项目活动方案，加强管理，压缩开支，提高资金使用效益，节约资金超过亿元，审计决算(草案)反映奥组委实际结余资金大幅超过预算。

(二) 审计建议

(1) 认真总结筹办奥运会的成功经验，为今后组织开展大型运动会(赛事)、提高管理水平提供借鉴。

(2) 深入探索大型活动规律，加强对运动会筹办工作计划性的研究，进一步提高物资、资金的使用效益。

(3) 坚持“适度、必要”原则，在今后举办大型运动会时进一步强化对支出规模和标准的控制。

(4) 北京奥组委应通过拍卖、捐赠、博物馆留存等多种形式妥善处理好剩余库存物资，以获得最大的社会和经济效益。同时，北京奥组委要继续坚持“节俭”方针，加强管理，从严掌握和控制后续支出。

5.1 政府审计报告概述

5.1.1 政府审计报告的含义

政府审计报告是审计组对政府审计事项实施审计后，就审计实施情况和审计结果向派出的审计机关提出的书面报告，经由审计机关按法定审计程序审议研究后，由审计机关出具的书面审计报告。政府审计报告是审计组工作的一种结论性文件。当然，审计结论性文件材料除审计报告外，还包括审计决定书和移送处理书，不同的文件具有不同的作用。这里主要介绍审计报告。

5.1.2 政府审计报告的基本要素及其内容

审计机关的审计报告(审计组的审计报告)应当包括下列基本要素：①标题；②文号(审计组向审计机关提交的审计报告不含此项)；③被审计单位名称；④审计项目名称；⑤内容；⑥审计机关名称(审计组名称及审计组组长签名)；⑦签发日期(审计组向审计机关提交报告的日期)。经济责任审计报告还包括被审计人员姓名及所担任的职务。

政府审计报告的内容作为政府审计报告的主体部分，应当包括：

（1）审计依据，即实施审计所依据的法律法规规定。

（2）实施审计的基本情况，一般包括审计范围、内容、方式和实施的起止时间。

（3）被审计单位基本情况。

（4）审计评价意见，即根据不同的审计目标，以适当、充分的审计证据为基础发表的评价意见。

（5）以往审计决定执行情况和审计建议采纳情况。

（6）审计发现的被审计单位违反国家规定的财政收支、财务收支行为和其他重要问题的事实、定性、处理处罚意见以及依据的法律法规和标准。

（7）审计发现的移送处理事项的事实和移送处理意见，但涉嫌犯罪等不宜让被审计单位知悉的事项除外。

（8）针对审计发现的问题，根据需要提出的改进建议。

审计期间被审计单位对审计发现的问题已经整改的，审计报告还应当包括有关整改情况。经济责任审计报告还应当包括被审计人员履行经济责任的基本情况，以及被审计人员对审计发现问题承担的责任。核查注册会计师审计机构相关审计报告发现的问题，应当在审计报告中一并反映。

5.1.3 政府审计报告的作用

政府审计报告是政府审计项目成果的体现，是作出审计评价和提出审计意见的重要书面材料，在政府审计工作中的重要性不言而喻。概括来说，审计报告的作用包括以下几方面。

1. 说明审计结果，得出审计结论

政府审计组织对被审计单位进行审计后，形成政府审计的审计结果、审计意见或审计结论。政府审计报告是表达审计工作结果的重要手段。

2. 说明审计性质，标注审计范围

因为审计报告的使用者可能不熟悉审计工作的局限性，同时审计工作组与被审计单位之间也有沟通的需求，所以就需要审计报告添加解释性的内容，说明政府审计的性质，标注政府审计的工作范围，以此作为政府审计顺利工作的沟通保障。

3. 提出审计建议并作为后续审计依据

政府审计报告提出了政府审计的结果和建议，审计机关据此审核审计结果和建议，并进行跟踪调查，依据报告作为后续审计的依据，以便于发挥审计的监督作用。

4. 公开审计报告，接受公众监督检查

政府审计报告向社会公开，这使审计机关的审计工作置于公众监督之下。审计报告可以成为公众读者了解政府审计结果的重要媒介，以此评判政府审计工作的质量，监督公共资源的使用以及管理情况。

5.1.4 政府审计报告的编制要求

政府审计报告是审计机关发布的正式书面材料。为了维护政府审计的权威性和严肃性，政府审计对审计报告的格式有比较严格的规定。我国的政府审计采取的是详式的审计报告。审计署对政府审计报告的基本格式有具体的规定，要求审计报告应当内容完整、事实清楚、结论正确、用词恰当、格式规范。除了这种形式上的规定，政府审计报告的编制还应遵循以下原则。

1. 客观公正、证据充分

政府审计报告应采取公正的态度，在证据充分的条件下，实事求是地反映审计的情况和结构，客观地表达审计意见，以向使用者传递真正有效的信息、提供决策的依据。

2. 要素齐全、结构规范

政府审计报告格式的严格性意味着在编制审计报告时，要将各要素按一定的形式逐一列出，不可或缺。结构方面在与规定不相违背的条件下，要做到清晰合理，便于报告使用者的阅读和理解。

3. 观点明确、表述清晰

审计报告是审计机关的一种对外文书，文字表达应客观、准确、规范、严谨，以法律语言进行定性，避免使用日常口语，降低审计报告的权威性。对报告主题的表达应易于为报告使用者所公认和理解。

5.1.5 政府审计报告的审定

《审计法》(2006年修订)及其实施条例以及《国家审计准则》等法规，就审计报告规定了政府审计报告的审定、编制和复核程序。

1. 审计组编写审计报告

编写审计报告要遵循民主集中制的原则，审计报告经审计会议审定后再由审计组组长定稿。对一般审计项目，由审计机关分管领导召集审计组所在部门负责人、法定机构负责人、审计组组长和其他有关人员，召开小型审计业务会议讨论审定；对重要审计项目，由审计机关分管领导提议，经审计机关主要负责人或其指定的其他负责人同意后，召开审计业务会议讨论审定。审计业务会议组成人员包括审计机关负责人、审计组所在部门和法制机构的负责人、审计组组长、有关专家和其他有关人员。审计业务会议应当在充分讨论的基础上形成审计业务会议决定。审计组组长应当对提出的审计报告的真实性负责。

2. 审计组征求被审计单位的意见

审计报告在送审计机关前，审计组应就下列问题征求被审计单位的意见：审计组作出的审计评价是否客观；审计组对发现问题的认定是否符合事实、适用的法律法规是否正确；提出的审计意见或建议是否合理有效等。被审计单位应在收到审计报告之日起10日内，将书面意见送交审计组或审计机关。如果被审计单位、被调查单位、被审计人员或者有关责任人对征求意见的审计报告有异议的，审计组应当进一步核实，并根据核实情况对审计报告作出必要的修改。审计组应当对采纳被审计单位、被调查单位、被审计人员或者有关责任人员意见的情况和原因，或者上述单位或人员未在法定时间内提出书面意见的情况作出书面说明。

3. 审计组组长在起草审计报告前，对审计工作底稿的有关事项进行审核

审计组组长应当确认审计工作底稿和审计证据已经审核，并从总体上评价审计证据的充分性和适当性。审计组起草审计报告前，审计组组长应当对审计工作底稿的下列事项进行审核：

(1) 具体审计目标是否实现。

(2) 审计措施是否有效执行。

(3) 事实是否清楚。

(4) 审计证据是否适当、充分。

(5) 得出的审计结论及其相关标准是否适当。

(6) 其他有关重要事项。

审计组组长审核审计工作底稿,应根据不同情况分别提出下列意见:

(1) 予以认可。

(2) 责成采取进一步审计措施,获取充分、适当的审计证据。

(3) 纠正或者责成纠正不恰当的审计结论。

4. 审计机关复核机构对审计部门审定过的审计报告进行复核

审计机关复核机构应当对下列事项进行复核,并提出书面复核意见,内容包括:

(1) 审计目标是否实现。

(2) 审计实施方案确定的审计事项是否完成。

(3) 审计发现的重要问题是否在审计报告中反映。

(4) 事实是否清楚,数据是否正确。

(5) 审计证据是否适当、充分。

(6) 审计评价、定性、处理处罚和移送处理意见是否恰当,适用法律法规和标准是否适当。

(7) 被审计单位、被调查单位、被审计人员或者有关责任人员提出的合理意见是否采纳。

(8) 需要复核的其他事项。

5. 审计机关审理机构的审理

审理机构以审计实施方案为基础,重点关注审计实施的过程及结果,主要审理下列内容:

(1) 审计实施方案确定的审计事项是否完成。

(2) 审计发现的重要问题是否在审计报告中反映。

(3) 主要事实是否清楚、相关证据是否适当、充分。

(4) 适用的法律法规和标准是否适当。

(5) 评价、定性、处理处罚意见是否恰当。

(6) 审计程序是否符合规定。

审计机关审理机构根据审理结果,出具审理意见书,审理意见书根据不同的审理结果出具不同的意见:要求审计组补充重要审计证据,对审计报告、审计决定书进行修改。

5.1.6 审计机关公告

审计结果公告是指审计机关依法向社会公布审计报告所反映内容及相关情况的专门文件。

审计结果公告是国际通行做法。我国除在《审计法》中明确要求公告之外,审计署还专门下达了《审计署审计结果公告办理规定》。要求凡审计署统一组织审计项目的审计结果,除个别涉及国家秘密或其他特殊情况不宜公告外,原则上都要对外公告。

1. 审计结果公告的审批程序

《审计署审计结果公告办理规定》要求凡对外公告的审计结果，必须填写《审计结果公告审批单》，履行规定的审批程序，经过审计长会议研究通过后，方能办理对外公告。未经批准擅自发布审计结果公告的，应当依法追究有关单位和个人的责任。审计结果公告应当符合下列审批程序：

(1) 中央预算执行和其他财政收支的审计结果需要公告的，应当在每年向总理提交的审计结果报告中说明，国务院在一定期限内无不同意意见，才能公告。

(2) 向国务院呈报的重要审计事项的审计结果需要公告的，应当在呈送的报告中向国务院说明，国务院在一定期限内无不同意意见，才能公告。

(3) 涉及重要任期经济责任的审计结果需要公告的，应在报送组织人事部门并征求被审计的领导干部本人同意后，才能公告。

(4) 其他审计事项的审计结果需要公告的，由审计署审批决定。

2. 审计结果公告的条件

审计结果公告应当具备下列条件：

(1) 事实清楚，证据确凿，定性准确，评价客观公正。

(2) 在审计意见书、审计决定书等相关审计结论性文书生效后进行。

(3) 保守国家秘密和被审计单位及相关单位的商业秘密，并遵守国务院的有关规定。

(4) 涉及不宜公布内容的，必须对相关内容进行删除或者修改。

3. 审计结果公告的内容

审计机关公布的审计和审计调查结果主要包括下列信息：

(1) 被审计(调查)单位基本情况。

(2) 审计(调查)评价意见。

(3) 审计(调查)发现的主要问题。

(4) 处理处罚决定及审计(调查)建议。

(5) 被审计(调查)单位的整改情况。

4. 审计机关公告不得公布的信息

在公布审计和审计调查结果时，审计机关不得公布下列信息：

(1) 涉及国家秘密、商业秘密的信息。

(2) 正在调查、处理过程中的事项。

(3) 依照法律法规的规定不予公开的其他信息。

对涉及商业秘密的信息，经权利人同意或者审计机关认为不公布可能对公共利益造成重大影响的，可以予以公布。

5.2 审计结果报告和审计工作报告

审计结果报告和审计工作报告也是政府审计中的审计结论性文件，但其又不同于审计报告。两种报告制度的建立对于完善预算管理制度、加强对预算执行和其他财政资金的审计监督具有重要作用。

5.2.1 审计结果报告

1. 审计结果报告概述

审计机关依照法律法规的规定，每年汇总对本级预算执行情况和其他财政收支情况的审计报告，形成审计结果报告，报送本级政府和上一级审计机关。审计署在国务院总理领导下，对中央预算执行情况和其他财政收支情况进行审计监督，向国务院总理提出审计结果报告。地方各级审计机关分别在省长、自治区主席、市长、州长、县长、区长和上一级审计机关领导下，对本级预算执行情况和其他财政收支情况进行审计监督，向本级人民政府和上一级审计机关提出审计结果报告。

2. 审计结果报告的作用

审计结果报告为各级政府审定财政部门编制的财政决算草案提供重要资料和情况，有利于各级政府加强对本级财政收支的管理。各级审计机关是监督国家财政收支的专门机关，是各级政府财政监督的职能部门。它不仅对本级各部门和下级政府的预算执行情况和决算进行监督，而且监督本级预算执行情况。审计机关每年向本级政府首长提出对预算执行情况的审计结果报告，可以让各级政府比较全面、客观地了解预算执行情况及存在的主要问题，为各级政府作出科学决策、解决预算管理中存在的问题提供客观的依据，有利于各级政府在向本级人大常委会提交财政决算草案前，及时纠正预算执行中存在的问题。

3. 审计结果报告的主要内容

审计结果报告的主要内容包括：

(1) 本级预算执行审计的基本情况及审计机关对其的总体评价。

(2) 审计查出的问题及审计机关依法作出审计处理的情况。

(3) 加强和改进预算管理工作的建议。

(4) 本级政府要求报告的其他事项。

5.2.2 审计工作报告

1. 审计工作报告概述

审计机关依照法律法规的规定，代本级政府起草本级预算执行情况和其他财政收支情况的审计工作报告(稿)，经本级政府行政首长审定后，受本级政府委托向本级人民代表大会常务委员会报告。国务院和县级以上地方人民政府应当每年向本级人民代表大会常务委员会提出审计机关对预算执行和其他财政收支的审计工作报告。审计工作报告应重点报告对预算执行的审计情况。必要时，人民代表大会常务委员会可以对审计工作报告作出决议。国务院和县级以上地方人民政府应当将审计工作报告中指出的问题的纠正情况和处理结果向本级人民代表大会常务委员会报告。

2. 审计工作报告的作用

审计工作报告为各级人民代表大会常务委员会审查和批准财政决算提供客观依据，有利于人民代表大会常务委员会加强对预算执行和其他财政收支的监督。按照我国预算管理职权的划分，各级人民代表大会常务委员会审查、批准本级财政决算。按照《审计法》(2006年修订)的规定，各级人大在审查、批准财政决算之前不仅听取财政工作报告，还听取审计机关受政府委托所作的对本级财政预算执行和其他财政收支的审计工作报告。这样，有利于人民代表大会常务委员会全面、客观地掌握政府财政管理情况，加强各级人民代表大会常务委员会对预算执行和其他财政收支的监督，督促政府采取措施，解决预算执行中存在的问题，确保预算执行的严肃性。

3. 审计工作报告的主要内容

审计工作报告的主要内容包括：

（1）开展本年度预算执行审计工作的基本情况。

（2）对本级预算执行情况的总体评价。

（3）本级预算执行中存在的问题及纠正和处理情况。

（4）审计后政府各部门（单位）的整改情况。

（5）加强预算管理的意见。

（6）人民代表大会常务委员会要求报告的其他事项。

5.2.3 审计结果报告与审计工作报告的关系

审计工作报告是在审计结果报告的基础上形成的，它们既有联系又有区别。它们的联系在于，两种报告的核心内容都是相同的，审计结果报告是审计工作报告的有机组成部分，在一些基本数字、基本情况、对预算执行情况的评价以及主要问题等方面具有一致性。它们的区别在于以下几个方面。

1. 报告对象和目的不同

审计结果报告的报告对象是本级政府首脑，其目的在于促进各级政府加强对本级财政收支的管理；审计工作报告的报告对象是本级人民代表大会常务委员会，其目的在于强化各级人民代表大会常务委员会对本级预算执行和其他财政收支的监督。

2. 报告的主体不同

审计结果报告的报告主体是各级审计机关；审计工作报告的报告主体是各级政府，审计机关是受政府委托向各级人民代表大会常务委员会作审计工作报告。

3. 报告内容的范围不同

审计结果报告主要报告预算执行审计的结果，审计工作报告的内容范围则相对广泛，不仅要报告预算执行审计的结果，还要报告在政府首脑领导下开展预算执行审计工作的全面情况。

4. 报告的侧重点不同

审计结果报告侧重于向政府揭示和反映各部门在组织预算执行或预算中存在的问题和情况，以加强和完善预算收支管理的建议；审计工作报告侧重于反映审计查出问题的处理情况，以及经审计后政府各部门单位采取的纠正和整改措施，充分体现政府首脑领导下预算执行审计工作的成效，以及政府接受人大对预算执行和其他财政收支进行监督的态度。

5.2.4 审计结果报告与审计工作报告的程序

关于两种报告的具体程序，审计法和其他有关法律法规没有明确规定，各级审计机关的做法也不尽一致。根据近几年我国中央预算执行审计和一些地方预算执行审计的经验，审计结果报告和审计工作报告的程序主要包括以下步骤：

第一，审计机关根据审计掌握的情况和查处的问题形成审计结果报告初稿，审计机关行政首长召集业务工作会议，在充分考虑被审计的本级各部门意见的基础上，对报告初稿进行讨论修改，定稿后报本级政府(政府首脑)。

第二，政府(政府首脑)根据审计结果报告反映的情况和揭露的问题，以及政府财政管理和人大监督的不同侧重点，决定如何向人民代表大会常务委员会报告预算执行审计工作，并提出预算执行审计工作报告的撰写要求，审计机关据此草拟审计报告初稿并提交政府办公会议讨论、修改。这是整个报告程序的关键环节，一方面，审计机关在政府领导之下，审计工作报告的报告内容应该符合政府要求；另一方面，审计机关要向人大讲实情说实话，重点反映人大关心的情况和问题，突出人大监督的严肃性和权威性。

第三，政府征求人大财经委对审计工作报告初稿的意见，并作进一步修改，最后由政府首脑审核定稿。审计工作报告定稿之前征求人大财经委的意见，使之尽可能贴近人大的要求，这样有利于争取主动，避免正式报告预算执行审计工作时出现偏差，更好地为人民代表大会常务委员会审查批准决算服务。

第四，审计机关首长受政府委托向人民代表大会常务委员会作审计工作报告，并在人民代表大会常务委员会审查批准后向社会公布，以发挥公众监督的作用。

实践证明，对预算执行情况审计要做好为政府和人大服务，要形成高质量的审计结果报告和审计工作报告。除了审计机关要做好预算执行审计的基础性工作外，还应该具备一套科学完整的预算执行审计报告程序。通过科学完整的报告程序，可以吸收各方面的合理意见，妥善处理审计机关与本级各部门、审计机关与政府、政府与人大以及上级机关与下级审计机关等方面的关系，从而变审计结果为行政与法律力量，有效发挥财政收支审计在国家财政经济生活中的作用。

5.3 专项审计调查报告

5.3.1 专项审计调查报告概述

专项审计调查报告是审计机关依法对与预算管理或者国有资产管理使用等与国家财政收支有关的特定事项向有关地方、部门、单位进行专项审计调查所出具的结果报告。审计机关可以依照审计法和实施条例规定的审计程序、方法以及国家其他有关规定，对预算管理、国有资产管理使用、政府性基金缴纳使用、纳税人和扣缴义务人缴纳税款等与国家财政收支有关的特定事项，向有关地方、部门、单位进行专项审计调查。

5.3.2 专项审计调查范围

对于预算管理或者国有资产管理使用等与国家财政收支有关的特定事项，符合下列情形的，可以进行专项审计调查：

(1) 涉及宏观性、普遍性、政策性或者体制机制问题的。

(2) 事项跨行业、跨地区、跨单位的。

(3) 事项涉及大量非财务数据的。

(4) 其他适宜进行专项审计调查的。

5.3.3 专项审计调查的程序

专项审计调查的程序如下：

(1) 成立专项审计调查组。

(2) 制定专项审计调查方案。专项审计调查方案的主要内容包括调查的目标、范围、内容、程序、时间、人员分工等。

(3) 向被调查单位送达专项调查通知书。审计机关进行专项审计调查，应当在实施调查前，向被调查单位送达专项审计调查通知书。专项审计调查通知书的内容包括：①被调查单位名称；②调查的依据、范围、内容和时间；③对被调查单位配合调查工作的具体要求；④调查组组长及成员名单；⑤审计机关公章及签发日期。

审计机关结合项目审计开展专项审计调查的，可以只送达审计通知书，并在审计通知书中明确专项审计调查事宜。

(4) 进行调查，调查过程中主要通过审计方法取得被调查单位的有关材料。

(5) 调查结束后提出专项审计调查报告。

(6) 就专项审计调查报告征求被调查单位意见。专项审计调查报告报送审计机关前，可以征求被调查单位的意见。被调查单位应当自收到专项审计调查报告之日起 10 日内，提出书面意见，10 日内没有提出书面意见的，视同无异议。

(7) 将专项审计调查报告报送审计机关。

5.3.4 专项审计调查报告的内容

专项审计调查工作结束后，专项审计调查组应当及时向审计机关提出专项审计调查报告。专项审计调查报告的内容主要包括：

(1) 调查依据，即实施调查所依据的法律法规等具体规定。

(2) 实施调查的基本情况，一般包括调查目标、范围、内容、方式、实施的起止时间等。

(3) 被调查事项的基本情况及总体评价。基本情况主要说明与调查目标有关的被调查事项背景信息，总体评价主要是针对调查结果发表评价意见。

(4) 调查发现的主要问题及原因分析，包括事实、规模、性质、程度、影响、后果及原因分析。每类问题的表述原则是先总体(包括该类问题总量、占总体比率、发展规模、程度和趋势、影响面及其后果)、后列举；列举的具体问题要有典型性，起到佐证总体结论的作用。对调查中发现的不具有普遍性、倾向性和重要性，或业务操作失误等与调查目标联系不密切且未造成影响的问题，在向本级政府的报告中，原则上不作具体描述或反映，可以根据需要采取适当方式要求整改。

(5) 调查建议，专项审计调查报告应当从总体的角度进行评价，从宏观的角度具体反映政策、体制、制度及其执行中存在的普遍性、倾向性、苗头性问题，从标本兼治的角度深入分析原因，从建设性的角度提出调查建议。

本章小结

政府审计报告的内容和格式要符合质量要求，其编制、审定、公告要遵循一定的程序和要求。审计结果报告和审计工作报告是审计结论性文件，两者既有联系又有区别。专项审计调查报告则是对预算管理或者国有资产管理使用等与国家财政收支有关的特定事项出具的调查报告。

重 要 概 念

政府审计报告　审计机关报告　审计工作报告　专项审计调查报告

阅 读 资 料

[1] 刘三昌，杨昌红，刘国栋，胡方.政府审计[M].大连：东北财经大学出版社，2016.
[2] 尹平，郑石桥.政府审计学[M].北京：中国时代经济出版社，2013.
[3] 张庆龙，沈征.政府审计学[M].北京：中国人民大学出版社，2017.

本 章 练 习

一、单项选择题

1. 审计工作报告的报告主体是(　　)。
A. 各级审计机关
B. 各级政府
C. 各级人民代表大会常务委员会
D. 各级人民代表大会

2. (　　)是审计机关实施审计后对被审计单位财政财务收支真实性、合法性、效益型发表意见的书面文书。
A. 审计组的审计报告　　B. 审计机关的审计报告
C. 审计公告　　D. 审计决定

二、多项选择题

1. 审计通知书的内容包括(　　)。
A. 审计项目名称
B. 被审计单位名称或者被审计人员姓名
C. 审计组组长及审计组成员名单
D. 内部审计机构的印章和签发日期
E. 审计目的和范围

2. 专项审计的调查范围包括(　　)。
A. 涉及宏观性、普遍性、政策性或者体制机制问题的
B. 事项跨行业、跨地区、跨单位的
C. 事项涉及大量非财务数据的
D. 其他适宜进行专项审计调查的

三、判断题

1. 审计工作报告应重点报告对预算执行的审计情况。（ ）

2. 无论在什么情况下，审计结果都需要对外公告。（ ）

3. 整个审计报告程序的关键环节是审计机关据此草拟审计报告初稿并提交政府办公会议讨论、修改。（ ）

四、简答题

1. 政府审计报告的基本要素及其内容有哪些？

2. 审计结果报告是什么？审计工作报告是什么？

3. 审计结果报告和审计工作报告的关系如何？

4. 专项审计调查是什么？

第6章 财政审计

➢ 内容提要
➢ 重点难点
➢ 学习目标
➢ 知识框架
➢ 6.1 财政审计概述
➢ 6.2 财政预算执行审计
➢ 6.3 财政决算审计
➢ 6.4 其他财政收支审计
➢ 本章小结
➢ 重要概念
➢ 阅读资料
➢ 本章练习

内容提要

根据我国现行的财政管理体制和审计机关的组织体系，财政收支审计包括本级预算执行审计、下级政府预算执行和决算审计，以及其他财政收支审计。根据《中央预算执行情况审计监督暂行办法》的规定，中央预算执行审计主要对财政部门具体组织中央预算执行情况、国税部门税收征管情况、海关系统关税及进口环节税征管情况、金库办理预算资金收纳和拨付情况、国务院各部门各直属单位预算执行情况、预算外收支以及下级政府预算执行和决算等七个方面进行审计监督。

重点难点

审计机关不仅要对下级政府的预算执行情况和决算进行审计监督，还要对本级预算执行情况进行审计监督。这样，就由过去单一的“上审下”制度变成了“同级审”和“上审下”相结合的审计监督制度，扩大了财政审计领域，增强了财政审计力度，形成了一个从不同层次、不同角度对政府财政收支进行审计监督的方式。

学习目标

随着财政体制改革的日渐深入，财政体制改革中出台了不少新政策、新措施付诸实践。审计机关作为监督部门，要顺应财政体制改革的新形势，关注被审对象情况的变化，进一步转变观念，以促进、完善公共财政制度，规范预算管理，硬化预算约束和提高财政资金使用效益为目标，有利于改进工作做法，加强财政审计监督。

知识框架

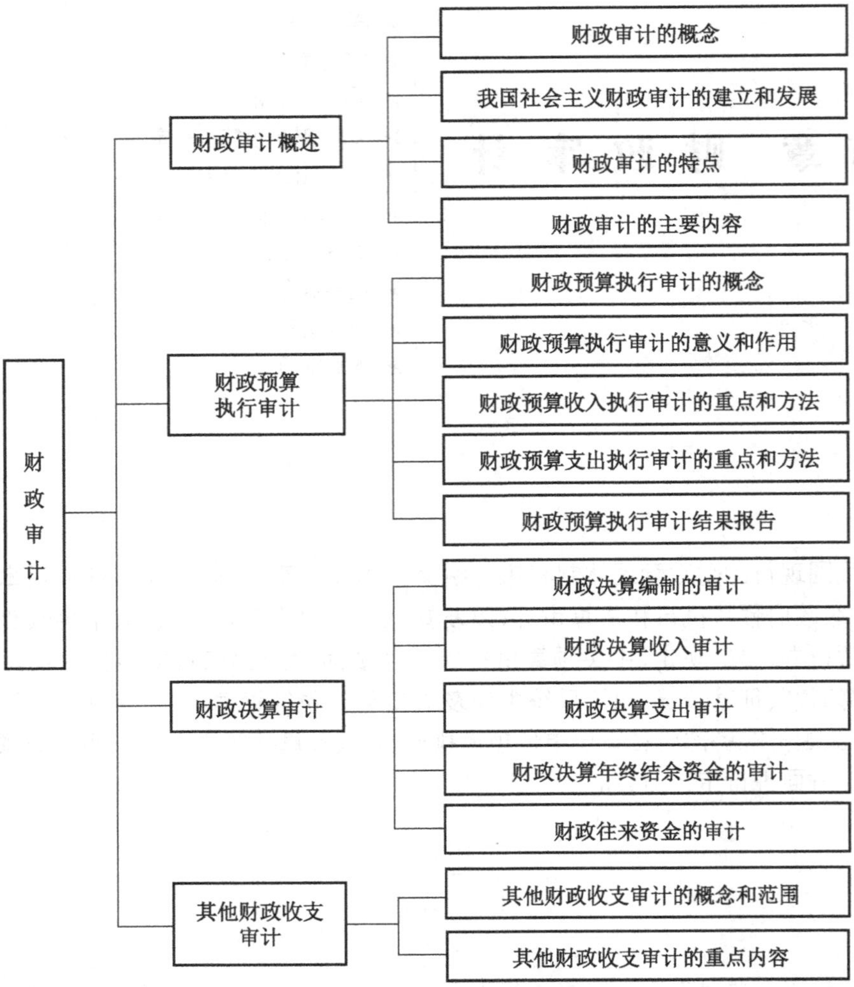

引入案例　财政审计的威慑力

2007 年 8 月 23 日，D 县大街小巷传出一则爆炸性新闻：县地税局局长、国库股股长被县检察院逮捕，地税局计会股股长和分管国库工作的人民银行副行长、县财政局分管业务的副局长也被县检察院监视居住……

2007 年 6 月，D 县审计局一改往年对国库股审计走过场的做法，精心组织，认真审计。审计发现国库股内部控制不力，默认结算银行工作人员税收收入入库不及时，转移国库收入 215 万元用于城市信用社的贷款周转业务和分管国库股的副行长夫人开办的金店资金周转的违法行为。

审计人员以国库股股长豪赌，出手阔绰，工资收入明显与其支出不相对称作为切入点，创新审计思路，最终查出：

国库股股长与地税局局长、地税局计会股股长和分管国库股的人行副行长、财政局分管副局长一伙，钻了 1994 年国地税分家后，税收退库审批手续不严的漏洞，自 2002 年以来，采取虚开《收入退还书》方式骗取国库退税 212 万元。

审计还查出该县会计管理中心核算员利用职务便利和部门支出审批上的漏洞，虚开支票转出部门存款资金 158 万元用于合伙投资金店。

6.1 财政审计概述

6.1.1 财政审计的概念

1. 财政审计的定义

财政审计是国家审计机关依照国家法律、行政法规的规定，对国家财政收支的真实性、合法性、效益性实施的审计监督。其目的是严格财经纪律，维护国家财政经济秩序，加强财税管理，促进廉政建设，保障国民经济健康有序发展。

2. 财政审计的对象和范围

财政是国家为了实现其职能，以国家为主体对社会产品进行的一种分配和再分配。它反映了以国家为主体的分配关系，包括中央与地方之间、地方上下级之间、国家与国有企业之间、国家与其他经济组织之间、国家与个人之间的分配关系。财政审计实质上就是国家审计机关对各级政府处理上述各种分配关系的收支活动进行的监督检查。按照我国《宪法》和审计法的规定，财政审计的对象是国家财政收支，具体地说，是国务院各部门和地方各级人民政府及其各部门的财政收支，被审计单位是国务院各部门和地方各级人民政府及其各部门。

财政审计的范围，可以从不同角度划分。

(1) 按照国家预算管理体制和各级审计机关财政审计对象划分。我国实行一级政府一级预算的制度，设立中央，省、自治区、直辖市，设区的市、自治州，县、自治县、不设区的市、市辖区，乡、民族乡、镇五级预算。中央预算由中央各部门(含直属单位)的预算组成。地方预算由各省、自治区、直辖市总预算组成，地方各级总预算由本级预算和汇总的下一级总预算组成。地方各级预算由本级各部门(含直属单位)的预算组成。各级审计机关财政审计对象的范围是：本级预算执行情况，下一级政府预算执行情况和决算，以及其他财政收支的管理和使用情况。具体地说，国家审计署财政审计对象的范围是：中央预算执行情况和其他财政收支的管理使用情况；各省、自治区、直辖市和计划单列市人民政府预算执行情况和决算，以及其他财政收支的管理使用情况。地方各级审计机关财政审计对象的范围是：地方本级预算执行情况和其他财政收支的管理使用情况；下一级政府预算执行情况和决算，以及其他财政收支的管理使用情况。

(2) 按照财政审计涉及的单位划分。各级财政、税务、海关及其分支机构，是各级政府具体组织实施预算执行的组织部门和收入征收机关；国家金库和建设银行、农业银行等是参与组织预算执行的机构；各级政府部门、单位是预算支出的执行机构。这些都是财政审计要涉及的单位。另外，财政审计还要涉及管理财政有偿使用资金、财政性预算外资金和基金的各级政府部门。

(3) 按照财政审计的内容划分。审计机关对本级预算执行情况的审计监督，主要是审计各级财政部门向本级各部门批复预算的情况和年终预算调整情况、上年本级预算收支的执行结果、执行国家财政政策和税收政策及其措施的情况。对下级政府预算执行情况的审计监督，主要是对下级政府和财税部门在组织预算执行工作中执行税收法律和行政法规的情况、分配使用上级财政转移支付资金的情况以及财政工作中关系全局的重大问题进行审计或审计调查。对下级政府财政决算的审计监督，主要是对各级政府及其各部门、各单位在财政决算中，执行国家法律和行政法规的情况、对财政收支的管理情况、财政收支平衡情况、财政规章制度的建设情况等实施审计监督。对其他财政收支的审计监督，主要是审计财政部门管理的预算外资金、财政有偿使用资金以及政府其他部门、单位管理的财政性预算外资金和基金的管理使用情况。

(4) 按照财政审计的事项划分。主要包括对中央财政预算执行情况和其他财政收支的管理使用情况的审计，地方财政预算执行情况和其他财政收支的管理使用情况的审计，地方财政决算审计，各种专项审计和审计调查。

从审计的对象和范围看，财政审计除涉及负责分配财政资金的财政部门、负责税收征管的税务、海关部门外，还涉及有收入上缴任务的部门、单位和具体执行支出预算的部门、单位。本章只介绍对征收、管理、分配财政资金的财政、税务、海关部门的审计。财政审计所涉及的对其他部门的审计，将在本书有关章节予以介绍。

3. 财政审计的作用

财政审计作为国家审计机关对国家财政经济活动实施独立监督检查的一个重要方面，其作用具体体现为：

(1) 通过财政审计监督，揭露、制止和纠正在国家财政收支活动中存在的违反国家法律、行政法规的问题，严肃财经纪律，维护国家的政令统一和财政经济秩序，促使各级政府对财政收支加强管理，使各级政府及其各部门、各单位在财政收支活动中，严格执行国家法律、行政法规的规定，加强廉政建设，保证国民经济健康、有序地发展。

(2) 通过财政审计监督，促进各级政府加强对财政收支的管理，促使各级政府及其各部门、各单位强化预算约束意识，促进增收节支，提高财政资金使用效益，促进财政收支平衡。同时，为各级人民代表大会常务委员会对政府的财政收支活动实行有效监督提供服务。

(3) 通过财政审计监督，促进完善国家预算管理监督制约机制，强化审计监督在我国财政预算管理体系中的地位和作用，使之成为国家财政收支活动中的一个内在的、必不可少的制约环节，充分发挥国家审计机关在国家宏观经济调控中的作用。

6.1.2 我国社会主义财政审计的建立和发展

从1983年审计机关成立以来，我国的社会主义财政审计工作经历了由浅入深，从试点到全面铺开，成为全国审计监督工作的重点内容的过程。具体地讲，可以分为四个阶段。

第一阶段为1983年至1987年，财政审计从试审到有重点地开展工作。1985年以前，各级审计机关主要是组织力量，对部分地区的财政收支试行审计监督，从中积累经验，寻找审计国家财政收支的方式、方法。1986年至1987年，财政审计工作开始在全国范围内有计划、有重点地开展，审计覆盖面达到10%。

第二阶段为1988年至1989年，财政审计工作与全国税收、财务、物价大检查工作结合进行，财政审计在较大范围开展起来，打开了工作局面，锻炼了财政审计队伍，增强了审计威慑力，审计覆盖面也提高到30%。

第三阶段为1990年至1994年，审计机关独立地行使财政审计监督权。经过几年的工作实践，各级政府及其财税部门基本上树立了财政收支要接受审计监督的观念，同时审计机关也积累了一些经验，从1990年开始，财政审计工作进入了独立行使审计监督权的新阶段。财政审计的地位得到巩固和提高，威慑力也越来越大。

第四阶段是从1995年开始，随审计法和预算法的实施，财政审计进入了“同级审”和“上审下”相结合的阶段。在1994年以前，各级审计机关按照《宪法》和审计条例的规定，同时根据当时实行的财政管理体制和审计管理体制，主要是对地方政府财政预算执行情况和财政决算情况实施审计监督，采取上级审计机关对下一级政府的预算执行情况和财政决算进行审计监督方式，即通常所说的“上审下”。从1995年1月1日起开始实施的审计法规定，审计机关除对下级政府预算执行情况和决算进行审计外，还要在本级政府首脑领导下，对本级预算执行情况以及其他财政收支的管理和使用情况进行审计监督。即通常所说的“同级审”。这样财政审计的方式就由以前单纯的“上审下”发展为“上审下”与“同级审”相结合。从发展趋势来看，“同级审”将在财政审计工作中占有越来越重要的地位。

6.1.3 财政审计的特点

财政审计在审计的主体、审计涉及的范围、审计的方式和报告制度的规定等方面，有其自身的特点。

1. 审计主体的单一性

根据我国《宪法》和审计法的规定，财政审计的对象是国务院各部门和地方各级人民政府及其各部门的财政收支。各级财政收支活动中的有关决策、制度等，都会涉及政府，在审计的实施和查出问题的处理方面，有很大的特殊性和复杂性，因此，只能由国家审计机关依据国家法律和行政法规，对各级政府的财政收支实行审计监督，而不能像某些行业审计那样，可根据有关规定和实际情况，委托社会审计组织、内部审计机构等其他审计组织来实施。而且，各级审计机关对本级预算执行情况的审计监督工作，需要审计机关内部各职能机构在统一计划下，按专业对口原则，划定范围，分工实施，即需要财政审计职能机构和其他行业审计职能机构密切配合才能完成对本级财政预算执行情况的审计监督任务。

2. 审计涉及范围的广泛性

由于各级政府的财政收支活动涉及社会经济活动的方方面面，因此财政审计涉及面很广，审计的范围包括政府及其各部门、各单位财政资金的活动情况，涉及的单位包括：国家预算的执行机关，如财政部门和政府其他执行预算支出的部门、单位；预算收入的征收机关，如税务、海关等机构；参与组织预算执行的国家金库和有关专业银行；财政有偿使用资金、财政性预算外资金和基金的管理部门等。

3. 审计方式的多样性

根据审计法的规定，审计机关对国家财政收支实行审计监督，实行上级审计监督和同级审计监督相结合的审计监督制度。而其他行业审计基本上是采取同级审同级的方式，对同级某一行业、某一部门、某一单位的财务收支进行审计监督。

4. 审计报告制度的法定性

审计法规定各级审计机关对本级预算执行情况进行审计监督后，要向本级政府领导提出审计结果报告。国务院和县以上地方人民政府每年要向本级人大常委会提出审计机关对预算执行和其他财政收支的审计工作报告。

6.1.4 财政审计的主要内容

财政审计的对象是各级政府的财政收支活动。财政收支活动与财政管理体制是紧密联系的。财政管理体制规定各级政权之间在财政管理方面的职责和权限，以及财政收支的范围，因此，要了解财政审计的内容，首先要了解现行的财政管理体制。

1. 分税制财政管理体制的主要内容

我国从1994年1月1日起，开始实行中央对地方分税制财政管理体制。分税制财政管理体制，就是在划分各级政府事权的基础上，确定各级财政支出范围，按税种划分中央与地方各级政府的收入来源，确定各级的税收管理权限，中央财政与地方财政分级管理，相对独立，也就是一级政府、一级事权、一级财政、一级税基的体制。其主要内容有以下几个方面：

(1) 中央与地方事权和支出的划分。根据目前中央政府与地方政府事权的划分，中央财政主要承担国家安全、外交和中央国家机关运转所需要的经费、调整国民经济结构、协调地区发展、实施宏观调控所必需的支出以及由中央直接管理的事业发展支出。具体包括：国防费，武警经费，外交和援外支出，中央级行政管理费，中央统管的基本建设投资，中央直属企业的技术改造和新产品试制费，地质勘探费，由中央财政安排的支农支出，由中央财政负担的国内外债务的还本付息支出，以及中央本级负担的公检法支出和文化、教育、卫生、科学等各项事业费支出。

地方财政主要承担本地区政权机关运转所需支出以及本地区经济、事业发展所需支出。具体包括：地方行政管理费，公检法支出，部分武警经费，民兵事业费，地方统筹的基本建设投资，地方企业的技术改造和新产品试制费，支农支出，城市维护和建设经费，地方文化、教育、卫生等各项事业费，价格补贴支出和其他支出。

(2) 中央与地方收入的划分。根据事权与财权相结合的原则，按税种划分中央与地方收入。将维护国家权益，实施宏观调控所必需的税种划为中央税；将同经济发展直接相关的主要税种划为中央与地方共享税；将适合地方征管的税种划分为地方税，并充实地方税税种，增加地方税收入。据此，中央预算收入包括：中央预算固定收入、中央与地方共享收入中中央分享的部分、中央与地方固定比例分成收入中中央分成的部分、地方按体制规定上解中央的收入。

中央预算支出包括：按分税制体制规定应由中央财政承担的本级各项支出、中央对地方的税收返还支出、按体制规定补助地方的支出、中央对地方的专项拨款补助支出、中央对地方的特殊拨款补助支出。

地方预算收入包括：地方预算固定收入、中央与地方共享收入中地方分享的部分、中央与地方固定比例分成收入中地方分成部分、中央对地方的税收返还收入、按体制规定中央财政补助的收入、中央财政专项拨款补助收入、中央财政特殊拨款补助收入、下级财政按体制规定上解的收入。

地方预算支出包括：按分税制财政管理体制规定应由地方财政承担的本级各项支出、按体制规定上解中央支出、对下级财政的税收返还支出、按体制规定对下级财政的补助支出、对下级财政的专项拨款补助支出、对下级财政的特殊拨款补助支出。

(3) 中央财政对地方税收返还数额的确定。为了保持原有的地方既得利益格局，逐步达到改革的目标，中央财政对地方税收返还数额以1993年为基数年核定。按照1993年地方实际收入以及税制改革和中央与地方收入划分情况，核定1993年中央从地方净上划的收入数额(即消费税＋75%的增值税－中央下划收入)。1993年中央净上划的收入，全额返还给地方，保证地方原有的既得财力，并以此作为中央对地方的税收返还基数。1994年以后，税收返还额在1993年基数上递增，递增率按各地增值税和消费税的平均增长率1∶0.3的系数确定，即上述两税平均每增长1%，中央财政对地方的税收返还增长0.3%。如若1994年以后中央净上划收入达不到1993年基数，则相应扣减税收返还数额。

2. 与分税制改革相配套的措施

(1) 改革国有企业的利润分配制度。根据建立现代企业制度的要求，结合税制改革和实施《企业财务通则》《企业会计准则》，从1994年1月1日起，国家与国有企业的利润分配关系实行税利分流改革。所谓税利分流，是指国家依据社会管理者的身份，向国有企业的直接收益征收所得税，又以国有资产所有者的身份，按资取得利润。这种凭国家权利征税、凭资产权利分利的办法，早已被发达的资本主义国家采用，目前在发展中国家也普遍实行，成为国际上通行的企业利润分配方式。企业固定资产贷款的利息进入成本，本金一律用企业留用资金归还。取消对国有企业征收的能源交通重点建设基金和国家预算调节基金。逐步建立国有资产投资收益按股分红、按资分利或税后利润上交的分配制度。

(2) 改革税收管理体制。建立以增值税为主体的流转税体系，统一企业所得税制(目前只统一内资企业所得税)，改革税收征管体系。从1994年1月1日起，在原有税务机构的基础上，分设中央税务机构和地方税务机构。

中央税务机构实行国家税务总局的垂直领导；地方税务机构实行双重领导，以地方为主。

第一，中央预算固定收入和海洋石油资源税由中央税务机构和海关系统负责征收。

第二，中央与地方共享收入由中央税务机构负责征收，地方分享的部分由中央直接划入地方金库。

第三，集贸市场和个体户交纳的各项税收，涉外税收由中央税务机构征收，并按所收税款的预算级次和预算科目，分别交入中央金库和地方金库。

第四，地方预算固定收入和除海洋石油资源税以外的其他资源税，由地方税务机构负责征收。

(3) 改进预算编制办法，硬化预算约束。实行分税制以后，中央财政对地方的税收返还列入中央预算支出，地方相应列收入；地方财政对中央的上解列地方预算支出，中央相应列收入。中央与地方财政之间都不得相互挤占收入。改变目前中央代编地方预算的做法，每年由国务院提前向地方提出编制预算的要求。地方编制预算后，报财政部审核汇总。

(4) 建立适应分税制要求的国库体系和税收返还制度。根据分税制财政体制的要求，原则上实行一级政府、一级财政，同时相应要有一级金库。在执行国家统一政策的前提下，中央金库与地方金库分别向中央财政和地方财政负责。实行分税制以后，地方财政支出有一部分要靠中央财政税收返还来安排，为此，要建立中央财政对地方的税收返还和转移支付制度，并且逐步规范化，以保证地方财政支出的资金需要。建立转移支付制度要遵循以下原则：一是转移支付的规模要适度，不宜过大，以免挫伤地方政府组织收入的积极性和形成对中央政府的依赖；二是要有明确的政策目标，这些目标包括弥补落后地区财力上的差距，确保整个国家公共服务的最低需要，提供有条件的专项拨款，支持全国性的重点公共事业的发展;三是要有利于平衡中央与地方之间、各地方之间的财力分配。转移支付的形式主要有一般性拨款,即上级对下级的体制补助收入;专项拨款,即上级对下级的专款补助收入;特殊拨款三种。

3. 财政审计的主要内容

根据审计法的规定,财政审计的任务,是由各级审计机关对本级预算执行情况,下级政府预算执行情况和决算,以及其他财政收支进行审计监督。结合分税制财政管理体制的规定,各级审计机关对国家财政收支审计的内容,分别是:

(1) 审计署对国家财政收支进行审计监督的内容。

第一,对中央预算执行情况进行审计监督的主要内容:

a. 财政部按照全国人民代表大会批准的中央预算向中央各部门批复预算情况、中央预算执行中调整情况和预算收支变化情况。

b. 财政部、国家税务总局、海关总署等征收部门,依照有关法律、行政法规和国务院财政税务部门的有关规定,及时、足额征收应征的中央各项税收收入、中央企业上缴利润;专项收入和退库拨补企业计划亏损补贴等中央预算收入情况。

c. 财政部按照批准的年度预算和用款计划、预算级次和程序、用款单位的实际用款进度,拨付中央本级预算支出资金情况。

d. 财政部依照有关法律、行政法规和财政管理体制,拨付补助地方支出资金和办理结算情况。

e. 财政部依照有关法律、行政法规和财政部的有关规定,管理国内外债务还本付息情况。

f. 中央各部门执行年度支出预算和财政、财务制度,以及相关的经济建设和事业发展情况;有预算收入上缴任务的部门和单位预算收入上缴情况。

g. 中央国库按照国家有关规定,办理中央预算收入的收纳和预算支出的拨付情况。

h. 国务院总理授权审计的按照有关规定实行专项管理的中央财政收支情况。

第二,对中央级其他财政收支进行审计监督的主要内容:

a. 财政部依照有关法律、行政法规和财政部的有关规定,管理和使用预算外资金和财政有偿使用资金的情况。

b. 中央各部门依照有关法律、行政法规和财政部的有关规定,管理和使用预算外资金的情况。

第三,对地方政府预算执行情况和决算以及其他财政收支进行审计监督。主要包括:对地方政府和财税部门组织预算执行工作中,执行财政税收法律、法规,分配使用中央财政转移支付资金的情况,以及地方财政工作中关系全局的重大问题,进行审计监督;按照预算法和审计法的有关规定,对地方政府财政决算进行审计监督;对地方政府各部门(含财政部门)管理的财政性预算外资金和基金,以及财政有偿使用资金的管理使用情况进行审计或审计调查。

(2) 地方审计机关对地方财政收支进行审计监督的内容。

第一,对地方本级预算执行情况和其他财政收支进行审计监督。主要包括:对财政部门向本级各部门批复预算情况和预算变化的原因、项目、数额、措施及有关说明进行审计监督;对地方本级预算收支的执行结果,地方预算收入的征收、减免、退库、划解、入库情况,地方预算支出资金的拨付、使用和本级各部门执行年度预算和财政、财务制度，以及相关的经济建设和事业发展情况进行审计监督；对财政部门和地方税务局执行税收政策、支出政策、增收节支、平衡财政收支措施情况进行审计监督；对财政部门管理的预算外资金，财政有偿使用资金，以及本级各部门(含直属单位)管理的财政性预算外资金和基金的管理使用情况进行审计监督。

第二，对下级地方政府预算执行情况和决算以及其他财政收支进行审计监督。主要包括：对下级地方政府组织预算执行工作中，执行财政税收法律、法规，分配使用上级财政转移支付资金的情况，以及地方财政工作中关系全局的重大问题，进行审计或审计调查；按照预算法和审计法的有关规定，对下级政府财政决算进行审计监督；对下级政府各部门(含财政部门)管理的财政性预算外资金和基金，以及财政有偿使用资金的管理使用情况进行审计或审计调查。

6.2 财政预算执行审计

财政审计大格局

6.2.1 财政预算执行审计的概念

1. 财政预算执行的概念

财政预算执行是指财政部门组织财政收入、分配财政资金的活动过程。其主要任务是：根据国家的方针、政策和国民经济发展计划编制国家预算草案；按照国家预算规定的收入任务，积极组织收入，把应缴国家预算的款项，及时足额缴入国库；按照国家预算支出计划和生产建设事业进度，及时、合理地拨付预算资金；根据国民经济发展中出现的新情况、新问题，分析预算收支的发展变化情况，努力改进工作，开展增收节支，不断地组织预算收支新的平衡；加强预算执行监督，保证国家的财经方针、政策、计划和制度的切实贯彻执行。

财政预算的执行，按照国家财政管理体制，实行统一领导、分级管理。国家预算执行机关是国务院和各级人民政府。国务院组织中央和地方预算的执行，地方各级人民政府负责各个地区地方预算的执行。财政部在国务院的领导下，具体组织中央和地方预算的执行；地方各级财政部门在本级人民政府的领导下，具体组织本级总预算的执行。

中央和地方所属的各主管部门，在国务院和各级人民政府的领导下，在同级财政部门的指导下，组织和监督本部门预算的执行。此外，国家还指定专门的管理机关，如海关、税务、人民银行、建设银行、农业银行、国家开发银行等，参与组织预算执行工作。

2. 财政预算执行审计的概念及特点

财政预算执行审计是由审计机关对本级和下级政府筹集、分配财政资金活动进行的审计监督。财政预算执行审计属于事中审计。主要是审计监督本级财政部门和下级政府组织财政收入、分配财政资金的活动，贯彻执行国家财经法规，平衡财政收支，以及财税部门内部控制管理等情况。

财政预算执行审计的内容包括对本级预算执行情况和下级政府预算执行情况的审计监督。从本章内容来说，对本级预算执行情况的审计主要是审查本级财税部门依照法律、法规，及时、足额征收预算收入和按照规定向本级部门批复、调整预算，拨付资金，办理上下级财政之间的结算以及管理使用国内外债务情况等。对下级政府的预算执行审计主要是审查地方各级政府和财税部门执行税收法律、法规，组织财政收入，分配使用上级补助或拨入专项财政资金的情况以及地方财政工作中关系全局的重大问题。由于财政预算执行审计属于事中审计，因此，它能够及时检查监督本级和下级财税部门在组织实施财政预算过程中贯彻国家财经法规政策的情况，及时发现问题并采取解决措施，促进各级政府更加重视和加强预算管理工作，保证财政预算任务的顺利完成。

6.2.2 财政预算执行审计的意义和作用

1. 开展财政预算执行审计是审计机关的重要职责

《审计法》第十六条规定，“审计机关对本级各部门（含直属单位）和下级政府预算的执行情况和决算，以及预算外资金的管理和使用情况，进行审计监督”；第四条规定：“国务院和县级以上地方人民政府应当每年向本级人民代表大会常务委员会提出审计机关对预算执行和其他财政收支的审计工作报告。”由此可见，财政预算执行审计是财政审计的重要内容，是《审计法》赋予审计机关的重要职责。

2. 开展财政预算执行审计，是分税制财政体制改革的需要

1994 年，我国实行了分税制财政体制改革，初步建立了适应社会主义市场经济发展要求的财政管理体制。在合理划分各级政府间事权的基础上，划分财权；在核定地方财政收支基数的基础上，逐步建立比较规范的中央对地方的转移支付制度等。与之相适应，在审计监督方面，在保持“上审下”的前提下，开展同级预算执行审计监督，并使之逐步加强和完善。这一做法适应了划分各级政府的财权和事权，实行统一领导、分级管理的财政管理体制改革的客观需要。

3. 开展财政预算执行审计，是进一步加强财政管理工作的需要

由于财政预算执行审计是对预算资金筹集、分配和管理全过程进行审计，可以从宏观着眼，微观入手，及时发现并制止财政预算执行过程中的各种违纪行为，及时反映影响财政预算收支平衡的苗头性、普遍性、倾向性问题，为各级政府和有关部门加强宏观管理的经济决策提供依据，这种审计方式具有较强的时效性。近几年来，一些地区和部门出现了只顾局部利益，忽视和损害国家整体利益的现象，如隐瞒、截留、转移财政收入，违反规定乱开减收增支口子，违规减免税收，挪用财政专项资金，财税部门多提多留各种分成等。开展财政预算执行审计，对这些问题及时进行揭露和纠正，是实现财政收支平衡，严肃财经法纪，加强财税管理的客观需要。

6.2.3 财政预算收入执行审计的重点和方法

1. 审查预算收入的调整情况

预算收入调整是指经全国人民代表大会批准的中央预算和经地方各级人民代表大会批准的地方本级预算在执行中因特殊情况减少收入，使原批准的收支平衡的预算的总支出超过总收入，或使原批准的预算中举借债务的数额增加的部分变更。各级财政调整预算收入必须经本级人大常委会批准。在审计时应通过审查有关文件、报表，检查有无不按规定作出调整预算的决定，使原批准的收支平衡的预算的总支出超过总收入或者使原批准的预算中举借债务的数额增加。

2. 审查年度税收计划执行情况

税收是财政预算收入的主要来源。税收计划执行情况审计的主要内容包括：

(1) 审查税收计划指标是否科学、可行，是否与国家经济计划指标相一致；是否按税种和重点项目进行分别编制；有无未经上级批准，自行调整税收计划而影响国家年度预算收入的完成情况；税收计划指标是否分解下达。

(2) 审查税收计划和各项指标是否全面完成。包括分析本期实际完成数比各项计划指标超收或短收的情况及原因；本期实际数比上期实际数或历史同期实际完成数增收或减收的情况及原因；生产发展同税收增减变化是否同步及原因等，重点审查有无人为地造成收入不正常因素。

(3) 审查税收计划和各项指标的完成情况是否真实。主要审计税务部门税收征收数、金库入库数、财政部门列报数以及企业主管部门决算汇决总数是否真实一致；有无为完成任务而预征下年度税款等"寅吃卯粮"的问题；有无完成任务后，当年税款应征不征或突击减免、退库的问题。有无混淆或错划预算级次，挤占上级预算收入等。

(4) 审查税收减免情况。税收减免体现了税收政策对某些经济活动或纳税人的扶持及照顾。在年税制改革以前，随意批准减免税的情况比较普遍，造成大量收入流失。新税制实行以后，对减免税作了较为严格的规定，但一些地方和部门违反国家规定批准减免税的现象仍然存在。因此，对税收减免情况的审计仍是税收审计的一项重要工作。审计的主要内容是：

第一，审查税收征管部门在执行国家统一规定的减免税收政策中，有无扩大范围、改变条件、延长期限等行为。

第二，审查税收征管部门有无违反规定，层层下放减免税权限。

第三，审查税收征管部门有无超越税收管理体制规定的权限，在国家规定之外制定新的减免税政策。

第四，审查税收征管部门有无以扶持生产为名，违反税法规定批准企业减税免税。

审查的方法：一是查阅这些部门制发的有关税收的文件；二是查阅这些部门对企业减免税的批件；三是到重点企业进行实地抽查。

(5) 审查税收的征收管理情况。税收征收管理是指税务部门对纳税人依法征税过程中所进行的管理。税务部门的征收管理工作必须严格执行税收征管制度根据《中华人民共和国税收征收管理法》的规定，我国的税收征收制度主要包括税务登记制度、纳税申报制度、账簿票证管理制度、税款征收制度、纳税检查制度(或税务稽核制度)、代扣代缴制度、违法处罚制度和税务复议制度等。特别是改革后的增值税，根据发票证明税金进行税款抵扣后，为保证扣税真实、准确，相应采取了专业化的征管稽核制度，包括专门税务登记，使用专用发票，建立电子计算机征管体系等内容。税收征收管理审计，就是对税务机关是否按税法的规定开展税收的征收管理工作。主要内容包括：

第一，审查税种的开征或停征是否依照国家的统一规定执行，有无擅自作出税收应征未征或应停未停的问题。

第二，审查是否按规定对所有纳税人办理了纳税登记手续，有无漏征的单位和个人；登记的内容是否清楚；纳税人发生变化是否及时办理了变更登记、重新登记或注销登记等。

第三，审查纳税人的纳税申报是否及时，超过期限是否及时催缴入库；该收的滞纳金是否按规定收缴；减免滞纳金有无审批制度。

第四，审查税款是否及时足额缴入国库，税款所属预算级次的划分是否正确，有无侵占、截留、挪用、转移税款等问题。

第五，审查税务机关对账簿和凭证管理的手续、制度是否健全；发票的印刷领用和保管制度是否完备，有无漏洞；对纳税人的税收档案管理是否健全等。

第六，审查税务稽核检查制度是否健全和有效，内部控制是否合理、可靠。

第七，审查税务违法处理是否合法，定性是否准确，处理是否适度，有无以罚代法等现象。

第八，审查税务代理制度是否有效；代征、代扣、代缴人是否存在应扣未扣、应收未收税款等问题；支付给代征、代扣、代缴人的手续费是否正确，有无多给或少给等情况。

3. 审查其他项目的财政收入征收情况

在财政预算收入中，除各项税收外，还包括国有企业上缴利润，拨补国有企业计划亏损、专项收入等，对这些收入的征收情况也要进行审计。

(1) 审查国有企业上缴利润情况。重点是检查在税制改革以后，财政部门、国有资产管理部门、企业主管部门等对国有企业是否确定了合适的上缴利润方式；财政部门是否及时、足额地征收了该项收入、有上缴任务的部门、单位是否按预算完成了上缴任务。

(2) 审查拨补企业计划亏损情况。重点审查予以补贴的企业，是否属于政策性亏损，亏损补贴是否列入年度预算；执行中有无超过预算规定的补贴数额，企业实际亏损是否真实。

(3) 审查专项收入的征收情况。列入财政预算的专项收入一部分是专款专用的收入，如排污费收入、城市水资源费收入、下放港口以港养港收入、教育费附加等；另一部分是由有关部门征收管理和使用、在预算内列收列支的收入，如铁路建设基金、电煤炭开发基金、育林基金力建设基金、民航基础设施建设基金等。在审计时，主要检查是否按规定、按预算征收，各有关部门征收或上缴数额与财政部门列入预算内的数额是否一致，有无截留、少报等问题。

(4) 审查其他财政收入的征收情况。主要包括部分事业单位应上交的收入、规费收入、各种罚没收入等。在审计时，主要检查对这些收入是否按规定征收，有无将应上交的收入转移到预算外，特别是对罚没收入是否执行了“收支两条线”的规定，有无以收抵支的行为。对出售公有住房收入、国有土地使用权有偿使用收入等，是否按规定纳入预算收入，有无收入流失的问题。

案例6-1，6-2

4. 审查预算收入的收纳、划分、留解情况

(1) 审查各级国库是否正确收纳、报解预算收入。现行制度规定，国库对于已经收纳入库的预算收入，首先应将缴款书按照预算级次的划分，分别按预算科目汇总，编制预算收入统计表。对于中央固定收入和中央与地方共享收入，应由国家税务局系统征收，全部上解省国库，再由省国库按规定比例上解中央国库。对于地方固定收入，由地方税务局系统负责征收，根据收纳期预算收入合计数，按照地方各级收入分成比例，填制分成收入统计表，作为分成收入报解的依据，予以逐级报解。审查预算收入报解的要点是：中央固定收入和中央与地方共享收入是否按这两类收入统计表的数额，逐级报解省国库，并由省国库按规定比例报解到中央国库；地方固定收入是否按地方固定收入统计表的数额，报解到同级地方国库，增加地方财政国库的存款；地方各级共享收入是否根据分成收入统计表的数额，分别报解地方各级国库,相应增加地方各级财政国库存款。

(2) 审查各级财政、税务、海关等征收部门,是否按照法律、法规的规定,积极组织预算收入,并按照预算管理体制的规定及时将预算收入缴入中央国库和地方国库,有无将所收税款和其他预算收入存入在国库之外设立的过渡性账户、经费账户或其他账户。

(3) 审查退库情况。退库是指从已经缴入国库的库款中,将收入退还给上缴单位。对已发生的退库事项要逐一进行凭证检查,查阅办理收入退库的文件依据,检查有无超越权限不按规定任意冲退预算收入,有无擅自改变退库条件,扩大退库范围;有无将应列支出的项目,如各种价格补贴、行政事业单位经费等,采取退库方式拨付等问题。另外,还要检查退库的程序和手续是否完备,有无财政部门自批、自退、自用等问题。

5. 审查国内外债务收入及管理情况

按照现行规定,地方财政不能搞赤字预算;除法律和国务院另有规定的外,地方政府也不能对国内外发行债务。中央财政建设投资的部分资金,可以通过向国内外举债的方式筹措。在审计时,要检查发行国内外债务是否符合《预算法》的规定,中央财政发行国内外债券的数额是否与全国人大批准的数额一致;发行费用是否合理。

6.2.4 财政预算支出执行审计的重点和方法

案例 6-3, 6-4

1. 审查财政预算支出管理的内控制度

(1) 审查银行账户设置是否符合规定。按照总预算会计制度的规定,为集中管理财政库款,统一调度预算资金,各级财政机关均由财政总会计统一在同级国库开立"国库存款"和"预算外存款"两个账户。分别用来核算财政预算支出、结余以及往来款项会计事务。预算周转金存款合并在"国库存款"账内统一核算,财政机关的财政专项周转金,可由总会计统一在有关专业银行单独开立存款账户。各职能单位经管的各种专项基金的存取,一律通过总会计办理,不得库外设库,自立账户。因此,应审查财政部门的总会计在银行开设的账户是否符合国家规定,有无违规在银行开户和设"小金库";审查财政机关的各职能单位,有无未通过总会计私自设立账户问题。

(2) 审查财政部门在核定分部门的预算、办理预算的批复与调整、拨付资金等过程中,是否有相应的依据、管理和制约制度,以避免预算分配的随意性。

2. 审查财政部门向各部门批复预算的情况

《预算法》第四十条规定,各级政府预算经本级人民代表大会批准后,本级政府财政部门应当及时向本级各部门批复预算。对批复预算情况进行审计,主要是检查批复预算是否及时,是否符合规定的程序和手续,有无不批复、批复不全面、手续不健全等行为。特别要检查向各部门批复的预算汇总后各有关科目的支出数额是否与人大批准的预算相一致,有无在批复预算过程中"打埋伏",预留指标,改变预算的行为。

3. 审查预算支出的调整

预算支出调整是指经全国人民代表大会批准的中央预算和经地方各级人民代表大会批准的地方本级预算,在执行中因特殊情况需要增加支出,使原批准的收支平衡的预算的总支出超过总收入。各级政府对必须进行的预算支出调整,应编制预算调整方案,经本级人大常委会批准。未经批准,不得调整支出预算。各部门、各单位的预算支出应当按照预算科目执行。不同预算科目间的预算资金需要调剂使用的,必须按照国务院财政部门的规定报经批准。

对预算支出调整审查的主要内容是：各项预算支出的追加、追减，是否符合规定的报批程序，各级总预算的追加追减，是否报经同级人大常委审批；"科目调剂"是否符合调剂的范围和权限。在预算执行中，各科目之间，会发生有的资金有余，而有的资金不足的情况，在保证完成各项建设事业计划，又不超过原定预算支出总额的情况下，可以在各科目之间进行必要的调整；但要符合批准程序，而且，基建资金不能与流动资金相调剂；专款不能被调剂挤占；生产性支出不能被非生产性支出调剂挤占；年终办理决算时，不能把非结转项目的结余转入结转项目；较大数额的科目调剂，应报告同级政府。

4. 审查预备费的动用

预备费是为了解决在预算执行过程中，遇有较大自然灾害和经济政策上的重大变革，或其他事先难以预料，又必须解决的开支而设置的。因此，动用时，必须符合上述列支范围预算后备资金。审计时，应注意预备费开支的项目是否符合规定，动用预备费是否由财政部门编制方案，报同级人民政府批准。

5. 审查预算支出资金的拨付

按照《预算法》的规定，拨付预算资金，财政部门应坚持以下原则：按预算拨款，即按年初核定的预算拨款，不办理无预算或超预算的拨款；按用款计划拨款，即按预算单位编制的经审核后的季度（分月）用款计划拨款；按事业进度拨款，按事业进度和资金使用情况拨款，以促进各项事业的完成，防止积压和浪费资金；按用途拨款，即对专项资金要按专款专用的原则，坚持按用途拨款；按预算级次拨款，我国单位预算管理体系分为三级：一级单位，即主管部门；二级单位，即主管部门的附属单位；三级单位，即基层单位。除有特殊规定外，财政部门只能向一级预算单位拨款，不能越级和向无预算领拨关系的单位拨款。

对支出资金拨付的审查主要内容包括：财政部门是否按照预算级次、用款计划拨款，有无越级拨款、无预算拨款、超预算拨款以及向没有经费领拨关系的单位拨款；各类资金的拨付是否按照用款进度及时拨付到位。

6. 审查财政预算支出的真实性、合法性

财政总预算会计以预算单位和参与预算执行的银行报来的银行支出数和直接经办支出的拨款数列报预算支出。所谓银行支出数，是指基层用款单位在一定时期内向银行支取预算资金的数字，它是各级财政总预算支出的核算基础，也是财政部门和主管部门结算拨款的依据。而基层用款单位则以实际支出数列报预算支出。所谓实际支出数，是指基层用款单位从银行支取并且实际消耗的资金数，它是核算单位预算支出的基础。银行支出数大于实际支出数的差额，即银行支取未报数，是用款单位已从银行支取，但尚未向财政部门核销的资金数，一般表现为用款单位周转性的原材料、现金及部分待结算的暂付款项，是用款单位执行支出预算必须周转使用的资金。

对财政预算支出真实合法性审查的主要内容有：

（1）财政预算总会计是否严格按各预算单位和银行上报的银行支出数列报支出（直接经办的支出除外），有无以预算拨款数和财政部门给预算单位核定的限额数列支的现象；有无将拨下年度预算支出列作当年预算支出，有无将年终收回预算单位支出结余不冲减财政支出，有无以借款列作预算支出，将预算资金转移到所属职能部门、主管部门等。

（2）财政部门直接经办的预算支出是否真实正确。财政部门直接经办的支出项目有：

国有企业拨款，包干使用的专项资金拨款，科技三项费用，挖潜改造资金，简易建筑费，价格补贴，补助支出，上解支出以及其他规定的专项支出项目。主要审查有无弄虚作假虚报支出；有无将预算外支出挤入预算内列报；有无不按实际拨款数列作支出，而以预算指标列支出的问题，有无将指标大于拨款数转作预算暂存的问题。

（3）有无乱批条子、乱用财政资金的问题。特别是对“其他支出”的拨款项目要严格审查，注意其拨款的项目是否符合规定，有无将不应在“其他支出”列支的款项也挤入“其他支出”列支问题；其他支出超预算部分安排的项目是否合规；有无在其他支出列支转移资金问题，还要注意有无从“其他支出”中拨给财政部门自身的款项。

（4）预算周转金的使用是否合规。预算周转金是由财政部门管理，用于预算执行中资金周转，解决资金临时性调度困难。要检查是否将其用于增加支出或者挪作他用。

7. 审查财政预算支出的使用效益

对财政预算支出的使用效益，可以从经济效益和社会效益两个方面分析考察。经济效益是指预算支出用于生产建设性项目，建成投产后的新增收益与投入资金之比。投入产出比越大，经济效益就越好。对财政预算支出所形成的经济效益可以按建设项目进行分析，与同类项目的国内先进水平、计划水平、历史最好水平等相比较，也可以按支出科目汇总进行分析比较。社会效益是指财政预算支出虽不直接产生经济效益，但却为事业发展和社会发展所必不可少。评价财政支出社会效益的大小或好坏，一是看其必要性和必要程度，确定是否应该安排或规模是否适当；二是看支出项目完成后达到预算目标的程度。

在审查财政预算支出的使用效益过程中，要特别注意有无损失浪费、讲排场、摆阔气、公款吃喝、请客送礼、购买超标准小汽车、公款装修住房等腐败行为。

8. 审查往来资金

主要审查“预算暂付”科目中，各项往来关系是否合规，有无借给没有经费领拨关系的单位款项，在“与上下级往来”中有无与非上下财政部门的往来款项等；审查往来款项的账表是否相符，往来款是否及时结清，未结清的原因是否合规，审查往来款项中，有无将应作财政支出的款项挂在暂付款账上，对暂付款转列支出的款项，应审查支出是否合规。

9. 审查结算资金

结算资金是上下级财政之间，在年终决算时，按规定进行结算的应上解或补助款项，分为两个部分：一是财政体制内的结算，即按财政体制规定的留解比例算账，要上解或补助的款项。二是在财政体制之外，年度预算执行中，由于各种因素影响到财政收支变化，需要在年末单独结算的增减上解或增减补助的款项。一般包括专项拨款、预算单位隶属关系变动引起的预算收支上划下转，以及由于国家采取重大财经政策引起的财政资金上下级转移，如调整物价、调整工资等。对财政体制外各种因素导致的结算事项，一般有文件规定的结算办法，年终按规定分别算账。

对财政结算资金主要审查财政部门办理上下级结算支出的情况，审查有关结算事项是否按照结算办法执行。计算依据、数字是否正确，各种补助支出是否合规，有无不按规定的项目或擅自提高补助数额的情况，有无年终突击花钱乱列项目，搞“人情补助”或弄虚作假行为。

10. 审查债务支出

近几年来，债务支出占整个财政支出的比重逐年增大。我国债务支出的用途，主要是用于生产建设和偿还国内外债务本息支出。审查时，主要注意债务支出的数字是否正确，财政列支数是否与预算数以及各执行单位上报资料数字相符；债务支出除还本付息外；是否都用于生产性支出，有无用于消费性支出；到期债务是否都已还本付息，有无以还债为名转移资金的情况。

6.2.5 财政预算执行审计结果报告

《审计法》第十六条规定："审计署在国务院总理领导下，对中央预算执行情况进行审计监督，向国务院总理提出审计结果报告。""地方各级审计机关分别在省长、自治区主席、市长、州长、县长、区长和上一级审计机关的领导下，对本级预算执行情况进行审计监督，向本级人民政府和上一级审计机关提出审计结果报告。"国务院发布的《中央预算执行情况审计监督暂行办法》第八条规定："审计署当年第二季度应当向国务院总理提出对上一年度中央预算执行和其他财政收支的审计结果报告。"由此可见，财政预算执行审计结果报告是法定的综合性的审计报告。

财政预算执行审计结果报告的主要内容包括：

(1) 预算执行审计的范围、时间、审计的基本工作情况。

(2) 对预算执行总体的审计评价。即要用实事求是、一分为二的观点，既肯定成绩，又概要地指出存在问题。肯定成绩可以用典型例证加以说明。审计查出的主要问题及法规依据。由于预算执行审计涉及财政、税务、各预算执行部门和单位，对各部门、各单位查出的问题不可能一一写入审计报告，因此，必须对各部门、各单位的审计报告进行详细的分析研究，对各种问题进行归类，找出主要的问题，分门别类写入审计结果报告。审计结果报告中所反映的问题要有代表性，要有总体的情况，有数据，有典型材料。

(3) 审计机关对查出问题以分门别类地提出处理意见或处理的情况。在现行审计分工体制下，财政预算执行审计不仅包括对财政、税务部门的审计，还包括与预算执行有关的固定资产投资、政府部门、事业单位、国防、农业、林业等专项资金的审计。必须将对这些部门有关预算执行情况的审计综合起来，才能形成完整的预算执行审计结果报告。

6.3 财政决算审计

财政决算是指各级政府及其各部门、各单位编制的，通过法定程序审查批准的预算收支的年度执行结果，是财政预算执行的总结。各级政府本级决算由同级主管部门汇总的行政事业单位决算、企业财务决算、基本建设财务决算和国库年报、税收年报等组成。根据宪法和审计法以及分税制财政管理体制的规定，财政决算审计，实际上就是国家审计机关依据国家法律、行政法规规定，对地方各级人民政府财政收支决算的真实性、合规性、效益性实行的审计监督，是由上级审计机关对下一级政府的年度财政收支结果实施的审计监督，主要是审查地方政府及其各部门、各单位在财政收支决算中，执行预算法等国家法律、行政法规情况，以及地方财政工作中关系全局的重大问题。其目的是维护国家政令统一，保证各项财经法纪的贯彻执行，促使地方政府及其各部门、各单位正确处理上下级之间的财政分配关系，加强宏观调控，促进国民经济和社会事业的发展。审计监督的重点内容包括财政决算编制的审计、财政决算收入审计、财政决算支出审计、财政决算年终结余资金的审计、财政往来资金的审计和其他财政收支审计。

6.3.1 财政决算编制的审计

财政决算编制的过程，就是年度预算执行的总结过程。各级政府编制的决算是否真实、完整、合法，对于如实反映财政经济成果有重要的意义。因此，对财政决算编制的审计监督，是整个财政决算审计工作中不可缺少的一个环节。

我国的决算编制程序，是由基层预算单位开始，自下而上地逐级层层汇总编制和审查，最后由财政部门汇编出本级决算草案，报本级政府核定后，由本级政府提请本级人民代表大会常务委员会审查批准。决算的编制和审查是一项很复杂的组织工作和管理工作。审计重点是审查财政决算报表的真实性。包括三个方面：

(1) 核对财政决算总表中填列的"当年预算数"。"当年预算数"一般是经同级人民代表大会审查批准的具有法律效力的指令性指标，未经批准不能变动。例如，填列的"当年预算数"与人大批准数有出入的，要查明原因。

(2) 核实"调整预算数"。"调整预算数"是编制财政决算的核心指标，是编制年度总决算报表最重要的依据。审计时主要是审查每项收支项目变化的原因、数额以及调整的程序。

(3) 将财政决算收支总表与财政收支决算明细表、财政决算报表与税收年报和金库决算报表、财政决算报表与总预算会计有关的账簿、财政决算与有关企业。行政事业单位的财务报表进行核对，从中发现财政决算列报不实的问题及其原因。

6.3.2 财政决算收入审计

财政决算收入审计是国家审计机关对下级政府年度预算收入完成结果进行的审计监督。其目的是通过审查财政决算收入的真实性和合法性，揭露地方政府及其财政、税务部门在组织收入中存在的问题，避免国家财政收入的流失。按照分税制财政管理体制的规定，地方财政决算收入包括地方预算固定收入、中央与地方共享收入中地方按规定比例分成部分、中央与地方固定比例分成收入中地方按规定比例分成部分。由于中央与地方共享收入由中央税务机构负责征收，地方分享部分由征收机关直接列入地方金库；集贸市场税收和个体户交纳的各项税收、涉外税收由中央税务机构征收并按照预算级次和预算科目，分别交入中央金库和地方金库。根据审计署与地方审计机关审计国家财政收支审计任务和审计管辖范围的划分，对地方政府财政决算收入审计的重点内容主要是由地方财税部门负责征收的地方预算固定收入、企业收入和其他收入等方面。

1. 地方预算固定收入的审计

地方财税部门负责征收的地方固定收入已在本章第一节予以说明。审计的重点是：

(1) 审查税收法规和政策的贯彻执行情况。包括：地方政府及其财税部门制定地方性税收政策、法规和制度时，不执行国家和上级政府制定的财税法规，超越权限，随意开政策口子，自定"土政策"的问题；地方财税部门在税收征收管理过程中，违反国家和地方政府制定的税收政策、法规的问题。

(2) 审查年度税收计划完成情况，并分析税收超收或短收的原因。

(3) 审查税收的征收管理情况。重点是审查侵蚀国家税基，造成税款流失的问题。

第一，审查税务机关对纳税人办理纳税登记的情况，主要审查漏征的问题。

第二,审查纳税鉴定的情况,主要查在应纳税种、适用税率、计税价格、纳税环节、纳税范围等方面存在不符合国家税法规定的问题。

第三,审查税收收入的征收和入库情况,主要查征收机关以缓代免、应征不征的问题和为了调节收入进度和水平,将征收的应缴入国库的收入,放在税收过渡户,隐藏税收收入的问题。

第四,审查税收入库级次划分情况,主要查侵占、截留、挪用、转移税款问题。

(4) 审查税收的减免情况。包括:违反税法规定,超越税收管理权限,随意减免税的问题;超过批准的减免税额度和扩大减免范围多减多免税收,延长减免税期限,改变减税、免税条件等问题。

(5) 审查税收的提退情况。重点是审查扩大范围,超过比例提取、留用各种税收分成,侵占税收收入和财政资金的问题。

2. 企业收入和其他收入审计

企业收入是指国家参与国有企业利润分配而取得的收入,主要包括国有企业上缴财政的利润和国家预算弥补国有企业计划亏损补贴。财政其他收入是指除各项税收、企业收入等以外,由机关、事业单位上缴的应纳入预算管理的收入,主要包括:事业收入和外事服务收入、规费收入、罚没收入、行政性收费收入等。对企业收入和其他收入的审计,主要是:

(1) 审查收入年度预算完成情况,并分析超收或短收的原因。重点检查隐瞒、转移、截留收入问题。

(2) 审查收入的征收管理和入库情况。主要是:①征收机关违反法律、法规规定应征未征或少征收入的问题和将企业上缴收入存在收入过渡户,用以调节收入进度和水平的问题。②收入不入账,挂在预算内、外暂存账户,或转预算外,划预算收入为预算外收入,或把收入直接转作预算外专项基金,在预算外“自我循环”的问题。③冲退财政收入解决应由支出预算解决的问题。④将预算外全民所有制企业和经营单位应上缴的所得税,改为利润上缴形式,转作预算外收入的问题。

(3) 审查国有企业计划亏损补贴的情况。主要是:①将不属于企业计划亏损补贴范围之内的开支项目,以计划亏损补贴名义,从收入中退库弥补的问题。②扩大政策性亏损产品、商品补贴范围和提高补贴标准的问题。③对计划外亏损、超计划亏损用退库办法给予补贴的问题。④将企业经营性亏损同各种政策性价格补贴混在一起,从收入中退库弥补的问题。

6.3.3 财政决算支出审计

财政决算支出审计是对财政年度预算支出结果进行的审计监督。其目的在于促进地方政府及其财税部门正确贯彻执行国家财政分配政策,合理安排财政资金,提高资金的使用效果。

1. 财政支出主要项目

(1) 基本建设支出,是指国家财政用于全民所有制单位的固定资产投资,包括扩大再生产和部分简单再生产。按照资金来源和用途以及支出的方式可分为:基本建设预算拨款、基本建设贷款、基本建设储备贷款基金、专项和政策性基建投资贷款贴息支出,以及中央和地方统借统还的基本建设支出。

(2) 企业挖潜改造资金支出,是指用于老企业固定资产更新和生产设备的技术改造拨款，解决企业生产薄弱环节和开展综合利用的技措拨款，以及新产品试制、劳动安全保护措施、零星固定资产购置等方面的支出。

(3) 支援农村生产支出，是指国家支援农业生产的补助支出，包括小型农田水利和水土保持补助费、支援农村合作生产组织资金农村农技推广和植保补助费、农业发展专项资金、发展粮食生产专项资金等支出。

(4) 工业、交通、商业、农林、水利、气象等部门的事业费支出，是指国家用于这些部门的勘察设计、科学研究、中等专业学校、技工学校、干部培训等方面的经费支出。

(5) 城市维护费支出，是指用征收的“城市维护建设税”和地方机动财力安排的用于城市公用事业、公共设施维护和建设支出，包括道路、桥梁、涵洞、给水、排水、污水处理、供气、供热、城市交通管理、中小学校舍维修补助、公共环境卫生等方面的支出。

(6) 文教科学卫生事业费，是指国家用于教育、开展科学研究、丰富人民文化生活、增强人民体质、保障人民身体健康等各项事业机构的支出，包括文化、出版、教育、卫生、体育、地震、海洋、科学、通讯、广播电影电视、公费医疗和计划生育等方面的支出。

(7) 行政管理费和公检法支出，是指国家用于行政、公安、法院、检察院等方面的支出。另外，还有价格补贴支出、抚恤和社会福利救济费、债务支出、对外援助支出、国防支出、地质勘探费以及各种专项支出等。

2. 财政决算支出审计的主要内容和重点

(1) 审查财政预算支出完成情况并分析原因。包括改变预算、超预算列支的问题；预算支出指标的调整不符合规定程序的问题。

(2) 审查财政分配政策的执行情况。重点是检查各项财政支出是否符合国家经济工作方针和政策，是否有利于促进国民经济结构的合理化，是否保证了经济建设和各项事业发展的需要，安排支出是否做到了“量入为出”，有无提高开支标准、铺张浪费的问题。

(3) 审查各项财政支出的真实性与合法性的问题。①审查财政支出决算数是否以银行支出数为依据。按照总预算会计制度规定，不论是生产性支出，还是非生产性支出，除财政机关经办的某些特定支出，如科技三项费用，可以按拨款数列支外，其余的一律以基层单位或主管部门的银行支出数，作为总预算支出列报的数字基础，不得随意以财政拨款数列报，也不得以“实际支出数”列报。财政支出决算真实性、合规性审计，首先就要揭露、纠正和制止以拨作支、以领代报、估列代编等虚列财政支出的问题。②审查将基本建设支出转入行政事业经费和文教、卫生事业费以及其他支出中列报，从而掩盖固定资产投资规模，造成财政决算不实的问题。③审查将应由预算外安排的支出，挤列预算内列报的问题。④审查不按国家专款专用的规定，挤占、挪用各种有专门用途资金的问题。⑤审查挤占、挪用、浪费文教、卫生、科学事业费的问题，如将文教、卫生、科学事业费用于盖楼堂馆所，购买豪华轿车，乱发奖金、实物及各种补贴等问题。⑥审查超预算、铺张浪费行政管理费和挤列事业费、其他支出等开支行政管理费的问题。

6.3.4 财政决算年终结余资金的审计

财政决算年终结余在总决算表中称为年终滚存结余，其中包括专项资金结余、结转下年支出(专款支出预算结余)和净结余三部分。按财政结余实现的年度划分，有当年财政结余和上年财政结余。审计应针对上述内容，分别从以下方面进行。

1. 审查专项资金结余

专项资金结余的项目主要有水资源、环境保护、能源交通重点建设基金和社会保障基金结余等。这些资金项目的共同点是它们都有专门的收支管理制度，结余必须专款专用。审计时，重点要放在核实当年决算收入、当年决算支出、上年结余的真实、可靠和合法性方面。主要是审查违反规定，将这些结余资金同其他资金结余混同一起的问题；或为了扩大专项结余，人为缩小其他项目结余特别是净结余的问题；以及为了减少专项结余，将资金转移挪作他用的问题。

2. 审查结转下年支出

结转下年支出是指预算安排的支出结余，按专款专用的原则，结转下年继续使用的资金。由于结转下年的支出，对财政结余(赤字)有直接的影响，审计时应区别财政结余或财政赤字两种情况，选择审计重点。

(1) 对财政结余的地区，主要审查结转下年支出是否符合规定的结转范围，是否有具体的支出项目和预算指标结余，有无为了缩小财政净结余，虚列结转而扩大结转下年支出的问题。

(2) 对财政赤字地区，除注意以上要点外，还要审查是否坚持了“有钱可结转，无钱不结转”的原则，有无不加控制的结转，造成财政赤字扩大的情况。

3. 审查财政净结余(赤字)

主要是在上述两项审计的基础上，核实财政净结余的真实性。

6.3.5 财政往来资金的审计

财政预算总会计反映的各种往来款项，是预算执行中在上下级财政之间或财政与各部门之间临时发生的待结算资金。审计实践证明，财政往来资金是预算执行中的“事故多发地段”，因此是财政决算审计的一个重点内容。

(1) 对财政往来资金的审查，要与办理年终决算结合起来，审查各项往来资金的管理是否符合以下基本原则：一是严格手续，正确核算，及时清理，不得长期挂账，年终决算原则上应无余额；二是对各项暂存款，应作财政收入的必须清理列入本年财政收入决算；三是对各项暂付款，该作预算支出的，通过清理列入本年财政支出决算；四是对各种借垫款项，该收回的，年终应清理收回，该上划(归还)的，应及时上划(归还)。

(2) 在往来资金审计中，要把重点放在涉及财政决算收支方面的问题上，每一笔资金都必须查清其来龙去脉。

第一，审查隐瞒、截留财政收入的问题，如将预算收入退库转移到暂存账户挂账，将预算收入不入库，隐藏在暂存账户，在暂存、暂付账中坐支财政收入等问题。

第二，审查虚列支出，将资金转移到预算内、外暂存账上的问题。

6.4 其他财政收支审计

6.4.1 其他财政收支审计的概念和范围

根据《审计法》第四、第十六条的规定，其他财政收支主要指预算外资金。预算外资金是各地区、各部门和各单位根据国家法律、法规和财政规章的规定，自行收取或提取、自行安排使用的、不纳入国家预算的资金。预算外资金是国家财政资金的组成部分。根据国家有关法律、法规和财政规章制度的规定，预算外资金包括：财政部门管理的各种附加收入、集中的事业收入、专项收入和其他收入；事业和行政单位管理的预算外资金、行政事业性收费、各种专项资金及其他收入等；另外，国家根据管理的特别需要批准设立的一些预算外专项基金以及财政有偿使用资金，均属预算外资金的范围。上述资金都属于其他财政收支的审计范围。

对预算外资金实施审计监督，是国家赋予审计机关的工作职责。《审计法》第十六条规定："审计机关对本级部门（含直属单位）和下级政府预算的执行情况和决算，以及预算外资金的管理和使用情况，进行审计监督。"因此，各级审计机关，各专业审计职能机构，对各级政府、各部门和单位预算外资金进行审计监督，是各级审计机关义不容辞的责任。

对预算外资金实施审计监督，是加强财政资金管理的客观的需要预算外资金是改革开放以来，我国预算外资金数量迅速扩大，在国民经济生活中起到了积极作用，但由于管理不够严格，制度尚不健全，存在不少问题，归纳起来，一是来源渠道混乱。特别是当前出现的各种预算外收费、罚款和集资的"滥、乱、散"状况，冲击了正常的国民经济管理秩序。一些地区和部门，有的自行设立预算外项目或巧立名目随意扩大预算外收入范围，提高征收标准和比例，以及搞各种集资摊派等，有的直接截留和挤占财政预算收入，化预算内收入为预算外收入。二是流向不合理。一些地区和部门，有的用预算外资金乱上基本建设项目，扩大固定资产投资规模，造成重复建设，盲目建设；有的挪用生产发展基金滥发奖金、实物和补贴，还有的预算外资金被贪污、挪用造成损失浪费，成为以权谋私，违法乱纪等腐败行为的"防空洞"和"污染源"。因此，加强对预算外资金的审计监督，不仅是各级审计机关的义务和职责，而且是加强财政资金管理的客观需要。

6.4.2 其他财政收支审计的重点内容

1. 财政预算外资金审计

财政预算外资金是指地方财政部门负责组织和管理的预算外资金，主要包括城市公用事业收费附加、地方预算外企业上缴利润等。对财政预算外资金进行审计，是对其收入和支出两个方面进行审计。

此外，近几年来，财政部门为了加强预算外资金管理，还对企业和行政事业单位的预算外资金实行了"专户储存"的办法。"专户储存"的预算外资金从其所有权上说虽然不是财政预算外资金，但它由财政部门代存代管，有些地区的财政部门还利用其暂时或稳定闲置的部分进行融资，因此，对财政预算外资金进行审计时，还要注意对在财政部门专户储存的预算外资金进行审计。

(1) 对财政部门预算外资金审计的主要政策依据。对财政预算外资金审计的政策依据是国家有关财政预算外资金管理政策、法规和制度。这些政策、法规和制度，体现着国家对财政预算外资金管理的基本要求，归纳起来主要有以下几个方面：

第一，严格划清财政预算内、外资金的界限，财政预算内外收支不得互相混淆，不得将财政预算内收入划为财政预算外收入；不得将应由财政预算外列支的款项挤入财政预算内报销，也不得随意抽调财政预算外资金。

第二，财政预算外收入要严格按照国家政策制度收缴，财政部门预算外资金的具体项目，征收范围和征收比例，均由国家统一规定。地方财政部门如需增设或调整，必须报经国家有关部门批准。非经批准,各地不得自行扩大、增加预算外收入项目或提高、国家原规定的预算外收入项目的征收比例和征收范围。

第三,财政部门预算外支出要按国家的用途使用。要分清资金渠道,坚持专款专用,不得互相挤占、挪用,也不得随意增加支出项目,提高开支标准。

第四,财政部门预算外资金要实行单独核算,坚持先收后支、量入为出、自求平衡、略有结余的原则。

第五,要实行计划管理。财政部门预算外资金的收取,要严格按照同级政府批准的收支计划执行,并按期如实地编制会计报表和年终决算。财政部门预算外资金收支计划,应纳入各级综合财政计划,进行综合平衡,统筹安排,以保证国民经济协调发展。

(2) 财政预算外资金审计的主要内容:

第一,审查预算外资金管理的政策执行情况。主要是审计政府和财政、税务部门有无违反国家规定,自行增设预算外资金和自行制定预算外资金的政策、制度规定等问题。

第二,审查财政部门掌管的各项预算外收入是否按规定、按比例集中,有无将预算内收入划入预算外的问题。

第三,审查预算外支出是否本着量入为出的原则,有计划地分有使用。有无违反规定任意扩大固定资产投资规模。

第四,审查地方预算外企业是否按规定将应纳入地方预算外的收入及时足额入库,有无将其收入放在账外的问题。

第五,审查财政预算外往来款项是否合规,有无将预算内、外收入长期挂账或坐支收入的问题,有无虚列支出、转移资金的问题。

第六,审查“专户储存”的各种资金是否真实,有无利用其账户截留、隐瞒、转移财政预算内、外收入的问题,融资利息收入用途是否得当。

对财政预算外资金的审计方法,一般可通过审查财政预算外资金总账、明细账、往来账和代管的“专户储存”账、凭证、报表以及自定的有关预算外资金管理的政策制度规定等来进行。

2. 财政周转金和基金审计

财政周转金又称财政信用资金,是指财政无偿拨款改为有偿使用的资金。周转金的种类由当初的小型技措贷款和支农周转金逐步地扩展到商贸、文教、旅游、经济发展和扶贫等多种项目。周转金的来源,一是由财政拨款给预算单位使用后,收回转作周转金;二是将财政集中管理的预算外间隙资金周转使用。基金是指地方和部门通过加价、收费等方式而征集起来,为某种特定用途而专项使用的资金。

对财政周转金和基金的审计重点是:

(1) 审查财政周转金和基金的种类和规模:①审查财政周转金和基金的种类以及资金来源规模和投向规模;②审查有无未经国家批准,擅自增设周转金和基金的问题;③审查国家批准设立的周转金和基金,有无自行提高比例或扩大范围,多提多留问题。

(2) 审查财政周转金和基金的来源:①有无违反财政法规,截留财政收入转移到周转金或基金的问题,包括有无将往来款中应作财政收入的款项未作收入,而转作周转金问题。②有无违规退库冲减财政收入转作周转金和基金问题。③审查资金占用费、利息收入是否及时入账,是否及时按规定转作本金,提取的业务费是否超过标准。④有无将利息(或占用费)收入,用于周转金和基金管理部门经费开支,建楼堂馆所,发放奖金、补贴、实物,搞职工福利的问题。⑤建立基金是否违反国家物价政策，侵害消费者合法权益；是否允许企业将交纳的基金款挤入成本或营业外支出；是否通过滥收费建立基金。

（3）审查各类周转金和基金的资金投向：①审查资金是否做到专款专用。各类周转金有无挪作他用问题，有无用财政周转金参与金融拆借；有无将应用于政策性项目的资金，如产业政策鼓励的能源、交通等基础产业及高科技领域的专项资金，挪作风险性、盈利性投资项目；有无违反国家规定，利用周转金和基金，扩大固定资产投资规模的问题；有无偏离财政信用资金使用方向，用于国家产业政策禁止或限制发展的产业和产品问题；有无未经批准涉足商业性金融业务，经营房地产、股票交易以及重大的高利率放贷、以权谋私等问题。②各类周转金和基金的使用是否得当，是否按照资金的性质安排使用，有无挤占挪用、损失浪费、效益不高等问题。

（4）审查各类周转金和基金的管理情况：①各类周转金和基金是否建立了完整科学的管理制度，如是否建立了资金的预决算制度，执行中是否严格按预决算制度的有关规定及时向政府或有关部门报送预决算报告，并接受同级人大及有关部门的监督；还有财务管理制度、会计核算制度等；在管理方面是否做到了统一管理，银行开户是否集中，有关人员有无以权谋私等违法行为。②审查周转金和基金的使用效益情况。包括审查财政信用资金有无因"人情"借款而长期呆账难以收回的问题；各项基金有无使用上的严重浪费现象；资金开户是否按规定由总会计统一在有关专业银行单独开立存款账户；管理制度是否建全等。对各类周转金和基金审计，一般采取三种方法：一是查阅地方政府和各业务主管部门有关建立周转金和基金的文件规定；二是通过各专业银行配合，清理各种周转金和基金的账户；三是审查各种周转金和基金的账表、凭证，以及有关资料。

本章小结

本级政府财政部门具体组织本级预算执行和决算草案情况。掌握预算执行的总体情况，揭示财政管理、预算执行、资金分配以及决算草案编制等方面存在的突出问题。本级政府发展改革部门组织分配本级政府投资情况。掌握投资总体规模，揭示组织投资分配过程、投资计划下达、项目审批程序和投资项目的效果等方面存在的问题。税务、海关等部门组织财政收入情况。主要围绕税收部门的税收计划完成、税源管理、税收政策执行、税收征管制度执行以及税收退库等情况；海关部门的关税等税费征收、关税法规政策的执行、对进出口货物的监管等情况，进行审计。下级政府预算执行和决算情况。主要揭示下级政府和财政部门在贯彻国家统一政令和执行上级政策、管理和使用上级转移支付资金等方面存在的问题。

重要概念

财政审计　本级预算执行审计　决算审计　税务审计　国库审计

阅读资料

[1] 张庆龙，沈征.政府审计学[M].北京：中国人民大学出版社，2015.

[2] 尹平,郑石桥.政府审计学[M].北京:中国时代经济出版社,2013.

本章练习

一、简答题

1. 什么是财政审计?财政审计的主要内容是什么?
2. 财政预算收入执行审计的重点是什么?
3. 怎样撰写财政预算执行审计结果报告?
4. 财政决算支出审计的主要内容是什么?
5. 什么是其他财政收支?怎样审计其他财政收支?

第7章　固定资产投资审计

- 内容提要
- 重点难点
- 学习目标
- 知识框架
- 7.1　固定资产投资审计概述
- 7.2　建设项目开工前审计
- 7.3　建设项目在建审计
- 7.4　建设项目竣工决算审计
- 本章小结
- 重要概念
- 阅读资料
- 本章练习

内容提要

固定资产投资审计是指审计机关依据国家法律、法规和政策的规定，对固定资产投资项目财务收支真实、合法、效益的监督行为。它是国家对固定资产投资活动实行监控的一种重要手段，是我国审计监督体系的一个重要组成部分。在审计的深度和广度上，要做到财务收支审计和预算执行、决算审计并重，以建设单位为主，延伸审计施工、监理等与投资活动有关的部门和单位。重点查处乱上建设项目、违反建设程序、虚假招投标、违规转包分包以及项目建设中偷工减料等违纪违规行为。

重点难点

作为固定资产投资审计，今后的发展趋势就是要从效益审计入手，侧重于对使用国家财政资金的项目的审计。在效益方面，要特别注重环境效益，充分考虑预防环境污染、改善环境质量、保持生态平衡等方面的环境效益审计将成为今后固定资产投资审计的一个重点。

学习目标

随着经济的迅速发展，各地基础设施建设力度大大加强，固定资产投资审计任务日趋繁重。同时，由于投资审计在核减投资额方面取得明显成效，政府对投资审计工作越来越重视，群众也越来越关注投资审计，普遍要求对所有建设项目进行竣工决算审计或跟踪审计。这使得投资审计面临“任务重、责任大、风险高”的现状，也给审计机关提出了新的课题：如何更好地对审计结果进行复核，提高审计质量；如何更好地发现建设管理中的问题，发现案件线索；如何更好地规范审计程序，规避审计风险。当前审计机关的投资审计人员数量明显不足，迫切需要积极转变管理模式，通过信息化手段提高政府投资项目审计水平。

知识框架

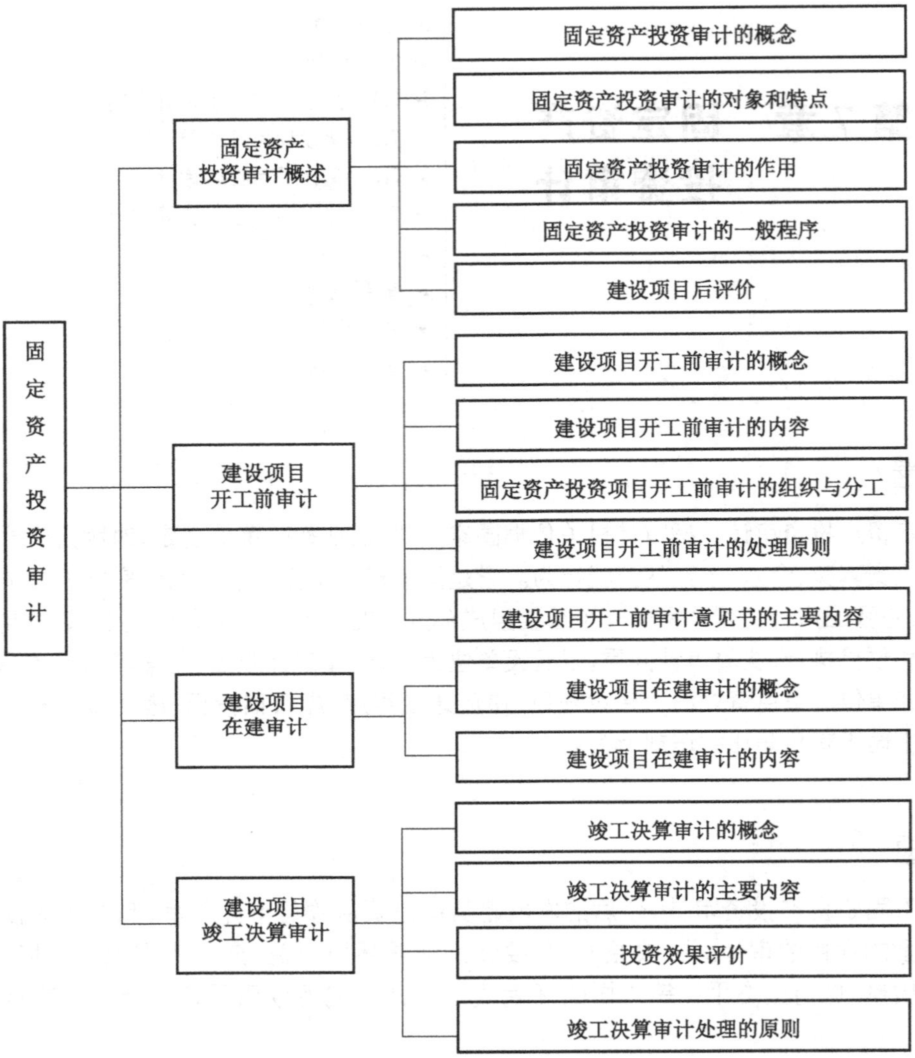

引入案例　审计整改重落实 经济卫士显风姿
——固定资产投资工程项目超付百万巨款追回案例

2011年，柳州市政府投资项目审计中心组成审计组，对柳州市防洪工程鸡喇堤某施工段堤防工程结算进行审计，该工程报审价为2 298.47万元，经过审计人员大量深入细致的工作，最终审计认定工程造价为1 839.27万元，核减459.20万元。而截至审计日，建设单位已支付工程款2 083.62万元，超付工程款244.35万元！对此，审计人员高度重视，立即与建设单位和施工单位进行多次磋商，但施工单位十分不配合，借口工程完工久远，项目部早已解散，无人负责等原因，拒不在工程结算造价审计结论认定书签字，一时间，情况陷入僵局。

2012年是审计整改年，上到审计署，下至审计基层单位，都纷纷对给被审计单位的审计建议、审计决定等进行落实和整改，柳州市甚至把这项工作纳入被审计单位的绩效评定，大大加强整改的力度，也得到被审计单位的积极配合。针对上述情况，柳州市审计局决定借审计整改年的东风，依据财政部《基本建设财务管理规定》(财建〔2002〕394号)第十七条、《柳州市政府投资建设项目审计监督办法》(柳政办〔2007〕120号)第十二条的规定,于2012年1月20日下达《审计决定》,责令建设单位限期追回超付工程款。

果然,局面就打开了。建设单位收到《审计决定》后,密切配合审计组,立即开展追收工作。施工单位通过多方多次协调和共同努力下,最终同意以审计中心的审核结论为准,并分批返还建设单位超付的工程款。2012年4月30日支付了第一笔100万元,2012年9月30日支付余下144.35万元,至此,超付工程款共计244.35万元已经全部追回!

这是审计中心第一次遇上超付百万元以上的工程款情况,也是第一次对超付工程款行为采取行政手段。审计人员认真履行审计责任,在困难面前不退缩,维护了审计的严肃性和权威性,不但保证了柳州市防洪建设专项资金安全,而且还赢得了建设单位和施工单位的尊重,更是做好了国家公共财政的"经济卫士"。

7.1 固定资产投资审计概述

7.1.1 固定资产投资审计的概念

固定资产投资是指建筑、购置和安装固定资产的一种特殊的物质生产活动,是固定资产再生产的实现形式。为保证社会再生产顺利进行,固定资产投资必须保持一定的规模,同时固定资产投资还具有周期长的特点,而投资的结果是形成新的或改造现有的能力,它直接影响和决定国民经济和社会发展各方面的比例关系及社会生产技术水平。因此,国家必须加强对固定资产投资宏观调控。

新中国成立初期,国家规定凡与固定资产再生产有关的新建、改建、扩建和恢复工程,以及与之连带的各项工作都属于基本建设。基本建设投资包括了全部固定资产投资。1967年,为解决老企业更新"欠账"问题,单设了"挖潜、更新、改造措施"投资,1978年后改称"更新改造措施投资",从而使固定资产投资分成了基本建设投资与更新改造措施投资两部分。1982年起,国家明确规定,一切用于固定资产再生产的投资统称为"固定资产投资"。目前,固定资产投资包括:基本建设投资、更新改造投资和其他固定资产投资三个部分。

固定资产投资对于促进国民经济发展和社会进步,增强国家经济实力,不断提高人民的物质文化生活水平,都具有重要的作用。80年代,投资建设成果显著,1981—1990年全社会固定资产投资规模达27 743亿元,平均每年增长196%。全社会通过投资建设,新增固定资产2 284亿元,建成投产基本建设大中型项目1 109个,限额以上更改项目80多万个,这大大增强了我国经济发展的后劲。

近年来,我国每年用于固定资产投资的数额,约占国民收入的1/3左右,管好、用好这一巨额资金,用最少的投入获取最大的效益,具有重要的意义。固定资产投资审计就是为此目的而开展的一项非常重要的工作。

固定资产投资审计,是指审计机关(或审计机构)运用审计技术对国民经济各部门固定资产投资活动以及与之相联系的各项工作进行的审查、监督。它是我国审计监督工作的重要组成部分,也是国家对固定资产投资活动与监督管理的重要手段。

固定资产投资审计按固定资产投资项目性质不同,可分为基本建设投资审计和技术改造投资审计,在实际业务操作中,施工企业审计也纳入了固定资产投资审计范畴。

我国固定资产投资审计起步于1983年,前5年,贯彻"抓重点、打基础"的方针,在组建机构、调配干部、培训人员的同时积极进行试点审计。1986年，在总结实践经验的基础上制定了我国固定资产投资审计的第一个重要文件——《基本建设和建筑业审计试行规程》，明确规定了基本建设投资审计和施工企业审计的主要内容、审计重点等。这一阶段，固定资产投资审计主要开展了城建资金审计、自筹基建资金审计、楼堂馆所项目审计和施工企业年度财务决算审计等，尤其是在对自筹基本建设资金审计中，对自筹基本建设来源是否正当，使用是否合理，是否突破国家下达的自筹基本建设计划，各地区、各部门在安排计划时有无层层加码，乱开口子，突破国家下达的控制指标等问题进行了审计，为保证建设资金的合理使用发挥了一定作用。近年来，固定资产投资审计进入固定资产发展阶段，以1989年全国普遍开展的清理固定资产投资项目工作为契机，固定资产投资审计在财务收支审计的基础上，逐步向国民经济宏观调控目标延伸，“积极发展，稳步提高”，相继开展了停缓建项目跟踪审计、固定资产投资项目开工前审计、竣工决算审计和对国家重点建设项目投资活动的全面审计。同时，对建筑安装企业进行了经营承包责任审计和经济效益审计等，为国家控制投资规模、调整产业结构、提高投资效益及监督财务收支合规性等发挥了重要作用。

目前，固定资产投资审计工作已逐步向法制化、制度化、规范化发展，初步形成了对新开工项目进行事前审计，对在建项目进行事中审计，对竣工项目进行事后决算审计的三个阶段审计模式。固定资产投资审计在国民经济中的地位和作用将越来越重要。

7.1.2 固定资产投资审计的对象和特点

《中华人民共和国审计法》第二十三条规定，审计机关对国家建设项目预算的执行情况和决算进行审计监督，即固定资产投资审计对象是“国家建设项目”。国家建设项目具体是指全部或部分使用中央或地方的经营性基金、非经营性基金、收回再贷基金、国家计划安排的银行贷款、企业挖潜改造拨款、统借统还外资以及有关专项基金等的基本建设和技术改造项目。无论是列入国家计划的大中型建设项目，还是列入地方基本建设投资计划的中小型项目；无论是政府投资的公益性、基础性建设项目，还是企业为主投资的竞争性工业项目；只要符合国家建设项目的规定，就必须接受审计监督。

与其他专业审计相比，固定资产投资审计有其自身固有的特点，主要表现在以下几方面。

1. 审计范围的广泛性

固定资产投资涉及国民经济的各行各业，凡是使用国家资金从事固定资产投资活动的单位、部门都要接受审计机关的监督，这不仅包括各类工厂、矿山等企业单位，也包括科研、卫生等事业单位；不仅包括政府的各个部门，同时也包括团体、社会等非政府机关；不仅包括直接从事基本建设、技术改造建设单位，也包括承担施工任务的建筑施工企业。固定资产投资效益不仅反映在资金运动的最后成果上，而且体现在资金运动的各个环节，诸如计划、设计、施工、资金与物资供应、竣工验收，因此，固定资产投资审计必须贯穿在投资活动的全过程。

2. 审计过程的阶段性

固定资产投资活动具有投资消耗大、建设周期长的特点，一个生产性建设项目少则三五年，多则七八年，建设过程分为前期、中期、后期。因此，对固定资产投资项目的审计阶段也分为事前、事中、事后进行。

3. 审计方法的技术性

固定资产投资是现代科学技术成果的综合反映，建设项目大多是各种技术的复合体，而且，每类项目又有其特定的使用目的，工程建设内容、结构、施工方式都具有独特性。这要求对固定资产投资项目进行审计时，采用可行性研究与评估工程勘测及设计、施工组织管理、工程概（预）算、决算编审等经济技术方法，以便实施更有效的监督。

4. 审计内容复杂性

由于固定资产投资活动涉及领域广泛，固定资产投资审计的内容极其复杂。它不仅要审计投资计划安排是否符合国家的投资政策，同时也要审计投资的资金来源是否正当合理；不仅要审计投资的使用是否符合有关财经纪律和概算标准，同时要审计投资活动是否能够获得经济效益；不仅要审计投资建设项目的设计方案是否合理，同时要审计投资建设项目的建设标准是否符合有关的规定。

7.1.3 固定资产投资审计的作用

固定资产投资审计与其他专业审计一样，具有监督的职能。监督是对固定资产投资项目技术经济活动的真实性、合规性与合理性进行审查和评价，并依据审计标准作出处理或处罚的过程。

在现阶段，固定资产投资审计的任务是对固定资产投资项目的经济活动，是否真实准确，是否合规、合法和经济有效，以及固定资产投资效益进行审计监督，并通过对审计资料的分析，对宏观控制和管理方面的问题，提出建议，从而发挥其严肃财经纪律、减少损失浪费，加强基本建设宏观控制和管理，提高投资效益的作用，具体表现为：

(1) 监督国家制定的固定资产投资方针、政策、法令、法规，以及有关规章制度是否得到认真贯彻执行，促进基本建设加强管理，提高投资效益。

(2) 审查部门、地方基本建设投资计划、基本建设预算支出，以及基本建设信贷计划的执行情况，维护国家计划的严肃性，控制固定资产投资规模，促进宏观经济的总量平衡。

(3) 监督建设单位认真执行批准的基本建设计划或技术改造计划，审查建设资金来源与使用的合规有效性，制止建设计划外工程，纠正、挤占挪用建设资金等行为。

(4) 检查建设单位、建筑企业、设计单位执行国家有关规章制度的情况，保证建设工期、设计要求及工程质量，促进设计、建设、施工组织管理水平的提高。

(5) 监督有关单位遵守财经纪律，维护财经法纪，揭露贪污舞弊、损失浪费及其他损害国家利益的行为，保护国家和人民的经济利益。

(6) 对审计人员发现的具有倾向性的问题，要及时研究，提出客观建议，并积极向有关部门反映。

7.1.4 固定资产投资审计的一般程序

固定资产投资审计程序，是指进行固定资产投资审计工作所必须遵循的先后顺序。现阶段，固定资产投资审计程序一般可分为审计准备、审计实施和审计报告阶段。

1. 审计准备阶段

首先是确定审计项目。审计项目的选定一般根据一定时期党和国家的工作重点及群众反映和关心的问题，并考虑审计人员的数量、结构、素质，从审计机关当年度安排的审计计划及本级人民政府、有关部门交办的审计事项中选择；项目确定后，审计人员应该到计划部门、项目主管部门、银行等单位了解项目的背景材料，如批准的项目立项报告、可行性研究报告、设计任务书、设计文件、概算文件、分年度投资计划和财务计划等。收集资料时，注意了解各单位对项目的反映和看法。必要时，审计人员应到建设项目现场进行实地调查，以获取更充分的资料；根据已掌握的项目情况，选定合适的审计人员、财务人员与工程技术人员搭配比例要满足审计需要；最后制定出审计工作方案。

2. 审计实施阶段

下达审计通知书之后，审计人员按预定的日期进驻被审计单位，一般要召开一个由被审计单位领导和有关人员参加的进点会，审计组说明审计目的、要求，取得被审计单位支持，由被审单位领导各业务部门负责人简要介绍项目情况。审计人员应了解项目情况主要有：

(1) 建设单位的基本情况，包括机构设置及人员定编、负责人等。

(2) 项目的资金来源与数额、计划投放与实际投入的数额、项目概算及其调整，国家分配的计划指标和实际到货数量。

(3) 项目的基本情况，包括项目的平面布置、建筑面积、占用面积，生产区及生活区建筑面积和占用面积、主要厂房的结构建筑面积、建筑标准。

(4) 工程的完成情况和进展，包括完成的单项工程的数量和造价、未完工的单项工程的工程进度。

(5) 工程设计单位，主要施工单位、主要设备生产厂家名单。

在初步了解被审计单位情况的基础上，要对内部控制制度进行必要的测试，以评价内部控制制度的健全和执行情况。在此基础上，适当调整项目审计方案，选择项目审计的重点，对有关资料、文件、合同、资金、实物等进行认真的审核和检查，编制审计工作底稿。

3. 审计报告阶段

审计取证工作结束后，审计组应根据审计记录、取证和综合评价，经过复查核实和审计人员内部充分讨论，对问题作出结论，写出审计报告初稿，并在初步征求被审计单位意见之后，定稿，送审计组的派出审计机关审查和批准，对审查出的问题是否真实无误、定性是否正确、处理依据是否充分、处理意见是否恰当等作出进一步查对。

经审定后的审计报告正式送交被审单位，参考被审计单位对审计报告的书面反馈意见，审计机关作出审计意见书和审计决定。属于投资管理上存在的问题和薄弱环节，可提出改进意见和建议；属于违法违纪行为的按有关法律规定予以处罚。

被审单位对审计结论和处理决定如有异议，可在收到审计结论和决定之 15 日内，向上一级审计机关提出复审申请。复审期间，原审计结论和决定照常执行。

最后，审计组需按有关规定，建立好审计档案。

7.1.5 建设项目后评价

建设项目后评价是固定资产投资审计将要开展的新领域，建设项目后评价是固定资产投资管理的一个比较新的事业，西方一些经济发达国家和世界银行等国际金融组织开展建设项目后评价工作只有二三十年的历史，我国从 1988 年以后才正式开始试点工作。这里我们仅就项目后评价作简单介绍。

1. 建设项目后评价作用

建设项目后评价是指工程项目竣工投产、生产运营一段时间后，再对项目的立项决策、设计施工、竣工投产、生产运营等全过程进行系统评价的一种技术经济活动，是固定资产投资管理的一项重要的内容，也是固定资产投资管理的最后一个环节。通过建设项目后评价，以达到肯定成绩，总结经验，研究问题，吸取教训，提出建议，改进工作，不断提高项目决策水平和投资效果的目的。其主要作用有：

(1) 有利于提高项目决策水平。一个建设项目成功与否，主要取决于立项决策是否正确。我国的建设项目大部分立项决策是正确的，但也有些项目立项决策有明显的失误。例如，有的工厂建设时，贪大求洋，不认真进行市场预测，建设规模过大，投产后原材料靠国外，产品成本高，产品销路不畅，长期亏损，甚至被迫停产或部分停产。后评价把教训提供给项目决策部门，就能对控制和调整同类项目建设起到很好的作用。

(2) 有利于提高生产能力和经济效益。建设项目投产后，经济效益好坏，何时能够达到生产能力(或效益)等问题是后评价十分关心的问题。例如，有的项目到了达产期不能按时达产或虽已达产但效益很差，后评价时就要认真分析原因，提出措施，促进尽快达产，努力提高经济效益，使建成后的项目充分发挥作用。

(3) 有利于控制工程造价。一个大中型建设项目，其投资少则几亿元，多则十几亿元、几十亿元，甚至上百亿元，控制工程造价十分重要。目前前期工作中的咨询评估，建设过程中的招标、投标、投资包干等对控制工程造价是行之有效的方法，通过后评价总结这方面的经验，推广应用，对于控制工程造价定会起到积极作用。

(4) 正确评价设计和施工质量。设计和施工的质量问题在产品使用阶段会充分暴露。通过后评价，可以正确地对设计和施工质量作出审查和评价，揭露违法乱纪问题，总结设计和施工质量的控制体系的完整性，严密性和合理性。

2. 建设项目后评价内容与方法

项目后评价是固定资产投资管理的一项重要内容，其范围既包括基本建设项目，又包括技术改造项目，即包括大中型基建项目和限额以上技改项目，其评价内容为立项决策评价、设计施工评价、生产运营评价和建设效益评价。实际工作中，根据项目特点和工作需要可以有所侧重。

建设项目后评价的基本方法是对比法。就是把项目建成投产后所取得的实际效果、经济效益和社会效益、环境保护等情况与前期工作中的预测情况对比，与项目建设前的情况相对比，从中发现问题，总结经验和教训。在实际工作中往往从以下三个方面对具体项目进行后评价：

(1) 通过项目竣工投产(营运、使用)后对社会的经济、政治、技术和环境等方面所产生的影响来评价项目决策的正确性。如果项目建成后达到了原来预期的结果，对国民经济的发展；产业结构调整；生产力布局、人民生活水平的提高、环境保护等方面都带来有益的影响，说明项目决策是正确的；如果离了原来的决策目标，就应具体分析，找出原因，引以为戒。这是从项目竣工投产后对各方面的影响进行评价的，又称影响评价。

(2) 通过项目竣工投产后所产生的实际经济效益与可行性研究时所预测的经济效益比较，对项目进行评价。对生产性项目运用投产运营后的实际资料计算财务内部收益率、财务净现值、财务净现值率、投资利润率、投资利税率、贷款偿还期、国民经济内部收益率、经济净现值、经济净现值率等一系列的后评价指标与可行性研究时所预测的相关指标对比，从经济上分析项目投产营运后是否达到了预期效果，没有达到预期效果的应分析原因。这是从经济效益方面对竣工投产后的项目进行分析评价的，所以又称经济效益评价。

(3) 深入分析项目后评价与原预期效益之间的差异所产生的原因。必须对项目的立项决策、设计施工、竣工投产、生产运营等全过程进行系统分析，找出问题所在，使后评价结论有根有据，同时针对问题提出解决办法。这是通过对建设全过程评价来研究和解决项目存在问题的，所以又称过程评价。

投资项目后评价作为一项审计工作的任务，现在还处于理论探讨阶段，是今后审计工作发展的方向。通过对投资项目后评价的审计，建立起完整的审计监督体系，可以加强对项目全过程的审查，把项目的全过程自始至终处于监督之中，审查和评价项目技术经济活动的真实性、合规性和经济性。

7.2 建设项目开工前审计

7.2.1 建设项目开工前审计的概念

建设项目开工前审计，是指固定资产投资项目的建设单位(业主)在向有权批准开工的机关申请正式开工建设前，向国家审计机关申报项目建设前其工作的完成情况，由国家审计机关对其建设资金是否落实、建设程序是否完善和建设条件是否具备等进行审查，并出具审计意见书的审计监督工作。

建设项目开工前审计的对象包括：中央和地方政府参与投资的基本建设项目和限额以上的技术改造项目；中央和地方政府担保的引进外资建设项目。

建设项目开工前审计有三个特点：一是实行申报制，由建设单位(业主)向审计机关申请办理开工前审计手续；二是时效性，开工前审计的环节在完成各项建设前期准备工作之后，正式申请开工之前，提前和推迟，都将影响开工前审计作用的发挥；三是强制性，所有符合条件的新开工项目，都必须经开工前审计方可正式开工。

建设项目开工前审计是在楼堂馆所建设项目开工前审计的基础上逐步发展起来的。1988 年，在当时国内固定资产投资规模增长过快、投资结构不尽合理、新开工项目管理较为薄弱的情况下，国务院发布了《楼堂馆所建设项目管理暂行条例》，首次提出了投资项目“先审计、后建设”的要求，并明确规定了投资项目筹建单位在向有权机关申请《开工报告》前，应向审计机关提出开工前审计申请，经审计确认具备开工建设条件的，有权机关才可以审批项目的《开工报告》。根据这个规定，审计署制订并实行了《楼堂馆所建设项目开工前审计试行办法》，为全国范围控制楼堂馆所的建设发挥了积极的作用。

1989 年 12 月，为了贯彻国务院关于加强固定资产投资审计监督，逐步扩大审计范围的指示，审计署和国家计委联合发布《关于开展基本建设项目开工前审计的联合通知》，决定对基本建设新开工项目和恢复建设的停缓建项目进行开工前审计。1991 年，国务院《关于继续严格控制固定资产投资新开工项目的通知》要求对技术改造项目，特别是限额以上技术改造项目审计，也要进行开工前审计。这样，开工前审计已经覆盖了整个固定资产投资领域。

固定资产投资项目开工前审计，是固定资产投资项目全过程审计监督的首要环节，开展这项工作的意义在于：

(1) 促进宏观调控措施的落实。固定资产投资规模和投资方向，将对国民经济的发展产生巨大影响，有效地控制投资规模，引导投资方向，是宏观调控的重要工作。国家审计机关通过严把投资项目开工前审计关，将违反宏观调控政策和投资项目制止在开工建设之前，促进宏观调控措施真正落到实处。

(2) 促进项目建设的重要保证。固定资产投资项目的顺利建设，必须有资金、政策、物力和人力等多方面因素的全面配合、缺一不可。但并非所有申请开工的投资项目都能拥有各方面的条件。为了努力做到"开工一个建成一个"，就有必要严格审查投资项目的建设条件。通过建设项目开工前审计，促进将国家有限的建设资源集中到真正具备建设条件的投资项目上，使它们能得到顺利建设。

(3) 促进提高建设项目投资效益。按建设程序办事，精心研究，科学决策，是投资项目成功的前提，但目前一些单位急功近利，不按程序办事，"可行性研究不可行""三边工程"(边设计，边施工，边投产)等情况时有发生，由此造成的损失浪费触目惊心。固定资产投资项目开工前审计工作，督促建设(业主)严格按建设程序办事，以健全的程序来保证科学的决策，将可能的损失浪费减少到最低程度，提高建设项目投资效益。

7.2.2 建设项目开工前审计的内容

1. 建设项目投资来源的审查

建设项目总投资是指固定资产投资项目从筹建到建成正常运营的全部资金，除了建筑工程费、安装工程费、设备投资和管理费用外，还包括土地的出让金、征地拆迁补偿费，以及项目建设期利息、汇率和物价上涨因素的准备金、项目正常运营所需的铺底流动资金等。

目前，建设项目的资金的主要来源有：国家财政拨款和国家基本建设基金、银行贷款、利用外资、地方政府机动财力、信托投资基金、社会集资(股票、债券)和企事业单位自有资金。审计时一定要查明各类资金的性质和金额，要逐一审核落实资金来源的合理性、可行性。主要内容是：

(1) 国家财政拨款和国家基本建设基金的投资，需要建设单位(业主)出示国务院有关部门的项目立项批准文件、设计任务书批复及专项资金批复文件，确认国家的投资额度和投资进度安排。

(2) 银行贷款，必须审查提供贷款银行(支行及以上级别)出具的贷款承诺书或双方签署的贷款合同。

(3) 利用外资，首先，要了解利用外资的额度，以及是否经过有批准权的对外经济贸易主管部门的批准；其次，要了解外资的偿还办法和还本付息进度安排，需要建设单位(业主)提供财政部门或外汇管理部门对此出具的批准性文件；最后，要审核提供资金的外方与建设单位(业主)签署的有关合同、协议，有无违反中国法律和不合理之处。

(4) 地方政府机动财力，需要建设单位(业主)出具经人民代表大会批准的地方政府财政预算方案或专项资金安排计划。

(5) 信托投资基金，是一种新型的固定资产投资项目资金来源，在使用上需要严格审查其是否具备向固定资产投资项目投资的能力(主要审查其经营和投资范围的批准文件)。

(6) 社会集资，包括发行股票、公司债和建设债券等不同形式，首先，审查社会集资是否经有权部门(一般是省级人民政府职能部门)的批准;其次,审查社会集资的全套文件是否齐备;最后,审查社会集资的市场条件是否具备、社会集资落实的可能性。

(7) 企事业单位自有资金,往往占项目投资比较大的比重。审查企事业单位自有资金的合规与充足与否,需要注意:

第一,收集其经审核批复的年度及最新的季度会计报表,从报表上粗略掌握其资本、流动资产和现金状况。

第二,审核其近年来的损益表,从中了解其盈利能力和投资能力。

第三,要求建设单位(业主)出具证明,说明自有资金的组成和筹资投资计划。

第四,属于上级投资的建设项目,需要按以上三方面内容,要求其上级主管单位提供有关资料的证明。

第五,国家有规定用途的技术改造资金、科研资金、教育资金、扶贫资金、救灾资金、社会福利资金及其他专项资金,其使用必须符合国家的政策,投资项目的资金来源涉及这些资金的,必须严格审核投资项目是否属于专项资金的投资范围。若固定资产投资不属于专项资金的使用范围,则该资金来源为不合规。

通过以上审核,基本确认其资金来源合规,来源总量能够满足项目总投资需要后,要求建设单位(业主)提供当年的项目投资所需资金已经落实到位的证明,一般是以银行的专项存款证明为最佳证明材料。

2. 建设项目立项的审查

产业政策,是国家为了引导国民经济的正常发展,在不同时期和不同地区,针对鼓励发展产业和限制发展产业所制定的标准和政策。产业政策是优化投资结构、引导投资方向的重要文件。它是具有时间性的。审计人员一定要掌握国家最新产业政策,用以指导建设项目开工前审计工作。

国务院不定期地公布内资和外资企业(投资项目)的鼓励发展产业和限制发展产业目录,如果申报开工前审计的固定资产投资项目属于国家明确规定的限制发展产业,那么除非该项目有国务院或国务院授权主管部门的特别批准,审计机关将不同意该项目开工建设。

3. 建设项目审批程序的审查

为了督促投资项目按程序办事、严格管理、加强宏观调控,我国实行严格的"建设程序"制度。这一制度的核心是要求所有建设项目从项目建议书开始,遵循国家制定的特定程序,一步一步履行审批手续,直到全部通过后方可开工建设。这一制度的目的在于,通过程序化的审批管理,减少"拍脑袋"或盲目决策带来的严重后果。

我国目前的建设审批程序,一般可分为以下几个阶段:

(1) 立项审批阶段:

项目建设书

可行性研究

批复可行性研究

设计任务书

批复设计任务书

(2) 勘察设计阶段:

勘察设计或设计总包招投标

选定勘察设计单位

编制初步设计

审查批复初步设计

扩大初步设计

审查批复扩大初步设计

(3) 建设准备阶段：

土地征用、拆迁、补偿的审批与执行

建设资金审查与落实

施工单位的选择与招投标

施工条件的准备与落实

完成“三通一平”和临时设施建设

施工图纸能够满足开工需要

(4) 开工阶段：

落实固定资产投资计划和年度投资计划

缴纳固定资产投资方向调节税等税费

申请建设单位许可证

开工前审计

申请施工许可证和开工证

正式开工

从以上对建设审批程序四个阶段的描述，可以清楚地看到开工前审计所处的环节是一个总控制的“咽喉环节”。开工前审计工作，就是对固定资产投资项目是否履行开工前的全部建设审批手续进行检查和监督，建设单位(业主)缺少审批文件或少走审批环节，都将被要求补办或者重新办理。

4. 建设规模和建设标准的审查

国家对每一个固定资产投资项目都进行建设规模和建设标准的双重控制。建设规模是指总占地面积、总建筑面积、总投资、形成的生产能力、总容积和总体积等指标，它直接反映了项目建设的摊子有多大，要花多少钱。建设标准是指项目建成后的建筑结构标准、装修标准、设备先进程度和配套建设标准等指标，它直接体现了该项目建成所能达到的等级、水平和相关的质量标准。

对固定资产投资项目进行建设规模和建设标准的双重控制，是宏观调控的需要，是保证项目建设的手段。其原因是：

第一，项目建设过程的“三超”(超概算投资、超标准建设和超规模施工)是投资规模失控的重要原因之一，而从设计阶段开始就为“三超”留余地、打埋伏，更是当前投资领域存在的突出问题。

第二，盲目攀比高标准，追求大投资，使投资规模超出了建设单位(业主)承受能力，其结果往往导致项目半途而废或者大量拖欠工程款。

第三，建设标准与投资规模是相互关联的两个方面，标准提高了，投资自然会增加，所以进行控制必须双管齐下。

针对这一问题进行开工前审计时，应注意以下三方面内容：

(1) 仔细审阅项目初步设计(扩大初步设计)的总说明和概算总表,对照批复的设计任务书和可行性研究进行分析,如有投资总额方面的重大变更,需要进行深入研究。

(2) 依据批复的初步设计,对照抽查关键施工图纸的建设规模与批复文件是否相符,若两者有重大差异,必须要求建设单位(业主)提供原初步设计审批单位的认可证明。

(3) 根据审计人员的经验和掌握的最新定额,概预算指标,结合粗略审查施工图纸和初步设计文件,判断上级批准的概算总控制指标是否有可能被突破,如果预计总投资将较大幅度超出概算,审计机关将把此意见和相关建议反馈给项目上级主管单位,待他们作出决定后,才考虑是否同意项目申报开工。

5. 建设项目现场条件的审查

固定资产投资项目有了资金,完成了审批手续,并不意味着马上可以开工,还必须具备现场施工的前提条件。开工前审计时,要求审计人员一定要携带项目审批的有关文件,到项目现场实地查勘,对照检查以下主要内容:

(1) 现场征地拆迁、三通一平等工作是否完成。

(2) 是否按要求至少准备了供 3 个月施工的图纸。

(3) 施工单位是否已具备进场施工条件。

(4) 交通、环保、卫生等部门是否已签发有关许可证件。

7.2.3 固定资产投资项目开工前审计的组织与分工

固定资产投资项目开工前审计工作由审计署统一组织和协调,各级审计机关分级实施。目前的审计权限与分工大致如下:

(1) 北京地区大中型建设项目和 3 000 万元以上的楼堂馆所项目及中央部委机关的楼堂馆所项目由审计署审计。

(2) 北京地区中央单位小型建设项目由审计署驻部门审计机关审计;未设置驻部门审计机关的,可由部门(包括部级公司)内审机构审计;未设内审机构由审计署审计;北京市小型建设项目由北京市审计局审计。

(3) 北京地区以外的中央项目由审计署驻各地特派员办事处审计;未设特派员办事处的,审计署授权各省、自治区、直辖市和计划单列市审计局审计。审计结果报审计署备案。

(4) 地方建设项目由地方审计机关审计。

(5) 国内合资建设项目、异地建设项目以项目隶属关系按上述分工进行审计;跨省区建设项目由建设单位所在地审计机关按上述分工进行审计。

7.2.4 建设项目开工前审计的处理原则

(1) 申请开工前审计的投资项目,凡符合国家有关投资项目开工的规定并具备开工条件的,审计机关应出具同意申报开工的审计意见书;否则,审计机关应出具不同意申报开工的审计意见书;对未提供完整资料的投资项目,审计机关可不受理审计申请。

(2) 未经审计和经审计不同意办理申报开工手续的投资项目,审批项目开工机关不予核发施工执照,银行不予拨付用款。

(3) 未经审计开工的投资项目,除责令建设单位(业主)停工立即补办开工前审计手续外,并处以建设单位(业主)项目总投资 1%以下的罚款,罚款从自有资金中支付;没有自有资金的，由主管部门代付；对直接责任人和主管负责人处以相当于本人3个月基本工资以下的罚款。

(4) 投资项目资金来源不符合有关规定的，应要求限期归还原资金渠道；总投资不落实或年度投资未按规定到位的，应建议有关部门解决。

7.2.5 建设项目开工前审计意见书的主要内容

审计机关收到投资的建设单位(业主)的开工前审计申请后，应对项目进行初步了解，决定是否受理。

受理了开工审计申请后，审计人员应按照以上的内容和要求对投资项目开展开工前审计，并将结论以《审计意见书》的形式发送给有关单位。《审计意见书》中的主要注意事项是：

(1) 主送单位是申请开工前审计的单位。

(2) 抄送单位一般包括投资项目的上级主管部门、有关计划管理部门、建设主管部门、有关的投资者或主要贷款银行，以及上级审计机关。

(3) 要写明收到开工前审计申请的时间及其文件号。

(4) 以概括性语言介绍该投资项目的策划和发展过程。并把各有关部门的审批文件及审批结论逐一列明。

(5) 介绍建设单位(业主)提供的资金来源渠道和资金供应计划，并结合审计人员的审查结果对此提出看法。

(6) 介绍投资项目的建设审批程序执行情况，并表明审计的结论。

(7) 介绍审计人员查实的现场施工条件。

(8) 从要求审计内容的各主要方面得出结论，同意或不同意投资项目向有关部门申报开工。

7.3 建设项目在建审计

7.3.1 建设项目在建审计的概念

建设项目在建审计就是审计机关根据《审计法》及国家有关规定，在国家建设项目实施过程中，对其进行的审计。

根据国家现行规定，建设项目整个实施过程可以分为八个阶段，即项目建议书、可行性研究报告、设计工作、建设准备、建设实施、生产准备、竣工验收和交付使用(大中型生产性建设项目和限额以上非生产型建设项目均需要经过上述各个阶段，小型项目在实际工作中，通常适当简化)，国家建设项目在建审计是在建设项目实施阶段和生产准备阶段进行的，具体讲就是国家建设项目正式开工后至正式移交生产前进行的审计。

按照统计部门的规定，建设项目的开工时间为第一次正式破土开槽开始施工的日期；不需要开槽的工程，以建筑物组成的正式打桩为正式开工；铁路、公路、水库等需要大量土石方工程的，以开始进行土石方工程作为正式开工；工程的地质勘查、平整土地、旧有建筑物拆除、临时建筑、施工用临时道路和水电等施工不算正式施工；分期建设的建设项目按各期分别确定开工时间。实际工作中，有时也将国家建设项目开工典礼日期(根据实际开工日期等确定)作为正式开工日期。

生产准备的内容很多,不同行业建设项目的生产准备的要求也各不相同,但从总的方面看,生产准备的主要内容包括招收和培训人员、生产组织准备、生产技术准备、生产物质的准备等。生产准备阶段一般在建设项目实施阶段后期同时进行。

建设项目投产日期是指经验收合格、达到竣工验收标准、正式移交生产(或使用)的时间。在正常情况下,建设项目的全部投产日期应当同竣工日期是一致的,但实际上有些建设项目的竣工日期往往晚于全部投产日期,这是因为当建设项目设计规定的生产性工程的全部生产作业线建成,经试运转合格、移交生产部门时,便可算为全部投产,而竣工则要求该项目的生产性、非生产性工程全部建成,投产项目遗留的收尾工程全部完工。

建设项目在建审计就是在上述期间内进行的审计,属于事中审计。

7.3.2 建设项目在建审计的内容

1. 建设项目概、预算审计

建设项目概、预算审计是审计机关对建设项目设计概算、施工图预算的编制及内容组成的合法性、合规性与准确性进行的审计与监督。建设项目概、预算审计主要内容包括:

(1) 概算编制依据。国家建设项目概算编制依据是否合乎规定,概算文件是否完整。一是审计设计概算是否依据有权机关、机构批准的可行性研究报告和初步设计进行编制,初步设计总概算是否经审核批准;二是审查编制概算所套用的定额、费率、税率等是否适用,定额与取费之间是否配套,有无定额取用中央部门的,而取费又套用地方的两者应当一致起来;三是审查概算编制深度能否达到国家要求,概算文件是否完整。

(2) 建安工程费用。需要注意的是,概算所列建安工程费用与预算编列费用有两点区别,一是两者的工程项目划分大小不一,工程量计算规则不同;二是概算定额的内容和使用方法与预算定额不同,审计时应予重视。

(3) 设备及工器具购置费。这项审计把握三点:一是所列设备投资是否符合设计文件要求,有无在设备清单之外多列设备购置费用;有无少列漏列设备投资,满足不了设计要求的情况;二是设备原价的确定是否准确;三是工器具购置费计列的基数和选用的费率是否准确。

该项审计的重点是设备原价的审核。审查标准设备的原价,可参照各部委、地方有关的现行产品出厂价格表和调价通知进行;审查非标准设备的原价,通常采用对比分析法,即选取一些类似的机械设备价格作参照,发现超常规的差异后,再延伸审查设备厂有的报价单费用组成和计算是否合理、准确,审查在施工现场制造的非标准设备收费是否合理。对于国外引进设备的原价,首先,要注意货价的确定是否合理,货价应按设备外币价格乘以当时外汇牌价(合同中另有规定的除外),再乘以(1+加成费率),这里的加成费率应按进口公司规定计算,不能随意确定;其次,应严格区别引进设备不同的价格结算形式,如离岸价、到岸价、成本加运费价等等,它们之间的差异对设备原价的确定影响很大。

(4) 其他费用。首先,应审查可列入此项的有关费用计列是否合规,国家规定土地及青苗补偿费和安置补助费、建设单位管理费、研究试验费、生产职工培训费、办公和生活家具购置费、联合试运转费、勘测设计费、供电贴费、施工机构迁移费、矿山巷道维修费和引进技术及进口项目其他费用等十一种费用属于工程建设其他费用,并对每项费用的计列范围进行了严格规定，审时应着重审查。例如，建设单位管理费的计列，新建项目和改、扩建工程就有很大区别；而联合试运转费不包括应由设备安装费用开支的试车费用，当试运转收入可以抵销或超出试运转费用时，该项费用不得列入概算。其次，审计时应严格审查有无将部门和地方各种名目的集资、摊派款列入概算投资，这个问题在土地、青苗补偿费和安置补助费中表现最为突出。

(5) 预备费和投资方向调节税、对国家建设项目概算所列预备费进行审计，应注意四个问题：第一，预备费费率选用是否正确；第二，预备费的计算基数是否准确，不同的行业工程，预备费的计算基数各不相同；第三，在审计概算其他内容时发现的问题应及时进行调整，以便预备费作相应调整；第四，国家规定，对在建项目的投资要打足，包括建设期利息、国家调整汇率和物价上涨等因素，不得留缺口，预备费的编列应充分考虑这一要求。

自1991年起，全国开征固定资产投资方向调节税，并明确规定，纳税人在报批固定资产投资项目时，应当将该项目的投资方向调节税款落实，并列入项目总投资。根据这一要求，审计时应着重审查建设项目是否将该税足额列入设计概算，并审查建设项目所适用的税率是否准确。

(6) 调整概算。调整概算是对原概算中不符合项目建设实际需要部分的修改和补充。审计调整概算的合法、合理性：一要审查概算调整审批手续是否完备；二要审查调概范围的合理性，可对照投资包干协议和承包合同及有关文件；三要结合建设期间建设内容的增减变动、设备价格的上下调整以及概算定额和取费标准的变化，审查概算调整的准确性。其中，要特别注意目前有少数设计院不负责任，为了节省时间，不按项目分别计算分阶段投资及实际已完成工作量和未完成工作量，而是采用项目建筑安装工程总投资乘以设备、材料和人工费用上涨总指数的做法。

2. 施工图预算审计

国家建设项目的施工图预算造价由单位工程预算造价、设备及工器具投资和工程建设其他费用组成。单位工程施工图预算造价的审计要点是：

案例7-1，7-2

(1) 直接费。①审计工程量的计算是否准确，工程量计算规则的套用是否正确，并对照图纸，选择工程量大、造价高的单项工程进行重点核实。例如，一般土建工程的基础、墙身和楼地面等部分作为审计的重点，防止错算工程量。②审计预算单价的套用是否正确，主要核对工程名称、种类、规格和计量单位是否一致，一些采用补充单位估价表和换算定额的工程，应对其换算(测算)进行审计。审计时还应注意有无重复计费的现象，如有的基槽挖泥单价中已含运土内容，在计算直接费时又重复计取运土工程费用。③审计其他直接费的计列是否合规，需注意一部分其他直接费可以直接计入预算定额分项之中，这种情况下，编制施工图预算时不得重复计列。

(2) 间接费。建安工程间接费由施工管理费和其他间接费组成。一般工业工程间接费计取以直接费力基数，乘以相应的间接费率即得，而设备安装、水、暖、电等工程还可以人工费乘人工加机械费为基数进行计算。审计时应侧重把握：①审计其计算基数是否准确，该以人工费为基数的，是否套用了直接费为基数；确认直接费有误的，间接费应作相应调整。②间接费定额费率的套用是否合规，不同的工程，不同资质级别的施工队伍，所取的费率都不相同。③审计间接费定额是否与直接费定额相配套，国家规定，执行什么直接费定额就应采用相应的间接费定额，不得任意选用，就高不就低。

3. 建设项目设计审计

设计是对拟建工程的实施在技术上和经济上所进行的全面而详尽的安排，是投资建设计划的具体化，是把先进技术和科研成果引入建设的渠道，是整个建设的决定性环节，是组织施工的依据，设计工作直接关系到建设项目的质量和使用效果，因此，审计要点是检查设计单位按照批准的规模、标准设计；建设单位在组织国家建设项目实施过程中，不能擅自改变建设内容，提高建设规模。

建设项目在建审计中，审计机关如发现设计单位违反有关批准的文件规定，扩大标准、提高规模进行设计，并且建设项目已按照此设计实施。审计机关除建议主管部门调整由此而增加的概算外，可以视情节严重对设计单位处以该部分设计费以下的罚款；情节较为严重的，应予以通报批评。建设单位擅自扩大建设规模、提高标准的投资，视同计划外工程投资处理，即这部分投资不能计入建设项目总成本，由建设单位自行筹集，同时处以应纳固定资产投资方向调节税税额的5倍以下罚款，但适用于零税率的，另行处理。

4. 建设项目资金来源审计

建设项目的批准文件，包括项目建议书、可行性研究报告及初步设计，审查明确项目建设所需要的总投资数及其来源，各个投资主体应该根据自己所承担的投资份额，按照建设项目合理工期的要求，制定年度投资计划，并保证资金及时、足额到位。

近些年来，我国对建设项目管理体制进行了较大的改革，仅从基本建设资金方面看，以前实行拨款制度；1984年起，国家预算内基本建设投资全部由拨款改为贷款，其中，国防、学校、医院、科学研究、防洪、排涝项目等所使用的贷款，不计利息，并豁免归还全部本金；1988年，实行国家基本建设基金制，基本建设基金由中央财政预算安排，与财政费用分开，实行专款专用，年终结转，在财政预算中列支，基本建设基金具体分为经营性基金和非经营性基金；目前又在试行建设项目资本金制度，即根据建设项目总投资的一定比例（不同行业有不同比例）予以注册登记，注册资金必须使用项目法人的自有资金，严禁使用借入资金注册。

总之，无论什么样的资金管理制度，都明确规定了哪些资金可以作为建设项目的资金来源，哪些不能。审计机关发现建设项目资金来源不符合规定的，应要求限期归还原资金渠道；总投资不落实或年度投资未按规定到位的，应建议有关部门解决。

5. 建设项目财务审计

（1）资金来源审计。目前，建设项目资金来源主要有：经营性基金、非经营性基金、收回再贷基金、企业挖潜改造拨款、银行贷款、利用外资、债券投资、自筹投资及其他投资和各种有关专项基金。建设单位和有关部门、机构必须在规定的范围内使用建设资金，不得侵占、转移、挪用。

（2）审查建设费用支出建设项目的总费用由各单项工程费用加其他费用、预备费用构成；单项工程费用由建筑安装工程费用（包括直接费、间接费、法定利润、税金）和设备工器具购置费（包括备品备件费）组成，其他费用（包括土地补偿和安置补助费、建设单位管理费、生产职工培训费、勘察设计费、施工机构迁移费等）。建设资金的支出不能超过上述费用的范围和标准。

（3）审查工程结算款项，建设项目工程价款结算可以采用按月结算、竣工后一次结算、分段结算以及结算双方约定并经过开户建设银行同意的其他结算方式。承包单位办理工程价款结算时，应填制统一规定的“工程价款结算账单”，经发包单位审查签证后，通过开户银行办理结算。审计机关对双方结算的真实性、合规性进行审计。

(4) 结余资金审计，结余资金是与投资包干责任制紧密联系的。根据建设项目的特点和具体条件，可以采用不同的包干形式，如建设单位对投资主体包干，工程承包公司、施工单位对建设单位或投资主体包干等。包干的内容有包投资、包工期、包质量、包主要材料用量、包形成综合生产能力。建设项目由建设单位、工程承包公司、施工单位投资包干后结余的投资，即结余资金；作为企业收入或者按规定比例留成，即形成留成收入。

(5) 基建收入审计，基建收入是指在建设项目建设过程中形成的收入，包括：项目建设副产品收入、工业项目为检查设备安装质量进行的负荷试车或按照合同及国家规定进行的试生产所实现的产品收入、各类建设项目总体建设尚未完成和移交生产，但其中部分工程简易投产而产生的营业性收入、贷款转存利息收入、工程建设过程中各项索赔、违约金等其他收入。审计机关要对国家建设项目的结余资金、留成收入、基建收入核算情况进行。

审计机关审计时，发现转移、侵占、挪用的建设资金，应责令有关单位限期收回；建设资金被占用期间，应按同期流动资金贷款利率计息，利息收入冲减建设成本。挪用国家建设资金牟取暴利的，从事商贸活动、金融投资、经营房地产等，限期收回，其经营收益，由审计机关收缴。工程价款中，多计少计的工程款，应予以调整；建设单位已经签证多付的工程款，由审计机关予以收缴。施工单位偷工减料、虚报冒领工程款金额较大、情节严重的，处以违纪金额20%以下的罚款。

虚报投资完成、虚列建设成本、隐匿结余资金等，应按国家有关规定和现行会计制度作调账处理；虚报投资完成并将资金挪用于概算外开支的，责令收回投资，并按违规金额处以20%以下的罚款，情节严重的，建议主管部门对有关责任人员给予行政处分。隐瞒、截留基本建设收入，审计机关按违规金额处以20%以下罚款。虚报投资包干节余，审计机关应责令建设单位调账；多提包干节余应予以冲销；已使用的包干节余，超过投资包干节余留成数的，应予以清退。

(6) 设备材料审计。设计单位根据建设项目的生产规模和工艺过程的要求，选择设备的型号和数量，以及对一些非标设备进行设计，并确定主要材料(包括钢材、木材、水泥等)的消耗量，初步设计一经批准，便成为建设项目实施的依据，建设单位应该严格按照批准的设计、资金到位情况、合理工期等组织设备、材料的购置，按照规定用途使用，不能盲目采购、倒买倒卖。对于结余物质也应力求准确严格核算，不能故意压低或抬高单价。

建设项目实施中，各有关单位要加强管理，建立严格的责任制度，力争避免质量事故和存货损失及资金流失。

属于贪污受贿、收取回扣、倒买倒卖或因工作失误造成建设项目重大损失浪费的，审计机关应建议有关部门依法追究有关领导人和责任人的责任；构成犯罪的，移交司法机关处理。

(7) 内控制度审查。为保证国家建设项目的顺利实施，建设单位应设置完善、有效的机构，并建立、健全内部控制制度。建设项目管理组织的形式主要有：项目建设指挥部负责制、企业基建部门负责制、项目建设总承包责任制、施工单位自营制、建设项目业主责任制、建设项目法人责任制。目前国家重点建设项目基本上实行的是业主制和法人制。

国家建设项目实施过程中，实行招标、投标制，有利于开展竞争、鼓励先进、鞭策落后。国家规定：凡列入国家、部门和地区计划的建设项目，除某些不适宜招标的特殊项目外(指涉及国家安全、军事秘密等方面的建设项目），均实行招标、投标制。招标的形式可以是全过程招标、勘察设计招标、材料设备供应招标、施工招标；招标的方式可以有公开招标、邀请招标，对于偏远地区的建设项目，投标企业不愿投标的，可以由建设项目主管部门或当地政府指定投标单位。

审计机关在审计过程中，发现投标者串通投标，抬高或者压低标价；投标者与招标者互相勾结，以排挤竞争对手的公平竞争等问题，可以依据《中华人民共和国反不正当竞争法》，视情节处以1万元以上20万元以下的罚款。施工单位将工程违规转包并造成国家建设资金损失浪费、施工质量达不到国家规定标准的，审计机关应没收转包所得，情节严重的，给予通报批评。

7.4 建设项目竣工决算审计

7.4.1 竣工决算审计的概念

建设项目竣工决算审计，是对建设项目审计监督的最后环节。加强对竣工决算的审计监督，提高竣工决算的质量，对于正确评价投资效益，总结建设经验，改善基本建设管理有着重要意义。为了加强竣工决算审计工作，使基本建设项目审计工作逐步做到法制化、规范化、制度化，审计署、国家计委、中国人民建设银行联合颁布了《基本建设项目竣工决算审计试行办法》。该办法规定了审计的范围、审计的方法、审计的主要内容、审计处理原则，使基本建设项目竣工决算审计工作有了保证，为提高审计工作质量创造了条件。

竣工决算审计的范围包括：新建、扩建的基本建设项目，按批准的设计文件所规定的内容建成，根据竣工验收办法符合验收条件的，其竣工决算应通过审计机关进行审计。

对国家重点建设项目的竣工决算审计，由审计署根据国家计委下达的建设项目竣工验计划，制订年度竣工决算审计计划。在建设项目初验结束后，建设单位应及时通知审计机关，审计机关派出审计组，根据基本建设投资管理的有关法规和现行财经制度，采取就地审计方式，按审计程序实施审计。审计机关原则上应在1个月内提出书面审计意见，发送被审计单位和组织竣工验收的计划、主管部门及地方政府。竣工决算的内容由《竣工财务决算表》和《竣工决算说明书》两部分组成，由于建设项目的建设规模不同，竣工决算的具体内容也各不相同。大中型建设项目的竣工决算应包括竣工工程概况表、竣工财务决算表、交付使用资产总表和明细表等；小型建设项目的竣工决算一般只包括竣工工程决算总表和交付使用资产明细表。

1. 竣工工程概况表

竣工工程概况表，是用来反映大中型竣工建设项目的建设时间、新增生产能力、完成主要工程量、主要材料消耗、主要技术经济指标和基本建设支出等概况的报表。它为全面考核和分析投资效果提供依据。

2. 竣工财务决算表

竣工财务决算表，是用来反映竣工的大中型建设项目从开工起至竣工止全部资金来源和资金占用情况的报表。它是分析和考核基建拨款、基建借款及其使用效果的依据，如表7-1所示。

表 7-1　　**大中型建设项目竣工工程概况表**

<table>
<tr><td colspan="2">建设项目名称</td><td>××厂</td><td>建设地址</td><td colspan="2">××市</td><td>占面积</td><td>设计公顷</td><td>实际公顷</td></tr>
<tr><td rowspan="2">建设时间</td><td>计划</td><td colspan="2"></td><td colspan="3" rowspan="2">初步设计和概算批准机关、日期、文号</td><td colspan="2" rowspan="2"></td></tr>
<tr><td>实际</td><td colspan="2"></td></tr>
<tr><td rowspan="2">新增生产能力</td><td>能力(或效益)名称</td><td>单位</td><td>设计</td><td>实际</td><td rowspan="4">主要经济技术指标</td><td>名称</td><td>设计</td><td>实际</td></tr>
<tr><td>年产化肥</td><td>吨</td><td></td><td></td><td rowspan="3">每吨投资(元)
每吨产品成本(元)
每吨产品利润(元)
投资回收年限(年)</td><td rowspan="3"></td><td rowspan="3"></td></tr>
<tr><td rowspan="2">完成主要工程量</td><td>名称</td><td>单位</td><td>设计</td><td>实际</td></tr>
<tr><td>建筑面积
设备</td><td>平方米
台</td><td></td><td></td></tr>
<tr><td rowspan="3">主要材料消耗</td><td>名称</td><td>单位</td><td>设计</td><td>实际</td><td rowspan="3">基建投资支出</td><td>名称</td><td>概算</td><td>实际</td></tr>
<tr><td rowspan="2">钢材
木材
水泥</td><td rowspan="2">吨
立方米
吨</td><td rowspan="2"></td><td rowspan="2"></td><td>固定资产
流动资产
无形资产
递延资产</td><td></td><td></td></tr>
<tr><td>合　计</td><td></td><td></td></tr>
</table>

大中型建设项目竣工财务决算表

建设项目名称：××厂　　　　××年××月××日　　　　单位：元

资金占用	金额	资金来源	金额
一、交付使用资产		一、基建拨款	
1. 固定资产		1. 基建预算拨款	
2. 流动资产		2. 进口设备转账拨款	
3. 无形资产		3. 自筹资金拨款	
4. 递延资产		4. 其他拨款	
二、拨付所属投资借款		……	
三、器材		二、联营拨款	
1. 设备		三、基建拨款	
2. 材料		四、上级拨入投资借款	
四、货币资金		五、企业债券资金	
五、应收款		六、应付款	
六、有价证券		七、未交款	
七、固定资产净值		八、上级拨入资金	
		九、留成收入	
总　计		总　计	

3. 交付财产使用总表

交付使用财产总表，是反映建设项目建成后新增固定资产、流动资产、无形资产和递延资产价值的报表。它可以作为财产交接、检查投资计划完成情况和分析投资效果的依据，如表 7-2 所示。

表 7-2　　大中型建设项目交付使用资产

建设项目名称：××厂　　　　单位：元

	总计	固定资产				流动资产	无形资产	递延资产	备注
		合计	建安工程	设备	其他				
	1=2+6+7+8	2=4+5		4	5	6	7	8	9
厂房									
原料库									
实验楼									
办公楼									
专利权									
生产职工培训费									
样品样机购置费									
合　计									

7.4.2　竣工决算审计的主要内容

竣工决算审计是以建设资金活动为主线，对项目规划决策、设计和施工建设等阶段工作的全面审计和评价，需要考核项目建设的工程数量、质量、生产能力与建设规模、建设工期、投资额的投资效益等所有重要方面。通过审计，既可对本项目的经济活动的合规合法和有效性作出全面审核、评价，又可为以后的同类项目提供可资借鉴的经验教训。

竣工决算是竣工项目投资成果的缩影，它以货币形式综合反映项目从准备到建成，包括设计单位、建设单位、施工单位及协作单位等各方面，共同形成的建设总成果。其中，既有反映建设成果的数量指标，也有质量指标；既有实物指标，也有价值指标；既有时间指标，也有空间指标；既有批准的设计指标，也有经过施工建设实际形成的指标。同时竣工决算又是项目投产后经济核算的基础的依据。项目决算所列的固定资产与流动资产价值，应收生产单位的投资借款与核销的拨款，各种技术经济指标等，都是投产企业经济核算的主要对象，都有待于投产后加强管理，加强核算。因而，在项目竣工验收阶段，对竣工决算要进行认真审查。

审查竣工决算的依据和编制竣工决算的依据是一致的，而且都要和竣工验收的口径与范围基本相同。特别要注意查阅施工建设全过程实际发生的支出数，根据项目经济核算的记录、账册和会计、统计报表的资料进行审查，防止虚列和估算。为此，要认真做好审查竣工决算的准备工作，充分掌握编制竣工决算的基础资料。如果基础资料不全，准备不充分，会给审查带来困难，影响审查质量。

具体地说，除了要掌握经批准的项目总概算之外，还要掌握竣工项目有多少单项工程，每个单项工程的概算、施工图预算及其他工程费用概算的控制数字，还要掌握概、预算定额，预算单价和各种取费标准，设计及概、预算的变更、修正、补充和批准的资料等。同时还要在审查竣工决算之前，对项目工程、资金和财产物资进行清查。认真做好核实工程数量、投资使用总额和建设成本等，为审查竣工决算奠定基础。竣工决算审计主要包括以下几个方面。

1. 竣工决算编制合规性的审查

审查决算编制工作有无专门组织，各项清理工作是否全面、彻底，编制依据是否符合国家有关规定，资料是否齐全，手续是否完备，对遗留问题是否合规。

2. 项目建设概算执行情况的审查

审查项目建设是否批准的初步设计进行，各单位工程建设是否严格批准的概算内容执行，有无概算外项目和提高建设标准、扩大建设规模的问题，有无重大质量事故和经济损失。

3. 交付使用财产和在建工程的审查

审查交付使用财产是否真实、完整，是否符合交付条件，移交手续是否齐全、合规；成本核算是否正确，有无挤占成本，提高造价，转移投资的问题；审查在建工程投资完成额，查明未能全部建成、及时交付使用的原因。

4. 建设投资的使用的审查

审查其列支依据是否充分，手续是否完备，内容是否真实，核算是否合规，有无虚列投资的问题。

5. 尾工工程的审查

根据修正总概算和工程形象进度，核实尾工工程的未完工程量，留足投资，防止将新增项目列作尾工项目、增加新工程内容和自行消化投资包干结余。

6. 结余资金的审查

核实结余资金，重点是库存物资，防止隐瞒、转移、挪用或压低库存单价，虚列往来款，隐匿结余资金的现象。查明器材积压、债权未能及时清理的原因，揭示建设管理中存在的问题。

7. 基建收入的审查

基建收入的核算是否真实、完整，有无隐瞒、转移收入的问题，是否按国家规定计算分成、足额上交或归还贷款，留成是否按规定交纳“两金”及分配和使用。

8. 投资包干结余的审查

根据项目总承包合同核实包干指标，落实包干结余，防止将未完工程的投资作为包干结余参与分配，审查包干结余分配是否合规。

9. 竣工决算报表的审查

审查报表的真实性、完整性、合规性。

其他专项审计，可视项目特点确定。

7.4.3 投资效果评价

竣工决算审计不仅包括对竣工决算的编制以及表中所列的各项文字、数据资料真实性、合规、合法性进行审计，同时还要对竣工决算报表中所列的各项文字及数据资料进行认真深入的研究，分析各主要经济指标的完成情况，评价建设项目的管理水平和投资效果，即从物资使用、工期、工程质量、新增生产能力、预测投资回收期等方面全面评价投资效益。

1. 建设项目工期评价

评价项目建设工期的依据是工期定额。没有工期定额的项目，一般以批准设计确定的工期，或设计任务书、投资包干责任书和计划安排的工期为依据。当前，在确定合理工期标准时，需要注意一个问题：目前我国制定的（包括主管部门和地区制定的）建设项目工期定额尚不完备，有的工程有工期定额，有的还没有制定统一的工期定额。在已有的工期定额中，有的还需要依据新情况进行修订、补充和完善。对于已有比较合理的工期定额的项目，由于同类工种中也有的产品方案、工艺流程、建设条件等方面的差别，具体考核时也应根据具体情况有所调整。所以，在项目开工以前，要由主管部门或地区组织建设、设计和施工等单位，在核实各单项工程的建设规模、产品方案、工艺流程、工程内容与数量、建设进度、开竣工日期的基础上，按照批准的设计和工程实施情况，本着既要缩短工期，又必须严格遵守建设程序的原则，审定项目的合理工期，作为考核的标准。

在整个项目中，考核建筑安装单位工程的建设工期，则要以建筑安装企业和主管部门统一制定的单位工程工期定额为依据。如果各个单位工程都能按核定的工期定额规定的开、竣工日期完成，那么，整个建设项目的定额工期就能实现，缩短项目建设工期的目标就能变为现实。

项目建设工期是项目建设实际花费与经历的时间。这不包括开工前的征地拆迁、"三通一平"等施工准备工作所占用的时间，也不包括开工以后停建、缓建所间隔的时间。对项目建设工期要从以下几个方面进行考核。

(1) 核实单项工程的实际开、竣工日期和有效施工日历天数。单项工程都具有独立的设计文件，有独立的综合概、预算，竣工后可以独立发挥生产能力和投资效果。按照分期建设、分期受益的规定与要求和竣工验收程序，在建成后，都可以单独办理竣工交换手续，经过批准即可投产使用。这就使单项工程成为影响项目建设工期和投资效果的中心环节。在考核项目的建设工期时，必须将单项工程作为重点对象进行考核。

(2) 考核竣工项目定额工期率。定额工期率是以竣工项目实际有效日历工期与竣工项目定额(或计划)日历工期的比值。其计算公式如下：

$$\text{竣工项目定额工期率}=\frac{\text{竣工项目实际有产日历工期}}{\text{竣工项目定额(或计划)日历工期}}\times 100\%$$

(3) 考核投资前各项生产准备工作对竣工项目建设工期的影响。生产准备工作是指为项目建成后能顺利投产，所做的各项准备工作。它是项目由施工建设阶段转向生产经营阶段的一个重要环节。生产准备工作未按设计要求做完、做好，即使项目建成也将因不具备条件而不能投产，因而同样会拖延项目的建设工期，影响项目的投资效果。所以，在竣工验收阶段考核建设工期有必要对生产准备工作进行考核。

通过以上考核，就可以对项目的实际建设工期给予客观的评价。在评价时，一是注意把有效建设工期与因各种失误带来的延误工期的因素划分清楚，分别进行评价；二是与同行业、同类型，即使是同规模的建设项目进行对比时，要把施工方案、施工方法、施工的地区和季节时间等不可比的因素剔除。

2. 项目工程质量评价

建设项目工程质量有两层含义：其一是施工建设中的工作质量，它是全部质量的构成基础和必不可少的条件；其二是项目建设形成的产品质量，是前一个层次延伸发展的结果。考核项目建设的工程质量，就要立足于第一层次，着眼于第二个层次。

(1) 建筑安装工程质量评价。

建筑安装工程，一般是按单位工程独立施工，独立核算的。对工程质量也是以单位工程为对象进行考核。在单位工程竣工后的验收中，施工单位和建设单位按照国家规定的标准和等级，分别以"合格"与"优良"，对单位工程的质量进行评定。在建设项目竣工验收中对工程质量的考核，则是通过复查核实项目全部单位工程的质量，汇总计算工程质量合格率、工程质量优良品率和单位全优率进行的。

(2) 设备质量考核。

建设单位对设备质量要作如下考核：

第一，根据初步设计的设备清单所列的主要设备规格、型号、数量和制造厂家，与交付使用财产明细表所列的实际安装设备逐一进行核对，检查有无改用或代用，有无经过设计部门同意并具有变更签证手续和有关机关的批件。

第二，复核主要设备的出厂质量合格证，入库验收与出库登记卡片，并查阅设备安装施工和现场设备开箱清洗的记录，以检查设备及安装的质量。

第三，调阅设备单体试车，联动试车和带负荷度生产运转记录，以检查设备及其安装质量能否保证投产后正常进行生产。

(3) 检查重大质量事故的处理情况。重大质量事故，特别是有关永久工程的质量事故，对项目建设工程质量影响严重。在考核工程质量中，必须用严肃的态度，把重大质量事故的处理情况，列入重点检查对象，避免因处理不彻底、不完善，影响工程质量、降低项目投产后的产品质量，减少项目的经济使用年限。

在考核工程质量时，还应计算返工损失率。因工程质量事故停工、返工及善后处理而拖延的建设工期等。返工损失率是指返工损失金额同自选完成工作量的比值，它是反映施工企业工程质量事故程度的指标。其计算公式如下：

$$返工损失率=\frac{自年初累计返工报失金额}{自年初累计自选完成工作量}\times 100\%$$

对无法补救的工程质量事故，要具体考核对项目投产效果的影响程序。例如，与合格产品、优良产品的产量对比所造成的产品损失率与损失金额，以及建设项目经济使用寿命的缩短年限等。

3. 项目建设成本评价

评价项目建设成本，就是要考核项目概、预算的执行情况与结果，考查各项成本节约或超支的数额，分析投资节超的具体原因。衡量投资的节约与超支，是指在项目设计质量有保证的前提下，竣工项目形成的实际建设成本与项目概预算的对比情况。为便于进行比较对照，可先对比整个项目的总概算，之后对比工程项目(或单项工程)的综合概算和其他工程费用概算，最后再对比单位工程概、预算，并分别对建筑安装工程、设备及工、器具购置和其他基本建设费用逐一与项目竣工决算编列的实际建设成本对照比较。考核项目建设成本时要注意以下两点：

(1) 在评价项目建设成本突破设计概算的原因时，要分清哪些是由于施工建设有问题造成的，哪些是设计失误造成的。同样，在考核设计概算投资突破设计(计划)任务书的投资控制总额时，又要分清哪些是设计的原因，哪些是决策失误造成的。在考核以上两种突破时，还要划清正确与失误的界限，区分可避免的与无法避免的因素。只有这样，才能分清是非，避免张冠李戴，才能对突破建设成本的原因与责任作出客观评价。

(2) 要注意时间变迁的影响。随着时间的变迁，影响建设成本的因素也相应发生变化。例如，国家对某些原材料价格的调整，取费标准的变更和工料消耗定额的降低与提高等，都会引起建设成本的增减。不能把这类情况和问题当作失误。同时，也不能把按照规定和正常发生的调整与变更当作失误。例如，国家规定初步设计概算总投资超过设计任务书控制投资的10%，要重报、重批设计任务书，如果一个项目的投资控制数已作了变更，并重新得到批准，就要依变更后的控制数进行评价。

此外，在评价项目建设成本工作中，还要注意不应把竣工验收中核定的收尾工程和遗留问题所需投资漏掉。

4. 项目生产能力和单位生产能力投资评价

评价竣工项目形成的生产能力，要侧重其综合生产能力。综合生产能力不是设备的负荷能力，也不是主要生产车间可以提供而辅助车间却不能配套的生产能力。综合生产能力是整个竣工项目全工程系统、全生产环节协调动作能够达到的生产能力。只有这种生产能力，才能在项目投产使用过程中，变为实际的生产能力。在竣工验收阶段考核项目的综合生产能力，需要从设备安装后的试运转着手，首先，核实设备的负荷能力；其次，核实各主要生产车间平衡以后的生产能力；最后，核实辅助工程、配套工程设施的适应能力。

考核竣工项目形成的生产能力还要注意其有效性。有效的生产能力，首先，是为社会实际需要的生产能力；其次，是项目能够提供的生产能力；最后，是具有实际条件的生产能力。三者缺一不可。前述的综合生产能力，仅是项目能够提供的生产能力。因而，还需要进一步考核第一与第三两个方面。

对综合生产能力的实现条件，也要重新进行考察与检验。主要考察项目投产后进行生产所需要的原料、材料、燃料、动力是否落实，交通运输条件是否适应，协作单位提供配件是否落实。

单位生产能力投资的大小，由竣工项目形成的新增生产能力多少和项目建设使用投资额的多少决定。它是把投资耗用与形成的生产能力联系起来，直接反映竣工项目投资效果的一个综合指标。其中耗用的投资额，是以货币形式表现的价值量，反映了项目建设的“所费”；新增的生产能力，是项目建设所取得的建设成果，体现了项目投资建设的“所得”。单位生产能力投资的倒数，是单位投资增加的生产能力，反映投资所取得的直接效果。因此，单位生产能力投资这个考核指标，集中反映了项目建设“所费”与“所得”的比例关系，既体现了项目建设过程的质量和效益，又说明项目建成投产以后可能实现投资效果的条件与程度。因而，单位生产能力投资是项目建成以后，投产以前这个特定的时间内用来考核竣工验收项目投资效果高低的重要指标。其计算公式如下：

$$\text{单位生产能力(或效益投资)}=\frac{\text{竣工验收项目(或单项工程)全部投资使用额}}{\text{竣工验收项目(或单项工程)形成的综合生产能力}}$$

式中分子为核实后的全部投资使用额，分母为核实的项目综合生产能力。用此式计算的单位生产能力投资，与设计概、预算的单位生产能力造价比较，可以考核项目建设成果的计划完成情况，综合反映项目建设的工作质量和投资使用的节约或浪费。

7.4.4 竣工决算审计处理的原则

审计机关根据现行法规实施审计，并提出书面审计意见。对审计发现的违纪违规问题作出审计决定。对概算外的工程投资支出所增加的投资均不得列入竣工决算，由建设单位投资包干结余分成或项目投产后的自有资金及主管部门拨款解决。对虚列尾工工程、隐匿结余资金、隐瞒或截基建收入和投资包干结余以及以投资包干结余名义基建投资问题，均应作调账处理，并就其情节，按其违纪金额处以20%以下的罚款。罚款从自有资金中支付，没有自有资金的由主管部门代付。在竣工决算审计计中发现的其他问题，按国家有关规定处理。

本章小结

从固定资产投资建设的程序上看，有前期审计、在建期审计和竣工后审计三大部分；从固定资产投资审查计的范围上看，有基本建设投资审计、技术改造投资审计和其他投资审计等主要部分；从审计的专业特征上看，又包括投资建设技术审计、财务审计、经济审计及管理审计等内容。就固定资产投资审计机构而言，应具有完整的组织体系；审计人员应具有较高的思想素质；审计方法应灵活多样，有的放矢，并注意审计阶段间的连续性和继承性，以此保证审计质量的提高。

重要概念

固定资产投资审计　投资项目管理审计　合同管理审计　工程监理审计　结算审计

阅读资料

[1] 张庆龙，沈征.政府审计学[M].北京：中国人民大学出版社，2015.
[2] 尹平，郑石桥.政府审计学[M].北京：中国时代经济出版社，2013.

本章练习

一、简答题

1. 开工前审计的主要内容有哪些方面？
2. 建设项目概、预算审计的主要内容有哪些方面？
3. 施工图审计的主要内容有哪些方面？
4. 竣工决算审计的主要内容有哪些方面？

竣工决算审计案例

第 8 章　金 融 审 计

- 内容提要
- 重点难点
- 学习目标
- 知识框架
- 8.1　金融审计概述
- 8.2　商业银行审计
- 8.3　保险业务审计
- 8.4　证券业务审计
- 本章小结
- 重要概念
- 阅读资料
- 本章练习

内容提要

本章主要讲解了金融审计的含义及相关内容，包括商业银行审计、保险业务审计和证券业务业务审计，其中在介绍三种金融审计时，讲解了每种业务的概念及三种金融业务审计的具体内容。

重点难点

本章重点为金融审计的含义、商业银行审计的内容、保险业务审计的内容、证券业务审计的内容；难点为投资和相关收入业务审计、商业贷款和抵押品管理业务审计、证券业务内部控制审计。

学习目标

学生通过本章学习，应掌握金融审计的含义、金融审计与金融监管的区别和联系、商业银行审计的内容、保险业务审计的内容、证券业务审计的内容；明确每种金融审计具体内容，包括基本风险、内部控制审计、实施符合性和实质性测试；了解什么是商业银行、商业银行业务有哪些、什么是保险业务、什么是证券业务。

知识框架

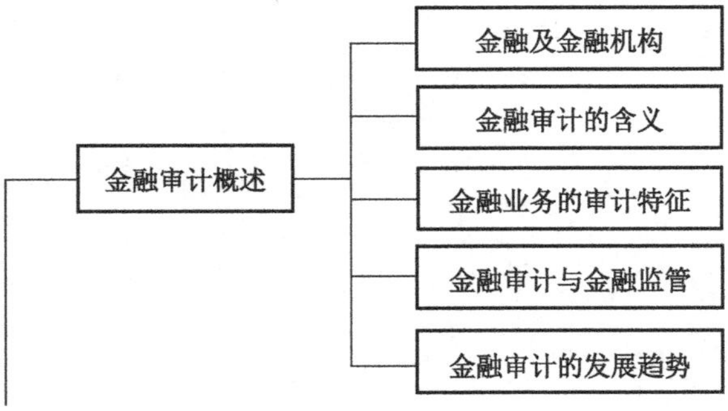

（续图）

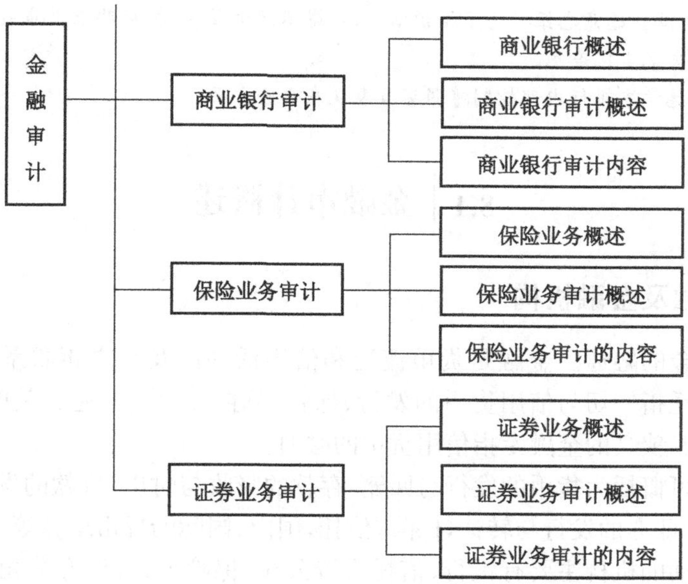

引入案例　德意志银行的银行内部控制

商业银行内部控制体系的建立取决于银行的规模、经营特色、业务品种、外部环境等多种因素，彼此之间有很大的差异，侧重点也有所不同。比如说，一家大型跨国银行总行和一家规模较小的银行，或者一家银行分行和附属机构，双方内部控制体系的内容和侧重点将会大不一样，前者会把政策的制定业、务协调、经济效益考核等作为重点，而后者将会把保证业务的正常发展作为重点。下面通过一个例子加以说明：

德意志银行是一家规模巨大的跨国银行，它的机构多达 2 494 个，遍及 50 个国家和地区，业务范围涉及商业银行、投资银行等各类金融业务，资产规模达 7 200 亿马克(1995 年)。对于这样一个巨型“金融百货公司”，其总行实施内部控制的核心手段有以下几个：①建立高度集中、资源共享的信息中心。为达此目的，在全集团范围内推行标准化的数据结构。②财务会计与管理会计并重，在全集团内推行单位经济效益考核(这实质上和我们所经常提到的分部门核算是相似的)。③在全集团内，推行标准、统一的风险评估、衡量、控制手段和政策。从这几个手段来看，德意志银行总行把内部控制的重点放在了集中、协调、作业和行为规则标准化等方面。

德意志银行在伦敦有一个全资附属的商人银行机构(简称 DMG)，主要负责全集团的投资银行业务，诸如债券、股票等金融产品的承销、包销、投资基金管理、企业合并、兼并咨询等。DMG 作为德意志银行的附属机构，自然要贯彻、执行总行关于风险控制和内部管理的方针、政策，但是，它又必须考虑自己的业务特点，因为投资银行业是高收益、高风险行业，其内部控制的重点之一必须是把市场风险控制在自己能够承受的范围之内，所采用的主要手段之一是使用复杂的数学模型来评估银行所承受的潜在风险，据此控制敞口头寸(既包括整个银行的全部头寸，也包括每个交易员的头寸)。

德意志银行是现在仅有的享有 AAA 信用等级的三家银行之一，由此我们可以推测出其内部控制应是相当严密的。但是，在 1996 年，该行在伦敦的商人银行机构 DMG 却出了漏洞，造成了 7.1 亿美元的潜在亏损，使其信誉受到了很大损害。为什么这么一家信誉卓著的银行还出现如此严重的问题？在此作简要介绍。该行在伦敦的附属机构(DMG)管理着许多投资基金，其中两个由一位名叫彼得·杨的人来负责。按照英国的有关规定，这两个基金投资于未上市公司股票的份额不得超过 10%，但他为了获得更大的利润，偷偷地购买了大量的北欧中、小企业的未上市股票，明显地超过了这个标准。彼得·杨为躲避检查，便在卢森堡建立了好几个子公司，然后通过子公司来购买那些未上市公司的股票。我们知道，未上市公司股票的流动性差、风险高，当投资者发觉彼得·杨违反了规定时，纷纷要求向DMG赎回股份，导致两个投资基金的价格一时间急剧下降。德意志银行为了维护信誉，不得不注资营救，把那些未上市股票从基金手中买过来，造成潜在经济损失7.1亿美元。

思考：该案例中德意志银行内部控制薄弱环节表现在哪些方面？

8.1 金融审计概述

8.1.1 金融及金融机构

金融就是资金的融通。金融是货币流通和信用活动以及与之相联系的经济活动的总称。广泛的金融泛指一切与信用货币的发行、保管、兑换、结算、融通有关的经济活动，甚至包括金银的买卖。狭义的金融专指信用货币的融通。

金融的内容可概括为货币的发行与回笼，存款的吸收与付出，贷款的发放与回收，金银、外汇的买卖，有价证券的发行与转让，保险，信托，国内、国际的货币结算等。

从事金融活动的机构主要有银行、信托投资公司、保险公司、证券公司、投资基金，还有信用合作社、财务公司、金融财产管理公司、邮政储蓄机构、金融租赁公司，以及证券、金银、外汇交易所等。

8.1.2 金融审计的含义

金融审计就是审计机关对国家金融机构财务收支的真实性、合法性和效益性进行审计监督的一种经济监督活动，主要是对国家金融机构执行信贷计划、财务计划以及与财务收支有关的各项经济活动及其经济效益等进行的审计监督。2011年《审计署“十二五”审计工作发展规划》提出，金融审计“以维护安全、推动改革、促进发展为目标”。金融审计是我国政府审计的主要组成部分，按照政府审计是“国家治理”的制度安排、经济社会“免疫系统”的功能定位，“维护国家经济安全和金融安全”则是金融审计工作的重要战略目标。

金融审计在国家金融监督体系中处于非常重要的地位，在维护金融安全、防范金融风险、强化金融管理、打击金融领域的违法犯罪活动等方面发挥着重要的作用。金融审计的主要任务是依法加强对金融机构的审计监督，揭示金融机构资产、负债、损益的真实情况，揭露和纠正违规违法从事金融业务活动行为，促进金融机构加强管理、健全制度、依法合规经营、提高经济效益，为深化金融改革、稳定金融秩序、防范和化解金融风险、保障国民经济健康发展服务。

8.1.3 金融审计的影响因素

与一般企业审计相比，除业务内容的不同之外，金融审计还受到金融业务以下特征的影响。

1. 金融业务综合化

在我国，金融业务综合化经营主要是指商业银行不仅能经营传统业务，还能经营原属于证券、投资银行、保险、信托公司的业务，以及衍生金融业务。传统的金融业务经营内容出现了交叉，业务界限逐渐模糊，这种金融交易结构的复杂化使金融活动的透明度降低，增大审计风险。

2. 金融活动国际化

金融活动国际化是经济全球化在金融领域的表现。信息、交通技术的发展，使一国金融活动越出国界与世界各国金融业务融合在一起成为了现实。这就要求金融审计人员不仅要了解国内的有关情况，而且对国际形势也应有清醒的认识。

3. 金融交易电子化

目前，我国各银行以网络为基础，在本系统内能够为客户提供跨行、跨地区的金融服务；证券行业经营机构已全部实现计算机网络化运营。这对从事金融审计的人员提出了比较高的计算机水平要求，必要时还需寻求专家的帮助。

4. 金融产品多样化

过去的几十年是环球金融市场借助信息技术急速扩张的阶段，另外，全球贸易自由化的趋势和现实也使金融业在世界范围的竞争白热化。商业银行业务除了传统的存贷业务外，新的金融产品，包括新形式的衍生产品、掉期合约、风险转移产品、资产抵押证券、外汇交易基金等纷纷登场，某些创新产品甚至成为金融市场的新兴主流金融工具。金融创新对金融审计的技术和方法提出了更高的要求。

5. 金融服务个性化

当社会财富积累和经济全球化发展到一定程度之后，企业和居民需要通过个性化金融服务实现资产保值增值，规避市场风险。这就要求金融审计也应对不同的业务采取更有针对性的审计操作。

8.1.4 金融审计与金融监管

随着几次较大的国际性金融风波的发生，国际上普遍采取了对金融业风险防范的监管，防范和化解金融风险，确保金融安全成为金融监管工作的主题。

在我国现阶段，能够对我国国有商业银行业进行监管的机构主要有银监会、国家审计机关、注册会计师审计组织、金融机构内部稽核部门、财政部、国家和地方税务局、司法部门等。银监会主要对银行和非银行金融机构的市场准入、市场退出、日常业务及风险状况等进行审批和检查。注册会计师审计组织主要负责资产验证、机构年检以及确认年度会计报表的合法性、公允性和会计处理方法的适当性等。金融机构内部稽核部门，即内部审计部门，主要是检查和评价金融机构各部门内部控制的建立和执行情况。财政部主要是作为国家金融机构的出资人行使出资人的权利，作为社会管理者制定统一的金融财务会计政策并监督执行，同时承担国有金融机构的部分风险损失。税务机关主要对金融机构缴纳各项税费的情况进行检查。司法部门仅对金融机构及其人员的违法事件进行调查和处理。政府审计通过对金融机构的金融体系的完备性、结构的合理性、公司治理和经营机制建设情况的综合审计，确认资产负债表中和表外各个会计科目的真实性、合规性和效益性。

1. 金融审计与金融监管的联系

由以上对金融监管机构的解释可以看出，金融审计实际上是金融监管的一个组成部分。金融监管与金融审计的最终目标是一致的。金融审计应该在摸清被审计单位资产、负债、损益真实情况的基础上，以资产质量为主线，查找金融业经营管理中的漏洞和管理缺陷，为监管当局完善监管方式和监管政策服务，促进安全、高效、稳健的金融运行机制的建立。

2. 金融审计与金融监管的区别

金融审计和金融监管之间也具有显著的区别，具体包括：

(1) 两者的监管职责不同。审计机关在经济活动中，既不参与政策法规的制定，也不参与经济活动和经济管理的过程，处在与各方没有利益关系的超脱地位，起到独立监督、鉴证、评价的作用。而金融监管机构的职能涵盖了从监管规章制度、办法的制定，到行业的准入、运营退出以及行业机构高层人员的任职资格审查等诸多方面，直接参与经营管理。

(2) 两者监管的侧重点不同。金融监管是一项非常全面的工作，需要对行业的整体实施监督和管理，以维护行业的合法、稳健运行。而政府金融审计是从财务的角度对行业资产、负债、损益的真实性、合法性和效益型，以资产质量的安全性，内部控制的健全、有效及会计信息的真实性，经营行为的合规性等方面进行监管。

(3) 两者涉及的范围不同。金融监管机构的监管范围是我国境内所有依法设立的银行金融机构和非银行金融机构，既包括含有国有成分的金融机构，又包括不包含国有成分的金融机构。而政府审计所涉及的只是含有国有成分的金融机构。

(4) 两者监管方式和手段不同。金融监管的方式和手段与金融审计相比具有更强的专业性。金融审计所使用的方式和手段具有综合性。

从以上分析我们可以得出这样的结论：金融审计与金融监管既不可等同，也不可割裂，更不能相互取代。金融审计应该充分发挥出独立性、权威性、综合性的优势，在促进金融改革、维护金融安全、防范金融风险、揭露突出问题等方面，切实发挥其他监管机关不可替代的作用。

8.1.5 金融审计的发展趋势

金融审计需要以维护安全、推动改革、促进发展为目标，揭示和防范金融风险，完善金融监管，推动建立健全高效安全的现代金融体系和系统性风险防范机制。未来金融审计将呈现以下几个发展趋势。

第一，加强对国有及国有资本占控股地位或主导地位金融机构的审计和审计调查，关注货币市场、保险市场、资本市场运行中的突出问题，反映金融服务、金融创新和金融监管中的新情况，并从体质、机制上分析原因，提出建议，促进深化金融改革，推动金融市场可持续健康发展。

第二，在做好金融机构资产负债损益的真实、合法和效益情况等全面审计的基础上，关注其法人治理结构及内部控制的建立和执行效果，有效揭示内部管理薄弱环节和制度缺陷，促进依法经营，加强管理，提高企业核心竞争力。

第三，加大对金融机构执行货币政策和其他宏观调控政策措施情况的审计和审计跟踪调查力度，促进金融机构调整优化资产结构，转变经营管理方式，提高为实体经济服务的水平。

第四，加强对金融控股集团公司的审计，积极探索跨行业、跨市场金融活动的审计方法，揭示系统性风险隐患，促进建立健全防范系统性风险的预警体系和处置机制。

第五，建立综合数据分析平台，实现对银行业、证券业、保险业等金融行业的经常性审计或审计调查，完善金融审计组织方式和审计方法体系，进一步改进信息化条件下以总行(总公司)为龙头的审计管理模式，有效整合审计资源，不断提高“集中分析，分散核查，专题研究”的工作水平。

8.2 商业银行审计

8.2.1 商业银行概述

1. 商业银行的定义

商业银行是市场经济的产物，它是为适应市场经济发展和社会化大生产需要而形成的一种金融组织，它是以追求最大利润为目标，向客户提供多种金融服务的特殊的金融企业。盈利是商业银行产生和经营的基本前提，也是商业银行发展的内在动力。经过几百年的发展演变，商业银行现在已经成为世界各国经济活动中最主要的资金集散机构，其对经济活动的影响居各类银行与非银行金融机构之首。

2. 商业银行的业务特征

与其他行业的业务相比，商业银行的业务有如下特点：

(1) 存在大量的货币性项目，包括现金和可转让的票据，容易发生挪用和舞弊。

(2) 业务量大，交易次数多，设计金额大，大量使用垫子资金转账系统，会计系统复杂，对内部控制要求严格。

(3) 经营网点众多、分散，操作规程和会计系统不统一。

(4) 表外项目多，且由于该类业务属于承诺事项，一般不涉及资金转移，可能会不包含会计分录，因而容易被疏忽，但这种业务具有潜在的损失。

(5) 高负债经营，债权人众多，与社会公众利益密切相关，收到政府有关部门的严格监管和法规的严格约束，政策法规对银行业务和会计实务影响较大；金融创新不断推陈出新，由此可能对现有会计处理方式提出挑战。

3. 商业银行的职能

商业银行在现代经济活动中具有信用中介、支付中介、金融服务、信用创造和调节经济等职能，并通过这些职能在国民经济活动中发挥重要作用。商业银行的业务活动对全社会的货币供给有重要影响，并成为国家实施宏观经济政策的重要基础。

(1) 信用中介。信用中介是指商业银行充当将经济活动中的赤字单位和盈余单位联系起来的中介人的角色。信用中介是商业银行最基本的功能，它在国民经济中发挥着多层次的调节作用：将闲散货币转化为资本；使闲置资本得到充分利用；将短期资金转化为长期资金。

(2) 支付中介。支付中介是指商业银行借助支票这种信用流通工具，通过客户活期存款账户的资金转移为客户办理货币结算、货币收付、货币兑换和存款转移等业务活动。商业银行发挥支付中介功能主要有两个作用：一是节约流通费用；而是降低银行的筹资成本，扩大银行的资金来源。

(3) 信用创造。信用创造是指商业银行通过吸收活期存款、发放贷款，增加银行的资金来源，扩大社会货币供应量。商业银行发挥信用创造功能的作用主要在于通过创造存款货币等流通工具和支付手段既可以节省现金使用，减少社会流通费用，又能够满足社会经济发展对流通手段和支付手段的需要。

(4) 金融服务。金融服务是指商业银行利用在国民经济中联系面广、信息灵通等特殊地位和优势,利用其在发挥信用中介和支付中介功能的过程中所获得的大量信息,并借助电子计算机等先进手段和工具,为客户提供财务咨询、融资代理、信托租赁、代收代付等各种金融服务。商业银行通过金融服务功能,既提高了信息与信息技术的利用价值,加强了银行与社会联系,扩大了银行的市场份额,又也提高了银行的盈利水平。

4. 商业银行的经营原则

商业银行作为一种特殊的金融企业,具有一般企业的基本特征,即追求利润的最大化。商业银行合理的盈利水平不仅是商业银行本身发展的内在动力,也是商业银行在竞争中立于不败之地的激励机制。各国商业银行尽管在制度上存在一定的差异,但是在业务经营上通常都遵循盈利性、流动性和安全性原则。

(1) 盈利性原则。盈利性原则是指商业银行作为经营企业,追求最大限度的盈利。盈利性既是评价商业银行经营水平的最核心指标,也是商业银行最终效益的体现。影响商业银行盈利性指标的因素主要有存贷款规模、资产结构、自有资金比例和资金自给率水平以及资金管理体制和经营效率等。坚持贯彻盈利性原则对商业银行的业务经营有十分重要的意义:第一,只有保持理想的盈利水平,商业银行才能充实资本和扩大经营规模,并以此增强银行经营实力,提高银行的竞争能力。第二,只有保持理想的盈利水平,才能增强银行的信誉。银行有理想的盈利水平,说明银行经营管理有方,可以提高客户对银行的信任度,以吸收更多的存款,增加资金来源,抵御一定的经营风险。第三,只有保持理想的盈利水平,才能保持和提高商业银行的竞争能力。当今的竞争是人才的竞争。银行盈利不断增加,才有条件利用高薪和优厚的福利待遇吸引更多的优秀人才,同时,只有保持丰厚的盈利水平,银行才有能力经常性地进行技术改造,更新设备,努力提高工作效率,增强其竞争能力。第四,银行保持理想的盈利水平,不仅有利于银行本身的发展,还有利于银行宏观经济活动的进行。商业银行旨在提高盈利的各项措施,最终会反映到宏观的经济规模和速度、经济结构以及经济效益上,还会反映到市场利率总水平和物价总水平上。

(2) 流动性原则。流动性是指商业银行能够随时应对客户体现和满足客户借贷的能力。流动性在这里有两层意思,其资产的流动性和负债的流动性。资产的流动性是指银行资产在不受损失的前提下随时变现的能力。负债的流动性是指银行能经常以合理的成本吸收各种存款和其他所需资金。一般情况下,我们所说的流动性是指前者,即资产的变现能力。银行必须满足客户提取存款等方面的要求,因此在安排资金运用时,一方面要求使资产具有较高的流动性;另一方面必须力求负债结构合理,并保持较强的融资能力。

影响商业银行流动性的主要因素有客户的平均存款规模、资金的自给水平、清算资金的变化规律、贷款经营方针、银行资产质量以及资金管理体制等。流动性是实现安全性和盈利性的重要保证。作为特殊的金融企业,商业银行要保持适当的流动性是非常必要的,因为作为资金来源的客户存款和银行的其他借入资金要求银行能够保证随时提取和按期归还,这主要靠流动性资产的变现能力;企业、家庭和政府在不同时期产生的多种贷款需求,也需要及时组织资金来源予以满足;银行资金的运动不规则性和不确定性,需要资产的流动性和负债的流动性来保证;在银行业激烈的竞争中,投资风险也难以预料,经营目标不能保证能够完全实现,需要一定的流动性作为预防措施。因此在银行的业务经营过程中,流动性的高低非常重要。

事实上，过高的资产流动性会使银行失去盈利机会甚至出现亏损；过低的流动性可能导致银行出现信用危机、客户流失、资金来源丧失，甚至会因为挤兑导致银行倒闭。因此，对于商业银行，关键是要保持适度的流动性。这种“度”是商业银行业务经营的生命线，是商业银行成败的关键。而这种“度”既没有绝对的数量之限，又要在动态的管理中保持。这就要求银行经营管理者及时果断地把握时机和作出决策。当流动性不足时，要及时补充和提高；在流动性过高时，要尽快安排资金运用，提高资金的盈利能力。

(3) 安全性原则。安全性原则是指银行的资产、收益、信誉以及所有经营生产发展的条件免遭损失的可靠程度。安全性的反面就是风险性，商业银行的经营安全性原则就是尽可能地避免和减少风险。影响商业银行安全性原则的主要因素有客户的贷款规模的平均期限、贷款方式、贷款对象的行业和地区分布以及贷款管理体制等。

商业银行坚持安全性原则的主要意义在于：首先，风险是商业银行面临的永恒课题，但在银行经营活动中，由于确定性和不确定性等种种原因，存在多种风险，如信用风险、市场风险、政治风险等，这些风险直接影响银行本息的按时收回，必然会削弱甚至丧失银行的清偿能力，危及银行自身的安全。所以，银行管理者在风险问题上必须严格遵循安全性原则，尽力避免风险、减少风险和分散风险。其次，商业银行的资本结构决定其是否存在潜伏的危机。与一般工商企业经营不同，银行自有资本所占比重很小，远远不能满足资金的运用，它主要依靠吸收客户存款或对外借款用于贷款或投资，所以负债经营成为商业银行的基本特点。若银行经营不善或发生亏损，就要冲销银行自有资本来弥补，倒闭的可能性是随时存在的。最后，坚持稳定经营方针是商业银行开展业务所必需的，它有助于减少资产的损失，增强预期收益的可靠性。不顾一切地一味追求利润最大化，其效果往往适得其反。事实上，只有在安全的前提下营运资产，才能增加收益。同时，只有坚持安全稳健原则的银行，才可以在公众中树立良好的形象。一家银行能否立足于世的关键就是银行的信誉，而信誉主要来自银行的安全，所以要维持公众的信心，稳定金融秩序，有赖于银行的安全经营。

由此可见，安全性原则不仅是银行盈利的客观前提，也是银行生存和发展的基础；不仅是银行经营管理本身的要求，也是社会发展和安定的需要。

8.2.2 商业银行审计概述

1. 商业银行审计的意义

商业银行审计在各国现代金融风险监管活动中起着重要作用，它与金融法规、金融监管当局的监管、商业银行内部控制以及商业银行内部审计稽核等共同构成一国银行大监管体系。有效的商业银行审计不仅能提高商银行财务报表的可信度，促进商业银行加强内部管理，提高资产质量和效益，防范和化解金融风险，也为各国金融监管当局实施有效的风险监管提供可靠的第一手资料，大大提高监管效率，为监管当局实施重点监管打下基础。

2. 我国商业银行审计模式发展轨迹及其问题

综观我国商业银行审计 20 多年的发展历程，可从中窥其审计模式发函的轨迹。作为金融审计重要组成部分的商业银行审计，其发展经历了三个阶段。

第一阶段是 1983—1994 年，审计署确立的审计目标是核实盈亏的真实性和财务收支的合规性，通过查错防弊、收缴罚款等，促进金融机构规范财经纪律。这一阶段，商业银行审计模式基本属于账项基础审计模式，审计方法以全部业务和账目为基础，审计内容局限于银行的收入和支出。在这一期间，以 1987 年我国历史上第一家向社会公众公开发售股票的商业银行——深圳发展银行的上市为标志，商业银行审计开始纳入我国注册会计师审计业务范围，包括资产负债表和损益表在内的会计报表审计和制度基础审计模式在我国商业银行设计模式中开始得到应用。

第二阶段是 1995—2000 年，以《审计法》的颁布实施为标志，逐步探索完善对金融机构资产负债表损益审计的新路子，金融审计向法制化、规范化逐步迈进。商业银行审计的审计内容从财务收支扩展到检查银行的业务经营、信贷资产质量，再到关注银行风险，审计内容不断扩大；审计手段从传统的手工审计逐步发展到计算机辅助审计；商业银行审计实务中开始重视对商业银行内控有效性进行测试评价，但受审计力量和人员素质的限制，制度基础审计模式难以全面推广使用。

第三阶段是 2001 年至今，在开展对金融机构资产负债损益审计的基础上，围绕风险、效益、管理，进一步深化审计内容，加大审计力度，对金融机构所从事的与财务收支有关的金融业务活动进行全面审计。随着上市银行由一家逐步发展为目前的 5 家，注册会计师审计中商业银行审计业务范围和内容不断深化，制度基础审计模式得到更广泛的运用，并且以《独立审计准则》和《银行审计指南》的出台为标志，风险导向的审计思想开始彰显。该阶段又分两步走：第一步是以防范金融风险为目标的风险审计。由于四大国有商业银行逐步上市，政府审计的主要任务是揭露金融领域存在的重大违反犯罪问题和风险隐患，维护正常的金融市场秩序，审计方式从摸清家底为目的的全面审计转向揭露问题、防范风险的重点审计。第二步是以提高效益为目标的绩效审计，在维护金融市场的正常秩序和有效控制金融经营风险的前提下，审计重点转向审计机构的组织结构、金融品种与服务、风险管理措施、人力资源政策等管理活动的效率和效果。

从总体上看，我国商业银行审计尚处在账项基础审计向制度基础审计和风险基础审计过渡的阶段。

3. 我国商业银行审计制度的特点和不足

我国商业银行审计主要由国家审计署及各级审计机关承担。无论是《宪法》《审计法》，还是《中华人民共和国商业银行法》，均规定国有商业银行应接受国家审计署的审计，对其财务收支进行审计监督。对于专门针对商业银行的社会独立审计，2013 年 8 月，中国注册会计师协会印发了《关于提升注册会计师行业服务金融业发展能力的若干意见》的通知，2014 年 4 月制定了《商业银行审计指引》，以指导注册会计师执行商业银行财务报表和内部控制整合的审计业务。此外，根据 2002 年 2 月 1 日施行的《中华人民共和国外资金融机构管理条例实施细则》第三十二条的规定："外资金融机构应当聘用中国注册会计师，并经所在地区的中国人民银行分行认可。"长期以来，金融审计除了对包括央行和金融监管机构加大审计力度外，资源主要集中在对国有资产占控股地位或主导地位的银行业的审计上，而对证券、保险和其他非金融非银行金融机构审计尚显不足，虽然近几年这种状况有所改善，但仍存在许多审计盲区。这种以政府审计为主题的金融审计制度安排是由目前商业银行管理的二元结构所决定的，有其好的方面，但也存在不足，主要体现在如下几个方面：

(1) 信息严重不对称。信息披露不足，导致信息严重不对称，国家对金融机构的审计结果，并未要求向社会公众披露。广大存款人和投资者无法从市场上了解每家银行的真实财务状况和经营水平，无法准确判断各家银行的风险程度，这种信息的不透明导致垄断性竞争和金融资源的浪费。

(2) 委托代理关系不明。委托代理关系不能公平地反映出所有关系人的利益。政府审计主要是对国有金融机构的财务收支的真实性、合法性和效益进行审计监督,它代表的是国家利益。而国有商业银行要按现代企业制度进行股份制改造,意味着必须自负盈亏,并以保护投资人和存款人的利益为其主要经营目标。政府审计不能很好地反映这种委托代理关系。

(3) 审计力量缺乏连续性和系统性。审计力量满足不了社会要求,审计监督缺乏连续性和系统性,防范金融风险的能力有限。按照《审计法》规定的管辖范围,国有及国有控股商业银行都是审计署及其派出机构的审计范围。相对我国地域广阔、经济规模和众多的银行机构而言,审计力量薄弱。近5年来对四大国有银行国有商业银行进行了审计,并且审计监督不连续,间隔一般在4年左右,下一次很难利用上一次的审计成果。由于审计面窄和间隔时间长,不能及时发现和揭露商业银行经营中的问题和风险隐患,因此,削弱了审计监督的作用。

4. 商业银行审计的实施重点

(1) 审查资产负债管理的有效性和真实性。国有商业银行资产质量不高是十分突出的问题。审计人员主要对流动资产、固定资产、长期资产、无形资产、流动负债、长期负债和所有者权益等项目进行审计。对商业银行资产负债质量、盈亏状况,尤其是对资产负债比例的高低、流动资产比例的大小、支付能力的强弱、信贷资产质量的优劣等主要指标作出准确的审计判断。了解资产负债表上所反映的各项资料是否真实可靠,防止资产的高估,确保资产质量,加强对此不良资产的审计。了解负债结构的合理性,审查商业银行吸收的存款是否符合国家规定的范围,是否严格地执行了利率政策,有无违规拆借资金等。

(2) 审查损益的真实性。针对国有商业银行存在的家底不清、损益不实、会计核算不真实、造假现象严重的问题,应审查商业银行是否严格执行国家和行业的有关法律、法规,严格核算财务收支等。主要包括对营业收入与支出、成本费用和损益等项目进行审计。

(3) 审查有价证券业务的合法性、真实性。审查证券和长短期投资科目中有价证券发生额是否真实合法,有无利用信贷资金购买股票的现象;审计自营、代理或托管证券业务是否经过批准,有无超额代理发行,或以代理或托管之名行自营之实。尤其要审查代理股票买卖业务的操作是否符合国家的有关规定。

(4) 审核会计报表填列的真实性、合法性。现行的金融企业会计制度采用国际上通用的财务报表体系,由资产负债表、损益表、财务状况变动表、有关附表及财务情况说明书等组成。金融审计重点审查商业银行的资产负债表是否真实、规范,有无隐瞒、虚报等人为调节数据的现象。中央银行通过商业银行的会计报表,了解整个金融业的运行状况,从而采取适当的调控措施。

(5) 审查法定准备金制度和存贷款利率的真实性、合法性。法定准备金和利率政策是金融宏观调控的重要工具。因此,应对法定准备金是否足额的缴纳进行审计。存贷款利率的审计主要包括:存贷款利率是否正确、真实,有无未扩大存款而采取不正当竞争手段等行为。

(6) 审计与评价商业银行的内部控制。商业银行的内部控制是商业银行为实现经营目标,通过制定和实施一系列制度、程序和方法,对风险进行事前防范、事中控制和事后评价的动态过程和机制。内部控制是商业银行防范金融风险的第一道防线，审计部门在实施金融审计时，首先，要对商业银行的内部控制，即对商业银行经营与管理有关的规章制度是否完善、有效进行评价。其次，要对商业银行主要业务环节内部控制实施审计，包括授信业务、资金业务、存款及柜台业务、中间业务、会计业务、计算机信息系统等。

8.2.3 商业银行审计内容

实施商业银行的政府审计，可以按照商业银行的主要业务，如存款、贷款、承兑汇票、提供担保等划分审计的工作要点；同时，现金业务由于其流动频繁、金额巨大，也应纳入审计的重要内容。

1. 现金业务审计

现金业务审计的内容包括对"库存现金"和"贵金属"科目的审计。之所以将贵金属归于此类，是因为贵金属的保存、流通特性与现金非常相似。

(1) 基本风险。银行由于日常要处理大量的现金收付业务，因此，会存在大量现金。另外，银行中也会保存黄金、白银等贵金属。现金控制体系在现金收付、运送和保管过程中。贵金属的控制主要体现在其计量、计价、保管的过程中。容易出现的问题包括：现金短失、相关账目出现错误，相关业务的责任制的缺陷甚至缺失，在办理相关业务的过程中违反国家法规。

(2) 内部控制审计。对银行内部控制的审计体现为以下内容：

第一，金库管理。在非营业时间里，所有的货币、贵金属是否都锁进金库和保险柜；金库是否装备有合格的防盗防抢警报等装置；金库的开启是否有定时锁控制，金库是否在每个营业日都最晚打开、最早闭锁；金库备用现金箱是否置于一个由双层锁保护的特别隔间内；金库中备用现金的动用是否由双人监管、共同记录等。

第二，出纳员岗位职责管理。各出纳员是否持有自己的现金并对该现金的货币名称和金额进行记录；出纳员是否在其经手的交易凭证和现金封条上签字或盖章；收到顾客现金时，出纳员是否向顾客提供收据；出纳员在工作上是否受到严格监督，是否实行出纳岗位轮换制度；出纳员的职责是否限制在办理出纳交易的范围内，是否禁止其办理自己私人支票的收付业务，是否允许其接受非本国货币作为其现金的一部分，是否禁止出纳员接触除现金日记账之外的其他会计账簿等。

第三，现金岗位安全管理。每位出纳员的工作岗位是否都装备了防盗报警装置；每位出纳员在金库中是否都拥有属于自己的隔间，以用来隔夜储存自己持有的现金；每位出纳员的工作岗位是否都备有上锁的现金保管实施，以供出纳员离岗时存放现金；顾客存取现金的营业网点是否装有防弹玻璃等防弹设施；对运钞出纳员和大额现金交易网点是否进行了特别的安全防护等。

第四，资金限额管理。对出纳员是否建立和实施了现金限额制度；各分支机构所持有的现金总额是否维持在合理的最低水准；出纳员对其持有的超额周转现金是否进行特别的防护。

第五，现金核查管理。所有出纳员的现金总额是否每天都与中央复核部门所加总的现金总额核对相符；出纳员所持有的现金是否定期由指定专人进行突击核点，对核点情况是否记录保存；在每个出纳员度假之前或突然离岗超过 1 天以后，是否对该出纳员的现金进行清点。

第六,长短款管理。出纳长短款项是否按日结清;是否记入按出纳员设置的出纳长短款账户,以反映各出纳员累计发生的出纳长短款总金额;出纳经理是否审核现金出纳长短款项账户。

第七,贵金属的计价、记账管理。贵金属是否全部入账;初始及期末按成本与可变现净值孰低计量、入账价值是否正确;期末按成本与可变现价值孰低计量时价格标准的判断依据是否充分。

(3)实施符合性和实质性测试。在对银行的内部控制进行测试之后,可以根据对内部控制的初步判断,开始安排符合性和实质性测试。符合性和实质性测试的内容和步骤如下:

第一,清点出纳系统的全部现金,对出纳员持有的现金及金库的贵金属进行突击清点,观察和验证出纳员是否遵守安全和控制制度。

第二,清点备用现金并将之与出纳员报告的现金总额及“库存现金”总账余额进行试算平衡;将金库中清查到的贵金属种类和数量与明细账及总账核对。

第三,全面评价现金控制制度的充分性、有效性和效率性以及出纳运作的质量。

2. 存放同业和同业存放业务审计

“存放同业”科目核算银行存放于境内、境外银行和非银行金融机构的款项。“同业存放”科目核算银行吸收的境内、境外金融机构的存款。虽然另外一个科目“存放中央银行款项”核算的内容与前两个科目在性质上并不完全相同,但因为它们同属银行款项到对外存放,因此也归于这类业务,一起进行审计。

(1)基本风险。银行存放同业与同业存放业务中常常出现以下风险:挪用存放同业资金,并导致存放同业账户出现透支情况;账户上漏记存放同业资金或同业存放资金;备付金准备不足;存放同业账户上资金闲置过多;从同业存放账户和存放同业账户中错误付款或重复付款,且款项法追回,导致资金损失;伪造汇票不能识别。

(2)内部控制审计。针对上述基本风险,审计机构应对以下内部控制进行审计。

第一,不相容职务及业务记录管理控制。是否指定专人负责支用存放同业账款;账户调节人员是否被禁止拥有支取存放同业账款的权利;是否禁止调节人员处理现金、现金项目或有价证券,是否禁止其进行账务处理;是否把资金调拨职责、授权职责和账户调节职责分离开来,一人一职;对空白汇票是否实行共同保管。

第二,业务授权管理控制。对各授权人员的身份及权限范围是否进行了明确的规定;所有汇票是否都进行事先编号,且根据不同的账户行(即汇票的付款行)编制不同序列的号码;在采用签字盖印机签署汇票的情况下,是否对签字机进行特别控制;本行关于存放同业事项的政策是否由董事会制定和批准执行;本行的开户行是否经董事会批准指定。

第三,往来业务管理控制。在同业存放账户项下发生借记(即付款)事项时,是否向有关代理行(即在本行存入款项的其他银行)编发正式的借记通知书(即付款通知书);在存放同业账户下是否向代理行提供贷记通知书(即收款通知书)。

第四,对账管理控制。存放同业账户的收付款通知书、已付汇票和对账单是否直接寄给本行独立的账户调节部门(或岗位);定期向代理行寄发对账单,将对账单直接寄给代理行的对账部门;是否建立日常的账户调节制度;是否指定一名职员和监督员负责定期正确地调节账户;是否保持完整的账户调节记录,并由监督人员进行审核;对利息支付、收入的计算、记录、审核是否有专人负责；对本行的每一开户行是否都设有一个明细存放同业账户与之对应；是否根据对账单定期对差异项目进行逐个调节，以列出每个差异项目的发生日期和金额；是否对对账单的更改进行审核。

第五，账户头寸分析管理控制。在存放同业账户中是否只存有有限的资金，以供代理行对盖印签字的汇票进行付款；是否由高级经理人员对本行头寸表进行审核，根据向代理行提供的服务范围对同业存放余额进行具体分析，确保本行从代理行账户中所获利益大于本行存放代理行资金的机会成本和本行的服务费用是；否在存放同业账户中保留必要的余额，并定期将余额情况向主管账户头寸的官员进行汇报，以便将多余的头寸进行投资，或对不足的头寸进行拆借补足；是否根据既定的频率计划，对存放同业账户定期进行调节；是否制定了账户平均余额方针，用以指导确定在每个开户行中存放的平均余额；对本行有关存放同业与同业存放的政策是否每年审议一次；是否按存款账户的控制制度来控制同业存放账户；是否还对同业存放账户进行特别的控制；是否制定的有关核销调节项目的方针。

第六，汇票签发管理控制。审查汇票的签发、承兑签发后 6 个月未偿清的汇票是否至于特别控制之中；是否将已付汇票逐一或按总额与对账单进行比较核对。

（3）实施符合性和实质性测试。

第一，通过分析内部控制决定实质性测试的范围和具体实施办法。

第二，确认“存放同业”“同业存放”及“存放中央银行款项”账户总账、明细账余额及各账户余额是否合乎要求。

第三，确认存放同业账户的调节表相关金额。

第四，审核存放同业账户和同业存放账户的活期余额。

第五，确认存放同业账户定期余额产生的利息收入和同业存放账户定期余额产生的利息支出的实际金额与计算金额相符。

3. 投资和相关收入业务审计

与投资相关的科目比较多，在新的会计制度下，商业银行用到的科目包括“交易性金融资产”“衍生金融资产”“买入返售金融资产”“可供出售金融资产”“持有至到期投资”“长期股权投资”“投资性房地产”“投资性房地产累计折旧（摊销）”“投资性房地产减值准备”“交易性金融负债”“衍生金融负债”“卖出回购金融资产款”“利息收入”“投资收益”“公允价值变动损益”“长期股权投资减值准备”等。

（1）投资业务的基本风险。投资业务的基本风险包括：投资本金不能收回，甚至发生损失；对购入的有价证券保管不善，发生票券丢失或被盗的情况；对投资业务不按银行行业或公认会计原则的要求进行会计处理，造成会计核算混乱；投资及其收益核算不规范，发生挪用、侵吞相关资金、利息的情况。挪用或侵吞用来购买有价证券的资金、出售有价证券所得的资金、证券到期赎回的资金以及应收的证券利息。

（2）内部控制审计。银行应针对上述基本风险，确立有关投资业务的内部控制。

第一，授权制度管理。本行的总体投资战略和投资政策是否正式成文，并经董事会批准执行；董事会或其下属的投资委员会是否对投资证券的购买、出售和调换进行了正式授权；是否只有经董事会或投资委员会指定的人员才有权发起投资交易；在董事会或投资委员会的会议记录中是否记录了对投资交易的批准决定；本行投资业务的经纪人是否经董事会慎重选择和正式批准。

第二，不相容职务的管理控制。负责试算平衡的职员是否与投资证券的交易授权、收发保、账务记录等职责没有直接关联；投资明细账的记账职责是否与投资业务的实际执行职责相分离，即负责记账的职员是否被禁止发起投资交易或被禁止接触投资证券；投资会计报告的编报人员是否被禁止拥有投资权限；报告的内容是否经过监督人员的符合和审查；每笔投资交易的原始凭证是否由不负责发起投资的职员进行审核。

第三，账务管理的控制。投资会计系统所记录的数据是否能满足合理确定应计利息收益和证券利得或损失的需要；上述数据是否由来自独立渠道的充分证据（如经纪人开具的发票、代理行的通知等）进行证明；对投资证券是否进行了明细账记录，投资明细账是否按月与投资总账进行试算平衡；是否根据投资的性质将其记入相应的科目。

第四，证券安全管理的控制。购入的各种投资证券在可能的情况下是否都由代理行（或代保管机构）进行保管；在证券由代保管机构代为保管的情况下，本行是否持有代保管收据；存放在本行内的证券是否有双重锁锁存，并实行共同保管制度；对双重锁钥匙采取的防范措施是否达到任何一人都不可能同时拿到两把钥匙安全程度；归本行拥有的证券是否与不归本行拥有但由本行持有的证件分开存放；对投资证券的移动是否实行了双重控制，如对证券的入库或出库是否由两人签字等。

第五，投资收益核算管理控制。是否对投资收益作出预算；投资收益是否有独立于投资授权和明细记账这两项职责的职员负责收取和存放；投资证券利得和损失是否在实现时进行计算和确认；对不能赎回的投资证券进行核销，是否经过董事会批准；对持有的投资证券，是否定期审查其信用级别和市场价值；公允价值的变动是否及时、准确地进行反映和披露；本行的投资业绩与其他投资机构相比，是否在证券的信用等级、到期期限和实际收益率上具有优势。

(3) 实施符合性和实质性测试。在对内部控制进行分析判断的基础上，再进行符合性测试和实质性测试。测试内容包括：

第一，对有关的总账与所属的明细账进行试算平衡。

第二，核实已入账的各类投资实际存在情况及账务处理是否符合新企业会计制度的相关规定，对账户的分类是否正确。

第三，详细分析投资业务的处理过程是否符合新企业会计制度的相关规定，对账户的分类是否正确。

第四，审查投资交易的审批手续是否合法、合规。

第五，审查各项投资的成本价及按公允价值计价的投资公允价值变动的计算、处理是否合理。

第六，审查到期收回或售出的投资项目是否正确入账。

第七，审查投资利得和损失是否正确入账，与相关的投资记录是否相符。

第八，审查应收利息、累计折价摊销和累计溢价摊销金额是否正确，利息的相关计算与债券的相关账物是否相符。

第九，审查利息收益、折价摊销和溢价摊销金额是否正确。

第十，审查投资性房地产租金的计算是否正确，是否收回现金。

第十一，审查双重控制是否有效，有关凭证是否健全，查证有关信息的准确性。

第十二，存在长期股权投资的企业，其应收股利中因长期股权投资应收回利润部分计算、核算是否正确。

第十三，涉及持有至到期投资进行重分类时，注意入账价值的确定。

4. 商业贷款和抵押品管理业务审计

商业贷款是商业银行的重要工作。与之相关的科目主要有“拆出资金”“发放贷款和垫款”“向中央银行借款”“拆入资金”“吸收存款”“应收利息”“应付利息”“利息收入”“利息支出”等。

(1) 贷款主要流程。

第一，一般贷款流程如下：①受理贷款申请，调查借款人的信用状况；②办理贷款支付，建立会计记录；③负责收贷收息及本金；④监控贷款的执行情况；⑤建立和审查贷款档案。

第二，抵押贷款流程如下：①受理贷款申请，调查借款人的信用状况，以及对抵押财产进行评估，据以作出贷款决策；②办理贷款资金的支付，建立会计记录；③办妥和保存与贷款有关的各种文件；④负责贷款的会计核算和会计报告；⑤监控贷款的执行情况；⑥负责抵押品的收入、保管和发还工作。

(2) 贷款及抵押品管理的主要风险。

第一，贷款政策制定不完善，执行不力，造成信贷过于集中，贷款信息不准确和不完整，致使银行遭受较大的信贷损失。

第二，贷款使用监督不力和贷款发放监督不慎，致使贷款失去安全性。

第三，违法拆贷而受到法律或法规的处分、罚款或其他制裁。

第四，无法识别，如借款人编制虚假的财务信息，以伪造的证券作为抵押品，以及对抵押品进行挪用或转换等外部欺诈行为而致使银行蒙受损失。

第五，因内部人员截留和挪用借款人归还的本息金额，侵吞抵押品，捏造虚假贷款，以及在贷款发放过程中收受回扣等内部欺诈行为而致使银行蒙受损失。

第六，个别职员为追求个人工作业绩而出现擅自更改与贷款账户有关的信息，隐瞒逾期贷款信息等情况。

第七，账务处理错误。

第八，对抵押财产的价值评审失误(尤其在贷款需求较旺的情况下)，从而导致借款人不能偿还贷款而抵押财产价值又不能够抵补贷款本息，使银行遭受损失。

第九，抵押契约出现错误，抵押财产的投保不当，抵押财产滞留权税赋由银行负担，以及抵押财产的产权不完整(即除银行外还有其他人也对抵押财产享有优选置留权或权益)，由此使银行蒙受与抵押财产有关的损失。

第十，质押财产因保管措施不严造成质押财产的损害、灭失。

(3) 内部控制审计。针对以上风险，审计人员应该对以下内部控制进行审计。

第一，贷款政策制定方面。董事会是否正式制定和批准了本行的总体贷款政策；是否有贷款限额、规模、地区、利率和费率、期限的相关规定及独立监督执行政策；对拖欠贷款是否有报告、催收制度；对信贷的集中情况是否进行定期报告；商业贷款政策每年是否至少审查一次；本行在办理商业贷款业务中是否遵守了有关的法律和法规，遵守情况是否有凭有据，是否经过检查；是否具有合适的不动产抵押贷款政策；每年是否至少审查一次不动产抵押贷款政策；是否制定了有关程序，以保证本行遵守国家和地方关于贷款限额、贷款信息披露以及反歧视和高利贷等内容的法律规定；是否制定了有关程序，以保证本行遵守贷款担保机构或贷款保险机构的要求；就建筑贷款来讲，本行是否要求承包商和主要分包商就其专业技能提交充分的证明文件；本行是否要求对各建筑阶段都要进行成本明细估算；建筑协议和贷款协议是否需要经本行律师和其他专家审查；对建筑协议的更改是否必须经过本行律师、长期贷款人、建筑设计商、项目工程师以及主要租户的书面批准；建筑协议和贷款协议是否规定了工程的完工日期，是否禁止在本行没有批准的情况下擅自开工，是否规定了本行对工程现场进行检查的权力和按工程进度支付贷款的权利，以及在发生违约的情况下，贷款人对工程进行及时全面控制的权力；是否只有在对工程的现场检查报告得到审查通过后，以及只有在承包商、借款人、现场检察官和信贷官员进行书面授权后，才能对贷款按事先安排好的计划进行支付；本行是否持有承包商支付代扣的员工税款、建筑险保险费、工人补偿保险费和公共义务保险费的凭证；在董事会或贷款贴现委员会的会议记录中是否记录了对抵押财产估价师进行授权的内容；本行的律师是否对长期贷款人所做出的赎回承诺的可接受现进行审查；本行是否审查长期贷款人的财务报表，以确定其承担财务责任的能力。

第二，有关票据的管理。对借款人提交的贷款票据是否进行连续编号，并记入票据登记簿；在营业时间内，对票据是否进行安全保护；在非营业时间内，是否将票据存入保管库中，妥善保管；所有的票据是否经贷款官员签署；是否禁止本行职员持有借款人已签字的空白票据。

第三，贷款支付的管理。贷款是否采用本票或采取转存借款人账户的方式进行支付。

第四，贷款人信息管理。对所发放的每笔贷款，是否都相应的保存有经借款人签字的借款申请书；是否为每个借款人建立了信贷档案并保证规定内容齐全(一般包括借款目的、支付方式的说明，偿还计划，调查报告，财务报表等)；对信贷档案中更新、补充信息(如借款人应提交最近一期的财务报表)，是否有一定的控制程序予以保证；是否将已清偿贷款项下的票据或有关文件及时退给借款人；是否在退回的票据上或有关文件上加盖了“已清偿”戳记，表示票据或文件已经注销；对去向不明的文件，是否制定了系统追查程序；是否指定专人负责检查贷款关闭账户后所有文件的起草、执行及存档情况。

第五，不相容职务管理。贷款的记账是否与票据签发分开；进行贷款明细账与总账之间的试算平衡与办理、记录商业贷款明细账的职能是否分开；对贷款余额进行查询的职员是否不接触现金；调整贷款的文件是否由不接触现金的职员进行核验；负责发出预期贷款通知的职员是否不接触收款；不动产抵押贷款明细账的建账和过账工作，是否由不接触现金或无权签发本票和汇票的职员负责进行；贷款明细账与总账之间的调节事项是否由不接触现金的职员进行查询；贷款明细账与总账之间的试算平衡是否经常进行，进行这项工作的职员是否不负责办理不动产抵押贷款业务和登记不动产抵押贷款明细账。

第六，账务处理管理。贷款利息是否按期计算入账并与贷款相核对；贷款明细账是否按日记账、过账并与贷款总账进行核对调节；是否将商业贷款分录记入了日记账并每天与总账进行核对调节；对作为抵押品的证券所产生的利息，是否采取了及时、充分的会计处理；不动产抵押贷款明细账是否按日过账，是否按日与贷款总账进行核对调节；是否将不动产抵押贷款分录记入了日记账，是否将日记账每天与总账进行核对条件；本行已持有其产权证书的抵押财产是否在账户上转作本行拥有的其他不动产。

第七，抵押程序管理。不动产抵押贷款承诺是否以书面形式发出；在贷款文件档案中是否保存有经借款人签字的每笔不动产抵押贷款申请书；是否设有专人负责不动产抵押贷款文件的档案工作；是否编制文件清单以保证贷款文件按要求收妥和存档；本行是否持有抵押财产所有者支付不动产税和在灾害保险费的文件凭证。

第八，抵押品管理。在收到借款人交来的抵押品时，是否开具一式多联和预编号码的抵押品记录单；记录单是否至少包括三联（一联作客户的收据，一联作为抵押品的明细账记录，一联作为抵押品登记副本）；对可流通抵押品，是否由双人共同保管；两位保管员在抵押品的收发环节是否都在抵押品记录单上同时签字；是否把作为抵押品的股票与这种股票的授权转让书分开保存；从保管库里临时提取用来抵押的证券，是否采用了预编号码的出库单进行控制；对所有抵押品的价值和状况，是否采用了充分的程序进行监控；是否采取了充分的程序，以确保本行在必要时能立即对抵押品进行清算变现。

第九，逾期贷款管理。对逾期贷款，是否采取了由系统的和不断强化的程序进行跟踪催收，如及时向逾期借款人编发逾期通知书；对逾期贷款、有问题贷款和未清贷款承诺总额，是否采取了系统的程序向董事会进行报告。

（4）实施符合性和实质性测试。在对银行贷款内部控制分析评价的基础上，进行符合性和实质性测试：

第一，对贷款余额进行试算平衡，核对明细账、总账余额。

第二，选取具有代表性的贷款样本核对有关文件、支付凭证、跟踪记录、利息收取凭证、本金收回凭证等内容。

第三，直接与借款人确认抽样贷款余额。

第四，审查所有的非正常贷款（包括逾期贷款、利息未按期收回的贷款、重整贷款以及商业贷款部门认定的有问题的贷款）。

第五，对重要贷款项下的票据进行大比例抽查。

第六，盘点贷款抵押品并与抵押记录相核对。

第七，有重点地审查信贷档案。

除了对以上银行主要业务的审计之外，还要注意审计地方商业银行股份制运作的规范性。例如，组织机构中股东大会、董事会、监事会的设立和行长的任职资格问题，公司章程是否对公司股东、董事、监事、行长具有约束力的问题，以及股东大会的职权、议事方式、表决程序的合法、合规性问题。另外，还有所有者权益中各项资本成分的数量及比重、资本充足率问题，资本公积、盈余公积、公益金的获得、提取、使用是否符合法定要求及利润分配的行为，是否合法，顺序是否合规，未分配利润是否真实等问题。

知识拓展 8-1

商业银行审计结果

中国农业银行股份有限公司 2014 年度资产负债损益审计结果

（2016 年 6 月 29 日公告）

根据《中华人民共和国审计法》规定，审计署 2015 年对中国农业银行股份有限公司（以下简称农业银行）2014 年度资产负债损益情况进行了审计，对有关事项进行了延伸和追溯；重点审计了总行和上海、浙江、江苏、广东、山东、四川和香港等 7 家分行以及农银金融租赁有限公司（以下简称农银租赁）等下属子公司。

一、基本情况

农业银行于 2010 年 7 月完成沪、港两地上市。据合并财务报表反映，农业银行 2014 年年底资产总额

159 741.52亿元，负债总额149 415.33亿元，所有者权益10 326.19亿元；当年实现营业收入5 208.58亿元，净利润1 795.1亿元。

审计结果表明，农业银行能够贯彻落实国家经济金融政策，坚持并完善"面向三农、城乡联动、融入国际、服务多元"的发展战略，不断提升经营管理水平，但在财务收支、重大决策制定和执行、业务经营、风险管控和廉洁从业方面也存在一些薄弱环节。

二、审计发现的主要问题

(一) 财务收支方面。

1. 2012年至2014年，总行及6家分行在工资总额外通过"职工福利费""劳动保护费"等明细科目列支伙食补贴、制装费等5.55亿元，其中2014年2亿元；总行还超过财政部规定标准，为职工多缴存住房公积金1.58亿元，其中2014年6 043.47万元。

2. 2014年，四川分行在未向担保方进行追偿情况下转让不良资产3.65亿元；浙江和广东分行以低于抵质押物评估值的价格转让不良资产32.04亿元。

3. 2013年至2014年，浙江、山东、江苏、上海4家分行存在少计收入、多计支出等损益不实问题，涉及金额2 357.67万元，其中2014年2 254.88万元；山东、浙江、江苏3家分行存在会计核算不准确问题，涉及金额1.69亿元，其中2014年1.14亿元。

4. 农业银行总行有109套住房从2010年至2014年年底长期闲置；江苏分行至2015年5月底有131宗房产长期处于闲置或部分闲置状态；广东分行广州北秀支行2012年7月起租赁一处营业用房，因无法装修，至2014年8月一直处于闲置状态；农银财务有限公司于2013年计划撤销，其6 799.5万港元存款等资产闲置近2年时间。

(二) 重大决策制定和执行方面。

2014年，农业银行未经董事会审批，向农银租赁增资80亿元、向农银人寿保险股份有限公司(以下简称农银人寿)增资35.7亿元。农银人寿增资事项在未经该公司股东大会同意的情况下，先行支付增资资金9.99亿元；2012年至2014年期间农银人寿董事会人数为9～10人，未达到公司章程规定的11人。

(三) 业务经营方面。

1. 2012年至2014年，农业银行涉农贷款增速放缓，3年平均增幅12.43%，低于同业平均增幅4.92个百分点；未严格执行涉农贷款统计制度，将367.14亿元非涉农贷款按涉农贷款进行统计；农银租赁涉农租赁合同金额仅占该公司全部租赁业务的8.46%，未能体现服务"三农"特色。此外，抽查发现个别分支机构存在涉农贷款利率上浮情况。

2. "金穗惠农通"工程部分电子机具闲置，其中浙江分行2014年及以前年度安装的15 746台电子机具中，有4 215台自2015年以来无交易记录；北京等6家分行2012年至2014年发放的惠农卡共计开卡491.42万张，至2014年年底，有345.5万张开卡后无交易或已销卡。

3. 2012年至2014年，为规避信贷规模管理，总行和部分分行通过购买境外子公司农银国际控股有限公司信托计划收益权等多种方式，向境内企业融资1 420.3亿元(2014年540.6亿元)，部分投向限制性行业和领域；2014年在工业和信息化部公布当年淘汰落后和过剩产能企业名单后，农业银行仍向其中33户发放贷款35.35亿元；江苏分行在2012年至2014年期间，通过定向理财方式向火电、造纸等限制性行业和领域的企业提供融资87.55亿元。

4. 2012年至2014年，农业银行单户授信500万元以下企业贷款分别下降2.76%、10.27%和3.20%；浙江等6家分行未严格执行国家对小微企业的划分标准，将非小微企业的贷款计入小微企业贷款中，涉及金额55.2亿元。

5. 2012年至2014年，农银租赁在未实际提供咨询服务的情况下，向融资客户收取咨询服务费13.01亿元，其中2014年2.23亿元。

6. 2010年至2014年，山东、江苏、浙江、广东、四川、上海6家分行向提供虚假资料、贸易背景不实等不符合条件的企业违规办理贷款、承兑汇票等信贷类业务182.32亿元，其中2014年142.84亿元。

7. 2012 年至 2014 年，北京、山东、浙江、四川 4 家分行未经审批代销理财产品、为无国际结算需求的企业办理外汇掉期等中间业务，涉及金额 110.66 亿元，其中 2014 年 72.44 亿元。

8. 2012 年至 2014 年，云南分行等 29 家分支机构未经审批，违规为客户融资出具“抽屉协议”性质的担保及回购承诺，涉及金额 251.74 亿元(其中 2014 年 70.79 亿元)，已形成垫款 8.5 亿元。

9. 2014 年，浙江、江苏 2 家分行通过将同业存款按照一般对公存款核算等方式，违规办理存款业务 19.35亿元。

10. 2011 年 12 月，农银租赁在租赁物不存在、项目手续不全等情况下，违规开展房地产售后回租业务 5.5 亿元。

(四) 风险管理和内部控制方面。

1. 2011 年至 2014 年，四川分行等 6 家分支机构未严格执行贷前审核，致使部分企业以虚假财务报表、购销合同等手段从农业银行取得贷款；广东分行等 7 家分支机构贷后检查制度执行不严，导致部分贷款企业不按规定使用贷款资金。上述问题涉及贷款金额 187.38 亿元，其中 2014 年 61.48 亿元。

2. 2012 年至 2014 年，总行和上海分行在未按规定报备的情况下，将部分集中采购的项目采用竞争性谈判等非招标方式采购，涉及金额 169.83 亿元，其中 2014 年 42.71 亿元；总行和上海分行向以虚假资质文件入围等不符合条件的企业采购 16.81 亿元。此外，农业银行由内、外部专家随机组成的集中采购评审委员会未能按规定履行职责。

3. 至 2014 年年底，总行未及时出台差旅费管理相关制度；2013 年至 2014 年，总行 249 个出国团组中有 167 个未列入年初因公出国计划。此外，还存在部分信息系统缺少必要的数据控制功能、农业银行年金理事会违约提前赎回理财产品、个别分支机构违反行内规定代客户划转资金等问题。

(五) 廉洁从业方面。

1. 2013 年至 2014 年，四川分行租用成都双流机场头等舱休息室 119.25 平方米，实际使用 8 174 人次(含员工)，支付租金 748.84 万元，其中 2014 年 274.77 万元。

2. 2013 年至 2014 年，山东分行部分分支机构以会议费、培训费等名义支出 397.98 万元，用于购买烟酒等，其中 2014 年 217.29 万元。

三、审计处理及整改情况

对审计发现的问题，审计署已依法出具了审计报告，下达了审计决定书。农业银行正在组织整改，已制定、完善相关规章制度 35 项(其中总行 6 项)，并对相关责任人进行了处理。具体整改结果由农业银行向社会公告。

本次审计发现的违法违纪问题线索，已依法移送有关部门进一步调查处理。

资料来源：中华人民共和国审计署：《中华人民共和国审计署审计结果公告 2016 年第 22 号：中国农业银行股份有限公司 2014 年度资产负债损益审计结果》。

8.3 保险业务审计

8.3.1 保险业务概述

1. 保险与再保险

保险是指投保人根据合同约定，向保险人支付保险费，保险人对于合同约定的可能发生的事故因其发生所造成的财产损失承担赔偿保险金责任，或者当被保险人死亡、伤残、疾病或者达到合同约定年龄、期限时承担给付保险金责任的商业保险性行为。再保险是指保险公司将其承担的保险业务，部分转移给其他保险公司的经营行为。

2. 保险公司及管理机构

保险业务一般由保险公司承担。保险公司是指经中国保险监督管理机构批准设立，并依法登记注册的保险商业保险公司，包括直接保险公司和再保险公司。直接保险公司是指向投保人签发保单、直接承担保险责任的保险公司。再保险公司是指专门从事再保险业务、不直接向投保人签发保单的保险公司。再保险分出公司是指将其承担的保险业务，部分转移给其他保险公司的保险公司。再保险分入公司是指接受其他保险公司转移的保险业务的保险公司。分出业务是指再保险公司分出公司转移出的保险业务。分入业务是指再保险分入公司接受分入的保险业务。

保险业务由专业管理机构——中国保险监督管理委员会(简称中国保监会)及保险保障基金理事会等直接监管，《中华人民共和国保险法》(以下简称《保险法》)是最直接的专业约束线法律。保险业务的会计处理则应遵循《会计法》和2006年颁布的《企业会计准则》中的有关规定。

3. 保险业务

由于保险公司出售的是对投保人未来可能的损失予以赔偿或给付的承诺，因此，保险业务的性质有别于一般生产或商品销售企业的业务。

(1) 保险公司业务介绍。保险公司的业务范围包括保险业务和再保险业务。其中，保险业务包括财产保险业务(包括财产损失保险、责任保险、信用保险等保险业务)和人身保险业务(包括人寿保险、健康保险、意外伤害保险等保险业务)。再保险业务包括分出保险业务和分入保险业务。因此，保险业务审计从内容来说就包括财产保险和人身保险业务的审计。

(2) 保险业务的特点。除了一般业务与其他企业业务有共性之外，保险公司业务还具有以下特点：保险机构处理大量交易，其中单笔或数笔交易可能涉及巨额资金，需要定期执行核算平衡和调节程度；许多交易受到会计核算特殊规定的限制，适用企业会计准则中的特别规定；有些交易不在资产负债表中列示，甚至不在会计报表附注中披露，保险公司必须采取控制程序保证这些交易以适当的方式被记录和监控，并及时确认因交易状况变化而产生的损益；保险机构的保险产品和服务更新频繁，需要及时更新会计系统和相关的内部控制；会计账面余额与发生的实际业务之间由于种种原因可能并不一致；对大多数交易的记录必须便于保险机构内部、保险机构与客户及交易对方核对等。

8.3.2 保险业务审计概述

1. 保险业务审计的内容

保险业务审计是审计机关依法对保险公司的会计资料及其所反映的相应业务、财务收支情况进行的监督和审查核实。保险业务审计包括以下内容：

(1) 审查保险展业、防灾和理赔工作是否做到合法、合理、真实和有效。展业、防灾和理赔工作必须认真贯彻执行国家有关方针政策和法律法规以及保险合同的规定。既要提高保险企业的自身经济效益，也要充分发挥保险促进生产和保障人民生活安定的积极作用。

(2) 审查财务收支和各项经济活动是否正确、真实与合法。查明各种凭证、账目、报表等资料所反映的经济活动是否存在虚假不实、营私舞弊或铺张浪费。根据实际情况提出建议，改善保险业的经营管理。

(3) 审查是否管好、用好流动资金。保险企业的流动资金是保证其履行补偿职能的保险基金。它必须在保险企业的全部资金中占相当的比重。只有管好、用好流动资金及有价证券，才能保证保险企业经营活动的正常进行。

(4) 对固定资产管理进行审计监督。通过对固定资产的全面核算与监督，避免国有资产遭受损失，改进管理，提高保险企业的经济效益。

(5) 对专项基金进行审计监督。保险企业专项基金有各种业务准备金、利润留成项目下的专项基金等。管好、用好各项专用基金有利于正确处理保险人与被保险人之间的经济利益关系，稳定保险事业的经营；有利于正确处理国家、企业和个人之间的经济利益关系；有利于调动职工的积极性，促进保险事业的健康发展。

(6) 对保险企业偿付能力进行审计监督。保险企业只有有足够的偿付能力，才能承担补偿义务。

(7) 对内部控制的健全、有效及执行情况进行监督检查。

2. 保险业务审计的主要风险

保险业务审计的风险源于保险公司业务的特点有：

(1) 由于保险公司的产品是保险合同，而与合同相关的是一系列的不确定性问题，这些问题一直到保险合同到期才能有确定的答案。以寿险合同为例，寿险合同期限一般很长，与其相关的实际死亡率、投资回报率和通货膨胀率与订立保单时的预期常常会出现较大的差距，从而使保险公司的经营产生较大的风险；财险合同也面临预期损失率与实际损失率发生重大偏差的经营风险。这些业务的不确定性为审计判断带来了较大的风险。

(2) 由于保险资金投资结构的不断变化，投资渠道也日益多元化，这在加大保险资金和保险公司经营风险的同时也增加了审计风险。

(3) 由于保险行业有准备金、其他负债准备金和再保险准备金的要求，需要充足、可靠、客观地提取各类准备金，以具备足够的偿付能力，并实现风险转移的有效性，这也是保险公司业务审计中的一个重要风险点。

(4) 保险公司复杂的管理体制和业务经营既增加了保险公司的经营风险，也加大了审计风险，形成复杂的审计难点。

8.3.3 保险业务审计的具体内容

1. 保险业务内部控制审计

(1) 产品开发审计。在产品开发方面，主要审计：是否成立产品开发领导和决策机构，并明确精算责任人和法律责任人的责任；是否建立并实施产品开发管理程序，并对新产品的开发、论证、审核等进行控制，对产品的销售、盈利和风险情况进行定期跟踪分析。

(2) 销售管理审计。在销售管理方面，主要审计：是否建立并保持书面程序，对销售人员或机构的甄选、签约解约、薪酬、考核、档案、品质管理、宣传材料管理等进行控制；是否定期对销售人员进行专业培训和职业道德教育，建立销售人员失信惩戒机制；是否对于销售过程中已识别的风险，建立并保持控制程序，并将有关程序和要求及时通报销售人员或机构，确保其遵守寿险公司相关的控制要求；是否建立并实施客户回访制度，按照有关规定确保客户回访范围和内容，对客户反馈信息进行分析整改并定期跟踪。

(3) 核保核赔管理审计。在核保核赔管理方面，主要审计：是否建立了明确的核保、核赔标准，并实施权责分明、分级授权、相互制约、规范操作的承保理赔管理机制；是否明确核保核赔人员的适任条件，定期对核保核赔人员进行培训，确保核保核赔人员具有专业操守并勤勉尽责。

(4) 服务质量管理审计。在服务质量管理方面，主要审计：是否建立并实施业务操作标准和服务质量标准，对销售、承保、保全、理赔等活动的服务质量进行规范管理，并建立客户服务质量考评机制和咨询投诉处理程序，对咨询投诉处理中发现的问题进行核实、分析、反馈，以进行整改和跟踪监督。

(5) 再保险管理审计。在再保险管理方面，主要审计：是否建立并实施科学的分保管理流程，建立职责分明、相互制约的分保机制，合理确定自留额和分保方式，确保及时、足额进行分保。具体包括保险经纪人是否按照与再保险分出公司的约定，及时寄送账单、结算再保险款项以及履行其他义务，是否有挪用或者截留再保险费、摊回赔款、摊回手续费以及摊回费用的问题；保险经纪人是否按照与再保险分出公司的约定，将其知道的再保险分出公司的自留责任以及直接保险的有关情况及时告知再保险分入公司等。

(6) 单证、印鉴、档案管理审计。在单证、印鉴、档案管理方面，主要审计：是否建立并保持控制程序，对保险单证的印刷、保管、领用、作废和核销，印鉴的刻制、保管、使用范围、使用审批、使用登记、作废和核销以及档案的保管实施控制；是否对造假重要单、仿制印鉴等违法违规行为进行责任追究。

(7) 业务处理系统审计。在业务处理系统方面，主要审计：是否建立了稳定、高效、能够对业务提供全面功能支持的业务处理系统；是否制订了业务处理系统的管理规章、操作流程、岗位手册和风险控制制度；是否实施操作权限管理，并及时根据业务和控制需要对业务处理系统进行改进。

(8) 会计处理审计。在会计处理方面，主要审计：是否对不相容职务进行了规定并实施定期或不定期轮岗制度：是否保持了完整、准确的会计记录，并及时、完整、准确地提供会计信息，建立健全财务会计系统；是否妥善保管现金、有价证券、空白凭证、密押、印鉴等；会计处理是否遵循国家财政部门的统一规定；是否对资金进行了统一管理，严格控制费用开支，实行财务双签制度；是否定期核对现金和银行存款账户，保证现金和银行存款安全；是否建立了独立的内部稽核审计部门，制定了完善的稽核审计制度，并配备一定比例的专职稽核审计人员。

2. 实施符合性和实质性测试

在对保险业务内部控制分析评价的基础上，进行符合性和实质性测试，具体包括：对各账户余额进行试算平衡，核对明细账、总账余额；选取具有代表性的保险样本核对有关保险合同、保费收取凭证、理赔、退保支付凭证、跟踪记录、投资业务有关凭证等内容；直接与经纪人、客户确认保单相关金额；审查所有的大额非正常项目(包括退保、理赔的出现与客户发生纠纷的项目)；对重要保险项下的合同、单据进行大比例抽查；对保险收入、赔款支出、未决赔款、险种结构、责任限额、案均赔款、损失率等数据进行核实和分析，对经营状况、险种盈亏、业务流程的管理情况作出客观评价。

此外，对保险准备金的审计要作为一项专门的重要内容进行。在《企业会计准则》所规定的会计科目及报表中，对保险业务的准备金有比较详细的划分，包括“长期健康险责任准备金”“应收分保未到期责任准备金”“应收分保未决赔款准备金”“应收分保寿险责任准备金”“未到期责任准备金”“未决赔款准备金”“寿险责任准备金”“应收分保长期健康险责任准备金”“存出资本保证金”“一般风险准备”科目。在对这些科目进行审计时，除了要注意科目金额的核对外，还应该计算、分析其提取比例，并与相关规定对照，审核其合规性。

知识拓展8-2

保险业务审计结果

中国太平保险集团有限责任公司2014年度资产负债损益审计结果

（2016年6月29日公告）

根据《中华人民共和国审计法》的规定，审计署2015年对中国太平保险集团有限责任公司（以下简称太平集团）2014年度资产负债损益情况进行了审计，对有关事项进行了延伸和追溯；重点审计了太平集团本部及所属太平人寿保险有限公司、太平财产保险有限公司、太平资产管理有限公司、太平电子商务有限公司、太平养老保险股份有限公司（以下分别简称太平人寿、太平财险、太平资管、太平电商、太平养老）等5家子公司。

一、基本情况

太平集团为目前唯一一家总部设在香港的中央金融保险集团，拥有二级全资和控股公司20家。据合并财务报表反映，太平集团2014年底资产总额3 531.44亿元，负债总额3 139.45亿元，所有者权益391.99亿元；当年实现营业收入675.88亿元，净利润37.23亿元。

审计结果表明，太平集团能够贯彻落实国家经济金融政策，推进建立现代企业治理体系，突出发展核心主业，主要发展指标3年翻番增长，实现国有资产保值增值，但在财务收支、业务经营、风险管控和廉洁从业方面也存在一些薄弱环节。

二、审计发现的主要问题

（一）财务收支方面。

1. 2012年7月至2014年年底，太平电商租赁的电话销售人员座席闲置，租金损失浪费3 361.9万元，其中2014年841.5万元。

2. 2012年5月至2013年9月，太平财险违规使用工会经费发放职工福利235.84万元。

（二）业务经营方面。

1. 太平集团未严格按照有关政策要求积极发展农业保险和小微企业贷款保证保险，其中2014年承保农业保险仅占当年全国市场份额的0.08%；30家财险分支机构中仅有3家独立开展了小微企业贷款保证保险业务，2014年保费收入76.76万元。

2. 2008年6月至2015年2月，太平人寿和太平财险通过虚列广告费、会议费等套取资金2.54亿元，用于发放员工奖励和市场营销等，其中2014年0.46亿元。

3. 2012年至2014年，太平人寿和太平财险以旅游费、体检费等名义，给予投保人、被保险人和代理机构等业务合同约定之外的利益1.25亿元，其中2014年0.29亿元。

4. 2012年至2014年，太平财险将兼业保险代理机构自身投保的车险等直接业务作为代理业务核算，造成多支付代理手续费383.68万元，其中2014年120万元。

5. 2012年4月至2014年年底，太平电商支付3 723.61万元违规购买信息数据用于保险营销，其中2014年188万元。

6. 2012年4月至2015年3月，太平人寿未按规定由具有保险销售从业资格的银行人员开展“银行代理电话销售保险业务”，而是由太平人寿组织人员直接进驻银行开展业务，并支付相关人员费用1.55亿元。

7. 2012年9月至2014年10月，太平养老违反规定，未经被保险人父母许可，承保幼儿园为幼儿投保的人身保险，承保保额1.05亿元，收取保费12.01万元，其中2014年7.97万元。

（三）风险管理和内部控制方面。

1. 2012年4月至2014年年底，太平资管有51笔共计188.69亿元的存款业务，未按公司内部规定事先对若干存款银行进行询价比较，直接选择有关银行开展存款业务，其中2014年73.89亿元。

2. 2011年12月至2015年4月，太平养老未按规定将委托人的团体医疗保险退保金5 281.04万元退至委托人原保险产品缴费账户，而是直接转入其养老保障管理产品账户，其中2014年2 450.25万元。

3. 2011年6月，太平养老在承保个别企业的养老保障管理计划时，未按规定严格审核委托人提供的设立养老保障管理计划所需履行决策程序的相关资料，为委托人规避政策监管提供了便利。

4. 信息系统建设方面，太平集团对网络接入、访问控制不够严格，网络安全存在隐患；太平资管信息管理系统不完善，交易系统未能及时预警账户资金余额不足的问题，存在流动性管理风险。

（四）廉洁从业方面。

1. 2012年4月以来，太平人寿四川分公司虚列支出套取资金324.08万元用于安排本公司职工及家属旅游，其中2014年128.88万元。

2. 太平财险云南分公司1名领导人员违反廉洁从业规定经商办企业，开办的企业与太平财险存在业务合作关系。

3. 至2015年6月，太平人寿及其北京、深圳和广西3家省级分公司于2002年至2012年购买的价值912万元高尔夫球卡尚未完成清退。

三、审计处理及整改情况

对审计发现的问题，审计署已依法出具了审计报告，下达了审计决定书。太平集团正在组织进行整改，已制定完善相关规章制度36项，并对相关责任人进行了处理。具体整改结果由太平集团向社会公告。

本次审计发现的其他问题线索，已依法移送有关部门进一步调查处理。

资料来源：中华人民共和国审计署：《中华人民共和国审计署审计结果公告2016年第24号：中国人民保险集团股份有限公司2014年度资产负债损益审计结果》。

8.4 证券业务审计

8.4.1 证券业务概述

1. 证券的含义

证券是各类财产所有权或债权凭证的通称，是用来证明证券持有人有权依票面所载内容，取得相关权益的凭证。所以，证券的本质是一种交易契约或合同，该契约或合同赋予合同持有人根据该合同的规定，对合同规定的标的采取相应的行为，并获得相应收益的权利。

2. 证券公司及其业务范围

根据我国2013年修订的《中华人民共和国证券法》的规定，与证券业务有关的机构包括证券交易所、证券公司和证券登记结算机构。投资者按规定与证券公司签订证券交易委托协议，并在证券公司开立证券交易账户，以书面、电话以及其他方式，委托该证券公司代其买卖证券。

证券公司是指依照《中华人民共和国公司法》和《中华人民共和国证券法》（以下简称《证券法》）的规定设立的经营证券业务的有限责任公司或者股份有限公司证券公司的主要业务包括：证券经纪、证券投资咨询、与证券交易和证券投资活动有关的财务顾问、证券承销和保荐、证券自营、证券资产管理及其他证券业务。证券交易所是为证券集中交易提供场所和设施，组织和监督证券交易，实行自律管理的法人。证券登记结算机构是为证券交易提供集中登记、存管与结算服务，不以营利为目的的法人。因此，对证券业务的审计主要针对证券公司。

8.4.2 证券业务审计概述

1. 证券业务审计

实施市场经济，就必须要有证券市场。建立发展健康、秩序良好、运行安全的证券市场，对我国优化资源配置、调整经济结构、筹集更多社会资金、促进国民经济发展具有重要作用。但是，对于证券市场的消极因素和风险，我们需要有清醒的认识。证券业务的金融性特征使得国家需要对证券业务进行审核和监管，因此需要证券业务审计。

2013 年修订的《证券法》规定："国家审计机关依法对证券交易所、证券公司、证券登记结算机构、证券监督管理机构进行审计监督。"证券业务审计是社会主义市场经济深化发展的必然要求。

2. 证券业务审计的风险

(1) 政策不完备引发的风险。由于我国证券业务发展比较晚，证券业政策、法规不完善且相对变化频率较快，这不仅为证券公司的经营带来很大的风险，也为审计依据、方法、标准等方面带来风险。

(2) 证券公司违规引发的风险。我国证券业发展的特殊历史条件、相关法律建设的现状及证券业巨大利润的诱惑，使得我国股市发育尚不成熟，证券公司有意无意地违规成为普遍现象。这势必会使审计人员面临更大的审计风险。

(3) 证券业务本身的风险。根据《证券法》的规定，证券公司必须将其证券经纪业务、证券承销业务、证券自营业务和证券资产管理业务分开管理，不得混合操作。由于证券公司内部管理薄弱，这一原则得不到完全、严格地遵循，因此也会产生风险。

(4) 因规避各种税收产生的风险。由于我国各地有一定的税收优惠自主权，因此，出现了一些证券公司出与纳税的原因将收入转到亏损的总部或营业部，或将收入转到对证券公司的所得税有优惠政策的城市的业务部，而在经营所在地不办理任何手续，以达到隐藏经营收入和其他应税收入的目的。

(5) 计算机技术带来的审计风险。计算机在该业务范围内的广泛覆盖，一方面对审计人员的计算机水平提出了较高的要求；另一方面也因程序本身的人为问题和程序缺陷造成的问题加大了审计风险。

8.4.3 证券业务审计的内容

按照财政部门的要求，从 2007 年起，证券公司也应根据《企业会计准则》组织自己的会计工作。与原来相比，在新的准则之下，会计科目和各科目的核算内容都有了很大的改变。

1. 证券业务内部控制审计

(1) 公司经营的合规性审计。公司经营的合规性审计，主要包括：公司(包括证券营业部，下同)是否有经营经纪业务的许可；重要岗位(如证券营业部负责人、财务主管和电脑主管等)是否在回避的基础上实行委派制和定期轮换制；公司负责经纪业务管理的高级管理人员是否有相应的证券从业资格；公司拨付下属证券营业部营运资金总额是否超过其注册资金的 80%；公司对所属营业部的客户交易结算资金的管理模式是否适合公司的实际经营状况、保证资金安全；公司的网络系统是否能随时反映或掌握所属营业部的交易情况(及时的或隔天的)；公司下属证券业务部是否以合资、合作方式设立，是否存在以承包、租赁方式经营的情况，是否有伪造、涂改、出租、出借、转让许可证的行为；公司下属证券营业部是否下设证券服务部，下设的证券服务部是否获得中国证监会的批复；公司是否下设其他远程服务终端，其远程服务终端是否以合资、合作方式设立，是否存在以承包、承租赁方式经营的情况，其他远程终端是否有演变成营业场所的情况等。

(2) 经济业务控制情况审计。经济业务控制情况审计，主要包括：开户客户的开户证件是否合法，开户手续是否齐全；客户资料的保存是否完备；是否存在法人以个人名义开立账户的情况，是否存在个人开立多个股票账户或资金账户的情况，客户的股票账户和资金账户是怎样的对应关系，对应关系是否明确；公司有无依个人名义开立账户的情况；开户资金的存取程序和授权有无审批制度；开户取款是否三证齐全；公司有无为客户保密的具体措施，开户账户加密、清密程序；公司银证通业务的运行方式；公司办理经济业务是否有统一制定的证券买卖委托书供委托人使用，采取其他委托方式的是否作出委托记录；公司接受证券买卖的委托是否根据委托书载明的证券名称、买卖数量、出价方式、价格幅度等，按照交易规则代理买卖证券；买卖成交后，是否按规定制作买卖成交报告单交付客户或定期寄送对账单并保证其真实性；公司接受委托卖出证券是不是客户证券账户上实有的证券；公司接受委托买入证券是否以客户资金账户上实用的资金支付；公司办理经济业务，有无接受客户的全权委托而决定证券买卖、选择证券种类、决定买卖数量或者买卖价格的情况；公司有无以任何方式对客户证券买卖的收益或者赔偿证券买卖的损失作出承诺；是否以交易佣金分成(返佣)等不正当竞争方式吸引投资者；证券交易的收费是否合理，是否公开收费项目、收费标准和收费办法；是否有不在规定时间内向客户提供交易的书面确认文件的情况，是否有挪用客户所委托买卖的证券或者客户账户上的资金的情况，是否有私自买卖客户账户上的证券，或者假借客户的名义买卖证券的情况；是否有为牟取佣金收入，诱使客户进行不必要的证券买卖的情况；交易是否如实进行记录，是否有虚假记载；客户的证券买卖委托记录是否真实并按规定的期限保存于证券公司；是否由交易经办人员以外的审核人员逐笔审核，保证账面与实际持有的证券相一致；营业部是否存在向客户融资的行为；网上交易有无证监会的批准；公司是否与客户就网上交易安全问题签订协议；公司网上交易有无保密措施；公司对下属营业部是否实现法人集中清算；公司清算是否及时；客户的交易结算资金是否全额存入指定的商业银行，并单独立户管理；客户交付公司代管的债券有无妥善保管；公司是否存在将客户的证券借与他人或作为担保物的行为。

(3) 投行业务控制情况审计。投行业务控制情况审计，主要包括：公司是否建立投行业务的风险责任制；公司投行业务的操作流程是否根据投行业务和证券品种的不同而制定不同的操作流程、作业标准和风险防范措施；公司投行业务是否存在内核程序；公司是否建立发行人质量评价体系；公司承揽业务时是否为客户提供资金或替客户贷款提供担保。

(4) 自营业务控制情况审计。自营业务控制情况审计，主要包括：公司经济业务是否与自营业务、资产管理业务严格分开，是否有制度作保证；公司自营业务有无明确的授权、审批程序；公司自营业务的决策程序和操作程序，进行业务的管理部门、操作部门以及资金结算部门与会计核算部门是否相互分离、相互监督；公司自营业务所使用的账号，是否以个人账户进行；公司有无挪用客户交易结算资金用于自营业务；公司自营业务的核算方法是否符合准则要求；公司转入下属营业部的自营资金和自营证券的是否单独核算；公司有无做庄的情况;公司国债买卖是否通过公司自己的法人账户;公司有无出借法人账户为客户买卖国债的情况;公司自营业务有无保密措施;公司是否进行新股申购;公司是否从事过买入返售和卖出回购业务,是否还存在余额;公司是否从事过以发售代保管单等形式向个人融资业务,是否存在余额;公司有无从其他金融机构或企业拆借资金的情况。

(5) 资产管理业务控制审计。资产管理业务控制审计,主要包括:公司有无专门部门负责资产管理业务,是否统一承揽业务;公司有无以任何方式对客户受托资产的收益或者赔偿代管理资产的损失作出承诺;受托资金的投资形式是否合法;公司受托资金投资是否有授权、审批程序;资产管理业务的管理部门、操作部门、资金结算部门与会计核算部门是否户相互分离、相互监督;公司受托资产投资股票、债券所使用的账号,是否以个人账户进行受托资产投资业务;公司转入下属营业部的用于投资的受托资金和投资证券是否独立;公司有无利用受的资金做庄的情况;公司有无用受托资金对外拆借的情况;公司资产管理业务的收益分成方式,是否有保底收益;公司受托资金是否专户存放,并与股民保证金分开。

2. 实施符合性和实质性测试

在对证券业务内部控制分析评价的基础上,进行符合性和实质性测试,具体包括:对各账户余额进行试算平衡,核对明细账、总账余额;选取具有代表性的业务样本核对开户、投资、保管、跟踪记录有关凭证等内容;直接与相关银行、经纪人及客户确认相关金额;审查所有的大额非正常项目(包括开户、交易项目);对大额客户的交易单据、记录进行大比例抽查、核对;对证券承销业务收入、受托客户资产管理业务收入、利息收入、投资收益等收入的金额、结构进行核实和分析,对经营状况、业务盈亏、业务流程的管理情况作出客观评价。

对新准则下重新划定核算范围的专业性科目,包括"客户资金存款""结算备付金""拆入资金""拆出资金""衍生金融负债""交易性金融资产""卖出回购金融资产款""衍生金融资产""代理买卖证券款""代理承销证券款""存出保证金""一般风险准备""代理买卖证券业务净收入""证券承销业务净收入""受托客户资产管理业务净收入""代理兑付证券"等进行重点核定。

本章小结

金融审计是金融监督的形式之一,审计机构对金融机构会计记录、会计报表和其他财务资料反映的业务活动的真实性、合规性和经济效益进行的监督和审查。金融部门是国民经济的综合部门,与生产、分配、交换和消费都有密切关系,对金融业务计划执行及其结果、对其财务收支进行审计,须综合了解,分析各方面情况,难度较大。金融部门实行垂直领导和统一管理,因此金融审计一般以全系统为宜,在作审计结论、提出意见和建议时,应考虑全系统的情况。金融部门的业务活动是多层次的、连续进行的,因此,金融审计只有延伸到彼此相联系的金融业务和有关的国民经济活动的全过程中才能发现问题。

重要概念

金融审计　现金业务审计　库存现金　存放同业和同业存放业务审计　保险业务审计　证券业务审计

阅读资料

[1] 张庆龙,沈征.政府审计学[M].北京:中国人民大学出版社,2015.
[2] 尹平,郑石桥.政府审计学[M].北京:中国时代经济出版社,2013.

本章练习

一、简答题

1. 金融企业年度决算审计应包括哪些内容?
2. 现金管理的审计应从哪几方面进行?
3. 审查金融企业资产效益时,应重点审查哪几项经济指标?

第9章 国有企业审计

➢ 内容提要
➢ 重点难点
➢ 学习目标
➢ 知识框架
➢ 9.1 国有企业审计概述
➢ 9.2 内部控制审计
➢ 9.3 财务报表审计
➢ 9.4 国有企业领导干部任期经济责任审计
➢ 本章小结
➢ 重要概念
➢ 阅读资料
➢ 本章练习

内容提要

本章主要讲解国有企业审计的方法、程序，内部控制审计的概念、步骤，国有企业内部控制的测试，财务报表审计的内容，国有企业领导干部任期经济责任审计的内容、评价体系。

重点难点

本章重点为国有企业审计的程序、国有企业业务循环层面内部控制测试、财务报表涉及的业务循环审计、领导干部任期经济责任审计的评价体系。本章难点为国有企业领导人员任期经济责任审计的程序、采购与付款循环内部控制测试、销售与收款循环内部控制测试、合并报表审计。

学习目标

学生通过本章的学习，应掌握国有企业财务收支审计的程序、国有企业领导人员任期经济责任审计的程序、内部控制审计的步骤、国有企业采购与付款循环内部控制测试、国有企业销售与收款循环内部控制测试、财务报表涉及的业务循环与具体账户的审计；明确国有企业内部控制审计的内容，如了解业务循环关键控制点、具体内部控制的测试，明确财务报表涉及的业务循环与具体账户的审计的内容，如各循环的内容、审计目标和具体账户的审计；了解合并报表审计与一般审计的区别、进行合并报表应注意的问题，了解国有企业领导干部任期经济责任审计的内容和评价体系。

知识框架

- 国有企业审计
  - 国有企业审计概述
    - 国有企业审计的范围
    - 国有企业审计的目标
    - 国有企业审计的方法
    - 国有企业审计的程序
  - 内部控制审计
    - 内部控制概述
    - 内部控制的要求
    - 内部控制审计的步骤
    - 国有企业整体层面内部控制的测试
    - 国有企业业务循环层面内部控制测试
  - 财务报表审计
    - 财务报表审计概述
    - 财务报表涉及的业务循
    - 合并报表审计
    - 分部报表审计
  - 国有企业领导干部
    - 领导干部任期经济责任审计的依据
    - 领导干部任期经济责任审计的内容
    - 领导干部任期经济责任审计的发展历程
    - 领导干部任期经济责任审计的特点
    - 领导干部任期经济责任审计的评价体系
    - 领导干部任期经济责任审计结果的报告和运用

引入案例 国企土地被私卖背后的秘密交易

（中国青年报：国家审计故事系列报道）

2008年至2011年，中国土地市场价格不断走高。然而就在2011年，一家国有企业开发的楼盘中，居然有一块区域在未经评估的情况下，以几年前的买价转让给3家民营企业，使这3家民营企业获利上亿元。最终，该国企相关责任人因出卖国家利益、非法获利数百万元换来了7年的有期徒刑。

2011年6月底，审计署公布的移送已办结的违法违纪问题处理情况中提到，审计发现，中国石油天然气集团公司所属大庆恒新房地产开发有限公司（以下简称"恒新公司"）原董事长陈志华在未进行资产评估的情况下，决定将该公司正在开发的6.26万平方米商业用地按账面金额作价转让给一家企业，实际上却由另3家企业实施开发，这3家企业通过开发经营获利上亿元，陈志华等人涉嫌受贿。

审计署将上述问题线索移交中央纪委查处。2014年，湖北省宜昌市西陵区人民法院以受贿罪判处陈志华有期徒刑7年，并处没收个人财产200万元，追缴违法所得280万元。

审计人员为何盯住了中石油的一家"孙辈"企业

恒新公司不仅是大庆最大的房地产公司，也是当地最早成立的房地产公司，其前身为大庆油田下属的一家做新材料砖的企业。20世纪90年代初，陈志华受命"拯救"这家当时濒临破产的砖厂。他选择了新材料砖作为转型突破口，一举成为业界领头羊。至今网上还能搜索到不少赞颂陈志华的文章，有些文章还提到他勤奋清廉，曾上交"退不回去的好处费300多万元"。

2000年左右，背靠大庆油田的这家砖厂又抓住福利分房取消后房地产市场异军突起的机会，逐渐发展成大庆市最大的房地产公司，当地超过1/3的楼盘都由恒新公司开发，几乎占据了大庆市最好的地段。

尽管恒新公司已是大庆市最大的房地产公司，但相对于中石油这艘巨轮来说，其资金量并不大，只能算得上中石油的"孙辈"企业。为什么审计人员盯住了它？

审计人员介绍说，近年来对央企的审计中发现了一些共性问题。如一些央企旗下的二级、三级企业，其业务并不是母公司的主营业务，而且因为层级太多、疏于管理，出现了不少问题，因此审计人员对此格外关注。

私盖公章背后掩盖了哪些秘密

陈志华本人也想不到，是一次违规使用公章，让其出卖国家利益的行为露出了马脚。2011年3月底，审计组来到大庆，那时天空中还飘着雪，凛冽的寒风吹在脸上，提醒人们这里的春天还未到来。

当时恒新公司正在大庆市最繁华的路段开发一处新楼盘。在当地人看来，这个楼盘的位置寸土寸金，未来的升值空间巨大。可就是这样一片升值潜力巨大的地块，却被陈志华轻松挖走了一块，作为自己非法获利的筹码。

审计人员在检查恒新公司的资料时发现，2011年年初，该公司有一笔2亿元的资金入账，来源于一家公司（由3家企业共同出资组建）。这笔钱在账目上没有说明。没有任何经济往来，为什么一家企业要给恒新公司2亿元？这笔钱到底是何用途？

一连串的问号并没有得到恒新公司的解释，相关人员一律缄口不语。审计人员经多方了解和查阅资料得知，在恒新公司正开发的40多万平方米地块中，有6万多平方米实际由3家民营企业开发，所有细节只有公司董事长陈志华一人知晓。同时，审计人员还发现，这6万多平方米的土地价格是按2008年恒新公司取得土地时的价格售卖给了3家企业。

2008年至2011年，我国土地市场价格不断走高，为什么恒新公司会以3年前的拿地价格出让一块升值潜力巨大的土地？此外，国有企业转让已取得的土地，是有严格法律程序的，但从现有情况看，这个地块的出让疑问重重。

辗转调查后，审计人员拿到了恒新公司向3家企业转让土地的一份合同。一个细节引起了审计人员的注意——这份合同盖了恒新公司的章，而公司却没有这次用章的记录。这份合同上的章是如何盖上的？又是谁盖的章呢？

据审计人员了解，那次没有被登记的用章人，正是恒新公司董事长陈志华。身为单位的“一把手”，偶尔用公章未作登记，不足为奇。但审计人员以职业的严谨性作出判断——应该继续深挖下去。

很快，事实清晰地呈现出来。

收益是民企的，风险是央企的

随着调查的深入，审计人员进一步发现了其中的秘密——虽然恒新公司开发的地块中有6万多平方米土地已转让给了上述3家企业，但并未办理过户手续，开发的楼盘还是用恒新公司的名义，甚至连销售都借用恒新公司的名义。

3家企业开发的楼盘夹杂在恒新公司的楼盘中，购房者根本不知道自己买的是谁开发的楼盘。卖房收益归3家企业所有，但因为一切手续都是以恒新公司的名义办理，所有风险都由恒新公司承担。

审计人员进一步调查发现，这3家企业其实并没有资金实力。为了拿地，他们联手借款向恒新公司购买土地，并在未建房的情况下即开始以恒新公司的名义进行预售，收了预售款后先还了借款，还有大量盈余用于建房。

由此，违规链条逐渐清晰：首先，上述国有企业的土地未经任何法律手续就以原购买价格转让给了民营企业；其次，土地转让后没有办理过户手续，以至于国有企业还将承担各种风险；最后，上述3家企业并不具备房地产开发资质。

为什么陈志华会冒着多重违规的风险，为上述3家企业谋利？土地卖了为什么不过户？这一系列不合常理的表现背后，到底有什么隐情？

在审计人员开展了一轮紧锣密鼓的调查后，又一份合同引起审计人员的注意。这份合同显示，恒新公司负责办理所有房屋交易需要的手续，在这个过程中，相关收益是民营企业的，风险由恒新公司承担。这完全是一份不平等合约，恒新公司为何接受呢？审计人员仔细辨认，发现这份合同上盖的是恒新公司已经申报作废的一枚公章。

迟来的私利，一样的惩罚

一枚公章使用时没有登记，另一枚公章是作废的，两个细节更让审计人员产生了疑问。

陈志华以非公开手段为上述3家企业提供帮助，他图什么呢？于是，审计人员对这3家企业进行了延伸审计。经过延伸审计，陈志华与上述企业间的利益链随即得以揭示。审计人员发现，自2012年起，其中一家企业通过多种渠道向陈志华的妻女提供共计200万元人民币。而且陈志华安排得也很巧妙，他在土地转让、民营企业卖楼后有收益的当年并没有收取好处费，而是在之后的2012年才开始收取。

经查，恒新公司的上级企业大庆油田昆仑集团有限公司时任副总经理范大光也参与了这起异常的土地交易。2014年，在对陈志华案进行判决的同时，宜昌市夷陵区人民法院以受贿罪判处范大光有期徒刑5年6个月，并处没收个人财产7万元，追缴违法所得30万元。

至此，一桩国有企业土地被违规转让、民营企业获利数亿元的秘密交易终于大白于天下，相关责任人也受到了法律的惩罚，也由此揭示了我国国有企业经营管理中存在的诸多问题。如何加强和改进对企业国有资产的监督，防止国有资产流失，切实提高国有企业经营效益，不能不引起持续关注和深思。

资料来源：中华人民共和国审计署案例故事《中国青年报：国家审计故事系列报道之十六：国企土地被私卖背后的秘密交易》。

9.1 国有企业审计概述

9.1.1 国有企业审计的范围

国有企业审计是政府审计的一项重要工作。从历史角度来看，国有企业在我国经济中具有举足轻重的地位，其消耗的资源和对国家的贡献都相当巨大，国有企业审计也一直是政府审计的重点；从发展角度来看，随着国有企业改制和现代企业制度的建立，传统意义上的全资国有企业数量减少，但国有控股企业或国有资本占控制地位或者主导地位的企业，也同样是公有制主体地位的体现。因此，在现阶段，政府审计机关非常有必要进一步深化和完善国有企业审计工作。

一般而言，政府审计中的国有企业审计主要包括两个方面：一是针对企业财务收支（资产、负债、损益等）的真实、合法、效益审计；二是针对国有企业及国有控股企业领导人员的任期经济责任审计。

对于企业财务收支审计，《审计法》（2006 年修订）规定："审计机关对国有企业的资产、负债、损益，进行审计监督。对国有资本占控股地位或者主导地位的企业、金融机构的审计监督，由国务院规定。"同时，按照《审计法实施条例》的有关规定，审计机关对其他取得财政资金和国有资本的单位、项目和个人接受、运用财政资金和国有资本的真实、合法和效益情况，依法进行审计监督，包括：国有资本占企业、金融机构资本（股本）总额的比例超过 50％的；国有资本占企业、金融机构资本（股本）总额的比例在 50％以下，但国有资本投资主体有拥有实际控股权的。两个以上国有资本投资主体投资的金融机构、企业事业组织和建设项目，由对主要投资主体有审计管辖权对审计机关进行审计监督。审计机关在年度审计项目计划中确定对国有资本占控股地位或者主导地位的企业、金融机构进行审计的，应当自确定之日起 7 日内告知列入年度审计项目计划的企业、金融机构。

2014 年 7 月 27 日发布的《党政主要领导干部和国有企业领导人员经济责任审计规定实施细则》规定："国有企业领导人员经济责任审计的对象包括国有和国有资本占控股地位或者主导地位的企业'含金融企业'的法定代表人。根据党委和政府、干部管理监督部门的要求，审计机关可以对上述企业中不担任法定代表人但实际行使相应职权的董事长、总经理、党委书记等企业主要领导人员进行经济责任审计。领导干部经济责任审计的对象范围依照干部管理权限确定。遇到干部管理权限与财政财务隶属关系、国有资产监督管理关系不一致时，由对领导干部具有干部管理权限的组织部门与同级审计机关共同确定实施审计的审计机关。"该实施细则对国有企业领导人员经济责任审计的主要内容也做出了详细的规定，包括：①贯彻执行党和国家有关经济方针政策和决策部署，推动企业可持续发展情况；②遵守有关法律法规和财经纪律情况；③企业发展战略的制定和执行情况及其效果；④有关目标责任制完成情况；⑤重大经济决策情况；⑥企业财务收支的真实、合法和效益情况，以及资产负债损益情况；⑦国有资本保值增值和收益上缴情况；⑧重要项目的投资、建设、管理及效益情况；⑨企业法人治理结构的健全和运转情况，以及财务管理、业务管理、风险管理、内部审计等内部管理制度的制定和执行情况，厉行节约反对浪费和职务消费的情况，对所属单位的监管情况；⑩履行有关党风廉政建设第一责任人职责情况，以及本人遵守有关廉洁从业规定情况；⑪对以往审计中发现问题的整改情况；⑫其他需要审计的内容。

9.1.2 国有企业审计的目标

《审计署"十二五"审计工作发展规划》中明确指出，国有企业审计，以维护国有资产安全，促进国有企业科学发展为目标，坚持"强化管理、推动改革、维护安全、促进发展"的审计思路，加快转变审计方式，加强对国有企业资金、权力和责任的审计，推动其转变发展方式、落实宏观政策、加强经营管理、防控重大风险、创新机制制度和推进反腐倡廉。

第一，全面监督国有企业财务收支的真实性、合法性和效益性，更加关注法人治理结构及内部控制的建立和执行情况，推动企业加强内部管理。

第二，加大对国有企业落实“三重一大”决策制度的审计力度，加强对重要经营领域和关键环节的监督，加强对重大决策、重大项目、资金使用、资源利用等相关权力和责任的监督，促进企业健全权力运行机制。

第三，加强对国有企业贯彻执行国家战略性结构调整、发展战略新兴产业、提升核心竞争力、增强自主创新能力、实施节能减排、产业振兴规划等重大决策部署和宏观政策措施情况的跟踪审计，促进国家方针政策和相关法律法规的贯彻落实，为国有经济实现综合性、系统性和战略性转变发挥作用。

第四，注重揭示影响国有企业科学发展的突出矛盾和重大风险，深入分析企业经济活动与国家方针政策之间的内在关联，维护企业安全，促进深化改革和完善制度。

第五，有步骤、分阶段地推进与重点中央企业信息系统的联网，试点实时审计；统一整合和统筹调配审计资源，采取多种形式组织审计项目，建立“点（单个企业）、线（行业和上下游产业链）、面（国有经济运行）”联动的企业审计模式，提高企业审计的主动见实效性，宏观性和建设性。

1. 国有企业财务收支审计的目标

国有企业财务收支审计的目标是对被审计企业会计信息，特别是损益的真实性、交易活动的合法性实施监督，对国有企业经营活动的效益性进行评价，并严肃查处各种弄虚作假行为和重大违法违规问题。为此，需要通过国有企业审计，对报表中各项数值及收入费用发生的存在性、交易业务记录的完整性、交易记录的准确性、资产负债表中资产和负债确为企业所有、相关经济活动的合法性、财务会计报告中项目金额的正确计价、经济业务被记录的会计期间的恰当性、所有信息的恰当披露和对企业经营活动的效益性进行评价。

2. 国有企业领导人员任期经济责任审计的目标

审计机关对国有企业领导人员任期经济责任实施审计，目标主要包括三个方面：首先，加强对国有企业及国有控股企业领导人员的管理和监督，强化企业领导人员的责任意识，防止并惩治腐败；其次，对企业领导人员任职期间资产、负债、损益的真实、合法和效益的审计，分清企业领导人员的主管责任和直接责任，正确评价企业领导人员任期经济责任的履行情况，为主管部门考核和奖惩企业领导人员提供参考；最后，对企业重大经济决策、经营管理活动及成本、费用、利润的效益指标的审计，促进国有企业和国有控股企业加强经营管理，保障国有资产的保值增值。

9.1.3 国有企业审计的方法

国有企业审计的方法比较多，这里介绍较为适合政府审计机构使用的几种审计方法。

1. 分析性复核法

分析性复核法是几乎每一个审计项目都要使用的一种方法。它通过对相关费用摊销、提取类账户综合比率、平均比率的分析，查找和发现其异常变化情况，以进一步对异常项目进行复算，确认其摊销或提取数额的准确性。分析性复核，顾名思义就是基于审计客体所提供的各种资料记录的载体，利用审计人员的专业技术知识和经验，在审计人员收集到的相关联的审计记录的基础上，利用合理的判断、验证、计算以及法律法规的量度，进一步核实其提供的会计记录的真实性、完整性、合法性和一致性，通过审计人员理性的分析和复核作出具有证明力的审计结论，从而揭示出问题所在的真正根源。

2. 追踪资金流向法

按照资金的流程实施审计是审计人员最常用的审计方法之一，此方法适用于专项资金或单一资金的追踪检查，通过资金流转的各个环节检查在资金流转过程中是否存在漏洞。

3. 走访调查法

当一个企业的管理层共谋舞弊时，企业的内部控制就形同虚设，那么审计人员根据他们取得的资料所得出的审计结论显然是不真实的。在这种情况下，审计人员选择走访调查的审计方法很可能会得到意想不到的审计线索或审计证据。

4. 假设问题存在求证法

由于政府审计的目的就是从国家的角度维护国家与人民的利益和社会公众利益，因此这种审计方法符合国家审计存在的前提假设，可以有针对性地解决审计客体舞弊的行为，以较少的国家审计成本支出去阻止甚至挽回因舞弊问题带来的巨大经济损失。而通过假设问题的存在去收集审计证据，从而求证问题的真实结果，也能够提高审计的效率。一般做法是：①利用审计课题提供的资料评估其经济活动行为；②找内部控制的薄弱环节；③找问题存在的可能疑点；④分析疑点对经济活动行为影响程度；⑤确定审计样本；⑥收集审计证据；⑦求证问题的真实性。

5. 部门行业指标对比法

在企业所处的行业相同，环境、经营条件相似的条件下，一些经营指标应该相差不大。因此，国家审计中指标对比分析法贯穿于审计活动的始终，在审计分析中具有重要地位，是审计分析诸方法中最常用的方法。在对比分析法中常用的有百分比、比率、绝对比、相对比、倍数比和比重等，审计人员根据审计的具体情况会选择一种或几种进行比较与求证，以保证审计结果的客观真实性。常用的方法主要有以下几种：纵向对比、横向对比、计划与实际比、整体与部分比和综合对比。

6. 账户入手法

账户入手法是目前实施审计的主要方法之一，主要检查审计截止日银行账户的开设与注销是否正常，其发生额与季节性、临时性等因素是否吻合等；各明细账户的余额与会计报表所反映的结果相符情况，其明细账户的增设与注销、发生额的可信度与稳定性等，以便全面准确判断会计核算的真实准确。

7. 实地观察法

实地观察法是对企业实物资产进行实地观察，看是否为企业本身经营所用，有无出租、出借等经营行为，从而进一步查明租金等收入是否完整、及时记入财务大账。

8. 下审一级法

下审一级法是在对零售企业进行审计时，将审计延伸至零售企业内部各部门及至柜组的核算账簿、进销存台账记录中，以查明下级部门向企业财务部门报送的核算资料的真实准确性。这种方法的应用能有效查明企业的家底情况，从而降低审计风险，使审计结果更为可靠。

9. 实物盘点法

实物盘点法是适时对商业零售企业库存商品进行实物盘点，查实其存在的真实性，进而确认经营成果核算结果的可靠性。

9.1.4 国有企业审计的程序

1. 国有企业财务收支审计的程序

(1) 调查被审计企业基本情况。审计机关和审计组在实施审计方案前,应当根据审计项目的要求和性质,对被审计企业基本情况进行审前调查。具体调查内容包括:第一,被审计单位所处的经济环境;第二,被审计企业的行业状况、法律环境、监管环境以及其他外部因素;第三,被审计企业的所有权结构、治理结构和组织结构;第四,被审计企业财政、财务隶属关系或者国有资产监督管理关系;第五,被审计企业的战略目标和相关经营风险;第六,被审计企业的经营范围、业务性质、经营情况和关联方交易;第七,财务会计机构及其工作情况;第八,相关的内部控制及其执行情况;第九,重大会计政策选用及变动情况;第十,以往接受审计的情况;第十一,重大经营活动和其他重要情况;第十二,被审计企业的领导人员的基本情况。

(2) 实施分析程序。对被审计单位实施分析程序只在更好地了解被审计企业经营情况,确认各种信息和证据之间的异常情况,对审计重点和风险作出初步判断。实施分析程序常采用横向分析、纵向分析、比率分析和财务与非财务信息之间关系的综合分析方法。

(3) 确定审计风险。分析审计风险旨在根据各类风险的大小,决定审计的深入程度、审计取证的广泛程度,以及需要为此配套适宜的审计资源、制定相应的审计方案。审计风险一般包括重大错报风险和检查风险。确定审计风险便于下一步确定审计具体方案。

(4) 制定审计方案。审计组根据被审计企业的情况、审计目标和内容,在实施审计前编制审计方案,具体包括审计工作方案和审计实施方案。

(5) 送达审计通知书,提出书面承诺和述职要求。审计机关一般在审前向被审计单位送达审计通知书,并且在执行企业财务收支审计和企业领导人员任期经济责任审计时,应实行被审计企业向审计机关承诺的制度,在送达审计通知书的同时,向被审计企业提出书面承诺要求。而对于开展企业领导人员任期经济责任审计的被审计的企业领导人员,在审计通知书下达后,应当按照要求,写出自己负有主管责任和直接责任的企业资产、负债、损益事项的书面材料,即企业领导人员述职报告,并与审计工作开始后5日之内送交审计组。

(6) 实施内部控制测试。对内部控制进行了解和测试,一方面可以了解和评估重大错报风险,确定审计检查的具体方案;另一方面能够发现被审计单位内部控制的薄弱环节,审计机关可以就此一次提出改进管理、加强内部控制的审计建议。但内部控制不是企业审计的一个必经环节,如果不进行内部控制测试或者被审计企业内部控制没有得到有效运行,那么审计人员就应当实施全面的审计检查,以保证总体实际风险被控制在一个可以接受的水平。

内部控制测试包括对销售业务循环、采购业务循环、存货业务循环、货币资金业务循环、工资业务循环、投资业务循环、固定资产业务循环和筹资业务循环的测试。

(7) 进行具体业务的审计。对具体业务的审计包括对销售及采购业务的审计、存货货币资金及涉税业务的审计、工资及投资业务的审计、固定资产及筹资业务的审计。

(8) 国有企业审计评价。对国有企业财务收支的审计,应当根据不同审计目标,以审计结果为基础,对被审计企业财务收支真实、合法和效益发表评价意见,具体包括会计信息质量的评价、重大经济决策的评价、企业综合绩效的评价、资产质量的评价和国有资本保值增值的评价。

2. 国有企业领导人员任期经济责任审计的程序

（1）经济责任审计项目的选择与确立。

国有企业及国有控股企业领导人员任期经济责任审计，应当在每年年底前，由企业领导人员管理机关提出年度经济责任审计的建议计划，报经济责任审计领导小组审定后，列入审计机关年度审计项目计划。在年度审计项目计划执行中，因干部管理和监督工作需要，确需增加审计项目的，应由企业领导人员管理机关与审计机关共同协商，在审计机关力量许可的范围内安排。实施企业领导人员任期经济责任审计前，企业领导人员管理机关应当以书面形式向审计机关出具委托书。审计机关接受委托后，应当根据委托书的内容，选择业务骨干组成审计小组，并组织审计。审计机关如确因人员、时间、经费等因素不能直接实施审计的，可组织由国家审计机关认可的会计师事务所实施审计，也可直接委托会计师事务所实施审计，由审计机关对审计质量进行监督。审计机关接受委托的经济责任审计项目和内容应当是法律、法规规定的审计机关职权范围以内的事项。审计的项目不能超出审计权限，审计内容必须限定在审计手段的够实现的范围内。

（2）计划于审前准备阶段。

第一，组织审计力量。审计机关将根据委托机关的要求成立审计组。为了保证审计结果的公正性，办理经济责任审计事项的审计人员与被审计单位或被审计人有利害关系的，应当依法严格遵守审计回避制度。审计组实行组长负责制。审计组长除对审计组工作全面负责外，应注意协调处理审计中各方面的事项，对审计过程中遇到的重大问题应及时向派出的审计机关领导请示汇报，按照审计方案的要求组织实施项目审计，合理确定审计组人员分工，审核审计证据和审计工作底稿，检查监督工作进度，解决工作中的疑难问题，审查审计报告、审计意见书和审计决定，检察监督审计意见和审计决定的执行及审计项目资料立卷归档等工作。审计组其他人员在组长领导和协调下进行工作，并对所分担的审计工作负责。

审计组的任务包括：下达审计通知书，收集有关资料，制定审计方案，具体实施审计查证，收集审计证据，编制审计工作底稿，对审计事项进行初步评价，起草审计报告并征求被审计人及其所在单位意见，按照审计机关的要求草拟经济责任审计结果报告、审计意见书、审计决定书，督促审计决定的落实，对经济责任审计的资料进行整理并立卷归档，必要时协助审计听证答辩等。

第二，审查调查了解。审计组实施项目审计前，应当按照《国家审计准则》和委托部门的要求，调查了解被审计单位及其相关情况，评估被审计单位存在重要问题的可能性。调查了解的主要内容包括：①分析掌握委托部门对该审计事项的特别要求；②走访纪检监察机关，听取他们对被审计领导干部的意见，索取他们掌握的群众举报线索和反映的问题及处理情况，根据需要审计机关可请求纪检监察机关配合支持审计工作及时提供与审计事项相关的情况和群众举报线索；③审计机关分管领导和审计组组长，可与被审计领导干部谈话了解其任职分工的主要情况，任期内所负责的主要工作和重大经济决策活动以及遵纪守法的有关情况；④了解并收集被审计单位领导干部所在单位财政财务收支状况，以及被审计领导干部履行经济责任的有关情况；⑤了解并收集涉及被审计领导干部所在单位的特殊政策及其他相关文件资料；⑥查阅了解以往审计的情况利用原有的审计档案资料；⑦查阅了解被审计领导干部任期内有关经济监督管理部门及检查结果作出的重大事项检查结果处理，结果、处理意见及纠正情况资料。

第三，编制审计方案。在编制审计方案前，应当了解、掌握与经济责任审计有关的法律、法规和政策以及被审计单位、被审计人的基本情况，确定审计目标和审计重点，在此基础上制定审计方案。

审计方案的基本内容包括：审计依据，被审计领导干部及其所在单位名称和基本情况，审计目标、范围、内容、方式、重点、具体实施步骤和预定时间，审计组长、审计组成员及其分工，编制人、编制日期及审计机关负责人审批意见。

审计组编制审计方案所涉及的审计范围，包括被审计领导干部的整个任期。重点审计近3年的情况，发现重大问题则根据需要追溯或延伸相关年度和阶段。编制完成的审计方案经审计组所在部门负责人审核并报审计机关主管领导审定批准后，由审计组负责实施；审核重点是围绕审计目标确定的审计范围、内容、重点、步骤和方法。审计方案贯穿于审计的全过程，在执行过程中，视具体情况，如需要对审计方案作出修改和补充，应按规定报主管领导批准，并做好记录。

第四，下达审计通知书。审计机关应在实施审计3个工作日前，向被审计单位下达经济责任审计通知书，同时抄送委托机关和被审计人本人。审计通知书送达被审计单位时，应要求收件人在审计文书送达回证上签收。审计机关拟写的经济责任审计通知书的主要内容应包括：被审计单位名称，审计的依据、范围、内容和形式，需要追溯和延伸的审计事项，审计的时间安排，要求提供的有关资料及必要的工作条件，审计组组成人员。审计机关在送达审计通知书时，应当将审计双向承诺书一并送达被审计单位。被审计单位应对所提供的会计资料和其他有关资料的真实性、完整性承担责任，并有被审计单位负责人签字承诺。

审计通知书是审计法律文书之一，具有法律效力，应当加以规范。经济责任审计的审计通知书应将审计对象和所在单位，即被审计的人和被审计单位并列在标题上，而不宜只写对某某人经济责任审计。切记，通知审计的客体和实施审计的客体必须一致，否则，可能会引起行政复议或行政诉讼。

第五，收集有关资料。审计组进点以前，应当提前告知被审计单位准备并限期提供以下资料：①被审计人负有直接责任和主管责任的与财务收支事项有关的书面材料，该材料务必于审计工作开始后3日内送交审计组。②被审计人任职期间内审计单位年度工作总结和个人述职报告。③被审计人任职期间单位各年度经济工作计划及其执行结果资料。④被审计人任职期间单位重大经济决策的相关材料及相关会议纪要。⑤被审计人任职期末财产清查和债权债务清理资料。⑥企业章程、经济合同、有关内部控制及内部机构设置、职责分工资料。⑦被审计人任职期内有关经济监督部门、管理部门检查后提出的检查报告、处理意见以及会计师事务所出具的审计报告。⑧被审计人任职期内财务会计资料，相关业务资料，计划、统计资料及有关经济指标考核办法。⑨被审计人任职前后有关经济遗留问题的专门材料。⑩审计组认为需要提供的其他有关资料。

(3) 审计的实施阶段。

第一，进驻被审计单位地区、部门或单位。审计组在完成审计准备工作后，应进驻审计现场，与有关部门和人员接洽，并通报有关工作程序及要求被审计方配合的事项。重大项目进点时，可以提请组织人事、纪检监察等部门参加，由组织人事、纪检监察等部门提出工作要求和要求被审计单位配合的事项。委托部门和审计机关如果认为有必要，可以在被审计领导干部所在地区、部门、单位进行审计公示，即宣布审计事项，列出审计组的办公地址及联系电话，请广大群众参与审计监督。审计组可以根据工作需要以无记名的方式对被审计领导干部的经济责任情况进行民主测评。

第二，接受被审计单位和被审计人提供的资料。被审计人所在单位应当按审计机关的要求及时、全面、如实地向审计组提供与经济责任审计相关的资料。包括被审计人职责范围，被审计人任职期间与目标责任制有关的各项经济指标的完成情况，被审计人遵循国家财经法规和廉政规定的情况，被审计人认为在其任职期内经济方面存在的问题及建议，应当向审计组说明的其他情况。

第三，实行双向承诺制。国有企业领导干部任期经济责任实行审计组与被审计单位双向承诺制度，即审计组进驻被审计单位时，要承诺审计与廉政责任事项，同时要求被审计人和审计涉及的部门、单位有关人员对提供的财政收支及经济指标完成的真实性、个人廉政自律情况、会计资料的真实性和完整性、是否有账外账等作出书面承诺并承担责任。被审计单位与被审计领导干部及有关财务人员，对提供的会计资料的真实性、完整性，是否有“账外账”，是否存在重大关联方交易事项以及未决诉讼事项等应承担责任。对提供虚假材料的有关责任人，可以建议被审计领导干部管理机关或纪检监察机关给予必要的组织处理或党纪政纪处分。

第四，根据审计重点进行审计组内部分工。审计组按专题分成若干小组，分别实施审计。属于地方党政领导干部的经济责任审计，审计组内部可分成：综合组，主要审计政府重大经济事项的决策，重点市政工程的资金筹措、使用及工程建设程序，主要经济指标的完成情况等；财政收支组，主要审计本级财政收支的真实性、合法性、合规性，税收的征收情况及税务政策的执行情况，社保资金的筹措、使用情况；党委、政府机关财务收支组，主要审计机关财务收支的真实性、合法性、合规性和被审计人廉洁自律情况；经贸组，主要省级重点企业的技改项目及资金的筹措、使用（包括效益、效果情况），对外重大经济事项（包括招商、引资的真实性、合法性和效益性）。具体如何分工，审计组应根据审计重点和现场实际情况确定。

第五，进行调查研究。审计组进入被审计单位后，应召开座谈会讲明经济责任审计的依据、目的和要求，并围绕审计事项，要求被审计人及其单位介绍情况，主要内容包括：基本情况（管理体制、机构设置、财务人员分工以及业务处理程序），财务决算，资产、负债、损益及国有资产的管理，主要经济工作目标，内部控制和管理，被审计人年薪报酬以及遵守国家有关法律法规、规章制度和廉政建设等情况，存在的主要问题和原因。审计组还可根据实际情况和工作需要，组织有关部门、人员，以个别座谈、问卷调查的方式，听取他们对本单位工作、经营、管理、效益等问题的看法，对被审计人的评价意见，并了解、掌握被审计人个人在财务收支和其他经济活动中存在的侵占国家资产、违法廉政规定和其他违法违纪等问题的线索。

第六，评审内部控制。各审计小组应按照审计方案要求，调查和了解被审计单位的内部控制，并实施控制测试。在此基础上，运用审计人员的专业判断对控制措施作出是否可以信赖的评价，然后相应作出是否对原设计方案中的实质性测试程序和内容进行调整的意见。如果被审计单位规模较小，业务简单，则无须进行内部控制调查和测试，直接进行实质性测试。根据控制测试结果确定的审计内容和重点，运用检查、观察、查询、监盘、函证、计算和分析性复核等方法，对财政财务收支、与领导干部经济责任有关的各项经济指标、重大决策经济项目、执行国家经济政策及遵守廉政规定等情况的真实性、合法性、效益性进行实质性测试，进而获取审计证据和提出审计意见。

第七，检查银行存款账户，核查财政收支报告。在初步调查了解情况的基础上，审计组一般应从检查银行存款账户和核查财政预决算报告入手开始具体的申请工作。银行账户检查的主要内容包括调查银行开户情况，索取银行账户资料，审查银行账户的管理和使用情况，检查银行账户收支的真实、合法情况。通过银行账户的审查，为进一步深化审计和查证有关问题提供线索，未确定下一步审计重点打下基础。核查财政收支报告，主要是依据被审计人提供的审计期间向人民代表大会报告的本级财政收支状况，审核其真实性、合法性、合规性。

第八，审核检查有关资料。审计人员应根据各自的分工和已掌握的情况，选用适宜的审计技术方法，通过对凭证、账簿、报表等资料以及记账、算账、报账等各个环节的审核，逐项或逐笔审核检查相关经济活动和财政、财务收支的真实性、合法性、效益性。

第九，取得审计证据。审计组在审核检查被审计单位的会计资料及经济活动的过程中，应及时编制审计工作底稿，并取得经被审计单位或其他提供证明资料者签证认定的证据材料。审计组可以采取复印、复制、录音、拍照和专业鉴定、勘验等方式取得审计证据。若有特殊情况无法签证认定的，审计组应当作出书面说明。

第十，汇报交流信息。各审计小组在实施审计的过程中，应互相通报情况，交流信息，研究解决审计中遇到的各种问题。审计组还应向派出审计组的审计机关定期汇报工作进度和审计中遇到的重大问题，以便得到上级的指示并求得问题的解决。

第十一，汇总审计情况。审计组审计现场的工作结束前，应对实施情况进行初步归集整理，检查审计方案所列审计事项是否按要求全部实施。对于取得的审计证据进行综合分析，对审计工作底稿进行复核，对审计事项进行初步评价，初步汇总审计情况，并与被审计单位就一些必要事项初步交换意见，为草拟审计报告做好准备。

(4) 审计终结阶段。

第一，检查审计工作底稿。审计组组长应对审计人员所取得的审计证据和编制的审计工作底稿进行检查、验证，主要内容包括审计人员取证程序、方法、手续的合法性，收集的证据所反映的事项的真实性，收集的证据所反映的时间与审计事项所反映的时间的一致性，审计工作底稿所反映的内容与取证单是否一致。通过对审计工作底稿和审计证据的鉴定、分析、筛选，去粗取精、去伪存真，确认审计证据的充分性、客观性、相关性。审计证据确认后，送被审计单位的有关部门和当事人认证。被审计单位和被审计人对审计证据所反映的事实以及定性提出意见并签字盖章。审计组在检查、验证以及被审计单位和被审计人签字认证的基础上，按照经济责任审计报告的内容进行整理、分类，研究制定审计报告内容提纲。

第二，拟定审计报告初稿。审计组依据审计目标、审计证据和审计工作底稿等拟定经济责任审计报告初稿。经济责任审计报告一般由标题、主送单位、正文、审计组组长签名和报告日期等基本要素组成。其中，标题应包括被审计单位名称、被审计人姓名及任期期限、审计内容、审计范围。

第三，编制审计报告正文。审计报告正文的主要内容包括：被审计单位、被审计人基本情况：实施审计工作的基本情况；被审计人任期内各项经济指标完成情况及企业资产、负债、损益的真实、合法和效益情况；被审计人遵守国家财政法规和领导干部的廉政规定的情况；对被审计的企业领导人员及其所在企业存在的违反国家财经法规和个人违反廉政规定问题的处理、处罚意见和审计意见；对被审计人的初步评价以及企业领导人员对违反国家财经法规和领导干部廉政规定问题应负有的主管责任和直接责任;需要反映的其他情况。

第四,交换审计意见。审计组拟出审计报告初稿后,对重点审计项目,派出审计机关领导可带领审计组有关成员就认定的问题、处理意见及评价等,与被审计人及审计涉及的重点部门领导集中交换意见;一般项目,则由审计组与被审计单位和被审计人交换意见。

审计组向派出审计机关提交经济责任审计报告之前,应当将审计报告初稿送被审计单位及被审计人征求意见。被审计单位及被审计人自接到经济责任审计报告(征求意见稿)之日起10日内将书面意见连同审计报告一并交送回审计组,逾期未提交书面意见的,可视为无异议,但审计组应对此作出书面说明。

第五,审计复核。审计组应将征求意见后的审计报告初稿连同审计工作底稿、审计证据送项目负责人、审计组所在单位负责人复核审查,然后送审计机关复核机构或专职人员进行复核。复核机构自收到审计报告之日起7个工作日内提出书面复核意见,特殊情况下复核期限最长不超过10日。

第六,提交审计报告。审计组将经过复核的审计报告进行必要的修改后,按时向派出审计组的审计机关提交经济责任审计报告。审计组对所提出的审计报告承担有关责任。

第七,审定审计报告。审计机关接到审计组提交的审计报告后,应由主要负责人签发,必要时也可召开业务会议审定报告,并作出决议。

第八,召开业务会议,确定审计结果报告及审计决定的原则和内容。与被审计方就审计报告交换意见后,审计机关应召开审计业务会议,逐项研究审计查出的问题、审计处理意见及审计评价等,确定向经济责任审计领导、机构或委托机关反馈审计结果的途径、方式、原则、内容。

第九,提交结果报告。审计机关审定审计报告后,对被审计人所在部门、单位违反财经法规的问题,应下达审计意见书,认为需要依法给予处理、处罚的问题,应下达审计决定书。对符合审计听证条件的审计处罚,在作出审计决定之前按审计听证规则告知当事人有权申请听证,当事人申请听证的,应按规定举行听证。审计机关应在认定盖章后,向本级人民政府提交被审计人经济责任审计结果报告,并将该报告抄送组织人事部门、纪检监察机关和有关部门。

第十,出具审计意见书、审计决定书,举行审计听证。审计机关审定审计报告后,对被审计领导干部所在部门、单位违反财经法规的问题,应下达审计意见书,认为需要依法给予处理、处罚的问题,应下达审计决定书。审计决定书包括审计的范围、内容、方式和时间,被审计单位违反国家规定的财政收支的行为,定性处理、处罚决定及其依据,处理、处罚决定执行的期限和要求,依法申请复议的期限和复议机关等。对符合审计听证条件的审计处罚,在作出审计决定之前按审计听证规则告知当事人有权申请听证,当事人申请听证的,应按规定举行听证。审计机关应在认定盖章后,向本级人民政府提交被审计领导干部经济责任审计结果报告,并将该报告抄送组织人事部门、纪检监察机关和有关部门。

第十一,申请复议。被审计人及其所在单位对审计机关作出的审计决定不服的,可以依照有关法规申请复议。

第十二,建立联席会议制度和审计信息反馈机制。经济责任审计工作应在当地党委、政府领导下开展。审计机关应当与纪检监察机关、组织人事部门等建立联席会议制度,定期交流、通报国有企业及国有控股企业领导人员经济责任审计情况,研究、解决经济责任审计中出现的问题。

第十三，整理档案。审计机关应建立经济责任审计档案，做到资源共享。此外，应注重收集审计结果报告的社会反响以及组织人事部门对被审计人的任用情况，以保证审计资料的完整性和审计工作的连续性。

趣味阅读 9-1

党政主要领导干预工程建设项目负有直接责任的审计案例

【问题背景和事实描述】

2014年，在对某市原市委书记任期经济责任履行情况审计中，审计组抽查了其任职期间政府投资重大建设项目，对某公路项目施工招投标管理审计发现，中标单位YN公司将中标金额3.6亿元的某公路项目土建工程施工第二合同违法原价转包给XJ公司（某市当地施工企业）。为何YN公司千辛万苦中标后又将工程原价转包？这中间有没有领导干预呢？

带着上述疑问，审计组经详细审查该项目招投标资料发现，在XJ公司和YN公司投标文件中，涉及重点（关键）和难点工程的施工方案、方法及措施部分内容完全一致，工程量清单单价分析表中人工费、材料费和机械费基本一致；且YN公司投标文件授权代理人张某竟为XJ公司的合同部工作人员。原来两家单位通过互相串通投标，达到降低竞争、控制局面、排挤其他投标人的目的。最终陪标单位YN公司却意外在该标段中标，按事前约定随即将中标标段“无偿转包”给串标主谋单位XJ公司。

经进一步核查，某市公路局有关人员反映该工程转包得到了领导的批准，并向审计组提供了领导批示件。该批示件显示，2010年年初，被审计对象在该市重点建设项目领导小组文件上作出“鉴于两家企业已协商定，为支持本地XJ公司，请考虑转让事宜”的批示。至此，该工程施工违法转包，并被违规批准。审计还发现XJ公司随后又将该工程违法转包给不具备相应施工资质的外省民营企业ZH公司，并按3%的比例收取1 080万元管理费。审计组通过对不同路段钻芯取样发现，高速公路基层石灰、粉煤灰土配合比和厚度均不满足设计要求，水泥混凝土面层厚度明显与设计要求不符。同时，还发现护坡尺寸明显缩水等“偷工减料”问题，在恶劣天气下极易引发路面滑坡等质量安全隐患。至此，一起领导违规决策，施工单位围标串标，非法转包，以次充好，偷工减料带来的工程质量安全隐患问题浮出水面。

【问题定性】

以上行为违反了《中华人民共和国招标投标法》第三十二条“投标人不得相互串通投标报价，不得排挤其他投标人的公平竞争，损害招标人或者其他投标人的合法权益……”和《中华人民共和国建筑法》第二十八条“禁止承包单位将其承包的全部建筑工程转包给他人，禁止承包单位将其承包的全部建筑工程肢解以后以分包的名义分别转包给他人”的规定，属于投标人相互串通投标行为，并在某市原市委书记认可下进行违法转包。

【定责理由】

由于被审计对象某市原市委书记对上述违法转包问题作出同意批示，根据《党政主要领导干部和国有企业领导人员经济责任审计规定实施细则》第二十五条“被审计领导干部对审计发现的问题应当承担直接责任的，具体包括以下情形：（一）本人或者与他人共同违反有关法律规定、国家有关规定、单位内部管理规定的”的规定，该被审计对象对违法转包问题负直接责任……

资料来源：山东审计厅审计咨询案例披露《党政主要领导干预工程建设项目负有直接责任的审计案例》。

9.2 内部控制审计

《审计法》（2006年修订）第二十九条和《审计法实施条例》第三十四条明确规定，依法属于审计机关审计监督对象的单位的内部审计工作，应当接受审计机关的业务指导和监督。

依法属于审计机关审计监督对象的单位，可以根据内部审计工作的需要，参加依法成立的内部审计自律组织。审计机关可以通过内部审计自律组织，加强对内部职工制的业务指导和监督，加强内部审计人员能力建设。内部审计人员实行审计专业技术资格制度。内部审计人员应当参加后续教育培训，保持和提高专业胜任能力。建立科学有效的内部控制是企业的责任，是实现国有资产高效运营、保值增值的关键。较好的内部控制不能保证国有资产一定保值增值，但较弱的内部控制导致国有资产流失的可能性还是比较大的。审计机关对含有国家资产成分的企业进行内部控制审计，可以为国有资产保值增值提供有效的保证。

9.2.1 内部控制概述

1. 内部控制的概念

一般来说，内部控制是指企业为了维护资产物资的安全、完整，保证会计信息的真实、可靠，保证其管理及其经济活动的经济性、有效性并遵守有关法规而制定和实施相关政策、程序和措施的过程。财政部2008年发布的《企业内部控制基本规范》将内部控制定义为："由企业董事会、监事会、经理层和全体员工实施的、旨在实现控制目标的过程。内部控制的目标是合理保证企业经营管理合法合规、资产安全、财务报告及相关信息真实完整，提高经营效率和效果，促进企业实现发展战略。"

2. 内部控制的要素

不同所有制形式、不同组织形式、不同行业、不同规模的企业可以结合实际情况，从不同的角度入手建立健全内部控制。有效的内部控制至少应当包括以下基本要素：

(1) 内部环境。内部环境是企业实施内部控制的基础，一般包括治理结构、机构设置及权责分配、内部审计、人力资源政策、企业文化等。

(2) 风险评估。风险评估是企业及时识别、系统分析经营活动中与实现内部控制目标相关的风险，合理确定风险应对策略。

(3) 控制活动。控制活动是企业根据风险评估结果，采用相应的控制措施，将风险控制在可承受度之内。

(4) 信息与沟通。信息与沟通是企业及时准确的收集、传递与内部控制相关的信息，确保信息在企业内部、企业与外部之间进行有效沟通。

(5) 内部监督。内部监督是企业对内部控制建立与实施情况进行监督检查，评价内部控制的有效性，发现内部控制缺陷，并及时加以改进。

9.2.2 内部控制的要求

现在的企业中几乎都有内部控制，但这些相似的制度在不同的企业中所起到的实际作用却有很大的差别。这一方面与执行制度的人有关；另一方面也受到制度本身的影响。完善的内部控制应当符合以下条件。

1. 全面性原则

内部控制应当贯穿决策、执行和监督全过程，覆盖企业及其所属单位的各种业务和事项。

2. 重要性原则

内部控制应当在全面控制的基础上，关注重要业务事项和高风险领域。

3. 制衡性原则

内部控制应当在治理结构、机构设置及权责分配、业务流程等方面形成相互制约、相互监督,同时兼顾运营效率。

4. 适应性原则

内部控制应当与企业经营规模、业务范围、竞争状况和风险水平等相适应,并随着情况的变化及时加以调整。

5. 成本效益原则

内部控制应当权衡实施成本与预期效益,以适当的成本实现有效控制。

9.2.3 内部控制审计的步骤

1. 调查了解并记录内部控制及调查过程

调查的内容包括:

(1) 是否有有效的目标控制。

(2) 是否有有效的组织人事控制。

(3) 是否有有效的职责分工控制。主要包括:不兼容部门职责和一人兼任不兼容的指责的问题。

(4) 是否有有效的授权批准控制。

(5) 是否有有效的过程控制。主要测试依据是:对重复出现的业务,按历史经验和客观要求,制定标准变化程序作为行动的准则;对非经常性业务,应做好可行性研究,经有关部门批准后再予以实施。

(6) 是否有有效的措施控制。主要包括记录控制和实物控制。

(7) 是否有有效的监督控制。

2. 对内部控制进行初步评价,评估控制风险

完成内部控制的调查了解之后,根据调查到的情况对被审计单位的内部控制作出初步的评价。评价包括两个方面:

(1) 健全性评价。重点评价应有的控制环节设置是否齐全,是否存在薄弱环节。

(2) 合理性评价。重点评价应有的控制布局是否合理,关键控制点的设置是否满足管理的需要,是否符合成本和效益状况。

根据初步判断审计对被审计单位内部控制的依赖程度。如果认为内部控制正常,审计人员可以减低控制风险的评估水平,转入内部控制测试阶段;如果认为内部控制比较薄弱,则审计人员直接转入实质性测试阶段。

3. 如果决定依赖内部控制,实施内部控制测试

内部控制测试是在了解内部控制设置的基础上,对其执行的有效性所进行的测试,即遵循性测试。

内部控制测试可以采取业务程序测试,即选择若干具体的典型业务,沿着业务处理的纵向过程检查业务处理中的各项内部控制是否得到执行。也可以采用功能测试,即针对某项控制的某个环节,选择若干时期的同类业务进行检查,查明该控制环节的处理程序在被审计期内是否按规定发挥了作用。

内部控制测试的方法包括检查文件资料、询问、现场观察、重复执行等。

4. 对内部控制进行再评价

内部控制评价、测试之后，根据评价测试情况，可以对被审计单位的控制风险进一步评价，以确定完成审计工作所需要执行的实质性测试的范围和重点。

控制风险的程度可以用高、中、低来表示。控制风险水平越低，表明内部控制情况越好，审计人员可以较多地依赖、利用内部控制，并相应缩减实质性测试的数量和范围。控制风险水平越高，则正好相反。

9.2.4 国有企业整体层面内部控制测试

只有企业整体层面内部控制组成部分有效，内部控制整体才是有效的。如果审计人员推断整体企业的内部控制是有效的，那么其他具体交易层次的内部控制被越权或忽略以及出现错报的风险也会比较低。这一结论有助于审计人员确定其他审计程序的性质时间和范围，包括业务交易层面的内部控制测试和实质性测试。例如，控制环境测试的内容应从对诚信和道德价值观念的沟通与落实、对胜任能力的管理、治理层的参与程度、管理层的理念与经营风格、组织结构、职权与责任的分配、人力资源的政策与实务等几个方面进行考虑。如果审计人员推断控制环境要素和监督要素不利于维护内部控制其他组成部分，或者它们没有充分减少管理层越权或者故意错报财务报表的动机和机会，那么审计人员就要考虑是否需要设计适当的实质性测试，以查明增加的错报和欺诈风险，特别是管理层欺诈的可能性。

9.2.5 国有企业业务层面内部控制测试

1. 采购与付款循环内部控制测试

(1) 采购预付款循环关键控制点。

第一，采购与付款业务中不相容职务的分离。购货业务环节中所需处理的主要业务有确定生产和销售的需要，寻求能满足这些需要的供应商和最低的价格，向供应商发出购货订单，检验收到的货物，确定是否接受货物，向供应商退回货物，储存或使用货物，进行会计记录，核准付款等。这些业务中，需要进行职务分离的有：生产和销售对原料、物品和商品的需要必须由生产和销售部门提出，采购部门采购；付款审批人和付款执行人不能同时办理寻求供应商和索价业务；货物的采购人不能同时担任货物的验收工作；货物的采购、储存和使用人不能担任账务的记录工作；接受各种劳务的部门或主管这些业务的人应适当地同账簿记录人分离；审核付款的人应同付款人职务分离；记录应付账款的人不能同时担任付款业务。

购货与付款业务中不相容职务分离可以发挥重要的控制作用，但有关人员如果串通舞弊则会削弱这种控制作用。

第二，货物或劳务的请购。提出货物和劳务的需要是购买环节上的第一步，一个企业可以有若干不同的请购制度，对不同的需要有不同的确定和提出请购的方法。

其一，原材料或零配件的购进。一般首先由生产部门根据生产计划或即将签发的生产通知单提出请购单。材料保管人员接到请购单后，应将材料保管卡上记录的库存数同生产部门需要的数量进行比较。当生产所需材料和仓储所需后备数量合计已超过库存数量时，则应同意请购。

其二，临时性物品的购进。通常由使用者而不需经过仓储部门直接提出，由于这种需要很难列入计划之中，因此，使用者在请购单上一般要对采购需要作出描述，解释其目的和用途。请购单须由使用者的部门主管审批同意，并须经资金预算的负责人员同意签字后，采购部门才能办理采购手续。

其三，由同一服务机构或公司提供某些经常性服务项目。例如，公用事业、期刊、安保等服务项目，请购手续的处理通常是一次性的。即当使用者最初需要这些服务时，应提出请购单，由负责资金预算的部门进行审批。

其四，确定特殊项目的需要。保险、广告、法律和审计服务等一般由企业最高负责人审批，可参考过去的服务质量和收费标准，由专人提出需要内容，包括选定的广告商、事务所及费用水平是否合理，经其批准后，这些特殊服务项目才能进行。

第三，订货控制。无论何种需要的请购，购货部门在收到请购单后，在最终发出购货订单时都要明确订购多少、向谁订购、何时订购等问题。

其一，关于订购多少的问题。购货部门首先应对每一份请购单审查其请购数量是否在控制限额的范围内，其次是检查使用物品和获得劳务的部门主管是否签字同意。对于需大量采购的原材料、零配件等，必须做各种采购数量对成本影响的成本分析，其内容是：将各种请购项目进行有效的归类，然后利用经济批量来测算成本。

其二，关于向谁订购的问题。购货部门在正式填制购货订单前，必须向供应商（通常要求两家以上）索取供应物品的价格、质量指标、折扣和付款以及交货时间等资料，比较不同供应商所提供的资料，选择最有利于企业生产成本最低的供应商，与供应商签订合同。

其三，关于何时订货的问题。主要由存货管理部门运用经济批量法和分析进货点来进行，而不是在购货部门。在请购单已经提出后，购货部门应将这些请购单的处理结果及时通知仓储和生产部门。

在上述三个方面的决定作出之后，购货部门应及时填制购货订单，并对其进行控制，主要是预先应对每份订单进行编号；在购货订单向供应商发出前，必须由专人检查该订单是否得到授权人的签字；由专人复查购货订单的编制过程和内容；购货订单的副本应提交请购、保管与会计部门等。

第四，购入货物或劳务的验收。货物的验收应由独立于请购、采购和会计部门的人员来承担，其控制责任是检验收到货物的数量和质量。

其一，对于数量，验收部门在货运单上签字之前，应通过计数、过磅等方法来证明货运单上所列的数量，并要求两个收货人在收货报告单上签字。

其二，对于质量，验收部门应检验以后填制包括供应商名称、收货日期、货物名称、数量和质量以及运货人名称、原购货订单编号等内容的收货报告单，并及时报告请购、购货和会计部门。

第五，应付账款的控制。任何应付账款上的不正确记录和不按时偿还该债务，都会导致交易双方的债务纠纷。对应付账款的控制有：应付账款的记录必须由独立于请购、采购、付款的职员来进行；应付账款的入账必须在取得和审核各种必要的凭证后才能进行；对于有预付货款的交易，在收到供应商发票后，应将预付金额冲发票金额，来记录应付账款；必须分别设置应付账款的统驭账户和明细账；有折扣的交易，应根据供应商发票金额扣去折扣金额的净额登记应付账款；每月应将应付账款明细账与客户的对账单进行核对。

第六，付款控制。

其一，支票准备。支票准备应独立于采购、付款确认和函证程序，所有付款都应使用事前编号的支票，对已签发的支票应将其原始凭证加盖“已付款”印章，以避免重复付款，尽可能使用有安全保障的支票书写器或电脑生成的支票，对于空白支票应安全存放，作废的支票立即注销等。

其二，支付。付款前，应复核客户发票上的数量、价格和合计数以及折扣条件等，核对支票的金额，采购和付款应由各自独立的签名，对支票应采取函寄或其他安全方式送交。

其三，会计处理。会计部门及时记录付款业务，定期核对总账和分类账以及日记账，注意未付账款，审查应付账款的明细账和有关文件，以防失去可能的现金折扣。

(2) 具体测试内容。

第一，关于请购商品或劳务内部控制的测试。请购制度有助于对订货单和购货发票的控制，从而使得符合性测试的结果为进一步信赖该制度提供了有力的证据。审计人员尤其关注对请购单的提出和核准的控制程序。对其进行符合性测试时，应选择若干张请购单，检查摘要、数量及日期和相应文件的完整性，审核核准的证据手续是否完整，有无核准人签字等。

第二，关于订购商品或劳务内部控制的测试。订货单是经核准的采购业务的执行凭证，审计人员通常更注意对订货单的填制和处理的控制，关注订货单是否准确处理和全部有效。进行测试时，应注意审查订货单的完整性，如编号、日期、摘要、数量、价格、规格、质量及运输要求等是否齐全，审查订货单是否附有请购单和其他授权文件。

第三，关于货物验收内部控制的测试。审计人员应确定购货发票是否与验收单一致，验收部门是否独立行使职责，并编制正确的验收单，查询并观察验收部门在收货时对货物的检查情况，检查按编号顺序处理的验收单的完整性，即验收单内容填写是否完整，查阅货物质量检验单的内容和处理程序。

第四，关于应付账款内部控制的测试。审计人员应检查购货业务的原始凭证，包括每一张记录负债增加的记账凭证是否均附有订货单、验收单、购货发票，原始凭证的数量、单价、金额是否一致，原始凭证上的各项手续是否齐全。应注意现金折扣的处理是否有经授权的经办人按规定处理，测试中可抽查部分购货发票，注意有关人员是否在现金折扣期限内按原发票价格支付货款，然后从供货方取得退款支票或现金，有无丧失了本应获得的折扣的问题。审计人员还应根据付款凭证登记的内容，分别追查应付账款和存货明细账与总账是否进行平行登记，金额是否一致。

第五，关于付款业务内部控制的测试。审计人员可通过查询、观察、检查、重复执行内部控制等措施，对资金支出有无进行测试，其步骤与方法是：检查合同，审核付款是否经过批准，支票是否与应付凭单一致，付款后是否注销，付款凭单是否由经过授权批准的人员签发；检查支票登记簿的编号次序，与相应的应付明细账和银行存款日记账核对，审查其金额是否一致；观察编制凭证和发票、签发支票与保管支票的职责分配是否符合内部牵制原则；检查付款支票样本，确定资金支付是否完整地记录在适当的会计期间。

第六，固定资产、在建工程的内部控制测试。商品存货与固定资产同属一个交易循环，在内部控制和控制测试问题上固然有许多共性的地方，但固定资产还存在不少特殊性，有必要对其单独加以说明。就许多从事制造业的被审计单位而言，固定资产在其资产总额中占有很大的比重，固定资产的构建会影响其现金流量，而固定资产的折旧、维修等费用则是影响其损益的重要因素。固定资产管理一旦失控，所造成的损失将远远超过一般的商品存货等流动资产。所以,为了确保固定资产的真实、完整、安全和有效利用,被审计单位应当建立和健全固定资产的内部控制。下面结合企业常用的固定资产内部控制,指出审计人员测试程序应用予以关注的地方。

其一,固定资产的预算制度。预算制度是固定资产内部控制中最重要的部分。通常,大企业应编制旨在预测与控制固定资产增减和合理运用资金的年度预算;小企业即使没有正规的预算,对固定资产的购建也要事先加以计划。审计人员应注意检查固定资产的取得和处置是否均依据预算,对实际支出与预算之间的差异以及未列入预算的特殊事项,应检查其是否履行特别的审批手续。如果固定资产增减均能处于良好的经批准的预算控制之下,审计人员即可适当减少针对固定资产增加、减少实施的实质性程序的样本量。

其二,授权批准制度。完善的授权批准制度包括:企业的资本性预算只有经过董事会等高层管理机构批准方可生效;所有固定资产的取得和处置均需经企业管理层的书面认可。审计人员不仅要检查被审计单位固定资产授权批准制度本身是否完善,还要关注授权批准制度是否得到切实执行。

其三,账簿的记录制度。除固定资产总账外,被审计单位还需设置固定资产明细分类账和固定资产登记卡,按固定资产类别、使用部门和每项固定资产进项明细分类核算。固定资产的增减变化均应有相对应的原始凭证。一套设置完善的固定资产明细分类账和登记卡,将为审计人员分析固定资产的取得和处置、复核折旧费用和修理支出的列支提供帮助。

其四,职责分工制度。对固定资产的取得、记录、保管、使用、维修、处置等,均应明确划分责任,由专门部门和专人负责。明确的职责分工制度,有利于防止舞弊,降低审计人员的审计风险。

其五,资本性支出和收益性支出的区分制度。企业应制定区分资本性支出和收益性支出的书面标准。通常需明确资本性支出的范围和最低金额,凡不属于资本性支出的范围、金额低于下限的任何支出,均应列作费用并递减当期收益。

其六,固定资产的处置制度。固定资产的处置,包括投资转出、报废、出售等,均要有一定的申请报批程序。

其七,固定资产的定期盘点制度。对固定资产的定期盘点,是验证账面各项固定资产是否真实存在、了解固定资产放置地点和使用状况以及发现是否存在未入账固定资产的必要手段。审计人员应了解和评价企业固定资产盘点制度,并注意查询盘盈盘亏固定资产的处理情况。

其八,固定资产的维护保养制度。固定资产应有严密的维护保养制度,以防止其因各种自然和人为的因素而遭受损失,并应建立日常维护和定期检修制度,以延长其使用寿命。严格地讲,固定资产的保险不属于企业固定资产的内部控制范围,但它对企业非常重要。因此,审计人员在检查、评价企业的内部控制时,应当了解企业对固定资产的保险情况。

作为固定资产的一个组成项目,在建工程项目有其特殊性。在建工程的内部控制包括以下内容:

一是岗位分工与授权批准。单位应当建立工程项目业务的岗位职责制,明确相关部门和岗位的职责、权限,确保办理工程项目业务的不相容岗位相互分离、制约和监督。工程项目业务不相容岗位一般包括:项目建议、可行性研究与项目决策;概预算编制与审核;项目实施与价款支付;竣工决算与竣工审计。

单位应当对工程项目相关业务建立严格的授权批准制度，明确审批人的授权批准方式、权限、程序、责任及相关控制措施，并规定经办人的职责范围和工作要求。审批人应当根据工程项目相关业务授权批准制度的规定，在授权范围内进行审批，不得超越审计权限。经办人应当在职责范围内，按照审批人的批准意见办理工程项目业务。对于审批人超越授权范围审批的工程项目业务，经办人有权拒绝办理，并及时向审批人的上级授权部门报告。

单位应当制定工程项目业务流程，明确项目决策、概预算编制、价款支付、竣工决算等环节的控制要求，并设置相应的记录或凭证，如实记载各环节业务的开展情况，确保工程项目全过程得到有效控制。

二是项目决策控制。单位应当建立工程项目决策环节的控制制度，对项目建议书和可行性研究报告的编制、项目决策程序等作出明确规定，确保项目决策科学、合理。

三是概预算控制。单位应当建立工程项目概预算环节的控制制度，对概预算的编制、审核等作出明确规定，确保概预算编制科学、合理。

四是价款支付控制。单位应当建立工程进度价款支付环节的控制制度，对价款支付的条件、方式以及会计核算程序作出明确规定，确保价款支付及时、正确。

五是竣工决算控制。单位应当建立竣工决算环节的控制制度，对竣工清理、竣工决算、竣工审计、竣工验收等做出明确规定，确保竣工决算真实、完整、及时。

六是监督检查。单位应当建立对工程项目内部控制的监督检查制度，明确监督检查机构或人员的职责权限，定期或不定期地进行检查。内容主要包括：工程项目业务相关岗位及人员的设置情况，重点检查是否存在不相容职务混岗的现象；工程项目业务授权批准制度的执行情况，重点检查重要业务的授权批准手续是否健全、是否存在越权审批行为；工程项目决策责任制的建立及执行情况，重点检查责任制度是否健全、奖惩措施是否落实到位；概预算控制制度的执行情况，重点检查概预算编制的依据是否真实，是否按规定对该预算进行审核；各类款项支付制度的执行情况，重点检查工程款、材料设备款及其他费用的支付是否符合相关法规、制度和合同的要求；竣工决算制度的执行情况，重点检查是否按规定办理竣工决算、实施决算审计。

根据上述内容，我们应该思考固定资产、在建工程内部控制测试要点：①预算编制是否依据生产使用部门的书面申请、预算分析资料、可行性研究等；②审批程序，如有无专家评定、董事会决议、负责人签字等；③在建过程中付款是否均具有相应发票或其他原始凭证；④是否办理竣工结算，超预算是否处理；⑤是否办理竣工验收和移交手续，验收是否由专家鉴定；⑥资本支出与收益支出划分是否适当；⑦总账、明细账及卡片是否一致；⑧固定资产定期盘点是否得到遵守；⑨方法是否符合制度规定并保持一致性；⑩折旧年限是否与有关法规规定一致；会计处理是否正确；固定资产的毁损、报废、清理是否经过技术鉴定和授权批准。

2. 销售与收款循环内部控制测试

销售与收款是企业业务经营中非常关键的业务环节，在审计业务循环中更是核心审计环节。

（1）销售与收款的关键控制点。

第一，适当的授权审批。销售与收款环节的固有风险比较高，涉及的环节和部门较多，对关键节点进行正确的授权审批是非常重要的。在这一循环中关键的审批程序有三个：其一，在销售发生之前，对于赊销额度应进行适当授权，在授信额度内一般于以批准，超过限额则应由更高级别的主管人员来负责审批;其二,未经正常的审批不得发出货物;其三,销售价格的确定,销售方式、结算方式的选择,销售折扣折让、销售退回等均需企业有关负责部门和人员的审批。

第二,适当的职责分离。适当的职责分离有助于防止各种有意或无意错误的发生。在这一环节应分离的职责有:开票、发货、收款、记账职务的相互分离;赊销审批与销售职能的分离;坏账的确认与记账职务的分离;出纳职能与记账职能的分离。

第三,凭证的预先编号。对各种凭证预先进行编号,包括销售通知单、出库单、发票、贷项通知单等,可以防止重复开具各种凭证和账务的重登、漏登等,并避免凭证滥用所引发的不良后果。收款员对每笔发货开具账单后,将发运凭证按顺序归档,而由另一位职员定期检查全部品质的编号,并调查凭证缺号的原因,这是实施这项控制的一种有效方法。

第四,充分的凭证与记录。销售部门、仓储部门及时登记销售、保管实物账;财务部门及时登记发出商品登记簿、产成品明细账和应收账款。在货款收款账单到达后,登记销售及银行存款等账户。登记账簿可以防止产品销售业务的混乱,通过会计特有的记账方法,使销售业务完整有序地记录下来,合理确定销售收入,正确结转销售成本。

第五,定期核对并向客户寄出对账单。核对是控制的重要手段,一般核对工作由非记账人员进行。对销售明细账和总账进行核对;核对财务部门财务账和销售、仓储部门实物账;误差报经审批后予以处账账核对可以防止记账差错和舞弊行为发生,保证会计核算资料真实可靠。

应建立应收账款的核对和催收制度,每月由独立的人员负责向客户寄送对账单,能促使客户在发现双方往来余额不正确后及时更正,并定期检查,确定账龄较长的欠款,在必要的情况下,调整这类客户的信用额度。

第六,现金的盘点制度。为了保证企业现金的安全,必须建立现金的盘点制度。现金日记账应做到日清月结,每天出纳人员负责进行账实核对,定期将日记账与总账核对,并由出纳以外的人员进行突击盘点和定期盘点。

第七,银行存款的核对制度。银行存款日记账应定期与总账核对,同时根据银行提供的对账单编制银行存款余额调节表,及时发现双方记录上的错误,确保企业银行存款的安全。

(2) 具体测试内容。

第一,抽取一定数量的销售发票样本进行检查。销售发票是非常重要的原始凭证,销售发票是向顾客收取货款、登记有关销售账户和应收款总账及明细账的依据。在选取样本之前,首先检查发票上的存根是否完整,从发票日期判断是否按顺序开具发票。对抽取的发票样本进行以下几个方面的检查:检查发票是否规范并连续编号,作废发票的处理是否得当,有无随意毁灭行为;核对销售发票与顾客订货或销售合同、出库单、货运凭证所载明的品名、规格、数量、价格、结算方式等是否一致;检查赊销业务是否有信用部门的有关人员核准赊销的审批签字,对超过信用限额的是否经过上一级主管人员的审批;从销售发票追查至有关的记账凭证、应收款明细账、现金和银行存款日记账及主营业务收入明细账,确定企业是否正确、及时地登记有关的会计凭证和账簿。

第二,抽取一定的货运文件样本,并与相关的销售凭证核对,检查已发出的货物是否均已向客户开具发票。如果发出货物但未开具发票,就可能导致销售收入和应收账款的漏记,从而低估收入、高估成本。

第三，抽查一定数量的销售明细账记录，并与相关的销售发票、货运文件比较，确认是否存在虚计销售收入或少记销售收入的情况。

第四，抽查一定数量的应收款明细账记录，并与相应的记账凭证核对，看其时间、金额是否一致；对坏账注销业务应抽取相应的原始凭证与账务记录进行核对，分析坏账的注销是否合乎规定的标准，有无主管人员的批准，是否存在随意注销坏账的情况；为了确定企业是否与客户定期对账，在可能的情况下，将企业一定期间的对账单与相应的应收款明细账余额进行核对，以便了解对发现的差额是否及时采取措施。

第五，抽查一定数量的销售调整记录，以检查销售退回、折让、折扣的处理是否恰当。销售过程中出现的退货，一般通过贷项通知单冲减应收款的记录。审计人员应审核所退回的货物是否有质检部门和仓库开具的退货验收单和入库单，检查贷项通知单是否根据退回商品验收单填制，是否记录有原始原销售发票号和发货单号，有无主管人员的核准，顺序编号是否完整。若存在缺号现象，应追查贷项通知单的去向，以便发现捏造退货、退款等舞弊行为。对于销售折扣和折让，审计人员应了解企业的折扣和折让政策，折扣和折让的审批是否经过适当授权，授权人与授权收款人的职责是否分离，会计记录是否及时正确。

第六，抽查一定数量的现金、银行存款的收付款凭证，并与其原始凭证及日记账核对，看其金额、入账时间是否一致。抽查一定数量的银行存款余额调节表，并进行核对。对库存现金，如有必要可以结合实质性测试进行盘点。

3. 生产与存货循环内部控制测试

(1) 生产与存货循环内部控制关键点。生产与存货循环的内容包括生产成本计算和存货的管理。本循环涉及计划、仓库、财会、生产、销售、人力资源等诸多部门，与其他循环——采购与付款循环、销售与收款循环、薪酬业务循环的内容有一定的交叉。

典型的生产与存货循环包括以下内容：

第一，根据计划采购原材料。这部门实际包括在采购与付款循环中，生产部门根据生产计划要求采购部门准备足量的原材料。

第二，领料需要编制领料单。生产部门根据生产通知单填制领料单，交仓库领料后，仓库填制领料单并交其中一联单据给财会部门登记存货相关账。

第三，产成品入库。生产车间将完工并验收合格的产品交给仓库，或将半成品交下一生产环节。仓库将出具入库单据给财会部门登记存货账。

第四，核算产成品成本。财会部门根据仓库的入库单、生产车间的材料消耗凭证、生产工人的劳动消耗及其他简介材料人工核算产成品成本，并与计划或标准成本进行比较、分析。

第五，产成品销售出库。产成品销售出库程序一般包括出库前的准备、核对出库凭证、备料、复核等。

第六，存货的报废核算。存货在采购、生产、储存、运输、销售环节出现的产品，应及时核销，核销的过程中应该有相关的批准手续，授权进行。

(2) 生产与存货循环内部控制测试的环节。

第一，关注存货的安全。审计人员要对存货保管情况进行实地考察，检查领料单、出库单等单据与相应的请领、销货通知之间的一致性。

第二，关注存货记录的完整性、准确和有效性。审计人员要了解企业的盘点制度和结果，盘点是否有内部审计人员进行监督。

第三，关注存货计价。审计人员主要检查存货计价方法是否符合财会制度规定，计价方法发生变化有无批准程序。

4. 薪酬业务循环内部控制测试

(1) 薪酬业务循环内部控制关键点。薪酬业务循环从员工聘用开始，包括考勤及工时统计、工资结算、工资发放、分配工资费、账务处理等环节，具体包括：员工聘用、考勤及工时统计、工资结算、体现和支付、工资分配和账务处理。

薪酬业务循环中的内部控制主要包括：

第一，职责分工：①人力资源管理、工资结算、统计与财会部门相互独立；②人员调配单的编制与审批相互独立；③考勤记录与审批、复核相互独立；④工资单的编制与审核相互独立；⑤工资结算汇总表的编制与审核相互独立；⑥产量及工时记录与审核相互独立；⑦生产统计报表编制与审核相互独立；⑧工资费用分配表编制与审核相互独立；⑨工资费用分配表编制与审核相互独立；⑩工资保管与记录相互独立。

第二，信息传递控制。完善的薪酬业务循环内部控制需要对与此有关的信息传递程序实施严格的控制，包括授权程序、文件和记录的使用、审核制度。其中，人员调配单、考勤记录、工资结算汇总表、记账凭证等，需经专人审核，保证业务处理的真实和正确。

第三，实物控制。实物控制包括两方面内容，一方面限制非授权人员接近代领工资，并设置保管设施，防止现金被盗；另一方面限制非授权人员接近薪酬业务会计资料，防止这些资料被篡改、伪造和销毁。

(2) 薪酬业务循环测试的环节。

第一，抽查职工花名册，核对工资单中人员名单与人事档案中的花名册是否一致，以确定领工资人员是否为本单位职工。

第二，检查各项工资、奖金和津贴的发放有无依据和内部核准程序，检查各项代扣代缴款项的计算是否正确。

第三，检查相关的工时记录是否经批准。各项临时性工资、奖金和津贴的发放应当有内部核准程序，而一些特别支付的项目亦应合并计入个人收入并代扣个人所得税。

5. 资本循环内部控制测试

资本循环包含资金的筹集、使用、取得相关收益、支付相关费用等环节。具体包括吸收投资的资本计价、举措债务、借款费用、盈余公积、对外投资及取得投资收益的核算。

资本循环测试的具体内容包括：

(1) 关注审批环节。审计人员要查阅与筹资业务相关的内部管理规定、贷款合同和记录，贷款应经过有关负责人批准并用于规定的途径。

(2) 关注记录环节。审计人员应重点检查筹资经办人员是否与记录人员独立，了解借款利息计算、记录、复核、支付业务的人员是否合理分工。

6. 货币资金循环内部控制测试

货币资金包括企业的库存现金、银行存款和其他货币资金。湖笔资金是与所有的经济业务联系最紧密的资产，因为所有业务的实现最终都要以货币资金的形式体现出来，都要归结为货币资金的取得和付出，货币资金是所有循环中最简单也是最重要的循环。货币资金测试的环节包括：

（1）关注货币资金安全审计人员需要实地考察货币资金业务不相容、职务的分离情况，查看实际执行效果，查看货币资金的保管情况，收入数与银行存根的一致情况等。

（2）关注付款控制环节审计人员需要检查付款凭证的审批签章，支出的用途项目是否符合国家规定的限额和用途。

（3）关注对账审计人员需要检查现金日记账，银行存款日记账与总账核对是否一致，检查银行存款日记账与银行对账单核对是否一致，查验是否定期编制银行存款余额调节表，并将符合长期未达账项应追查原因。

9.3 财务报表审计

财务报表是会计工作人员的工作成果，也是财务收支审计的主要对象。

9.3.1 财务报表审计概述

1. 财务报表介绍

所谓财务报表，就是综合反映企业资产、负债和所有者权益的情况及一定时期的经营成果和现金流量的书面文件，是会计人员根据日常会计核算资料归集、加工、汇总而形成的结果，是会计核算工作的总结。

按照服务对象，财务报表可以分为内部抄报表和外部财务报表。外部报表是财务审计的对象，主要包括资产负债表、利润表、现金流量表及其附表。另外，按照报表各项目数字所反映的内容，财务报表还可以分为个别报表、合并报表、分布报表。其中，个别会计报表各项目数字所反映的内容，仅仅包括单个企业的财务数据。合并会计报表是由母公司编制的，一般包括所有控股公司会计报表的数字，可以提供公司集团总体的财务状况和经营成果。分布报表是业务分布或地区分布符合一定条件时按规定编制的反映该分部资产、负债、收入、费用、利润（或亏损）的报表。

2. 财务报表审计的作用

（1）有利于财务报表使用者作出正确的决策。市场近期的发展，使一个企业的发展不再是一个企业的问题，可能关系到许多企业、部门、组织和个人的利益，向社会公开发行股票的上市公司在这个问题上是很有说服力的，财务报表是与企业相关人士据以作出决策的主要依据。

（2）有利于维护债权人的权利。在能够保证数据真实准确的前提下，债权人可以从审计过的财务报表中获知企业偿债的能力，从而采取正确的方式保证其权利。

（3）有利于促进企业改善经营管理，提高经济效益。财务报表审计的结果并不是只有服务于外部，企业的管理者也可以从审计结果中总结出一些经验教训，更好地改善管理，提高效益。

3. 财务报表审计的目标

（1）财务报表是否按照适用的会计准则和相关会计制度的规定编制，我国对财务报表的列示格式内容披露方法都有明确的规定，要求在形式上必须满足规定要求。

（2）财务报表是否在所有重大方面公允反映被审计单位的财务状况、经营成果和现金流量。这实际上就是要求财务报表内各账户要真实存在，在所有重大方面无差错、虚假、舞弊行为等，且披露适当。

4. 常见财务报表舞弊形式

财务报表舞弊是指管理层有意识的操作财务记录、报告结果来伪造企业财务状况、经营成果等，以达到一定目的的行为。

财务报表舞弊的常见形式包括操作、伪造或者篡改会计记录及其支持文件，如为了提高当期利润，编造收入凭证；误报瞒报事件、交易或其他重要信息，如将已发生的不利事件，延缓入账或根本不记入账簿的行为；有意误用会计政策，如不考虑企业的实际情况而过高或过低提取各种准备的行为。

9.3.2 财务报表涉及的业务循环与具体账户的审计

1. 销售与收款循环审计

(1) 销售预收款循环的内容。本循环是企业中最为重要的业务循环之一，涉及商品和劳务销售业务的诸多环节。典型的商品销售与收款业务的循环一般包括以下几个方面：

第一，订单管理。受到客户的有效订单之后，企业应该有相关部门编制销货单，同时组织货物的生产或发出。如果同时收到预收货款，会计部门应该及时处理。

第二，赊销额度管理。企业的商品销售分为现销和赊销。现销的管理在货币资金中。在这个循环中，主要关注赊销行为。赊销时，企业应该有严格的赊销管理制度。在批准客户赊销之前，应该按赊销政策审查客户的信用情况，按不同的级别批准不同的赊销额度，以降低企业的坏账比率和信用风险。

第三，货物发出管理。货物发出时销售实现的标志。发出商品时应该严格审查提货单及出库单，核对单据与实务。

第四，为客户开具发票和登记销货业务管理。销货发票是企业记账及向购货方通报收款金额的直接手段和依据。以恰当、准确的数据开具、登记销货发票，对购销双方都非常重要。

第五，对账和收款管理。财会部门应该协同销售部门定期与购货客户对账，编制应收款项的账龄分析表并及时与信用管理部门沟通。对超过信用期的账款要进行催收。

第六，收款管理。制定合理、可行的坏账管理制度对企业也很重要。选择合适的坏账政策，遵循谨慎性和一贯性，定期计算坏账。在注销坏账时，应该有审批，并且进行备查登记。

第七，坏账管理。制定合理、可行的坏账管理制度对企业也很重要。选择合适的坏账政策，遵循谨慎性和一贯性，定期计算坏账。在注销坏账时，应该有审批，并且进行备查登记。

第八，销售退回与折让的管理。对于销售退回，一方面要做好应收账款及付款的记录，另一方面也要做好进行退货收回的记录和验收。对折让则要注意相关权限的审批及财务部门的相关记录。

(2) 销售与收款循环审计的目标。销售与收款循环审计的目标，简单地说，就是要检验该循环影响的各账户余额、发生额是否真实、完整与合法，包括营业收入和应收款项的真实、准确与完整；销售折扣、折让、退回的合规合法性及记录的准确性；坏账计算、核销及登记的正确性。

(3) 相关账户的审计。与该循环相关的账户包括："主营业务收入""应收账款""其他应收款""应收票据""应交税费""预收账款""主营业务成本""销售费用""税金及附加""其他业务收支”等。

第一，应收账款和其他应收款审计。重点审查应收账款有无虚构债券的行为，虚增应收账款，虚减存货，造成资产不实的问题。主要商品和劳务的交易通常在应收应付账款和预收账款中进行核算，反映的内容具有金额大、发生频繁、手续多、外部单位提供原始单据的特点，并且对原始凭证要求极为严格。审查明细账、总账是否相符，账龄分析有无坏账，坏账损失有无处理检查依据及授权，有无弄虚作假，虚减利润。在审计中特别应注意应收款项中的“其他”“暂挂款”“暂收款”“其他科目转来”等二级科目，搞清其核算的具体内容；关注长期不发生增减借贷变化的呆滞往来账项和偶然发生大额往来账项。核对预付、应付有无同时挂账，注意企业在该账户中藏匿潜在亏损。对数额较大、拖欠时间较长的单位，应询证后予以确认。对未取得询证函的款项，应采取替代程序。

第二，主营业务收入审计。重点审查企业是否按照权责发生制的原则，确定当期销售收入有无故意隐瞒或虚增销售收入索取产品出库存跟，将销货发票副本和有关明细账相互核对确定销售收入，注意销售退回、折让及折扣批准手续是否合规，处理是否正确。

第三，应交税费审计。重点审查营业税、增值税，应结合销售收入审查，并抽查大额应收账款、应付账款、银行存款、现金账户，索取企业年度纳税申报单、企业所得税申报表。

第四，所得税费用审计。重点审查应纳税所得额计算是否正确，并关注调增项目，如超标准交际应酬费，超计税工资支出，非公益性捐赠支出滞纳金、罚金、罚款等。核实应纳税所得额和所得税率，并索取减免税批准文件。

第五，期间费用审计。核实在一个会计期间内发生的营业费用、财务费用和销售费用发生额的真实性和合法性，费用的计提是否正确，费用的归集是否正确，并查明该项费用的归属期是否正确，有无潜亏挂账的问题。

2. 采购预付款循环审计

(1) 采购与付款循环的内容。采购预付款业务循环是外部商品和劳务的购置及付款过程。典型的商品采购与付款业务的循环一般包括以下几个方面：

第一，编制请购单。请购单由商品使用部门、仓库、采购部门联合编制。商品适用部门和仓库提出申请，说明需要的商品的数量、规格、品质等要求，经授权审批者批准后，由采购部门正式签发并选择、交付供应商。

第二，验收商品。供应商将商品交付本企业后，有关部门应组织商品的验收工作。验收不仅是采购部门和仓库的重要工作，也是关系到会计部门登记存货账目的基本环节。验收合格后的入库单据对存货的管理至关重要。

第三，确认负债。财会部门在收到供货方提供的销货发票后，应与请购单、验收单的内容进行核对，核对无误后进行账簿的登记。

第四，处理和记录价款的支付。会计部门根据付款信用期及本企业的资金情况决定购货款的支付情况。在有购货折扣的情况下，决定接受还是放弃折扣。付款之后根据付款单据进行应付账款和银行存款账的登记。

(2) 采购与付款循环审计的目标。本循环审计的目标就是要证实商品采购中应付款项和预付款项的总体合理性、采购业务形成的福海的真实性和完整性、采购预付款入账时间的准确性。另外，固定资产的采购也体现在本循环中，需要证实购入固定资产的真实性、完整性、极佳的准确性、交易的合法性，此外还有固定资产折旧方法选择的合规性、计算的正确性。

(3) 相关账户的审计。相关账户包括:“应付账款”“其他应付款”“预付账款”“应付票据”“固定资产”“累计折旧”等。

第一,应付账款和其他应付款审计。审查该科目余额是否正确,查阅债务原始文件,查明长期拖欠货款或其他款项的原因,查阅总账与明细账是否相符,对于账龄较长、数额较大的款项实施函证,注意发现应付账款未标明欠款单位的无主货款,有无利用虚拟货主转移、隐匿实现的销售收入等问题。对其他应付款中中长期挂账的,应查明原因,注意有无收取其他单位回扣等问题。注意核对预付账款、应付账款有无同时挂账、重复付款。

第二,固定资产及折旧审计。重点检查相关的产权证明文件,盈亏、报废核销应取得税务部门的批准文件。检查固定资产盘点与总账、明细账核对是否相符,账实是否相符,固定资产增减计价是否正确,手续是否完备。两类支出划分是否恰当。固定资产折旧计提方法是否适当。有无漏记漏提,或扩大计提范围,折旧方法有无随意变动的情况,对房屋、建筑物等无移动性固定资产应重点抽查验证。

3. 生产与存货循环审计

(1) 生产与存货循环的内容。生产与存货循环涉及的主要业务活动包括:计划和安排生产;发出原材料;生产产品;核算产品成本;储存产成品;发出产成品等。上述业务活动通常涉及以下部门:生产计划部门、仓库部门、生产部门、人事部门、销售部门、会计部门等。

第一,计划与安排生产:生产计划部门的职责是根据客户订购单或者对销售预测和产品需求的分析来确定生产授权。如决定授权生产,即签发预先顺序编号的生产通知单。该部门通常应将发出的所有生产通知单顺序编号并加以记录控制。

第二,发出原材料:仓库部门的责任是根据从生产部门收到的领料单发出原材料。领料单通常需一式三联。仓库发料后,将其中一联连同材料交给领料部门,一联留在仓库登记材料明细账,一联交会计部门进行材料收发核算和成本核算。

第三,生产产品:生产部门在收到生产通知单及领取原材料后,据以执行生产任务。完成生产任务后,将完成的产品交给生产部门查点,然后转交检验员验收并办理入库手续;或是将所完成的产品移交下一个部门,作进一步加工。

第四,核算产品成本:为了正确核算并有效控制产品成本,一方面,生产过程中的各种记录、生产通知单、领料单、计工单、入库单等文件资料都要汇集到会计部门,由会计部门对其进行检查和核对,了解和控制生产过程中存货的实物流转;另一方面,会计部门要设置相应的会计账户,会同有关部门对生产过程中的成本进行核算和控制。

第五,储存产成品:产成品入库,须由仓库部门先行点验和检查,然后签收。签收后,将实际入库数量通知会计部门。

第六,发出产成品:产成品的发出须由独立的发运部门进行。装运产成品时必须持有经有关部门核准的发运通知单,并据此编制出库单。出库单一般为一式四联,一联交仓库部门;一联发运部门留存;一联送交顾客;一联作为给顾客开发票的依据。

(2) 生产与存货循环审计的目标。生产与存货循环的审计目标是要证实自己生产的存货成本构成的真实性、成本计算的合理性、成本会计处理的合规性,购入存货成本记录的准确性、完整性,以及销售业务的合法性。

(3) 相关账户的审计。相关账户主要包括“存货”“生产成本”“制造费用”“应付职工薪酬”。

第一，存货审计。重点对原材料、低值易耗品、在产品和产成品进行审查，审计人员要参与监盘，按一定比例进行抽查。清点验证存货的数量、质量、价格是否真实可靠，审查明细账、总账是否相符，有无账外资产或存货盘亏。对盘亏、毁损、残次、报废检查是否授权并批准，有无随意变换计价方法、调整成本差异率、滥提或少提存货跌价准备以调节成本的行为。检查毁损、报废、盘亏、非应税项目的进项税额转出情况。分析有无虚计产品完工程度，调整完工产品成本的情况。有无故意将固定资产和存货混淆的情况。在审计存货的发出计价方法时应注意，在2006年颁布的《企业会计准则》中取消了后进先出计价方法。

第二，生产成本、制造费用审计。重点审查成本开支范围合规性，审查生产成本明细账、制造费用明细账，有无存在混淆成本支出界线的问题，查明有无乱摊成本和转移成本的问题。

4. 薪酬业务循环审计

(1) 薪酬业务循环的内容。薪酬业务循环审计包括企业全体职工因为向企业提供劳务而从企业获得的报酬。具体包括：生产部门人员的职工薪酬；应由在建工程、研发支出负担的职工薪酬；管理部门人员、销售人员的职工薪酬；企业以其自产产品发放给职工作为职工薪酬的；无偿向职工提供住房等固定资产使用时计提的折旧额；租赁住房等资产供职工无偿使用按期支付的租金；应解除与职工的劳动关系给予的补偿；企业以现金与职工结算的股份支付，在等待期内每个资产负债表日按当期应确认的成本费用金额，在可行权日之后以现金结算的股份支付当期公允价值的变动金额。薪酬业务的具体内容包括：

第一，向职工支付工资、奖金、津贴等先进及非现金行使工资性支出及从应付职工薪酬中扣还的各种款项(代垫的家属药费、个人所得税等)等。

第二，支付工会经费和职工教育经费用于工会活动和职工培训。

第三，按照国家有关规定缴纳社会保险费和住房公积金，包括金额和比例。

第四，企业以其自产产品发放给职工的核算，支付租赁住房等资产供职工无偿使用所发生的租金核算。

第五，企业以现金与职工结算的股份支付。

第六，企业因解除与职工的劳动关系给予职工的补偿。

(2) 薪酬业务循环审计的目标。薪酬业务循环审计的目标是要证实薪酬业务的真实性、完整性、合法性，工资结算的完整性，工资分配的正确性。

(3) 相关账户的审计。新准则中取消了“应付福利费”的一级账户，以“应付职工薪酬”账户取代了“应付工资”账户。在“应付职工薪酬”账户下设置“工资”“职工福利”“社会保险费”“住房公积金”“工会经费”“职工教育经费”“非货币性福利”“辞退福利”“股份支付”等进行明细核算。

“应付职工薪酬”账户审计的重点是审查账户余额是否正确，总账、明细账核对是否相符；提取各项保险费用种类是否齐全，比例是否在国家规定的上下限之内；对于应该记入该账户的内容是否记入其他账户，帮助职工偷逃个人所得税。

5. 资本循环审计

(1) 资本循环的内容。资本循环包含资金的筹集、使用、取得相关收益支付相关费用诸环节。具体包括吸收投资的资本计价、举借债务、借款费用、盈余公积、对外投资及取得投资收益的核算。

(2) 资本循环审计的目标。资本循环的审计目标是要正式投入资本的真实性、完整性、合法性,核算的正确性;举债资金的真实性、完整性、计算的准确性;盈余公积的完整性、真实性、合法性及计价的准确性;投资及投资收益的真实性、合法性、完整性与所有权。

(3) 相关账户的审计。

第一,实收资本审计。实收资本审计是企业所有者权益审计的组成部分,对明确企业投资人对企业净资产的所有权和企业的清算核查具有重要作用。在国有企业占有一定比例的国有企业审计中,实收资本审计的重要性尤其突出,这是判断国有资产是否增值、保值的判断基础。实收资本审计要从筹集、核算的合法性、真实性,企业所有权和资本分类的正确性,实物资产投资时资本计价的正确性这几个方面入手。国有企业改制、清产核资以及合资经营过程更应注意实收资本的变化情况。

第二,资本公积金审计。重点审查资本公积金核算是否正确,入账依据是否合规。在此也要注意新会计准则的变化,如对捐赠的处理。

第三,盈余公积金审计。重点审计盈余公积金提取和使用是否符合规定,并结合"利润分配"账户进行审计。

第四,未分配利润审计。重点审查企业利润分配的决议纪要,并关注应由年度税前利润弥补的亏损,应根据各年税务机关核准的应纳税所得额(注意税前弥补期)进行审计。

第五,长期投资审计。重点审查对重大投资是否进行可行性论证,投资合同、投资决议文件是否完整、合规、合法,审查会计资料反映的与实际投资是否相符,同时审查投资收益,看期股利及利息是否计入投资收益,注意对外投资是否超过净资产的50%。

第六,交易性金融资产、持有至到期投资及其投资收益的审计。新会计准则将短期投资进行了划分,审计中应注意各科目核算内容的准确性,投资收益确认的时间、金额的合规性。另外,还要注意到这些资产是以公允价值计价的,审计时应注意期末计价的准确性及会计处理的正确性。

第七,利润审计。重点审查产品销售利润的合规性,验证构成产品销售利润的诸要素(产品销售收入、产品销售成本、产品销售税金及附加、产品销售费用)的真实性。在利润审计中,应看营业外支出是否符合财务制度规定,有无抵减当期利润,违反营业外支出范围,擅自增加项目,提高开支标准、截留利润的现象。

第八,营业外收支。审计重点审查发生额的正确性,并关注所得税调整项目。2006年新会计准则在这一部分的调整比较大,应注意以前计入资本公积的捐赠收入、无法支付的应付款项已调整至营业外收入内合算。

6. 货币资金审计

(1) 货币资金的内容。货币资金是指在企业生产经营过程中处于货币形态的那部分资金,按其形态和用途不同可分为库存现金、银行存款和其他货币资金。它是企业中最活跃的资金,流动性强,是企业的重要支付手段和流通手段,因而是流动资产的审查重点。其他货币资金包括外埠存款、银行汇票存款、银行本票存款、信用证保证金存款、信用卡存款、存出投资款等。

(2) 货币资金审计的目标。货币资金审计的目标是要正式货币资金余额的真实性、所有权、完整性,货币资金收付业务的合法性,外币计价的准确性。

(3) 相关账户的审计。相关账户主要有"库存现金""银行存款""其他货币资金""长期借款”“短期借款”。

第一，库存现金审计。重点审查现金余额，审查现金日记账、总账是否相符，现金盘点是否与现金日记账相符，抽查大额支出。在现金盘点审计中注意盘点现金支票和转账支票存根、作废存根和空白支票，并与库存现金、银行存款账相核对，防止出现将作废的转账支票存根充作附件的情况。

第二，银行存款审计。重点审查银行存款日记账、总账是否相符，索取对账单，银行存款余额调节表，查明未达账项与开户银行函证余额是否相符，抽查大额收支情况。

第三，银行借款审计。重点审查银行借款余额的真实性，审查银行借款支入账的完整性和偿还的真实性、及时性。审查是否按权责发生制的原则计算本企业银行借款应负担利息，有无以此调节企业盈亏问题。借款利息的资本化计算也应该注意计算的准确性。新准则中对长期借款利息的处理也有所变化。

9.3.3 合并报表审计

合并会计报表审计与一般审计的主要区别是，合并会计报表建立在母子公司个别报表基础之上，通过合并会计报表审计可以判定某公司提供的整个企业集团的合并会计报表是否公允、恰当，是否准确反映了企业财务状况和经营成果。

进行合并会计报表审计应注意以下问题。

1. 合并范围的确定

2014 年 7 月 1 日起开始实行的《企业会计准则第 33 号——合并财务报表》第二十一条指出，母某公司应将其全部子公司(包括母公司所控制的单独主体)纳入合并报表的范围合并范围。这起到了防止人为调节合并会计报表范围的作用，同时也使合并会计报表审计对象的财务状况和经营成果经营成本更可靠，从而降低了审计风险。

2. 对个别报表数据的复核、调整

由于个别报表是合并报表的基础，因此，在进行合并报表审计之前应该首先进行复核，必要时进行一定的调整。

3. 对抵销项目全面、准确的审查

根据 2014 年 7 月 1 日起实行的《企业会计准则第 33 号——合并财务报表》，编制合并会计报表时应考虑一下抵销问题。

(1) 在编制合并资产负债表时应该考虑的抵销问题。

第一，母公司对子公司的长期股权投资与母公司在子公司所有者权益中享有的份额应当相互抵销，同时抵销相应的长期股权投资减值准备。

第二，母公司与子公司、子公司相互之间的债权与债务项目应当相互抵销，同时抵销相应的减值准备。

第三，母公司与子公司、子公司相互之间销售商品(或提供劳务，下同)或其他方式形成的存货、固定资产、工程物资、在建工程、无形资产等所包含的未实现内部销售损益应当抵销。

第四，母公司与子公司、子公司相互之间发生的其他内部交易对合并资产负债表的影响应当相互抵销。

第五，因抵销未实现内部销售损益导致合并资产负债表中资产、负债的账面价值与其在所属纳税主体的计税基础之间产生暂时性差异的，在合并资产负债表中应当确认递延所得税资产或递延所得税负债，同时调整合并利润表中的所得税费用，但与直接计入所有者权益的交易或事项及企业合并相关的递延所得税除外。

(2) 在编制合并利润表时应该考虑的抵销问题。

第一，母公司与子公司、子公司相互之间销售商品所产生的营业收入和营业成本应当抵销。

第二，在对母公司与子公司、子公司相互之间销售商品形成的固定资产或无形资产所包含的未实现内部销售损益进行抵销的同时，也应当对固定资产的折旧额或无形资产的摊销额与未实现内部销售损益相关的部分进行抵销。

第三，母公司与子公司、子公司相互之间持有对方债权所产生的投资收益、利息收入及其他综合收益等，应当与其相对应的发行方利息费用相互抵销。

第四，母公司与子公司、子公司相互之间持有对方债权所产生的投资收益、利息收入及其他综合收益等，应当与其相对应的发行方利息费用相互抵销。

第五，母公司与子公司、子公司相互之间发生的其他内部交易对合并利润表的影响应当抵销。

(3) 在编制合并现金流量表时应该考虑的抵销问题。

第一，母公司与子公司、子公司相互之间当期以现金投资或收购股权增加的投资所产生的现金流量应当抵销。

第二，母公司与子公司、子公司相互之间当期取得投资收益、利息收入收到的现金，应当与分配股利、利润或偿付利息支付的现金相互抵销。

第三，母公司与子公司、子公司相互之间以现金结算债权与债务所产生的现金流量应当抵销。

第四，母公司与子公司、子公司相互之间当期销售商品所产生的现金流量应当抵销。

第五，母公司与子公司、子公司相互之间处置固定资产、无形资产和其他长期资产收回的现金净额，应当与购建固定资产、无形资产和其他长期资产支付的现金相互抵销。

第六，母公司与子公司、子公司相互之间当期发生的其他内部交易所产生的现金流量应当抵销。

在对以上项目进行的审计中，既要注意分录的正确性，又要注意相关数字的准确性，同时还应注意合并前后报表数据之间内在的勾稽关系。

9.3.4 分部报表审计

分部报表是指在企业对外提供的财务会计报告中，按照确定的企业内部组成部分(业务部分或地区部分)提供的各组成部分有关收入、资产和负债等信息的报表，从而进一步提高会计信息的可利用度。

1. 审计范围

根据《企业会计准则第35号——分部报告》的规定，只有那些相对重要的、达到一定标准的分部，才可以单独对外披露。分部报表审计的范围与之也要一致。

按照《企业会计准则第35号——分部报告》的要求，企业应当以业务分部或地区分部为基础确定报告分部。业务分部或地区分部的大部分收入时对外交易收入，且满足下列条件之一的，应当将其确定为报告分部：

（1）该分部的分部收入占所有分布收入合计的10%或者以上。

（2）该分部的分部利润（亏损）的绝对额，占所有盈利分部利润合计额或者所有亏损分部亏损合计额的绝对额两者中较大者的10%或者以上。

（3）该分部的分部资产占所有分布资产合计额的10%或者以上。

报告分部的对外交易收入合计额占合并总收入或企业总收入的比重未达到75%的，应当将其他的分部确定为报告分部（即使它们未满足上述条件），直到该比重达到75%。

2. 主要审计项目

（1）分部营业收入审计。分部营业收入是可以直接归属于某一分部的收入，以及企业收入中能按合理的基础分配给某一分部的相关部分收入。对这一部分的审计应注意区分对外部客户的营业收入和与其他分部交易的收入，且不能包括非常项目取得的收入、利息收入及投资收益等。

（2）分部销售成本审计。分部销售成本是某一分部营业收入相对的销售成本。在审计中要注意将分部对外销售成本、对其他分部的销售成本分别列示，并与相关收入配比分析。

（3）分部期间费用审计。分部期间费用是某一分部在经营活动中发生的，并可以直接归属于该分部的期间费用，以及能按合理的方法分配给该分部的期间费用。这部分的审计同样要注意费用的归属性划分，且仅限于销售费用、管理费用和财务费用。

（4）分部资产、负债审计。分部资产是指分布在其经营活动中适用的，并可以直接归属于某一分部的经营资产。分部负债指分布的经营活动形成的，并可直接归属于该分部的经营负债。这部分的审计一般要求与国有企业审计一致，区别在于对归属性的划分、认定。另外，应注意分部负债不包括借款、与融资租入资产相关的负债以及其他为非经营目的而承担的负债。

9.4 国有企业领导干部任期经济责任审计

9.4.1 领导干部任期经济责任审计的依据

1. 相关法律

全国人民代表大会及其常务委员会制定、颁布的与经济责任审计相关的法律包括《中华人民共和国审计法》《中华人民共和国会计法》《中华人民共和国行政处罚法》《中华人民共和国刑法》等。2006年2月，全国人民代表大会常务委员会修改后的《审计法》第二十五条规定："审计机关按照国家有关规定，对国家机关和依法属于审计机关监督对象的其他单位的主要负责人，在任职期间对本地方、本部门或者本单位的财政收支、财务收支以及有关经济活动应负经济责任的履行情况，进行审计监督。"

2. 两办规定及其实施细则

两办规定是指中共中央办公厅和国务院办公厅于2010年公布的《党政主要领导干部和国有企业领导人员经济责任审计规定》（中办发〔2010〕32号）以及2014年7月28日公布的《党政主要领导干部和国有企业领导人员经济责任审计规定实施细则》。此外与领导干部任期经济责任审计相关的规定还有《中央纪委、中央组织部、监察部、人事部、审计署关于将党政领导干部经济责任审计的范围扩大到地厅级的意见》等。

3. 相关行政法规

与领导干部任期经济责任审计相关的行政法规包括国务院制定、颁布的行政法规，如《国务院关于违反财政法规行为处罚的暂行规定》等；还有省、自治区、直辖市、计划单列市和较大城市的人民代表大会及其常委会指定的地方性法规，如《财政违法行为处罚处分条例》《黑龙江省国有企业及国有控股企业领导人员任期经济责任审计条例》等。

4. 部门规章

与领导干部任期经济责任审计相关的部门规章是指国务院各部门制定、颁布的部门规章，如2010年审计署已审计署令第8号发布的《国家审计准则》等。

5. 有关部门制定的其他有关规定

与领导干部任期经济责任审计相关的部门规定包括中央组织部制定的《党政领导干部选拔任用工作条例》、审计署制定的有关经济责任审计的文件和规范等。

6. 地方党委和政府的其他有关规定

与领导干部任期经济责任审计相关的其他有关规定还包括中共云南省委办公厅、云南省人民政府办公厅印发的《云南省省管领导干部任期经济责任审计实施办法(试行)》等。

同时，对于部门、单位内部管理的领导干部，部门、单位关于经济责任审计的内部规定也都是有效的审计依据。

9.4.2 领导干部任期经济责任审计的内容

经济责任审计以领导干部履行经济责任的行为为主线，以审计被审计领导干部所在单位、所在部门、所在地区及重要相关单位的财政财务收支为基础，紧紧围绕领导干部所负经济责任的相关事项，并根据干部管理部门的具体要求和领导干部所在地区(部门、单位)的实际情况以及可投入的审计力量来确定审计的重点内容。领导人员分为党政领导和国有及国有控股企业领导，因此，审计的内容也各有侧重。

1. 党政领导干部任期经济责任审计的主要内容

经济责任审计以领导干部履行经济责任的行为为主线，以审计被审计领导干部所在单位、所在部门、所在地区及重要相关单位的财政财务收支为基础，紧紧围绕领导干部所负经济责任的相关事项，并根据干部管理部门的具体要求和领导干部所在地区(部门、单位)的实际情况以及可投入的审计力量来确定审计的重点内容。领导人员分为党政领导和国有及国有控股企业领导，因此审计的内容也各有各种侧重。

(1) 政府、党委"一把手"经济责任审计对象。政府、党委"一把手"经济责任审计一般在以下与领导干部履行经济责任行为密切相关的单位中选择重点单位进行审计，主要审计对象包括：

第一，中央党政工作部门、事业单位和人民团体等单位的主要领导干部。

第二，地方各级党委和政府的工作部门、事业单位和人民团体等单位的主要领导干部。

第三，履行政府职能的政府派出机关的工作部门、事业单位、人民团体等单位的主要领导干部。

第四，政府设立的开发区、新区等的工作部门、事业单位、人民团体等单位的主要领导干部。

第五，上级领导干部兼任有关部门、单位的正职领导干部，且不实际履行经济责任时，实际负责本部门、本单位常务工作的副职领导干部。

第六，党委、政府设立的1年以上有独立经济活动的临时机构的主要领导干部。

(2) 党委"一把手"经济责任审计的内容。对党委"一把手"进行经济责任审计，应侧重于其任职期间的经济决策和宏观经济管理活动的审计，主要内容包括：

第一，贯彻执行党和国家、上级党委和政府重大经济方针政策及决策部署情况。

第二，遵守有关法律法规和财经纪律情况。

第三，领导本地区经济工作，统筹本地区经济社会发展战略和规划，以及政策措施制定情况及效果。

第四，重大经济决策情况。

第五，本地区财政收支总量和结构、预算安排和重大调整等情况。

第六，政府投资和以政府投资为主的重大项目的研究决策情况。

第七，自然资源资产的开发利用和保护、生态环境保护以及民生改善等情况。

第八，政府投资和以政府投资为主的重大项目的研究决策情况。

第九，对党委有关工作部门管理和使用的重大专项资金的监管情况，以及厉行节约反对浪费情况。

第十，履行有关党风廉政建设第一责任人职责情况，以及本人遵守有关廉洁从政规定的情况。

第十一，对以往审计中发现问题的督促整改情况。

第十二，其他需要审计的内容。

(3) 政府"一把手"经济责任审计的内容。政府"一把手"经济责任审计应对财政部门进行全面审计并对财政收支状况提出意见，对其他单位的审计或审计调查可以围绕与领导干部经济责任的相关程度及审计方案要求有重点地选择进行，审计重点内容包括：

第一，贯彻执行党和国家、上级党委和政府、本级党委重大经济方针政策及决策部署情况。

第二，遵守有关法律法规和财经纪律的情况。

第三，本地区经济社会发展战略、规划的执行情况，以及重大经济和社会发展事项的推动和管理情况及其效果。

第四，有关目标责任制完成情况。

第五，重大经济决策情况。

第六，本地区财政管理，以及财政收支的真实、合法、效益情况。

第七，地方政府性债务的举措、管理、使用、偿还和风险管控情况。

第八，国有资产的管理和使用情况。

第九，自然资源资产的开发利用和保护、生态环境保护以及民生改善等情况。

第十，政府投资和以政府投资为主的重大项目的研究、决策及建设管理等情况。

第十一，对直接分管部门预算执行和其他财政收支、财务收支及有关经济活动的管理和监督情况，厉行节约反对浪费情况，以及依照宪法、审计法规定分管审计工作情况。

第十二，机构设置、编制使用以及有关规定的执行情况。

第十三，履行有关党风廉政建设第一责任人职责情况，以及本人遵守有关廉洁从政规定情况。

第十四，对以往审计中发现问题的整改情况。

第十五，其他需要审计的内容。

2. 国有企业领导人员任期经济责任审计的内容

国有企业领导人员任期经济责任审计一般应根据干部管理部门的具体要求、领导人员所在企业的实际情况和与领导人员经济责任相关程度来确定审计重点。一般包括如下内容：

(1) 贯彻执行党和国家有关经济方针政策和决策部署，推动企业可持续发展情况。

(2) 遵守有关法律法规和财经纪律情况。

(3) 企业发展战略的制定和执行情况及其效果。

(4) 有关目标责任制完成情况。

(5) 重大经济决策情况。

(6) 企业财务收支的真实、合法和效益情况，以及资产负债损益情况。

(7) 国有资本保值增值和收益上缴情况。

(8) 重要项目的投资、建设、管理及效益情况。

(9) 企业法人治理结构的健全和运转情况，以及财务管理、业务管理、风险管理、内部审计等内部管理制度的制定和执行情况，厉行节约反对浪费和职务消费等情况，对所属单位的监管情况。

(10) 履行有关党风廉政建设第一责任人职责情况，以及本人遵守有关廉洁从业规定情况。

(11) 对以往审计中发现问题的整改情况。

(12) 其他需要审计的内容。

9.4.3 领导干部任期经济责任审计的发展历程

我国领导干部任期经济责任审计的历程总体可以分为三个阶段：产生和初创时期、探索发展时期和深化发展时期。

1985—1998年是经济责任审计的产生和初创时期。1985年，部分省市审计机关，开始探索国有企业厂长（经理）的承保兑现公证审计和离任审计。我国经济责任审计雏形由此产生。此后，一些县市审计机关开始尝试对党政领导干部进行经济责任审计。在1997年9月胡锦涛同志对经济责任审计作出重要批示后，从1998年开始全国逐步推行经济责任审计。

经济责任的探索发展时期主要是集中在1999—2005年。1999年5月，中共中央办公厅、国务院办公厅印发《县级以下党政领导干部任期经济责任审计暂行规定》和《国有企业及国有控股企业领导人员任期经济责任审计暂行规定》（以下简称两办暂行规定），标志着我国初步确立经济责任审计制度。2000年6月，全国启动县级以上党政领导干部经济责任审计试点工作。2004年11月，中央纪委、中央组织部、监察部、人事部和审计署联合发文，将党政领导干部经济责任审计范围扩大到地厅级。

2006年至今，是经济责任审计深化发展阶段。2006年2月，经济责任审计正式写入《中华人民共和国审计法》。2010年10月，中共中央办公厅、国务院办公厅印发实施《党政主要领导干部和国有企业领导人员经济责任审计规定》（以下简称两办规定），经济责任审计逐步走向法制化轨道。2014 年 7 月 27 日，由中央纪委机关、中组部、中央编办、监察部、审计署、人力资源和社会保障部、国资委等 7 个中央经济责任审计工作联席会议成员单位联合印发《党政主要领导干部和国有企业领导人员经济责任实施细则》(以下简称实施细则)，在审计对象、审计内容、审计评价、责任界定、审计结果运用以及组织领导和审计实施等方面，首次进行了明确、细化和完善。

9.4.4 领导干部任期经济责任审计的特点

领导干部任期经济责任审计是审计机关通过对党政领导干部或国有企业及国有控股企业领导人员所在地区、部门、单位财政财务收支以及相关经济活动的审计，来监督、评价和见证党政领导干部或企业领导人员经济责任履行情况的行为。其主要特点包括以下几方面。

1. 经济责任审计是审计监督与干部监督管理的结合

经济责任审计既是审计机关的法定职能，又是干部监督管理的重要环节和组成部分，其审计结果是干部监督管理部门选拔、任用、奖惩干部的重要参考依据。经济责任审计有别于其他审计的重要特征是审计工作与干部监督管理工作有直接关联。

2. 经济责任审计的基础是对财政财务收支的审计

根据有关规定，经济责任审计的目标是要审查党政领导干部任职期间财政财务收支工作目标的完成情况，以及遵守国家财经法规的情况，分清领导干部对本部门、本单位财政财务收支不真实、资金使用效益差，以及弄虚作假、骗取荣誉和蓄意编制虚假会计信息等重大问题应负有的责任，查清领导干部任职期间有无侵占国家资产等违法违纪问题。因此，对财政财务收支的审计是经济责任审计的基础。

3. 经济责任审计需要各方面的支持和配合

经济责任审计是一种复杂的审计方式，需要纪检监察机关、组织人事部门和审计部门的通力协作，需要各级党委、政府的高度重视和大力支持。从领导干部经济责任审计的立案、审计的组织实施、审计过程的控制，到最后审计结论(审计报告)的形成、审计结果的运用等，都充分体现了这一点。

4. 审计评价和责任追究侧重于领导干部本人

党政领导干部或企业领导人员经济责任审计侧重于对领导干部经济责任履行情况的监督和评价，主要通过审计领导干部所在单位、所在部门、所在地区相关财政财务收支和经济活动以及领导干部本人的廉政情况。

5. 经济责任审计政策性和综合性强

对领导干部任期经济责任的审计，涉及领导干部的奖惩、升迁，最终涉及领导干部的政治生命，因此不仅要掌握和运用好财政经济法律、法规及党和国家的方针政策，还要全面熟悉领导干部廉洁自律工作，掌握和运用有关规定，准确把握和运用党纪、政纪、法律法规、条规、条例及干部政策。

6. 经济责任审计的审计期间较长

领导干部任期经济责任审计的对象是领导干部，审计期间是领导干部的任职期间，这一任期一般为 3～5 年，长则达 8～10 年。一般的财务收支审计、经营管理审计、经济绩效审计等则通常是以一个年度为限的，因此，这一审计期间较长。

9.4.5 领导干部任期经济责任审计的评价体系

经济责任审计中一个核心的组成部分是审计评价，必须坚持实事求是、客观公正、谨慎稳重的审计评价原则，同时，要坚持以经济责任为主，量化对政绩的分析，区分现任责任与前任责任、主管责任与直接责任、主管责任与客观因素影响等原则。

作为对审计评价的量化，评价指标对领导干部任期经济责任审计进行了直观且客观的测算。国家财政部、国资委分别从不同视角颁布了一些法规，用以规范国有企业评价。目前主要有财政部《企业绩效评价操作细则》及国资委《中央企业负责人经营业绩考核暂行办法》（国资委〔2012〕第30号）、《中央企业综合绩效评价管理暂行办法》（国资委〔2006〕第14号）和《中央企业履行社会责任的指导意见》（国资发研究〔2008〕1号）。其中，国资委制定的3个法规目的在于确保国有资产的保值增值，提高资产质量。评价原则主要是资本效益最大化。评价内容方面，14号文件评价财务和经营绩效，30号文件评价经营业绩，1号文件紧跟国家发展政策大背景，从企业财务、客户、员工、可持续发展等多方面评价。在评价指标方面，3个法规的指标体系有所不同，14号以财务绩效定量评价为主，再辅以管理绩效定性评价指标，包括企业发展战略的确立与执行、经营决策、发展创新、风险控制、基础管理、人力资源、行业影响、社会贡献等指标，超出了财务指标的评价范畴。30号文件提出的主要是财务指标，鼓励使用经济增加值，还是以经济指标值为主。1号文件提出的评价指标则包括平衡计分卡所包含的财务指标、客户指标、员工学习与提高等三方面的指标，但是未考虑内部控制流程评价指标。

因此，综合现有的评价指标体系，一般来说，领导干部任期经济责任审计的评价指标体系包括地方党委和政府主要领导干部经济责任审计评价体系、党政部门（行政机关）领导干部经济责任审计评价体系和国有企业领导人员经济责任审计评价指标体系。

1. 地方党委和政府主要领导干部经济责任审计评价体系

（1）针对其任职期间贯彻执行经济法律法规、党和国家关于经济工作的方针政策和决策部署，促进区域经济社会科学发展情况。

第一，审计与评价内容，包括贯彻执行经济法律法规情况、贯彻落实国家宏观调控政策情况、贯彻执行国家产业和环保政策情况、贯彻执行民生政策情况、制定区域经济社会发展的重大政策措施和执行情况以及区域经济和社会发展的总体情况。

第二，审计方法。

其一，收集、查阅被审计领导干部履行经济责任过程中涉及的有关经济法律法规。

其二，收集、查阅被审计领导干部履行经济责任过程中涉及的有关国家宏观调控、产业、环保和民生等方针政策，进行对比。

其三，通过与被审计领导干部所在地区党委、政府和纪委等部门有关领导通知个别谈话，召开相关部门人员座谈会等方式，了解有关情况。

其四，收集、查阅被审计领导干部任职期间，地方党委政府与上级党委政府、上级主管部门签订的有关目标责任制，以及被审计领导干部及其所在地区向社会公开承诺的责任目标，与实现情况对比。

其五，收集、审阅地方党委工作报告、政府工作报告，财政、发展改革、统计等权威部门公布的相关数据、指标和检查考核结果，与全国平均数据对比。

第三，审计评价指标。

其一，经济社会发展总体情况评价指标：国内生产总值(GDP)、人均 GDP、三次产业比重、高新技术产业总产值比重、财政收入总额、人均财政收入、城镇居民年人均可支配收入、农村居民年人均纯收入以及城镇化率。

其二，执行产业和环保政策评价指标：开发区及工业园区数量、开发区及工业园区财政资金累计投入、开发区及工业园区累计入户企业数量、开发区及工业园区累计就业人数、开发区及工业园区累计实际利用外资金额、开发区及工业园区累计实现利税数额、单位 GDP 能源消耗量(指按可比价计算的每万元 GDP 的能源消耗量，以吨标准煤为单位)、资源消耗降低率、淘汰落后产能完成率、二氧化硫总量削减完成率、化学需氧量总量削减完成率、“三废”处理率、城乡生活垃圾处理率、城乡污水处理率、生态环境保护率、生态环境修复率、规划环评完成率、区域内发生的重大环境污染或破坏事件数量及其影响。

其三，执行民生政策评价指标：九年义务教育普及率、财政性教育投入占地区 GDP 比重、城镇登记失业率、下岗职工再就业率、城镇新增就业任务完成率、企业职工基本养老保险参保率、企业职工基本医疗保险参保率、城镇居民基本医疗保险参保率、新型农村社会养老保险参保率、新型农村合作医疗普及率、每千人医生护士数、每千人医疗机构床位数、城镇保障性住房建设开工数量和完工数量以及城镇住房保障实施比率。

其四，其他有关审计评价指标。

第四，审计评价标准。

其一，国家发布的经济法律法规。

其二，党和国家的有关方针政策和规定。

其三，地方党代会、党委全委会、政府工作报告确定的有关经济社会发展指标。

其四，地方党委和政府与上级党委和政府、上级有关主管部门签订的目标责任书，有关责任制考核目标，或者向社会作出的公开承诺。

其五，人民代表大会及其常务委员会审议通过的预算执行报告等文件和全国平均数据、同类型其他地区的数据、本地区历史发展数据等。

(2) 重大经济决策情况。

第一，审计与评价内容。审计与评价内容包括重大经济决策管理制度的建立健全情况、重大经济决策事项的总体情况、具体重大经济决策事项。

第二，审计方法。

其一，收集、审阅现行经济决策管理制度。

其二，查阅党委常委会、政府办公会等会议记录和纪要，重要批示等。

其三，抽查重大经济决策事项。

其四，综合运用审阅分析、个别谈话、召开座谈会、实地调查等审计方法。

其五，审计和评价应当在审计抽查的范围内进行，并说明审计抽查的范围。

第三，审计评价指标。

其一，决策管理制度评价指标：重大经济决策管理制度的数量和重大经济决策管理制度的建立健全情况。

其二，决策总体情况评价指标：重大经济决策事项的数量和涉及金额。

其三，具体经济决策事项评价指标：违法违规决策的事项数量和涉及金额、决策不当或者决策失误的事项数量和涉及金额、国有经济性土地出让实行“招拍挂”比率、国企改革产权交易公开招标和竞价出让比率、重要建设项目工程招投标比率、重要建设项目按期完工率、重要建设项目交付使用率、重要建设项目投资回收率、重要建设项目投资回收期(年限)、大额度资金管理使用违纪违规率和重大经济决策取得的成效。

第四,审计评价标准。

其一,党规和国家法律法规。比如,《中国共产党章程》《中国共产党地方委员会工作条例(试行)》(中发〔1996〕6号)、《中华人民共和国地方各级人民代表大会和地方各级人民政府组织法》等。

其二,地方党委和政府的经济决策管理制度。如包括地方党委、政府制定的工作规则、议事规则、“三重一大”等经济决策管理制度,有关经济决策事项的可行性研究、专家咨询评估、问责和责任追究等。

其三,上级组织、纪检和有关部门的考核、巡视、检查结果,统计局等权威部门公布的统计数据和结论,民意调查反映的有关情况等。

其四,其他有关审计评价标准。

(3) 财政财务收支情况。

第一,审计与评价内容。包括财政管理政策制度的制定及执行情况、财政预决算行为的合法合规性、财政收支情况、财政转移支付资金的管理使用情况和其他财政管理情况。

第二,审计方法。包括收集、审阅财政各种批文账簿、调查询问、人民银行查询等。

第三,审计评价指标。

其一,财政管理政策制度方面:财政管理政策制度的建立与健全情况和财政管理政策制度的数量。

其二,财政预决算行为方面:预算编报完整率、决算变薄完整流程、预算公开程度、决算公开程度、机动财力审批公开程度、财政年初代编预算资金占年初本级预算总额的比重、预算执行终了时未细化的年初代编预算比重。

其三,财政收支方面:财政收入总额,财政收入结构,财政支出总额,财政支出结构,财政虚收比率,违规乱收费、乱摊派、乱集资、乱罚款总额,违规支出比率和一般预算支出挂账比率。

其四,财政转移支付资金管理方面:财政转移支付资金总额、一般性转移支付金额、专项转移支付金额和挤占、截留、挪用上级财政转移支付资金总额。

其五,其他财政管理方面:出借财政资金总额、长期未收回出借财政资金总额、财政周转进总额、财政存量资金银行开户数量和违规设立财政、税收过渡户数量。

其六,历次审计发现问题的整改情况:已整改问题数量及金额以及未整改问题数量及金额。

第四,审计评价标准。

(4) 政府债务情况。

第一,审计与评价内容。包括政府性债务管理监督制度的建立健全情况,政府性债务的举措、管理和使用情况,政府性债务的偿债能力、债务风险控制情况。

第二,审计方法。可以采用审阅资料、实地调查、个别谈话等方式。

第三,审计评价指标。包括政府性债务管理制度的建立及健全情况,政府性债务管理制度出台的数量，政府性债务总额和结构，漏报，少报政府性债务金额，政府性债务管理使用违纪违规率，任职期间债务增长率、债务依存度、债务率、偿债率、债务逾期率和借新还旧债务占债务总额比重。

第四，审计评价标准。包括国家法律法规、地方法规和相关管理制度以及地方党委、政府年度工作报告，组织、纪检和有关部门的考核、巡视、检查结果，统计等权威部门公布的统计数据和结论。国际上对债务依存度的公认控制线：国家财政在15%～20%，中央财政在25%～30%；目前各发达国家一般在10%～23%之间，超过上述标准即存在债务风险。债务率一般不超过10%。根据国际惯例，偿债率一般控制在20%以下。

(5) 国有资产（资源）管理情况。

第一，审计与评价内容。包括国有资产（资源）管理制度的建立健全及其执行情况、国有资产（资源）管理和使用情况以及国有企业改制重组情况。

第二，审计方法。收集、审阅现行的国有资产（资源）管理制度、中央和地方政府规划文件等。

第三，审计评价指标。包括国有资产（资源）管理制度的建立及健全情况、国有资产（资源）管理制度使用违纪违规问题总金额、国有资产（资源）开发经营使用权转让违纪违规国有企业改制重组违纪违规问题金额、耕地保护目标责任完成率、新增建设用地超年度计划比率、土地违规审批率、基本农田减少率、土地出让金财政专户管理比率、土地出让金违规减免率、土地出让金欠缴率以及土地出让金违规使用率。

第四，审计评价标准。包括国家法律法规：土地管理法、农业法、统计法、基本农田保护条例、土地调查条例、矿产资源法等；地方法规和相关规定：地方人民代表大会及其常务委员会和地方政府出台的关于土地、矿产等国有资产（资源）管理有关法规制度；与上级党委、政府以及上级主管部门签订的目标责任书或者公开承诺书等，以及其他有关审计评价标准。

(6) 政府投资项目建设和管理情况。

第一，审计与评价内容。包括政府投资项目管理制度建立和执行情况、政府投资项目建设管理情况和政府投资项目预期目标的实现情况。

第二，审计方法。收集、审阅现行的政府投资项目管理制度、经济社会发展规划、重点建设项目目录、年度投资计划等，抽查被审计领导干部任职期间的政府重点投资项目，评估项目建设的绩效。

第三，审计评价指标。包括政府投资项目管理制度的建立健全情况、政府投资项目管理制度的数量、违反国家宏观调控和产业政策项目比率、建设项目预期目标实现情况。

第四，审计评价标准。

其一，国家法律法规，如招标投标法、建筑法、城市规划法、城市房地产管理法、合同法等。

其二，地方法规和相关规定、各地出台的政府投资管理办法等。

其三，地方党委、政府年度工作报告、经济社会发展规划，组织、纪检和有关部门的考核、巡视、检查结果等。

(7) 对直接分管部门的管理监督情况。

第一，审计与评价内容。包括对直接分管部门的管理监督情况、直接分管部门内部管理制度的制定及执行情况，以及直接分管部门的财政财务收支和有关经济活动真实性、合法性、效益性，是否存在严重违反财经法规等问题。

第二，审计方法。收集、查阅、抽查有关会议记录文件等。

第三，审计评价指标。包括贯彻落实审计法律法规情况、直接分管部门内部管理制度的建立健全和执行情况以及分管部门违法违规问题金额比率(其计算公式为直接分管部门违法违规问题金额比率=直接分管部门违法违规问题金额÷直接分管部门预算资金总额×100%)。

第四，审计评价标准。

其一，国家法律法规。

其二，地方党委和政府领导班子的职责分工文件，组织、纪检和有关部门的考核、巡视、检查结果，直接分管部门的年度工作总结报告等。

(8) 被审计领导干部本人遵守有关链接从政规定情况。

第一，审计与评价内容。包括被审计领导干部本人遵守廉政规定情况。

第二，审计方法。

其一，走访纪检监察、组织人事等部门，听取有关情况介绍，了解掌握与被审计领导干部本人相关的信访和举报事项。

其二，通过与被审计领导干部本人、领导班子成员、纪委主要负责人、本地区有关部门主要负责人进行个别谈话，召开有关人员参加的座谈会，组织问卷调查等，检查和评价被审计领导干部任期期间遵守有关廉洁从政规定情况。

其三，查阅被审计领导干部任职期间召开的党组会议、办公会议、业务会议、专题会议等有关会议的会议记录和会议纪要，被审计领导干部述职述廉报告，梳理出被审计领导人干部本人直接决定、参与的重要事项，分析和查找违反廉政规定的问题线索。

其四，根据了解和掌握的情况、线索，采取查账、审阅文件资料、延伸调查等步骤和方法进行核实，并获取相关证据材料，检查和评价被审计领导干部本人遵守廉政规定情况。

第三，审计评价指标。包括违反廉政规定的有关问题及其金额和党风廉政建设责任制执行不到位的有关问题。

第四，审计评价标准。

其一，《中国共产党党员领导干部廉洁从政若干准则》《中共中央关于加强党的执政能力建设的决定》《中共中央关于加强和改进新形势下党的建设若干重大问题的决定》《中国共产党纪律处分条例》《关于进一步从严管理干部的意见》(中办发〔2009〕35号)、《中共中央办公厅转发〈中央纪委、中央组织部、中央宣传部关于加强领导干部反腐倡廉教育的意见〉的通知》(中办发〔2011〕9号)，以及其他有关廉洁从政规定等。

其二，地方党风廉政建设责任制等廉政建设的有关规定。

2. 党政部门(行政机关)领导干部经济责任审计评价体系

(1) 贯彻执行经济法律法规、党和国家关于经济工作的方针政策和决策部署，促进部门失业科学发展情况。

第一，审计与评价内容。包括贯彻执行经济法律法规情况、贯彻执行有关方针政策和决策部署所采取的措施、有关方针政策和决策部署的执行情况及其效果、履行部门职责情况、推进部门事业发展的总体状况、有关目标责任制的完成情况。

第二，审计方法。收集、查阅被审计领导干部履行本部门职责有关的经济法律法规，国家有关方针政策、发展规划、决策部署，调阅被审计领导干部任职期间印发的相关文件和制度，以及年度工作计划、工作总结、会议记录、会议纪要、年度业务统计资料，部门"三定"方案、被审计领导干部任职期间领导班子成员职责分工等文件，采取对比分析、核实有关数据、实地调查了解等方法，检查和评价被审计领导干部任职期间本部门为完成有关目标责任制采取的措施是否有效，有关目标责任制是否落实和完成。

第三，审计评价指标。

其一，贯彻执行有关方针政策和决策部署评价指标：与履行部门指责有关的方针政策和决策部署执行率；党委、政府有关领导和上级主管部门批示和交办事项完成率；被审计领导干部任职期间向党委、政府和上级主管部门提出的有关改革发展建议的数量以及被采纳的数量。

其二，履行部门职责情况评价指标，如法定职责完成率等。

其三，部门失业发展总体状况评价指标：体现部门事业发展情况的数量或者比率、有关目标责任制完成率。

第四，审计评价标准。

其一，经济法律法规。

其二，有关方针政策和规定。

其三，与履行部门职责有关的国家或地方经济社会发展规划，地方党代会、党委全委会和政府工作报告，以及部门失业发展规划、部门年度工作计划等确定的有关部门失业发展指标。

其四，有关部门与本级党委和政府、上级有关主管部门签订的目标责任书，有关责任制考核目标，或者向社会作出的公开承诺。

其五，部门内部制定的有关经济管理和监督的规章制度。

其六，全国平均数据、本部门历史发展数据等。

(2) 重大经济决策情况。

第一，审计与评价内容。包括重大经济决策管理制度的建立健全情况、重大经济决策事项的总体情况、具体重大经济决策事项，抽查重大经济决策事项内容的合法性、决策程序的合规性、决策执行的有效性。

第二，审计方法。

其一，收集、审阅现行重大经济决策管理制度。

其二，查阅党组会议、办公会议、业务会议等会议记录和纪要，收发文件记录。

其三，抽查重大经济决策事项。

其四，综合运用收集财务数据、统计数据资料、审阅分析、个别谈话、召开座谈会、实地调查等审计方法，检查有关决策事项的执行情况。

第三，审计评价指标。

其一，决策管理制度评价指标：重大经济决策管理制度的数量和重大经济决策管理制度的建立健全情况。

其二，查阅党组会议、办公会议、业务会议等会议记录和纪要，收发文件记录。

其三，抽查重大经济决策事项。

其四，综合运用收集财务数据、统计数据资料、审阅分析、个别谈话、召开座谈会、实地调查等审计方法，检查有关决策事项的执行情况。

第四，审计评价标准。

其一，国家法律法规。

其二，部门经济决策管理制度。

其三，组织、纪检和有关部门的考核、巡视、检查结果，统计局等权威部门公布的统计数据和结论，民意调查反映的有关情况等。

（3）预算执行和其他财政财务收支情况。

第一，审计与评价内容。包括部门预算编报情况，预算执行和其他财政财务收支的真实性、合法性和效益型，非税收入管理情况，资产管理情况，政府采购政策执行情况和历次审计发现问题的整改情况。

第二，审计方法。采用审阅账簿、报表，对比分析，询问，审阅文件等方法。

第三，审计评价指标。

其一，部门预算编报情况：预算编报完整率和政府采购预算编报完整率。

其二，预算执行和其他财政财务收支的真实性、合法性和效益性：预算执行率、决算编报完整率、违法违规问题金额及占所审计资金的比例。

其三，非税收入管理情况：非税收入违法违规问题金额比率。

其四，资产管理情况：资产反应完整率、资产违规处置率。

其五，政府采购政策执行情况：执行政府采购政策的比率。

其六，历次审计发现问题的整改情况：已整改问题数量及金额、未整改问题数量及金额。

第四，审计评价标准。

其一，法律法规和文件。

其二，内部管理制度和文件。

其三，人民代表大会及其常务委员会审议通过的预算执行和其他财政收支情况的审计工作报告、权威部门（单位）的考核评估报告等。

（4）内部管理情况。

第一，审计与评价内容。包括内部管理制度的建立健全和执行情况及对下属单位的管理和监督情况。

第二，审计方法。收集、审阅被审计领导干部任职期间的内部审计监督制度、内部审计报告、内部审计档案，检查和评价内部审计监督制度的建立健全、机构设置以及工作开展情况及其效果，评价内部管理制度的建立健全情况，是否存在制度性缺陷与漏洞等问题。

第三，审计评价指标。可以采取定性说明或者列举事实等方式进行评价。主要包括：

其一，被审计领导干部任职期间新制定和修订的内部管理制度数量，以及占现行内部管理制度数量的比例。

其二，审计发现制度有缺失或者有制度但实际未执行的内部管理制度的数量。

其三，因内部管理制度缺失或者有制度但实际未执行造成违法违规或损失浪费问题的金额，以及所占审计资金的比重。

其四，审计发现的直接分管部门和所属单位重大违法违规问题金额。

其五，直接分管部门和所属单位重大违法违规问题金额比率。

第四，审计评价标准。

其一，法律法规和文件。

其二，内部管理制度和文件：部门（行业）有关预算管理、财务管理、资产管理、物资采购、业务管理等内部管理制度，部门本级及所属单位财务管理制度，被审计领导干部职责分工等。

其三，其他审计评价标准。

（5）被审计领导干部本人遵守有关廉洁从政规定情况。

第一，审计与评价内容。包括被审计领导干部本人遵守廉政规定情况、核实与被审计领导干部有关的信访和举报等事项、被审计领导干部。

第二，审计方法。

其一，走访纪检监察、组织人事等部门，听取有关情况介绍，了解掌握与被审计领导干部本人相关的信访和举报事项。

其二，通过个别祖护，召开有关人员参加的座谈会，组织问卷调查等方式，检查和评价被审计单位领导干部任职期间遵守有关廉洁从政规定情况。

其三，查阅被审计领导干部任职期间召开的党组会议、办公会议、业务会议、专题会议等有关会议的会议记录和会议纪要等资料。

其四，根据了解和掌握的情况、线索，采取查账、审阅文件资料、延伸调查等步骤和方法进行核实，并获取相关证据材料，检查和评价被审计领导干部本人遵守廉政规定情况。

第三，审计评价指标。包括违反廉政规定的有关问题及其金额和党风廉政建设责任制执行不到位的有关问题。

第四，审计评价标准。

其一，《中国共产党党员领导干部廉洁从政若干准则》《中国共产党纪律处分条例》等廉政规定。

其二，部门党风廉政建设责任制等内部廉政建设的有关规定。

其三，党委和政府，纪检监察、组织人事、审计等部门对被审计领导干部所在单位的检查、巡视、考核、经济责任审计结果等资料。

3. 国有企业领导人员经济责任审计评价指标体系

（1）贯彻执行经济法律法规、党和国家关于经济工作的方针政策和决策部署，促进企业经营发展情况。

第一，审计与评价内容。包括贯彻执行经济法律法规情况、贯彻落实国家宏观调控政策情况、贯彻执行结构调整和产业布局政策情况、贯彻执行节能减排与环境保护政策情况、贯彻执行自主创新与经济安全政策情况、制定企业经营发展战略和政策措施以及执行情况、企业经营发展的总体情况和有关目标责任制的完成情况。

第二，审计方法。

其一，收集、查阅被审计领导人员履行经济责任过程中涉及的有关经济法律法规，检查和评价企业章程、政策措施是否与国家经济法律法规相一致。

其二，收集、查阅企业有关文件、会议记录纪要等。

其三，收集、审阅与企业转变发展方式、产业发展、调整振兴、兼并重组、“走出去”战略等有关的国家和地方政府的政策文件，检查和评价企业是否严格执行国家有关方针政策。

其四，收集、审阅与企业节能减排和环境保护相关的国家和地方政府的政策文件、与企业自主创新和经济安全有关的国家和地方政府的政策文件，检查和评价企业是否执行了国家规定。

其五，收集、审阅企业工作总结、年报、业务和财务会计资料（含电子数据），检查和评价企业有关经营发展指标的完成情况、经营发展的质量、可持续发展和履行社会责任情况。

其六，收集、查阅被审计领导人员任职期间与国有资产监督管理、环境保护等有关部门签订的目标责任制，财务对比分析、核实有关数据、实地调查了解等方法，检查和评价被审计领导人员任职期间本企业完成有关目标责任制情况。

第三，审计评价指标。

其一，贯彻执行国家有关经济工作的方针政策和决策部署方面：企业新增重大项目符合产业政策率、单位产值能耗比率、单位产值污染物排放降低率、淘汰落后产能完成率、二氧化硫总量削减完成率、化学需氧量总量削减完成率、企业自主知识产权数量和增长率、技术引进数量和自主化率、引进技术投入产出比、技术成果产业化数量和效益水平、企业科技研发投入比率、企业科技研发投入增长率、新产品开发率、科技创新产品率、企业重大安全生产责任事故数量及其增减变动比率。

其二，企业经营发展总体情况方面：企业资产、负债总额及增减比率；企业收入、成本、利润总额及增减比率；资产负债率；国有资本保值增值率；国有资本经营收益上缴数额。

其三，有关目标责任制完成方面：目标责任制完成率。

第四，审计评价标准。

其一，经济法律法规。

其二，有关方针政策和规定。

其三，企业章程、企业制定的中长期发展规划等。

其四，纪检组织和国有资产监督管理、环境保护、审计等有关部门的巡视、考核、检查和审计结果，统计等权威部门公布的统计数据和结论，有关行业标准和规范、国际通用标准、全国平均数据、同行业其他企业的数据、本企业历史发展数据等。

其五，其他有关审计评价标准。

(2) 重大经济决策情况审计。

第一，审计与评价内容。包括重大经济决策管理制度的制定及执行情况、重大经济决策事项的总体情况和具体重大经济决策事项。

第二，审计方法。收集、审阅企业现行经济决策管理制度，查阅董事会、总经理办公会等会议记录和纪要，企业收发文件记录，企业主要领导人员对有关经济事项的重要批示等，抽查一定数量的重大经济决策事项。对照国家有关法律法规、方针政策和决策部署，检查和评价具体经济事项决策内容的合法性、决策程序的合规性。综合运用收集财务和统计数据资料、审阅分析、个别谈话、召开座谈会、实地调查等审计方法，检查有关决策事项的执行情况。

第三，审计评价指标。

其一，决策管理制度评价指标：企业重大经济决管理制度的数量、企业重大经济决策管理制度的建立健全情况。

其二，决策总体情况评价指标：企业重大经济决策事项的数量和涉及金额。

其三，具体经济决策事项评价指标：违法违规决策的事项数量和涉及金额、决策不当或者决策失误的事项数量和涉及金额、企业重大经济决策取得的成效。

第四，审计评价标准。

其一，国家法律法规。

其二，国有企业有关主管部门关于决策管理制度等规章制度。

其三，国有企业的经济决策管理制度。

其四，纪检组织和国有资产监督管理、环境保护、审计等有关部门的巡视、考核、检查和审计结果，统计等权威部门公布的统计数据和结论，有关行业标准和规范、国际通用标准、全国平均数据、同行业其他企业的数据、本企业历史发展数据等。

其五，其他有关审计评价标准。

(3) 财务收支情况。

第一，审计与评价内容。包括企业合并财务报表编制的真实合法性、企业损益的真实合法性、企业资产质量、企业负债状况和企业国有资本经营收益上缴情况。

第二，审计方法。

其一，收集、审阅企业内部机构设置，企业年度工作总结，有关业务资料(含电子数据)，财务报表、凭证、核算账簿(含电子数据)、年度财务分析报告、银行开户情况和对账单，企业内外部审计报告等资料，检查和评价企业合并财务报表范围是否完整，会计政策调整运用是否恰当，内部交易事项抵销是否充分，表外信息披露是否真是合法。

其二，收集、审阅企业年度工作总结，有关业务资料(含电子数据)，财务报表、凭证、核算账簿(含电子数据)、年度财务分析报告、银行开户情况和对账单，企业内外部审计报告，国有资产监督管理部门的考核检查报告等资料，检查和评价企业财务管理和会计核算是否符合会计制度和会计准则的规定，主营业务收入、其他业务收入、投资收益等确认计量是否完整、准确，成本与费用核算是否真实。

其三，收集、审阅企业年度工作总结，有关业务资料(含电子数据)，财务报表、凭证、核算账簿(含电子数据)、年度财务分析报告、银行开户情况和对账单，企业内外部审计报告，国有资产监督管理部门的考核检查报告等资料，检查和评估企业资产规模、结构状况，企业资产是否真实完整。

其四，收集、审阅企业年度工作总结，有关业务资料(含电子数据)，财务报表、凭证、核算账簿(含电子数据)、年度财务分析报告、银行开户情况和对账单，企业内外部审计报告，国有资产监督管理部门的考核检查报告等资料，检查和评价企业债务规模和结构、偿债能力，是否存在多计或少计负债等问题，企业债务风险预警、控制机制的建立和执行情况。

其五，收集、审阅企业年度工作总结，有关业务资料(含电子数据)，财务报表、凭证、核算账簿(含电子数据)、年度财务分析报告、银行开户情况和对账单，企业内外部审计报告，国有资产监督管理部门的考核检查报告等资料，检查和评价企业国有资本经营收益总额，是否按规定及时、足额上缴财政。

第三，审计评价指标。

其一，企业合并财务报表编制的真实合法性：合并会计报表的编制完整率；合并会计把表多(少)反映的企业资产、负债金额；合并会计报表多(少)反映的企业收入、成本、费用金额。

其二，企业损益的真实合法性：主营业务收入平均增长率、主营业务利润率、成本费用利润率、净资产收益率。

其三，企业资产质量状况：资产负债率、不良资产比率、国有资本保值增值率。

其四，企业负债状况：或有负债比率、流动比率、速动比率。

其五，企业国有资本经营收益上缴情况：国有资本经营收益上缴金额及其增减变化情况。

其六，历次审计发现问题的整改情况：已整改问题数量及金额、未整改问题数量及金额。

第四，审计评价标准。

其一，国家经济法律法规。

其二，有关财务会计制度。

其三，纪检组织和国有资产监督管理、财政、审计等有关部门的巡视、考核、检查和审计结果，统计等权威部门公布的统计数据和结论，有关行业标准和规范、国际通用标准、全国平均数据、同行业其他企业的数据、本企业历史发展数据等。

(4) 内部管理情况。

第一，审计与评价内容。包括内部控制和管理制度的建立与执行情况、对下属企业的管理和监督情况、企业信息系统的建设和运行情况。

第二，审计方法。采用收集、审阅、流程图法、调查表法、穿行测试法、标杆法、要素分析法等方法，掌握内部控制管理制度执行的关键环节和控制点，评价内部控制管理制度的建立健全情况等。

第三，审计评价指标。

其一，被审计领导人任职期间新制和修订的内部控制和管理制度数量，以及占现行内部控制和管理制度数量的比例。

其二，审计发现制度有缺失或者有制度但实际未执行的内部控制和管理制度的数量。

其三，因内部控制和管理制度缺失或者有制度但实际未执行造成违法违规或损失浪费问题的金额，以及所占审计资金的比重。

其四，审计发现的下属企业重大违法违规问题金额。

其五，下属企业重大违法违规问题金额比率。

其六，信息系统失灵(瘫痪)的次数及平均时间长度。

其七，信息系统故障率。

其八，信息系统故障造成损失金额。

其九，信息系统被恶意攻击的次数及损失金额。

其十，企业内部发生的案件数量及涉及金额、损失金额。

其十一，企业内部发生的案件涉案责任人数、受到处分人数。

其十二，企业受各类监管部门处理处罚次数及处罚金额。

第四，审计评价标准。

其一，经济法律法规。

其二，有关财务会计、内部控制和管理制度。

其三，上海、深圳证券交易所发布的针对上市公司内部控制和内部管理方面的规范性要求。

其四，企业章程、内部控制和管理制度等企业内部具有约束性的制度。

其五，纪检组织和国有资产监督管理、财政、审计等有关部门的巡视、考核、检查和审计结果，有关行业标准和规范，国际通用标准等。

其六，其他有关审计评价标准。

(5) 被审计领导人员本人遵守有关廉洁从业规定情况。

第一,审计与评价内容。包括被审计领导人员本人遵守廉洁从业规定情况、核实与被审计领导人员有关的信访和举报等事项和被审计领导人员履行廉政建设责任制情况。

第二,审计方法。

其一,走访纪检监察、组织人事、财政、国有资产监督管理等部门,听取有关情况介绍,了解掌握与被审计领导人员本人相关的信访和举报事项。

其二,通过个别谈话,召开有关人员参加的座谈会,组织问卷调查等方式,检查和评价被审计领导人员任职期间遵守有关廉洁从业规定情况。

其三,查阅会议记录、会议纪要和被审计领导人员述职述廉报告,梳理出被审计领导人员本人直接决定、参与的重要事项,并在审计中注意分析和查找违反廉政规定的问题。

其四,根据了解和掌握的情况、线索,采取查账、审阅文件资料、延伸调查等步骤和方法进行核实,并获取相关证据材料,检查和评价被审计领导人员本人遵守廉洁从业规定情况。

第三,审计评价指标。包括违反廉政规定的有关问题及其金额和党风廉政建设责任制执行不到位的有关问题。

第四,审计评价标准。

其一,《国有企业领导人员廉洁从业若干规定》《中国共产党纪律处分条率》《国有企业负责人职务消费行为监督管理暂行办法》等规定。

其二,党风廉政建设责任制等企业内部廉政建设的有关规定。

其三,党委和政府,纪检监察、组织人事、国有资产监督管理、审计等部门对被审计领导人员所在企业的检查、巡视、考核、审计结果等资料。

9.4.6 领导干部任期经济责任审计结果的报告和运用

1. 审计结果报告

作为领导干部任期经济责任审计结果报告时期特有的业务文书,审计结果报告是指审计机关在经济责任审计报告的基础上,精简提炼形成的提交干部管理监督部门的反映审计结果的报告。审计结果报告重点反映被审计领导干部履行经济责任的主要情况、审计发现的主要问题和责任认定、审计处理方式和建议,体现了经济责任审计与财政财务收支审计的不同、审计机关应当将审计结果报告等经济责任审计结论性文书报送本级党委、政府主要负责同志;提交委托审计的组织部门;抄送领导小组(联席会议)有关成员单位;必要时,可以将涉及其他有关主管部门的情况抄送该部门。

(1) 报告的撰写原则。

第一,全面性原则。对于审计方案确定的审计范围和内容,要一一交代清楚,不得出现遗漏或空缺。

第二,客观性原则。对于被审计领导干部及其所在单位的成绩和问题,应坚持求真务实的态度,做到以审计的事实和数据为根据,经得起检验。

第三,公正性原则。任期审计结果报告对审计事项的结论要做到证据充分、评价中肯、不偏不倚,既不夸大业绩,也不缩小问题,做到客观公平。

第四,明确性原则。对于被审计领导干部及其所在单位经济活动的意见表述应明晰,不能模棱两可、含糊其词,不能使用概念不清的词汇,以保证经济责任审计结果的质量。

(2) 报告的基本要素。经济责任审计结果报告主要有叙述式、表格式和条纹式三种基本格式，在撰写过程中，也可以将三种格式综合使用，形成综合式格式。因此，在撰写经济责任审计结果报告时，不应片面追求某一种固定格式，而应区分不同的审计对象、不同的目的和内容，根据反映经济责任审计结果的需要确定格式。根据撰写经济责任审计结果报告的基本要求，在一般情况下，上述三种基本格式的审计结果报告均应由五部分组成：

第一，基本情况，包括审计依据、实施审计的基本情况、被审计领导干部所任职地区（部门或者单位）的基本情况、被审计领导干部的任职及分工情况等。通过这部分的叙述，将被审计单位的基本情况作一简要概括，对审计重点有一个明确的交代，使经济责任审计结果报告的阅读人能总括地把握审计对象的基本情况和审计重点。

第二，被审计领导干部履行经济责任的主要情况，其中包括以往审计决定执行情况和审计建议采纳情况等。

第三，审计发现的主要问题和责任认定，其中包括审计发现问题的事实、定性、被审计领导干部应当承担的责任以及有关依据，审计期间被审计领导干部、被审计单位对审计发现问题已经整改的，可以包括有关整改情况。

第四，审计处理意见和建议，这部分重点是概括评价历任领导干部任职期间的主要业绩。要通过对项目的分析和经济指标增减变化情况的分析，对该期间被审计单位财政财务收支的真实性、合法性、效益性情况，对离任领导干部的主要业绩、管理水平、应付的经济责任，作出实事求是、客观公正的评价。同时，还要针对存在的问题提出切实可行的建设性意见或建议。

第五，其他必要的内容。审计发现的有关重大事项，可以直接报送本级党委、政府或者相关部门，不在审计报告中反映。

2. 审计结果运用

经济责任审计结果有着重要的作用，它是干部管理部门考核选拔干部的重要依据之一，是评价领导干部廉洁自律情况的依据之一，是查办案件和纠正不正之风的依据之一，也是为党和政府经济决策提供的客观依据，因此，应重视审计结果的质量。而审计结果报告是反映审计结果的重要文书，通过阅读审计结果报告，各级领导小组（联席会议）和相关部门应当逐步健全经济责任审计情况通报、责任追究、整改落实、结果公告等制度。

(1) 纪检监察机关运用审计结果。纪检监察机关在审计结果运用中的主要职责包括：第一，依纪依法受理审计移送的案件线索。第二，依纪依法查处经济责任审计中发现的违纪违法行为。第三，对审计结果反映的典型性、普遍性、倾向性问题适时进行研究。第四，以适当方式将审计结果运用情况反馈审计机关。

(2) 组织部门运用审计结果。组织部门在审计结果运用中的主要职责包括：第一，根据干部管理工作的有关要求，将经济责任审计纳入干部管理监督体系。第二，根据审计结果和有关规定对被审计领导干部及其他有关人员作出处理。第三，将经济责任审计结果报告存入被审计领导干部本人档案，作为考核、任免、奖惩被审计领导干部的重要依据。第四，要求被审计领导干部将经济责任履行情况和审计发现问题的整改情况，作为所在单位领导班子民主生活会和述职述廉的重要内容。第五，对审计结果反映的典型性、普遍性、倾向性问题及时研究，并将其作为采取有关措施、完善有关制度规定的参考依据。第六，以适当方式及时将审计结果运用情况反馈审计机关。

(3) 审计机关运用审计结果。审计机关在审计结果运用中的主要职责包括:第一,对审计中发现的相关单位违反国家规定的财政收支、财务收支行为,依法依规作出处理处罚;对审计中发现的需要移送处理的事项,应当区分情况依法依规移送有关部门处理处罚。第二,根据干部管理监督部门、巡视机构等要求,以适当方式向其提供审计结果以及与审计项目有关的其他情况。第三,协助和配合干部管理监督等部门落实、查处与审计项目有关的问题和事项。第四,按照有关规定,在一定范围内通报审计结果,或者以适当方式向社会公告审计结果。第五,对审计发现问题的整改情况进行监督检查。第六,对审计发现的典型性、普遍性、倾向性问题和有关建议,以综合报告、专题报告等形式报送本级党委、政府和上级审计机关,提交有关部门。

(4) 人力资源和社会保障部门运用审计结果。人力资源和社会保障部门在审计结果运用中的主要职责包括:第一,根据有关规定,在职责范围内办理对被审计领导干部和有关人员的考核、任免、奖惩等相关事宜。第二,对审计结果反映的典型性、普遍性、倾向性问题及时进行研究,并将其作为采取有关措施、完善有关制度规定的参考依据。第三,以适当方式及时将审计结果运用情况反馈审计机关。

(5) 国有资产监督管理部门运用审计结果。国有资产监督管理部门在审计结果运用中的主要职责包括:第一,根据国有企业领导人员管理的有关要求,将经济责任审计纳入国有企业领导人员管理监督体系。第二,将审计结果作为企业经营业绩考评和被审计领导人员考核、奖惩、任免的重要依据。第三,在对国有企业管理监督、国有企业改革和国有资产处置过程中,有效运用审计结果。第四,督促有关企业落实审计决定和整改要求。第五,对审计发现的典型性、普遍性、倾向性问题及时进行研究,并将其作为采取有关措施、完善有关制度规定的参考依据。第六,以适当方式及时将审计结果运用情况反馈审计机关。

(6) 有关主管部门运用审计结果。有关主管部门在审计结果运用中的主要职责包括:第一,对审计移送的违法违规问题,在职责范围内依法依规作出处理处罚。第二,督促有关部门、单位落实审计决定和整改要求,在对相关行业、单位管理和监督中有效运用审计结果。第三,对审计结果反映的典型性、普遍性、倾向性问题及时进行研究,并将其作为采取有关措施、完善有关制度规定的参考依据。第四,以适当方式及时将审计结果运用情况反馈审计机关。

被审计领导干部及其所在单位根据审计结果,应当采取以下整改措施:第一,在党政领导班子或者董事会内部通报审计结果和整改要求,及时制定整改方案,认真进行整改,及时将整改结果书面报告审计机关和有关干部管理监督部门。第二,按照有关要求公告整改结果。第三,对审计处理、处罚决定,应当在法定期限内执行完毕,并将执行情况书面报告审计机关。第四,根据审计结果反映出的问题,落实有关责任人员的责任,采取相应的处理措施。第五,根据审计建议,采取措施,健全制度,加强管理。

知识拓展 9-1

国有企业审计结果

中国电力建设集团有限公司 2015 年度财务收支审计结果

(2017 年第 28 号公告)

根据《中华人民共和国审计法》的规定,审计署 2016 年对中国电力建设集团有限公司(以下简称中国电建集团)2015 年度财务收支情况进行了审计,重点审计了中国电建集团总部及所属中电建水电开发集团有限公司、中国水利水电第十四工程局有限公司（以下分别简称水电开发公司、水电十四局）等8家二级单位，并对有关事项进行了延伸和追溯。

一、基本情况

中国电建集团成立于2011年，主要从事建筑工程、电力、水利（水务）及其他资源开发与经营。据合并财务报表反映，中国电建集团2015年年底拥有全资和控股子公司712家、参股公司151家；资产总额5 026.06亿元，负债总额4 108.65亿元，所有者权益917.41亿元，资产负债率81.75%；当年实现营业总收入2 866.12亿元，利润总额115.7亿元，净利润91.69亿元，净资产收益率12.98%；国有资本保值增值率113.37%。中天运会计师事务所（特殊普通合伙）对中国电建集团2015年度合并财务报表出具了标准无保留意见的审计报告。该审计报告在中国货币网上公开。

审计署审计结果表明，中国电建集团积极实施总部整合改制，实现原水电施工业务板块整体上市，火电施工、勘测设计、装备制造业务板块公司制改革工作逐步推进；加快结构调整和发展海外业务，拓展非电基础设施市场，实施与主业相关的多元投资业务；加大商业模式、经营模式和生产模式创新力度，不断完善公司治理结构、产权结构和管理体系。此次重点审计了中国电建集团在财务会计管理、贯彻落实国家重大政策措施、企业重大决策和内部管理、落实中央八项规定精神及廉洁从业规定等方面情况，发现还存在一些问题。

二、审计发现的主要问题

（一）财务管理和会计核算方面。

1. 2015年，中国电建集团因合并财务报表内部交易事项抵销不充分，造成多计资产37.80亿元、负债34.98亿元、利润1.61亿元。

2. 2013年至2015年，所属水电十四局办理有追索权的保理业务时，直接核减应收账款，而未按规定确认负债，造成少计资产和负债各28.02亿元，其中2015年少计资产和负债各14.24亿元。

3. 2013年11月至2016年11月，所属中国水电建设集团新能源开发有限责任公司通过虚构风机购销等，虚增收入3.84亿元、成本3.77亿元，其中2015年虚增收入1.47亿元、成本1.45亿元。

4. 2011年至2015年，中国电建集团总部等2家单位将向下属企业支付的费用3.66亿元在长期股权投资科目核算，其中2015年2.42亿元。

5. 至2015年年底，所属中国电建集团租赁有限公司（以下简称租赁公司）等2家单位少计提资产减值准备2.77亿元，其中2015年1.2亿元。

6. 2015年，所属水电十四局将外部施工单位的工程收入、成本确认为本单位收入、成本，造成多计收入2.19亿元、成本1.98亿元。

7. 2011年至2015年，所属中国水电建设集团国际工程有限公司（以下简称水电国际公司）等3家单位超工资总额发放住房补贴等6 685.32万元，其中2015年1 391.21万元；中国电建集团总部等2家单位未在工资总额中核算住房补贴2 467万元，其中2015年449.92万元。

8. 2015年，所属中国水电建设集团港航建设有限责任公司（以下简称港航公司）将应计入施工成本等的支出3 778.91万元计入研发费用。

9. 2015年，所属中国水利水电第十一工程局有限公司将部分租赁收入直接冲减工程成本，造成少计收入和成本各492.35万元。

（二）贯彻落实国家重大政策措施方面。

1. 至2016年年底，中国电建集团未按要求完成低效无效资产清理处置，尚未清理处置资产占32.75%。

2. 至2016年年底，74家厂办大集体企业未按要求完成分离，有3 760万元资金尚未使用；8家下属企业职工家属区“三供一业”166项业务尚未完成分离移交。

3. 2016年，中国电建集团未按计划完成6家“僵尸企业”和特困企业处置年度任务。

4. 至2016年年底，中国电建集团未按要求压缩层级和清理所属企业，法人层级最长为8级、控股法人机构数量957户，比2011年年底分别增加2级、608户。

5. 至2016年年底，中国电建集团有11个政策性项目当年应开工未开工。

（三）企业重大决策和内部管理方面。

1. 2007年8月至2016年11月，所属中电建路桥集团有限公司（以下简称路桥公司）等14家单位违规转分包工程项目，涉及金额111.85亿元，其中2015年31.5亿元。

2. 2011年至2016年，所属水电开发公司等4家单位51.59亿元项目未按规定招标，其中2015年0.58亿元。

3. 2010年，所属中国水利水电建设股份有限公司在国资委批复同意前，签署1个煤田项目投资协议。2011年，该公司缴纳28.56亿元资源价款，相关煤田项目至2016年11月仍未开发。

4. 2012年至2015年，所属水电国际公司逆程序决策签订项目咨询费合同，涉及金额10.53亿元，其中2015年0.32亿元。

5. 至2016年11月，所属水电国际公司等4家单位承接的4个境外施工项目因前期论证不充分、工程预算漏项等，累计亏损8.58亿元，还有4.73亿元面临损失风险。

6. 2010年，所属水电国际公司未充分考虑国资委和集团投资评委会风险提示，向境外项目投资8.31亿元。至2016年11月累计亏损2.97亿元。

7. 2011年至2015年，所属水电开发公司等2家单位违规对外提供担保2.8亿元。

8. 2013年，所属中国电建地产集团有限公司未按规定报经批准，出资2.68亿元收购1家公司15%股权。

9. 至2016年11月，所属租赁公司4个融资租赁项目合同逾期，涉及金额2.35亿元，预计损失1.19亿元。

10. 至2016年11月，所属水电十四局未经总经理办公会批准垫资施工2.31亿元，其中2015年1.28亿元。

11. 至2016年6月，所属水电国际公司低价承建的1个境外施工项目已形成亏损1.87亿元。

12. 2012年，所属租赁公司逆程序决策为其子公司融资提供担保，涉及金额1.61亿元，至2016年年底代为偿债1.32亿元，面临损失风险。

13. 2012年至2015年，所属中国水利水电第三工程局有限公司违反内部规定，未与境外分包商结算即先行代其支付设备费等1.21亿元，至2016年11月形成损失3 300万元。

14. 2015年，所属中国电建集团昆明勘测设计研究院有限公司违规采购物资1.09亿元。

15. 至2016年年底，所属水电开发公司违规批准1家控股子公司向其股东出借的1.04亿元逾期未收回。

16. 2013年，所属中国电建集团华东勘测设计研究院有限公司（以下简称华东院）在收购其他企业时，未对涉诉事项风险采取必要防控措施，至2015年年底被收购企业已累计亏损7 482.02万元，其中2015年2 037万元。

17. 2014年，所属中国电力建设股份有限公司（以下简称中国电建股份）未进行可行性研究和尽职调查，批准下属企业投资7 390.37万元设立2家境外子公司，且未按规定进行国有产权登记。

18. 至2016年年底，所属水电十四局、山东电力建设第三工程公司（以下简称山东三建公司）等4家单位未按时完成职工持股企业清理规范工作，其中山东三建公司等单位的416名中层以上管理人员长期未清退持有的股份，2009年以来获得分红等5 760.22万元。

19. 2010年，所属水电国际公司出资1 408万美元投资境外项目44%的股权，由于对项目风险考虑不足等被迫清算，至2015年年底亏损3 395.37万元。

20. 2011年至2016年，中国电建集团连续6年聘请同一会计师事务所进行财务决算审计，其中2016年未经国资委核准，涉及金额1 791万元。

21. 2013年，所属山东三建公司逆程序决策购买房产1 704.22万元。

22. 2012年，所属水电国际公司违规捐赠1 063.76万元。

23. 至2014年10月，所属港航公司超合同约定支付分包商境外项目补偿金355万元。

24. 2011年至2016年11月，所属路桥公司违规对外出借施工资质，收取费用354.50万元，其中2015年50万元。

25. 至2016年年底，中国电建集团投资290万元建设的1个信息系统，用户权限控制存在安全漏洞。

（四）落实中央八项规定精神及廉洁从业规定方面。

1. 2013年至2016年11月，中国电建集团总部及所属4家单位列支娱乐消费、高档烟酒及礼品等717.79万元，其中2015年82.17万元。

2. 2012年，所属华东院超标准购置2辆公务车辆，涉及金额99.6万元。

3. 2014年，所属山东三建公司北京办事处通过购买发票虚列支出的方式套取资金24万元，购买保健品作为礼品。

4. 2011年至2016年，所属中国电建股份海外事业部等4家单位19名管理人员存在违规领取房租和车位费补贴、董事会和股东会补贴以及重复报销境外差旅费等问题，涉及金额29.35万元。

三、审计处理及整改情况

对此次审计发现的问题，审计署已依法出具审计报告、下达审计决定书。中国电建集团具体整改情况由其自行公告。

审计中发现的违纪违法问题线索，已依纪依法移送有关部门进一步调查处理。

资料来源：中华人民共和国审计署：《中华人民共和国审计署审计结果公告2017年第28号：中国电力建设集团有限公司2015年度财务收支审计结果》。

本章小结

随着国企改革与发展，对企业审计的认识也在不断深化。从最初的财务收支审计、资产负债损益真实性审计、经济效益审计，到“摸家底、揭隐患、促发展”的企业审计，整合审计资源，打破处室界限，实现企业审计一体化，做实做好企业审计。围绕经济工作中心，以“防范审计风险、规范企业管理、提高企业效益”为目的，进一步深化企业审计，促进国有企业深化改革和国有资产保值增值。因此，就总体而言，企业审计不是要退出和弱化，一定程度上还要进一步加强。搞好对国有企业的审计监督，对于保证国有资产的合理有效运用，推动国民经济持续、快速、健康发展具有重要意义。

重要概念

国有企业审计程序　内部控制审计　国有企业业务循环层面内部控制测试　财务报表涉及的业务循环与具体账户的审计　国有企业领导干部任期经济责任审计

阅读资料

[1] 张庆龙，沈征.政府审计学[M].北京：中国人民大学出版社，2015.

[2] 尹平，郑石桥.政府审计学[M].北京：中国时代经济出版社，2013.

本章练习

一、单项选择题

1. 一般情况下，审计机关应在实施审计前的（　　）个工作日以内，向被审计领导干部及其所在单位或者原任职单位送达审计通知书。

A. 15　　B. 10　　C. 7　　D. 3

2. 内部控制测试的方法是（　　）。

A. 询问、观察、检查、重新执行

B. 调查询问、分析性程序、观察和检查

C. 检查记录与文件、检查有形资产、观察法、询问法、函证法、计算法和分析性程序

D. 复制、录音、拍照和专业鉴定、勘验

3. 在实施货币资金内部控制测试时，审计人员需要核对库存现金日记账、银行存款日记账与（　　）是否一致。

A. 银行存款明细账　　B. 科目余额表

C. 银行对账单　　D. 总账

4. 国有企业领导人任期经济责任审计的评价指标中，净资产收益率、总资产报酬率属于反映（　　）状况。

A. 发展能力　　B. 企业财务效益

C. 资产营运　　D. 偿债能力

5. 国有企业领导人任期经济责任审计的评价指标中，销售（营业）增长率、资本积累率属于反映（　　）状况。

A. 发展能力　　B. 企业财务效益

C. 资产营运　　D. 偿债能力

二、多项选择题

1. 任期经济责任审计的对象包括（　　）。

A. 企业领导人员

B. 企业领导人员所在的企业

C. 企业领导人员所在企业的下属单位

D. 企业领导人员所在企业投资的企业

2. 财务收支审计的程序核心程序包括（　　）。

A. 了解内部控制　　B. 内部控制测试

C. 实质性测试　　D. 审计评价

3. 生产与存货循环内部控制测试的内容包括（　　）。

A. 关注存货的安全

B. 关注存货记录的完整性、准确和有效性

C. 关注存货计价

D. 检查相关的工时记录是否经批准。

4. 在了解销售与收款循环内部控制时，应分离的职责有(　　)。

A. 开票、发货、收款、记账职务应相互分离

B. 赊销审批与销售职能的分离

C. 坏账的确认与记账职务的分离

D. 出纳职能与记账职能的分离

5. 生产与存货循环相关实质性测试账户应包括(　　)。

A. 存货　　B. 生产成本　　C. 制造费用　　D. 应付职工薪酬

三、判断题

1. 国有企业财务审计的目标是对国有企业会计信息特别是损益的真实性、收支活动的合法性实施监督，对国有企业经营活动的效益性进行评价，对国有企业经营活动的合规性进行审计。(　　)

2. 了解内部控制的目的是测试内部控制在各个不同时间点是否按照既定设计得到一贯执行，测试内部控制是否长期有效。(　　)

3. 企业领导人员经济责任审计应当在每年年初前，由企业领导人员管理机关提出年度经济责任审计的建议计划，报经济责任审计领导小组审定后，列入审计机关年度审计项目计划。(　　)

4. 国有企业财务收支审计的目的是检查企业资产、负债、损益的真实性、合法性和效益性。(　　)

5. 抽取一定的货运文件样本，并与相关的销售凭证核对，检查已发出的货物是否均已向客户开具发票属于实质性测试程序。(　　)

6. 生产与存货循环的审计目标是要证实自己生产的存货成本构成的真实性、成本计算的合理性、成本会计处理的合规性，购入存货成本记录的准确性、完整性以及销售业务的合法性。(　　)

7. 经济责任审计中一个核心的组成部分是审计评价，必须坚持实事求是、客观公正、谨慎稳重的审计评价原则，同时要坚持以经济责任为主，量化对政绩的分析，区分现任责任与前任责任，区分主管责任与直接责任，区分主观责任与客观因素影响等原则。(　　)

8. 经济责任审计结果报告是反映审计结果的重要文书。审计机关、组织部门以及对干部实施监督管理的纪检监察机关，可以完全运用审计结果。(　　)

9. 审计机关需要按照要求向本级人民政府上报经济责任审计结果报告，同时将该报告抄送给组织部门、纪检监察部门和其他相关部门。(　　)

10. 审计机关应将审计结果报告报送组织人事部门，作为考察和任用干部的重要依据。(　　)

四、案例分析题

根据《审计法》的规定，审计署2014年对神华集团有限责任公司(以下简称神华集团)2013年度财务收支情况进行了审计，重点审计了神华集团本部及中国神华能源股份有限公司(以下简称神华股份公司)、神华宁夏煤业集团有限责任公司(以下简称神宁集团)等4家二级单位，并对有关事项进行了延伸和追溯。审计发现的主要问题有如下方面。

（一）经营业绩方面

1.财务收支方面

(1)2009年至2014年，神华集团及下属神宁集团等28家单位提前确认销售收入、违规发放奖金补贴、未按规定编制合并财务报表等，造成收入多计20.27亿元，成本费用多计23.91亿元、少计14.94亿元，由此导致6年间多计利润11.30亿元(2013年多计利润10.15亿元)。

(2)2012年至2013年，下属神华亿利能源有限责任公司黄玉川煤矿(以下简称黄玉川煤矿)账外发放奖金348万元，其中2013年180万元。

2.贯彻执行国家宏观经济政策与决策部署方面

(1) 2010年至2012年，下属神宁集团违规批准所属单位投资宾馆酒店项目，截至2013年底累计投资10.02亿元，其中2013年2.81亿元。

(2) 2009年，下属神华股份公司神东煤炭分公司未取得探矿权，即委托外部单位开展地质勘察并支付勘查费用5 000万元。

3. 内部管理方面

(1) 2012年至2013年，下属陕西国华锦界能源有限责任公司(以下简称国华锦界公司)等4家单位在未取得相关部门批准的情况下，低于国家规定标准少计提安全生产费28.46亿元，其中2013年19.71亿元。

(2) 2010年至2014年，下属神华杭锦能源有限责任公司(以下简称杭锦能源公司)违规开展外购煤炭的销售业务，获利2.21亿元。

(3) 2009年至2013年，下属国华锦界公司等2家单位超范围使用维简费和安全费4.80亿元，其中2013年1.61亿元。

(4) 2013年，下属神宁集团违规批准所属房地产公司对外投资9 492.85万元。

(5)2009年至2013年，下属神华股份公司、神宁集团等6家单位在工程项目管理中，存在违规直接指定工程分包商、未按规定进行公开招标等问题，涉及94个项目、合同金额24.34亿元(其中2013年33个项目、合同金额11.61亿元)。

(6)截至2014年2月底，下属黄玉川煤矿建设项目资本金投入未达到规定比例，少投入资本金7.65亿元。

(7) 2011年至2013年，下属神华物资集团有限公司等4家单位对零备件供应商的资质审核不严，与提供伪造代理授权书的供应商签订16份购销合同，涉及金额8 086.03万元，其中2013年699.36万元。

(8) 2011年，下属神华股份公司哈尔乌素煤矿在未上报国资委同意的情况下，向地方政府支付1亿元赞助费。

(9) 2010年至2013年，下属杭锦能源公司等3家单位存在违规向下属房地产公司提供资金支持、为职工集资建房项目垫付工程款、无偿向系统外单位提供车辆等问题，涉及金额14.39亿元。

（二）发展潜力方面

(1) 2009年至2013年，神华集团下属48家煤矿超核定生产能力违规开采煤炭4.84亿吨，其中2013年超采1.41亿吨。

(2) 2009年至2013年，神华集团下属10家煤矿在煤炭开采所需要的证照不齐的情况下，违规开采煤炭2.02亿吨，其中2013年违规开采0.33亿吨。

(3) 2009年至2013年，神华集团下属8个项目未经核准违规先行开工建设，截至2013年年底累计完成投资101.49亿元，其中2013年29.14亿元。截至2014年6月底，上述项目仍未取得核准。

(4) 2010年至2014年，下属神宁集团等2家单位的部分煤矿和项目存在环保问题整改不到位、未按规定重新编制并上报环境影响报告和水土保持方案、未获得环境影响评价批复即开工建设的问题。

（三）廉洁从业方面

2012年至2013年，下属神华甘泉铁路有限责任公司4名高管人员违反内部规定超标准乘坐飞机头等舱共计87次。根据以上资料回答问题：

根据以上审计结果，结合本节学习内容，说明审计署在对神华集团进行的审计体现了什么审计程序。

五、简答题

1. 国有企业审计的范围和目标。
2. 任期经济责任审计的程序。

六、论述题

1. 国有企业领导人任期经济责任审计的评价指标。
2. 论述销售与收款循环审计的审计流程。

第 10 章　政府绩效审计

- 内容提要
- 重点难点
- 学习目标
- 知识框架
- 10.1　政府绩效审计的产生与发展
- 10.2　政府绩效审计的程序
- 10.3　政府绩效审计的方法
- 10.4　政府绩效审计的评价指标
- 本章小结
- 重要概念
- 阅读资料
- 本章练习

内容提要

本章主要讲解了政府绩效审计的产生和发展、政府绩效审计的程序、方法、评价指标四个组成部分。本章重点为政府绩效审计的程序、政府绩效审计方法和政府绩效审计评价指标；难点为政府绩效审计的评价指标。

重点难点

本章重点为政府绩效审计的程序、政府绩效审计方法和政府绩效审计评价指标；难点为政府绩效审计的评价指标的运用。

学习目标

学生通过本章学习，应掌握政府绩效审计的程序；政府绩效审计的主要审计方法；政府绩效审计评价指标的运用；明确政府绩效审计的含义、内容、目标；了解政府绩效审计的产生和发展。

知识框架

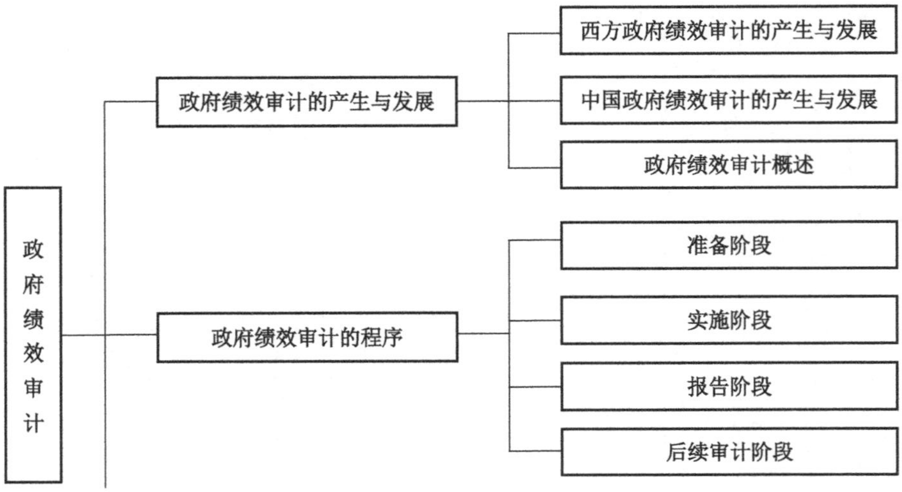

（续图）

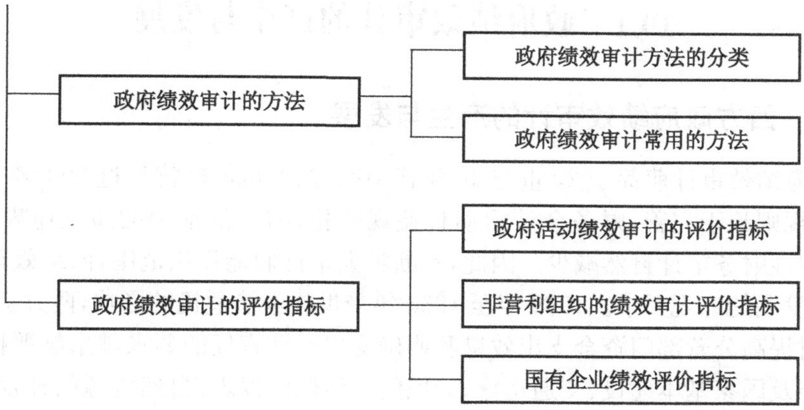

引入案例　伪造银行对账单，挪用两亿判死缓

曾在国家某科研基金管理机构任会计的卞某涉嫌贪污挪用公款2亿元一案，是北京市1949年以来涉案金额最高的一起职务侵占案件，最终卞某被法院判为死缓。

从媒体报道来看，卞某在案发前的8年期间，利用掌管该科研基金的专项资金下拨权，采用谎称支票作废、偷盖印鉴、削减拨款金额、伪造银行进账单和信汇凭证、伪造银行对账单等手段贪污、挪用公款人民币2亿余元。卞某担负着资金收付的出纳职能，同时所有的银行单据和银行对账单也都由他一手经办，使得他得以作案长达8年，却一直没有被察觉。审计部门曾经对该基金委的财务状况多次审计，但一直没有发现卞中挪用资金的问题。

案发当年的春节刚过，基金委财务局经费管理处刚来的一名大学生提前休假回来，去银行办事时顺手将此前都是由卞某经手的银行对账单取回，而此时卞某还没有对这次的对账单作假，上班伊始便到定点银行拿对账单，以往这一工作由会计卞某负责。取回对账单后，这名大学生开始将对账单和内部账目进行核对，一笔金额为2 090万元的支出引起了这名大学生注意，在其印象里他没有听说此项开支。这个初入社会的大学生找到卞某刨根问底，慌乱之下卞某道出实情，这桩涉案金额超过2亿元的大案也因此浮出水面。

据办案人员介绍："作为入账凭证，每一笔资金的流向都体现在银行的对账单上，而在基金委，卞某既管记账又管拨款，身份是会计却又掌握出纳的职能，这样就给他实施贪污挪用提供了职务上的便利。比如说他挪出去3 000万元或者1 980万元，他把真对账单拿下来自己留下以后，在假对账单里，这笔钱他自己做得根本不体现出来。""咱们银行对账单，都是从电脑打出来的，既然是电脑做的，卞某也有电脑，他也可以按照那种纸张和程序往下打。"打印出对账单后还必须要加盖银行印章，卞某长期和银行打交道，与银行工作人员之间非常熟悉，有时候银行直接就把印章给他，让他自己盖，这时候卞某就可以一次盖很多。

卞某贪污、挪用巨额公款长达8年才案发，从一定意义上讲，暴露出了科研基金管理机构在基金管理方面的漏洞。卞某案发前，该基金管理机构有400万元科研基金因管理不善而流失，有关责任人被判刑6个月。参与该案办理的一名检察官认为，该基金委员会财务制度管理不规范和基金审批与监管环节中的漏洞给了卞某以可乘之机。办案组在侦查中发现，该基金委员会会计部门账务极其混乱，卞某担任会计期间，主管部门没有很好地查过财务账，而且主管部门的财务做账也不严格，让卞某钻了空子。

该案例中货币资金内部控制存在哪些缺陷？应如何予以完善？

10.1 政府绩效审计的产生与发展

10.1.1 西方政府绩效审计的产生与发展

国外政府绩效审计萌芽于20世纪40年代中期，西方市场经济经过200多年的发展，市场经济运行规则趋于完善，财务会计活动日益规范化，财务活动中的违纪违规现象日趋减少，传统合规性财务审计自然减少。因此，不断扩大审计职能作用范围，向绩效审计延伸，成为审计自身发展的客观要求。1929年至1933年受世界经济危机的影响，西方工业国家经济低迷，人民对提高公营部门资金支出效果和明确支出经济责任的要求越来越严格，政府开支日趋膨胀，涉及国家基本建设、交通运输、居民的生活医疗保障、自然资源的开发和利用等方面的政府支出的数额剧增。政府可以利用的资源越来越少，但其所承担的社会经济义务却日益扩大。同时，随着公众民主意识的增强，社会公众对政府资金支出的经济性、效率性和效果性日益关注。从而由专业审计人员实施绩效审计，对公共受托经济责任的履行情况进行评价就成为必然，政府绩效审计便应运而生。

1. 美国政府绩效审计的产生与发展

美国是世界上开展政府绩效审计比较早的国家。美国作为联邦制国家，联邦、州和地方政府相对独立并实行立法、司法、行政三权分立。美国会计总署隶属于国会，向国会负责并报告工作，其地位较高，有很强的独立性。美国会计总署虽没有处罚权，其提出的审计建议对被审计单位也没有法律约束力，但国会拨款委员会每年向各机构拨款时，一般会告知接受拨款的机构，如果不接受会计总署的审计建议就会被削减预算、暂停拨款甚至被撤销。因此，会计总署的审计建议实际上具有准法律的效力。早在20世纪40年代，美国审计总署(GAO)就开始综合审计。20世纪70年代，美国的绩效审计走向准则化和法定化。1972年，美国审计总署根据立法所赋予的权限制定了《政府的机构、计划项目活动和职责的审计准则》(Standards for audit of governmental organizations , programs, Activities and functions)。这份被称为“黄皮书”的审计准则突出强调了“3E”[即绩效审计，是对织利用资源的经济性(economy)、效率性(efficiency)、效果性(effectiveness)进行的评价]审计的重要性，并规定了相应的审计项目;检查财务活动和遵循现行法律和规定的情况;评价管理工作的经济性和效率性;评价在实现预测成果过程中的项目成果。这是首次在具有法规性的文件中明确阐述与绩效审计有关的审计目的。在美国审计总署的机关刊物《观察报告》中反映出20世纪70年代政府审计人员85%以上的工作量是从事“3E”审计，“3E”审计已经成为美国政府审计最主要的工作。

根据2004年美国审计总署人力资源改革法案修正案，2004年7月7日，美国审计总署正式更名，具有83年历史的美国审计总署改变了其机构名称的用词，从General Accounting Office变为Government Accountability Office，这种变化体现了美国审计的工作重心由会计审计向责任审计的转变，更名后的美国审计总署名称缩写仍为GAO。面向21世纪，美国联邦政府在完成工作的内容和方式两个方面都需要转变，“评估政府的绩效，并对它的结果负责”是其在角色担当和工作内容中考虑的中心问题。它坚信公众应该得到从费用的耗费到政策制定的政府运作过程的全面信息，只有全体选民被充分告知的政府才是能真正代表民意的政府。目前,美国政府绩效审计已发展到对受托责任、风险治理和综合治理进行评价。具体来说,美国审计总署把工作重点转向了监督政府履行受托责任的情况和对危及国家安全和利益的高风险领域的监控。美国审计总署在进行审计时,不再仅仅局限于传统的财务收支审计,而是更加广泛地开展绩效审计,其审计工作大部分与项目管理的经济性、效率性和效果性有关,且绩效审计目前仍在呈现不断增加的趋势。美国政府审计范围的变化对许多国家的政府审计产生较大影响,使许多国家开始进行政绩效审计的理论研究和实践。

2. 加拿大政府绩效审计的产生与发展

加拿大政府审计中虽然没有绩效审计这一类型,但其"综合审计"中包括绩效审计的基本内容。加拿大的综合审计与英国和美国的绩效审计相比,内容更为广泛,既包括财务审计,又包括"3E"审计的内容。1977 年加拿大颁布了《审计长法》,国会将审计长的任务扩展到审查经济性、效率性和效果性。1980 年,加拿大成立了加拿大综合审计基金会(Canadian Comprehensive Auditing Foundation,简称 CCAF),它的中心任务就是在联邦公共部门、省及地方政府以及医院和学校的审计活动中传播综合审计经验。在审计长和 CCAF 的联合影响下,加拿大的审计范围大大拓展,据统计,加拿大审计长公署的审计资源中用于政府审计的部分约占 65%,其中用于经济性,效率性和效果性方面审计的占一半以上。

3. 英国政府绩效审计的产生与发展

英国是君主立宪制国家,其审计制度也属于立法模式。英国国家审计署隶属于议会,独立于政府,其工作由众议院下设的决算审查委员会负责检查和指导。英国以法律形式确认其为国家审计署的工作内容是在 1983 年以后,英国的政府绩效审计称为"货币价值审计"(value for Money Audit)。1979 年撒切尔夫人上台以后,英国保守党政府推行了西欧最激进的改革计划,开始在公共管理领域内以注重商业管理技术、引入竞争机制和顾客导向为特征的新公共管理改革,这就是"新公共管理运动"(New Public Management)。在新公共管理运动的背景下,货币价值审计备受关注。1980 年 3 月,英国政府发表了"绿皮书",该文件归纳了与国家审计机构有关的各种建议。1981 年 2 月公共决算委员会发布了著名的特别报告书——《主审计长的作用》。该报告主张制定相应的法律条款,对审计总体结构进行规定。1983 年《国家审计法》颁布并于 1984 年 1 月 1 日起实施。该法第 6 条明确规定:国家审计署有权对政府部门及其所属单位,以及一些使用公共资金的单位(不包括地方政府和国有企业)资源利用的经济性、效率性、效果性进行检查。这是英国第一次从法律上正式授权英国国家审计部门实施绩效审计。

英国的绩效审计一般可以分为四类:一是对严重的铺张浪费、效率或绩效低下和控制薄弱的现象进行的检查;二是针对特定的部门、重大项目和工程进行的调查;三是对管理活动进行的检查;四是对其他较小规模的检查。英国国家审计署十分重视绩效审计,每年投向绩效审计的力量约占 35%,并且这个比例有不断提高的趋势。英国国家审计署每年都公布大量的绩效审计报告,涵盖国防、教育、农业、环境和交通卫生和社会保障、法律和内政服务、海外和中央政府事务研究、私有化、税收等多个领域。

英国审计署的绩效审计主要是检查和评价政策的执行结果,对政策本身并不提出批评意见。绩效审计的类型也是多种多样,在英国审计署开展的全部绩效审计工作中包含对项目效果的审计、对产出的审计,对工作程序的审计、对工作效率的检查和成本效益的分析等诸多内容。与美国"3E"审计不同的是,英国的绩效审计实践中往往将经济性、效率性和效果性三个方面结合起来对某个项目或某项活动进行综合评价。

趣味阅读 10-1

美国的"黄皮书"与英国的"绿皮书"

美国是政府绩效审计的先驱。1972年,审计总署出版了《政府组织、计划项目、活动和职责的审计准则》(Standards for Audit of Governmental organizations, Programs, Activities and Functions,俗称"黄皮书"),首次将绩效审计列作政府审计的类型之一,并加以规范,从此使美国政府绩效审计步入规范化、法制化轨道。这一时期,审计总署以项目评估为中心,开展了反贫困、能源等多个重大项目的绩效审计,为绩效审计的全面开展奠定了坚实的基础。随后,审计总署又于1981、1988、1994、2003和2007年5次对"黄皮书"进行了修订,并在其再版时改称为《政府审计准则》。修订后的准则对绩效审计定义、目标、现场实施、报告等的规定更加具体、明确。随之审计范围不断扩展,日益广泛,包括能源供应、国民健康、国家防务、交通安全、军费开支、税收政策、人力资源、平等就业、劳工权益和环境保护等各个领域均被纳入绩效审计视野。此时的绩效审计已经日趋成熟,方法多样,成效显著。

据考证,英国是最早开展政府绩效审计的国家。在英国,绩效审计被称为"Value for Money Audit",一般翻译为货币价值审计。早在1314年,英国就在财政部内任命了第一位审计长。1861年,下议院根据财政大臣建议,建立了公共账目委员会(Public Accounts Committee)。随后,根据1866年《国库和审计部门法》设立了主计审计长。由于主计审计长必须向议会报告政府账目的审计情况,有机会思考公共资金的有效使用问题,并在审计中付诸实施,具有绩效性质的审计随之浮出水面。尽管主计审计长开展绩效审计没有得到法律授权,但得到了公共账目委员会的支持和充分肯定,绩效审计发挥的作用随之更加明显。随着审计职能的不断加强,议会和政府都意识到有必要对政府审计的法律环境进行改革。1980年3月,政府发表了《主计审计长作用》的"绿皮书"。"绿皮书"认为应通过新的审计立法,明确主计审计长开展绩效审计的权限。在这种情况下,议会于1983年通过了《国家审计法》(National Audit Act)。该法规定主计审计长为下议院官员,要求通过建立审计署(NAO)协助主计审计长开展审计工作;主计审计长可以对任何部门、机构和其他团体进行经济性、效率性和效果性检查。1997年,审计署发布了绩效审计手册,初步确立了绩效审计准则体系。随后审计署不断对该手册进行修订完善,并于2003年发布了新版绩效审计手册。依据这些法律和手册,审计署不断开拓绩效审计新领域。2000年后,审计署有50%左右的审计业务属于绩效审计,每年完成约60个绩效审计项目,涉及国防、教育、环境、卫生、养老、文化、体育、法律、议会、财政、外事、农业、交通,以及公共服务与私营合作等几乎所有主要的政府部门、行政和公共机构,并产生了良好的社会影响。政府绩效审计在英国无疑正在走向成熟。

10.1.2 中国政府绩效审计的产生与发展

1. 政府绩效审计思想萌芽阶段

1983年,随着中华人民共和国审计署的诞生。审计界在20世纪80年代初国家审计制度建立不久,就开始探讨绩效审计问题,当时称之为经济效益审计,并提出我国审计工作应该朝着效益审计方向转变。国家审计署对此也一直是持积极的态度,倡导和鼓励审计机关在审计实践中探索和开展绩效审计。在此阶段,审计理论界及部分审计机关积极开展了绩效审计理论研究和试点工作,但在80年代中期以后,绩效审计基本处于停滞状态。在1991年全国审计工作会议上,审计署首次提出:"在开展财务审计同时,逐步向检查有关内部控制制度和效益审计方面延伸"。这是我国政府部门首次正式提出绩效审计的概念。进入20世纪90年代中期,在传统的财政财务收支审计中体现绩效审计思想的党政领导干部经济责任审计和专项资金审计得到发展。党政领导干部经济责任审计,既包括合规合法性审查,又包括对党政领导任期内绩效进行评价。专项资金审计，一方面要求检查财政资金支出的合法性、真实性，另一方面也包括对专项资金使用效果进行评价。在这个时期，全国一些地方审计机关继续实施了经济效益审计试点，开展了一些事后来看带有宏观经济效益审计的经济监督活动。比如，建设项目开工前审计国家重点建设项目审计、行业审计等，审计后压缩了建设规模，为国家节省了投资，针对审计中发现的带有普遍性的问题，从宏观上提出了加强管理提高效益的建议，在一定程度上发挥了审计在改善宏观经济管理中的作用。但在此阶段，主要是以真实性和合法性审计为主，绩效审计的含量极低。

2. 政府绩效审计试点探索阶段

随着建立高效、精干、廉洁的服务性政府机构的提出，如何利用绩效审计促进政府利用有限资源、提高财政支出绩效的实践探索变得迫切，政府绩效审计试点探索阶段开始逐步形成。与以理论探索为主要特征的思想萌芽阶段不同，政府绩效审计试点探索阶段是以试点探索为主要特征的(当然也有理论方面的探索)，该阶段的实践探索颇有成效，主要体现在以深圳和青岛为试点代表的政府绩效审计。与此同时，国家审计署为推动政府绩效审计在我国的发展也在不断作出努力。2003年7月1日，国家审计署发布《2003至2007年审计工作发展规划》，明确提出，未来5年审计工作的主要任务之一就是"积极开展效益审计，促进提高财政资金的管理水平和使用效益"。同年8月的全国审计理论研讨会提出，我国提出和探索绩效审计的条件已经初步具备。深圳市政府绩效审计的试点成功及国家审计署审计基调由财务审计为主转向财务审计与绩效审计并重，为政府绩效审计在我国的探索奠定了基础。在此背景下，全国许多地区，如山东、湖北、安徽等，也逐步开始尝试在较大范围内开展政府绩效审计。这些探索一方面从实践上检验并丰富了思想萌芽阶段形成的关于政府绩效审计的一系列理论研究成果；另一方面为政府绩效审计在我国的全面推进。奠定了坚实的基础，政府绩效审计的试点探索成效显著。

3. 政府绩效审计全面推进阶段

为进一步推进政府绩效审计在我国的发展，审计署在《2006至2010年审计工作发展规划》中提出："全面推进效益审计，促进转变经济增长方式，提高财政资金使用效益和资源利用效率、效果，建设资源节约型和环境友好型社会。"同时，作为对政府绩效审计事业规划的深化与发展，审计署《2008至2012年审计工作发展规划》中更明确提出："全面推进绩效审计，促进转变经济发展方式，提高财政资金和公共资源配置、使用、利用的经济性、效率性和效果性，促进建设资源节约型和环境友好型社会，推动建立健全政府绩效管理制度，促进提高政府绩效管理水平和建立健全政府部门责任追究制。到2012年，每年所有的审计项目都开展绩效审计。"政府绩效审计已经完全迈出原有的试点探索阶段，开始向政府审计的各个项目蔓延和渗透。

2008年3月31日，刘家义审计长提出财政审计应紧紧围绕"管理、改革、绩效"六个字来开展工作，推进财政体制改革，推进财政绩效预算的建立，推动问责机制的健全。同时，审计机关应该按照"揭露问题、规范管理、促进改革、提高绩效"的思路，进一步提升预算执行审计的层次和水平。这都充分体现了政府审计工作的领导人全面推进政府绩效审计的决心和行动。

2011年《审计署"十二五"审计工作发展规划》明确了全面推进绩效审计的重要战略目标，指出审计工作的主要任务之一就是"全面推进绩效审计，促进加快转变经济发展方式，提高财政资金和公共资源管理活动的经济性、效率性和效果性,促进建设资源节约型和环境友好型社会,推动建立健全政府绩效管理制度,促进提高政府绩效管理水平和建立健全政府部门责任追究制”。

总体来看,自 1983 年我国建立社会主义审计制度至今,政府绩效审计从其思想萌芽、经历试点探索直至现在的全面推进,成效显著。政府绩效审计在提高财政支出绩效,促进高效、精干、廉洁政府机构的建立等方面起到了重要作用。政府绩效审计在我国的尝试探索取得了一定的成功,但是,由于政府绩效审计在我国起步较晚,无论是在理论上还是实践上都很不成熟,还存在着诸多问题亟待解决。因此,中国政府绩效审计的发展任重而道远。

10.1.3 政府绩效审计概述

1. 政府绩效审计定义及内容

1977 年,最高审计机关国际组织发表的《利马宣言——审计规则指南》就提出了绩效审计的概念。但是,各国对于政府绩效审计的称谓各不相同。美国是最早提出“3E”审计的国家,后又改称绩效审计;加拿大称综合审计;英国称货币价值审计;澳大利亚称效率性审计;瑞典称有效性审计。1986 年,最高审计机关国际组织发表的《总声明》统一称为绩效审计,其核心就是“3E”审计,即经济性、效率性、效果性。最高审计机关第 12 届国际会议《关于绩效审计,公营企业审计和审计质量的总声明》提出政府审计除进行合规性审计外,还应进行绩效审计,对公营部门管理的经济性、效率性和效果性进行评价。国际审计组织的《绩效审计指南(草案)》中绩效审计被归纳为,是对政府管理活动的经济性、资源使用的效率性、达到目标的效果性进行的审计。联合国公共行政和财政处发行的《发展中国家政府审计手册》提出绩效审计定义为:对组织、项目、活动或职责的财务及业务实绩进行客观的审计。美国审计总署《政府的机构、计划项目、活动和职责的审计准则》,定义为:“绩效审计就是客观地、系统地检查证据,以实现对政府组织、项目、活动和功能进行独立地评价的目的,以便为改善公共责任、为实施监督和采取纠正措施的有关方面进行决策提供信息。”基于西方对政府绩效审计含义的探索,我们可以将政府绩效审计定义为:政府审计机关及其审计人员按照一定的法律和标准,对公共机构的财政经济管理活动的经济性、效率性和效果性进行审查并作出独立、客观、系统的评价,以检查公共资源责任和提高绩效为目标的一种独立的经济监督活动。可见,政府绩效审计的主要内容就是“3E”审计,经济性、效率性和效果性是整个绩效审计的核心的价值判断标准。

绩效审计的基本内容可以概括为以下三方面:

(1) 经济性审计。经济性审计是指评价被审计单位资源的占用和耗费是否节约和经济,考虑在哪些环节出现了浪费资源或不经济的现象。重点检查被审计单位人力、财力、物力资源配置是否科学、合理,是否做到了量入为出,发挥资金的可支配效率,实现低投入高产出。

(2) 效率性审计。效率性审计是指对投入与产出之间的关系进行审查,其审查内容主要是判断被审计单位的经济活动是否经济有效,查明低效率的原因。最终要评价被审计单位管理结构设置的合理性和管理职能发挥的有效性,寻求有利于提高效率的办法和措施,具体包括管理效率、工作效率和资源利用效率等三个方面。

(3) 效果性审计。效果性审计是指对计划完成情况进行的审查,即审计产出是否达到了预期的效果，是否获得了理想的效益，评价被审计单位经济活动是否符合预期要求，利用资源的具体方式和手段是否有效，是否实现了预期的经济效益和社会效益。

相关思考 10-1

政府绩效审计与传统财务审计的区别

第一，性质不同。绩效审计是一种服务政府(决策)、服务公众的行为。而传统的财务审计往往是为了监督和规范政府部门财务支出行为，是一种行政体系内部的监督和制约行为。

第二，重心不同。绩效审计要求审计人员更多地关注政策实施或者专项财政支出的效果，而传统的财务收支审计则更多地关注是否存在问题，特别是财务收支的规范性、真实性问题。

第三，作用不同。绩效审计能够为政府评判公共政策的制定实施和公共财政支出的科学性、合理性、公平性、有效性等提供有效的依据，而传统的财务收支审计主要目的在于促进财务收支的真实性和合规性。

第四，方式不同。传统的财务收支审计是通过查阅账目的形式进行审计。而绩效审计需要投入到对"果"的调查取证以及分析环节，从而得出审计结论。

第五，能力支撑(要求)不同。传统财务收支审计往往只需要审计人员具备财务审计以及相关财税法规政策就可以开展工作。绩效审计需要审计人员必须相应具备多元化的知识结构。

2. 政府绩效审计的目标

不同性质的审计，审计目标是不相同的。财务审计是一种发表正式审计意见的常规审计，其审计目标是(相对)固定的；而绩效审计(Performance auditing)是一种由于不同需要、出于不同目的而产生的非常规审计，其审计目标不是(相对)固定的，它随着审计环境、审计主体、客体等条件的变化而变化，从而具有一定程度的多样性、复杂性和不确定性。

按照不同的范围和层次，政府绩效审计目标可划分为一般目标和具体目标两大类。

政府绩效审计的一般目标为：审查、评价政府项目或活动的经济性、效率性和效果性，出具关于政府项目经济性、效率性和效果性的独立审计意见，为纳税人、投资人、立法机构等深入了解政府活动的运作和成果提供可靠的信息。一般目标表明：政府绩效审计的服务方向(做什么)主要是，提供关于政府项目经济性、效率性和效果性的可靠的信息；服务对象(为谁做)主要为纳税人、投资人、立法机构等审计报告的使用者。这两点是政府绩效审计一般目标的核心内容，它们体现了绩效审计的基本性质。

具体目标反映政府绩效审计的个性或特殊性，它是一般目标在特定社会、政治、经济环境下的产物。对于不同的政府绩效审计来说，其具体目标往往是不同的。例如，加拿大审计署"对政府部门业绩报告的审计"，其审计(具体)目标为：确定部门业绩报告的质量，为国会和加拿大国民提供有关部门业绩的信息；确定部门间横向联合项目是否在业绩报告中适当披露。再如，加拿大审计署"对公务员人力资源管理的审计"，其审计(具体)目标为：确认公务员的作用和责任；发现公务员人力资源管理中存在的问题；对快速变化的环境中如何增强公务员为公众服务的能力提出建议。可以看出，此两者虽然同为政府绩效审计，但其具体目标是不同的，这主要是由于其审计客体的不同所致。借鉴最高审计机关国际组织对政府绩效审计相关方面的规定，我们可以得出政府绩效审计的最终目标是检查公共资源责任和提高政府的管理绩效。审计的具体目标包括：①为立法机构和政府对被审计单位是否经济、高效或有效地执行有关政策进行独立审计检查服务，提供有关财政财务和资源管理绩效的独立的信息、咨询和建议。②确定被审计单位的公共经济责任(最高审计机关国际组织提出确定较为适当的经济责任)，并为完善我国经济责任审计制度提出建议。③确定并分析显示政府项目在经济性、效率性和效果性方面存在的问题，帮助被审计单位或者政府部门整体改善经济性、效率性和效果性(最高审计机关国际组织提出采用一定程序对绩效审计提出报告)。

由于一般目标体现政府绩效审计的普遍性，具体目标反映政府绩效审计的特殊性，所以，一般目标和具体目标的关系就体现着政府绩效审计普遍性(共性)和特殊性(个性)的关系。对于任何一个特定的绩效审计来说，其审计目标都包含有一般目标和具体目标，一般目标规定着审计的性质和方向(决定是否绩效审计)，寓于具体目标之中；具体目标则表明审计的具体职责和任务，是审计目标的实际体现。

政府绩效审计目标之所以分为一般目标和具体目标，是政府绩效审计所特有的。对财务审计来说，其审计目标可以说都是一致的(同为验证财务报表的真实性、公允性和一贯性)，没有上述的一般目标和具体目标之分。

3. 政府绩效审计的范围

由于政府绩效审计在我国刚刚经历了探索阶段，正在逐步推广，所以政府绩效审计范围的选择就应该抓住重点和主流。现阶段，我国开展政府绩效审计的范围应选择群众关心、政府关注、社会影响大、财政投入大的项目，主要包括：

(1) 公共财政绩效审计。审查并评价政府和公共机构使用公共财政资金经济性、效率性和效果性。细化财政审计目标，建立预算执行和财政资金使用效益的审计评价体系，促进政府正确决策，依法理财，有效履行职责，不断提高财政资金管理绩效。首先，重点开展对公共财政支出的监督，检查财政支出的供给范围是否规范，支出结构是否优化合理，资金使用是否有绩效。重点审查评价财政部门、项目主管部门和项目使用单位财政专项资金管理绩效，有无挤占挪用、损失浪费等。其次，开展对中央和地方专项支出的审计，促进健全中央补助资金的法规体系，规范转移支付制度，实现地区间公共服务的均等化，提高转移支付资金的使用效益。最后，开展对重点资金的专项效益审计，主要是科技教育、社会保障、农业环保等专项资金的分配、使用和管理的效益监督，重点关注分配秩序是否规范，管理监督控制措施是否到位，对预算资金是否挤占挪用和损失浪费，是否产生经济与社会效益。

(2) 公共投资绩效审计。公共投资是审计机关开展绩效审计的主要领域，要建立健全公共投资评审体系。我国的城镇基础设施建设、农业水利及文化教育卫生设施等社会公共事业的投入力度不断加大，其投入资金使用绩效日益为公众所关注，要从投资立项、招投标、资金拨付直至建成使用，全过程跟踪审计其支出经济性与产出效益性，并通过后评估与评审指标评价其投资绩效，提高建设项目管理水平，发挥投资效益。

(3) 金融绩效审计。审计机关将面临如何强化金融监管和风险防范，如何提高金融资产质量的问题。金融绩效审计要加大对银行、证券和保险机构的监管，强化对银行互联网的监督，以提高信贷绩效与金融资产质量、防范金融风险为重点。

(4) 政府采购绩效审计。重点对政府采购预算的合法性(采购项目必须列入预算，按规定用途使用，不得超过预算定额)、政府采购资产的真实性、政府采购资产的效益性(采购规模预算控制，项目采购合同的履行与采购程序的审查等)、采购资产的使用效率进行审计，以及对采购机构、人员素质、采购资金节约率等进行评估。

(5) 政府环境绩效审计。开展政府环境政策绩效审计(包括环境经济政策和环境财政控制政策的效果评估)、环境项目绩效审计，披露环境绩效审计报告。

(6) 经济责任审计。我国审计机关开展的领导干部经济责任审计是合规性、合法性审计与绩效审计的综合。通过审计来审查评价领导干部履行的经济责任,监督检查其运用权力的机制和效果。国外的管理审计、绩效审计主要也是针对权力人、责任人行政官员进行的管理绩效审计。领导干部经济责任审计的内容包括预决算、专项基金、固定资产保值增值、重大决策、工作目标、遵守财经法规和勤政廉政等审计,这是我国政府绩效审计的特色与创新。

10.2 政府绩效审计的程序

政府绩效审计的动因和本质

绩效审计活动是根据审计程序组织开展的。其程序是指从审计立项开始,直到完成项目审计全过程所经历的工作内容和顺序。审计程序一般是由权威的机构制定或发布的,在我国有《审计法》《国家审计准则》等。政府绩效审计程序的特点是确定审计项目时要精心选择,综合考虑以下各方面的因素:战略性审计计划(方案)、审计实施与取证复杂性、审计报告的风险与建设性、后续审计的重要性。严格遵循审计程序有利于绩效审计的规范化,有利于审计机关有效地防范审计风险,保证政府审计质量。

从世界范围来看,较具代表性的国家是美国和澳大利亚,其绩效审计已分别占政府审计工作量的85%和50%以上,形成了一套比较成熟的审计程序。美国绩效审计程序大致分为五个阶段:一是初步调查,收集项目实施单位的基本情况和资料,了解相关背景;二是审查监督管理系统,测试与审计项目相关的项目实施单位管理监督系统的健全性和有效性,并取得相关的证据,确定审计评价标准和初步审计目标;三是编制审计计划,确定审计范围,提示风险领域;四是实施详细检查,按照审计目标收集足够的相关、重要、充分的证据,以审查项目执行者是否按照项目规划的目标来组织实施,以及是否达到了预期结果;五是生成审计报告,提出审计结论,汇报管理层,实施跟踪审计。澳大利亚绩效审计程序则分为四个阶段:准备阶段、计划阶段、实施阶段和报告阶段。在准备阶段,要求审计人员掌握被审计单位的基本信息、审计的目的和规模、预估所需要的审计资源、评价审计风险。在计划阶段,要对审计项目的可审性进行充分评估,审计人员对找谁了解什么情况,需要查看什么资料,在何种范围进行管理测试等问题,均要在审计工作手册中作出回答。在实施阶段,最主要的工作是制定适合绩效审计评估的标准,并作出专业判断。报告阶段出具建设性的绩效审计报告,揭示发现的问题及提出改进管理的建议。我国绩效审计程序设计本着体现依法审计的要求、体现审计工作效率的要求、体现绩效审计的建设性特点要求,主要包括准备阶段、实施阶段、报告阶段和后续审计阶段四个主要阶段。

10.2.1 准备阶段

政府绩效审计的准备阶段是指从接受或审计立项到审计人员进入被审计单位所进行的各项审计准备工作的过程。

1. 战略规划

绩效审计的对象和内容是广泛多样的。按照审计的管辖范围,可审核机构包括本级政府及所属下级政府、政府部门单位及其所属机构。这些众多机构繁杂的工作内容可以列出不计其数的审计项目,由于有的被审计单位业务活动具有广阔的辐射面,审计人员不得不相应扩大自己的工作范围和工作量。但审计资源是有限的，常常是缺乏的。因此，要尽可能合理、有效地使用审计资源，安排和分配好一定时间，如一个年度的工作量，做好政府绩效审计的战略规划。审计的效率是绩效审计的第一步。

审计部门应从以下两个方面选择审计项目。首先，进行一般性考察，收集和评估被审计单位的有关资料，了解它们的主要活动及资源状况，以此为基础制定绩效审计的规划。除了被审计单位的基本情况，制定规划还要充分考虑人民代表大会、政府以及媒体和公众的意见和要求，并参考以往的审计计划与执行。规划是滚动式的，可视为一个审计项目库。这样就为未来的审计工作提供了一个方向，准备了长期的任务，以此在年度和项目上进行合理的分配，也有利于用发展的眼光筹集和优化审计资源。其次，在规划的基础上，制定每年的审计工作计划表。选择年度审计项目应符合以下五个标准：重要性，即政府管理、资源运用或社会需求等方面较为重要；风险性，即较有可能存在问题；时间性，即更需要及时解决；增值性，即可以改善或节约的空间比较大；可行性，即根据现有审计资源适当地安排审计工作，分配审计资源。按照这几个标准进行项目评分，排出项目的优先次序，成为下一个年度的项目计划。规划和年度计划自下而上提出，最后由审计机关的高级领导研究确定。

绩效审计的战略规划，一是适应具有绩效审计内容比较广泛、未来不确定性较大以及时间较长等特点的审计项目的安排与策划，所以就需要做好与之相关的准备工作是考虑绩效审计项目立法内容和项目背景，了解审计授权人或委托人所关注的问题；二是进行审计立项的论证，确定战略计划首先要开发相关信息，获取被审计单位情况及所面临的问题，对潜在问题进行分析与排序（重要性、风险性、时间性、增值性、可行性），结合审计机关可利用资源确定年度审计重点和所需经费预算，制定战略计划书；三是审计机关与被审计单位讨论并确定绩效审计工作的目标与范围。

2. 进行审前调查

审前调查的目的是为了编制具体的审计计划提供依据。审计工作组派出专门审计人员对被计单位的基本情况进行调查了解，收集与审计工作相关的可能材料，了解被审计单位的主要业务活动、资金往来以及基本运营管理等情况，明确相关部门和单位的责任关系，发现项目执行的影响因素，最后以审计目标作为中心对收集的资料进行全面、综合的评估，初步掌握被审计单位的概况，为确定政府绩效审计的范围、方法、整体计划方案和程序等奠定良好的基础。当调查过程中出现审计范围受限、审计取证困难、审计风险超出预计范围的情况时，审计组有权说明情由的情况下终止审计活动的继续进行。

3. 编制审计计划

审计计划又称审计方案，一般由审计工作方案和审计实施方案组成。审计计划的内容主要包括审计的依据、审计的目标、审计的范围、审计的重要性、审计的风险、审计的方法、审计的标准、审计的时间安排、审计的人员要求（包括聘请专家）和审计证据等。当然，有些绩效审计项目由于审计范围较大，内容复杂多变，需要编制多层次的审计计划，审计计划可能细化为审计项目计划大纲、项目实施计划、项目现场作业计划等。一般而言，在确定审计目标、掌握审计项目基本情况的基础上，进行初步分析性复核，编制审计计划，主要编写审计工作方案和审计实施方案。审计工作方案主要说明审计工作目标、审计范围、审计对象、审计内容和重点、审计组织与分工、审计工作要求等；审计实施方案主要说明编制依据、被审计项目基本情况、审计目标、重要性水平的确定和审计风险的评估、审计范围、审计内容、审计重点、对审计目标有重要影响的审计事项的审计步骤和审计方法、预定的审计工作起止时间、审计组组长、审计组成员及其分工、方案编制时间及其他有关内容,审计实施方案应在实施审计前经审计组所在部门领导和审计机关分管负责人的批准。

4. 发出审计通知书

向被审计单位和项目发送审计通知书是政府绩效审计工作必不可少的步骤,它是由审计机关在实施绩效审计工作3日前向被审计单位送达。审计通知书应该详细说明政府绩效审计的内容、范围、时间安排和审计依据,同时提出对被审计单位配合审计工作开展需要进行的工作给予说明,最后还应向被审计单位表明这次政府绩效审计的审计成员及时间安排,让审计工作透明化进行。

10.2.2 实施阶段

在政府绩效审计计划方案确定之后就进入了审计过程的中心环节——审计实施阶段,它是指审计人员将审计实施方案付诸实施的过程,目的是对被审计单位和项目的组织、活动产生的低经济效益原因进行查证分析,进而为提出高质量的审计建议提供现实依据。

1. 调查核实详细的审计资料

审计人员进入被审计单位后,一是要根据审计方案要求,对审计对象的(包括准备阶段掌握的和被审计单位提供的)有关制度和数据资料进行调查审阅,并有重点地进行检验测试。使用的有关技术包括访谈、问卷、调查和抽样方法、案例研究、文件研究、研讨会、专家(或公众)听证会等,直接观察得到第一手数据信息并经常使用二手数据资料。检查测试内容包括对公共管理控制制度测试,尤其对有关绩效控制的测试。二是对数据信息可靠程度进行测试,以验证绩效审计所依据的财政财务与管理信息资料的真实性、准确性和可靠性。三是对客观实际情况,如决策与宏观调控程序执行等进行运行测试。测试可采用座谈会、个别了解、现场观察等形式收集补充新的信息资料。

2. 围绕专题,深入调查

专题是根据审计方案中确定的重点和初步调查测试的结果综合确定的,一般围绕审计重点展开。影响政府绩效的问题往往有多个重点,每个重点又由多个因素组成,在实施阶段,可根据审计判断围绕典型专题深入到现场进行详尽调查。审计人员可将调查结果列成问题式调查表,分清内外、主次和因果,并针对审计目标做好审查取证工作,对关键因素与问题的检查取证要力求充分、详尽、准确。

3. 测试、分析与评价

审计人员在占有大量资料和分析证据的基础上,将调查的数据资料进行测试、计算对比,通过归纳、综合分析和对照标准,揭示矛盾,找出差距。一般的测试、分析手段主要包括:

(1) 程序分析,就是按照既定的标准和合理的控制模式对管理程序进行检测,以确定其完整性、合规性、内部一致性和有效性等。

(2) 利用现有数据和证据进行分析,是指对公共机构管理信息系统的数据或从单个项目收集的数据进行分析。

(3) 结果分析,对被审计单位某一特定领域内一些活动的检查结果进行分析,评估其活动是否符合审计标准的要求,是否令人满意。

(4) 案例研究,是指通过对某一特定案例进行深入理解来了解复杂事项,是在对整个领域宏观把握的前提下对某一案例进行的大量说明和分析。

(5) 问卷调查,通过问卷调查可以对被审计单位活动的成因、分布和各种事项的相互关系进行评价。

(6) 抽样评价,对抽样对象运用绩效审计程序,并对抽样结果进行评价,以便获得足够有效的审计证据。

经过测试分析,将审计评价标准对照证据,得出各专题以及综合的评价意见。

4. 提出建议,实地检验

经过综合分析评价,找出了问题的症结,审计人员便可会同专家与被审计单位有关人员提出改进的建议和办法,比较理想的是进行公开的、建设性的对话,并协助被审计单位预测建议的可行性及其实施效果。

5. 准备审计工作底稿

实施阶段必须做好工作底稿记录,并根据审计专题进行小结,综合各专题的初步评价意见,形成审计工作底稿。

10.2.3 报告阶段

政府绩效审计程序中的报告阶段是指审计任务完成之后,根据实施阶段检查评价的情况与问题,提出改进建议和措施,编写正式审计报告,作出审计决定的过程。审计报告阶段是形成和扩大审计成果,体现审计目的,总结审计工作的过程。

1. 归纳分析、综合提高

现场工作完成后,应对审计取得的数据和资料进行汇总,将各专题的调查分析、评价意见加以集中,进行综合归纳与分析,从中找出影响公共资金使用绩效的问题和公共事业管理绩效的薄弱环节,对照评价标准,并与被审计单位和有关专家交换意见,形成政府绩效审计结果和初步的审计结论。在此基础上,由审计组准备开始撰写审计报告初稿。

2. 撰写审计报告

审计组在进行全面综合分析的基础上作出对被审计单位绩效现状的客观评价,提出切实可行的措施建议,撰写绩效审计报告。审计报告通常应包括内容摘要、被审计事项的背景、审计项目实施情况、审计评价意见或结论、审计发现的情况、发现的违法违规问题及处理处罚意见、审计建议、被审计单位的反馈意见等。具体而言,主要是:

(1) 内容摘要。它是绩效审计报告的第一部分,绩效审计一般都不会很短,很有必要在审计报告的前面专门编写一份报告的内容摘要,便于读者通过阅读摘要,了解审计报告的主要内容,并根据需要决定是否继续仔细阅读下面的内容。

(2) 被审计事项的背景。它主要包括被审计事项或单位的基本情况、资金来源和使用情况、目前的状况等,目的是使读者对被审计事项有一个清晰的理解。

(3) 审计项目实施情况。它主要是用于向读者说明审计的范围和性质,便于读者利用报告内容,并进行判断,它主要包括该项审计的依据,审计的目标、范围和方式方法,以及审计起讫时间、审计准则的遵循情况、审计方和被审计方的责任等。

(4) 审计评价意见或结论。它是针对审计目标,以审计发现的情况为基础,总括地发表审计意见或得出审计结论。

(5) 审计发现的情况。它是审计评价意见或结论的证明,是所取得证据的汇总结果,它包括审计发现的事实、导致上述结果的原因、产生的影响。但是，它只是针对具体审计目标，说明得出审计评价意见或结论的根据，不说明发现的违反法律法规的具体事实。

(6) 发现的违法违规问题及处理处罚意见。这是对审计过程中发现的具体违法违规问题及处理处罚意见的逐项列示。包括审计过程中查出的被审计单位违反国家法律、法规规定的财政收支、财务收支行为的事实，定性，处理处罚决定，以及法律、法规规章依据，有关移送处理的决定，等等。

(7) 审计建议。它是绩效审计项目的核心内容之一，是审计结论和审计发现的情况及分析的逻辑体现，一般应该针对产生问题的原因提出来，在内容上与报告中的其他内容相呼应。建议应该有针对性，可操作，便于检查和衡量。

(8) 被审计单位的反馈意见。主要包括：被审计单位对审计报告的看法、针对被审计单位的意见审计报告的修改情况、审计组织不同意被审计单位意见的理由、被审计单位拟采取和已经采取的改正措施。当然，除上述八个方面的内容以外，对于绩效审计过程中发现的优秀管理方法或实践，审计报告中还应单独对其进行评论和肯定，通过公开的审计报告，将好的做法或审计经验进行推广。

3. 公开审计报告

绩效审计报告应向社会公开，在保证遵循国家相关保密制度的前提下，尽可能全文公开发布政府绩效审计报告，特别是注意公开被审计单位的目标实现情况和偏差，以及被审计单位的反应。审计报告的公开形式有多种选择：一是通过审计署主办的纸质媒体向社会披露；二是通过审计署网站或地方审计机关网站公布政府绩效审计报告；三是在年度中期或期末汇编各地绩效审计报告并予以集中、公开的发布。

10.2.4 后续审计阶段

政府绩效审计程序中的后续审计阶段，是指审计结论下达之后，对被审计单位执行审计结论的情况进行审查评估的过程。按照政府绩效审计目标要求，有针对性地选择项目实施后续跟踪审计，检查被审计单位对审计决定的落实情况，关注影响绩效问题的整改情况和加强管理建议的采纳情况，关注整改落后是否得预期的效果，对一时难以解决的影响效益的问题，要做进一步分析评估，为解决问题提出进一步的意见和建议。

10.3 政府绩效审计的方法

10.3.1 政府绩效审计方法的分类

合理选用审计方法是有效实施政府绩效审计的保证。由于绩效审计更多关注的是政府行为的合理性，绩效审计的内容和重点均不固定，在审计技术方法上，绩效审计具有跨学科的特性。它更多地需要依靠社会学、经济学和管理学等多学科的知识才能实现。因此，要想开展好绩效审计，必须学会运用科学、先进的审计方法。政府绩效审计方法按照绩效审计方法的用途，可以分为信息收集方法和信息评价方法；按照绩效审计方法的通用性，可以划分为一般方法和特殊方法。

10.3.2 政府绩效审计的常用方法

1. 文件查阅

文件查阅方法用来了解相关领域知识，查找资料，并寻求审计判断的法律依据。法律法规是该领域若干年历史经验的总结，审计师通过文件的学习，可以对本审计领域有一个整体把握。也就是从大量资料中摘取对审计师有用的资料，这类文件大多是对过去情况的记录或统计资料，可以用来说明情况，或作为某些事项的证明材料。由于这类文件的层次一般较高，如国家或地区或部门颁布的法律法规，审计师通常对此无权或没有义务进行检查评价。审计师在开展一项绩效审计之前，搞清适用和有效的法律法规文件是非常重要的。这是我国政府绩效审计的特色，绩效审计与合法性审计交织在一起，无法分开。

2. 文件审阅

这种方法是审计师对文件资料进行检查式阅读，这是任何审计的最基本也是最核心的方法。文件审阅的对象大多是被审计单位或其直接责任上级主管部门制定的，文件本身就是要审计的对象之一，或许存在某些不当之处。阅读的内容分为两类：第一，永久性文件，包括：被审计单位制定的章程、制度；重大合约、合同。第二，临时性文件，指仅与本次审计有关的文件，包括：计划、预算，合约、合同，会议记录，工作记录，凭证、账簿、财务报告等财务资料等。

文件审阅方法的用途：①通过查阅有关资料，掌握审计对象的基本情况；②分析制度建设和完善情况；③对现行制度进行分析，指出制度本身存在的缺陷；④取得事实证据，如数据、错误、不当或低效做法；⑤通过对工作记录和结果文件资料的分析，搞清被审计单位和相关人员的现行做法，指出其不足之处。

与文件审阅有关的两点必须予以保证：第一，审计人员接触任何资料的权利必须予以保证，加大对被审计单位可能发生的转移、隐匿、篡改、毁弃有关资料的行为的处罚力度；同时，应规定被审计单位主动提供资料的义务。第二，必须要求被审计单位出具书面保证；所提供的资料是真实、全面和有效的。绩效审计毕竟不是财务审计，不能浪费大量时间用于核实资料的真伪，同时审计师要向被审计单位负责人讲明，对绩效审计而言，尽管也要进行绩效评价，但关键是要提出可行的审计建议，帮助被审计单位改进工作，双方的利益是一致的。如果不能保证这一点，审计师将无法作出正确的绩效审计判断。

3. 访谈

访谈方法的用途有：了解被审计单位的实际情况、被审计单位对所存在问题给出的理由或原因、被审计单位对某些不同看法的辩解；帮助审计师形成对某一事物的总体看法；发现进一步审计的线索；澄清证实某些问题；帮助找到快速查阅相关文件或重要资料的途径；与被审计单位讨论和解释审计师的工作，达到沟通的目的。

访谈对象包括：①被审计单位领导，一般这是首先要询问的，无论是关于被审计单位的整体审计还是局部审计，这都是要做的第一项工作，既可以了解被审计单位的整体情况，也便于就本次审计事宜与被审计单位进行必要的沟通和交流，取得被审计单位的理解和支持；②相关部门负责人；③相关知情人员；④被审计单位的内部人员；⑤与被审计单位有关联的外部人员，如公务员、CPA、律师或法律顾问等。

使用访谈方法应注意以下问题：第一，与文件审阅一样，也要保证审计师向任何组织和个人进行调查的权利。《审计法》第三十三条规定:"审计机关进行审计时,有权就审计事项的有关问题向有关单位和个人进行调查,并取得有关证明材料。有关单位和个人应当支持、协助审计机关工作,如实向审计机关反映情况,提供有关证明材料。"这一条对绩效审计同样适用。对于不愿意接受询问或者故意提供虚假信息的被询问人和组织,要进行惩罚并追究责任。与接触文件的权利一样,国外审计法规要求被审计单位的任何人也必须接受询问否则就可能会被罚款。第二,要对审计师的访谈技术进行训练,研究如何将访谈中所遇到的阻碍降到最低。各国最高审计机关都有关于如何访谈的大量技术方法,尽管有些方法显得不很正规。有的事前先进行问卷调查,然后再进行访谈。英国审计署和荷兰审计院曾经使用深入询问技术,以便对现有数据进行更深层次的解读。我国审计界也要运用心理学、行为科学等相关学科知识大力研究和推广访谈技术,形成审计规范,以指导审计师的工作。第三,对于访谈中得到的信息,必须加以验证,或进行详细的分析,包括逻辑合理性分析和数值分析,并提出审计师自己的看法。对于无法验证的以及意见明显相悖的,审计师要慎重对待,必要时用审计报告附件的形式如实反映。

4. 二手资料的评价和使用

审计师要收集大量的被审计单位已经存在的资料,如内部审计报告、咨询师的意见等。审计师对收集到的二手资料一定要通过各种方法加以验证,或从新的角度去利用这些资料。西方国家有的使用计算机软件对二手资料进行研究,以便从中得出更多的信息。荷兰审计院和法国审计法院提出了一个新名词"综合分析",就是指对二手资料的综合深入分析,也有对以前作过的评价进行再评价的意思,或者对过去不同部门作的评价进行比较以解释其中的差异。审计评价如同学术评价,也要在参阅其他人所做研究的基础上,科学全面地对二手资料予以正式评价。评价二手资料的标准有三个:①真实。对于真实性可以从资料的出处、提供者的可信和权威性、信息系统内部控制状况等若干方面进行证实,必要时审计师可以采用抽查、访谈等方式进行核对。②合理。合理性是指对二手资料进行逻辑分析,对于逻辑上不矛盾、符合常理和一般规律的,可以认为是合理的。③全面。使用二手资料最忌讳以偏概全、以小见大、以东寓西。真实的、合理的不一定可用,对问题要进行全面分析,从整体上把握审计对象的真实性和合理性。

5. 调查

成功的绩效审计要求对被审计单位及其政策、目标、主要活动、主要资源以及效益的主要风险有充分的了解,这就要靠调查方法取得相关资料。调查主要采用发放调查表的形式,这是向众多对象收集资料的主要方法。我国审计界普遍认为,调查表仅仅是发放给被审计单位的,其实不然。由于政府审计越来越受到各方面的关注,政府审计的对象也都是与公众利益休戚相关的,因此,审计师利用调查向他们收集关于某一问题的看法,是政府审计一种常见的方法。几乎所有国家审计机关都采用这种审计方法,只是格式和种类略有不同而已。例如,英国审计署的问卷设计好以后,通过面对面、电话、邮件等方式向有关方面,如博物馆、美术馆、海外大使馆的用户以及使用政府服务的公司征求意见和看法。瑞典国家审计局(RRV)的使用方式更加灵活多样,只要认为有价值,就可以向处于各地的广大人群发放调查表。调查范围可能是某个组织,也可能是一组相关的活动,或者是若干个相关组织或某一特定群体。从20世纪90年代中期开始,英国审计署使用了"关注团体"(Focus Group)的方法。所谓"关注团体",就是以某类人群作为调查研究的对象,从中总结出规律性的东西。以伦敦警察局处理公众来电为例，通过这种“关注团体”方法的研究，制定了处理公共来电的若干种方式，列出了12个接待来电者的规则，并以此为起点制定了审计师使用“关注团体”的方法指南。调查阶段一般首先要进行初步审计，评估是否有必要进一步进行全面调查，以及确定全面调查的目标、方法、任务以及时间安排。全面调查的基本目标是获取充分、相关及可靠的审计证据，以支持审计结论、意见、决定和建议。

6. 现场走访

走访是有目的的求证过程。与单独的观察一样，走访中可能会要询问某些知情人员。走访可以到被审计单位，也可以到其他相关单位。现场走访方法的用途有：求证某事；找原因；听取相关单位和人员的反映；了解相关单位的要求。

7. 观察

观察主要是针对被审计单位实施的。在正式实施审计之前或过程之中，审计师到被审计单位的办公室、工作现场、工地、车间、仓库、相关单位等进行巡视。观察的目的是希冀从中发现蛛丝马迹，为下一步审计提供线索。这种方法虽然简单，但是非常有效，是开始进行实质调查的首选方法，如看看存货上有没有灰尘、设备是不是闲置、工作人员工作是否勤勉、工作流程是否井井有条等。试想一下，如果一个单位人浮于事、纪律松懈、管理混乱、到处乱糟糟，很难想象它会有好的效益。

观察方法的用途包括对被审计单位形成感性认识；了解被审计单位和相关人员的现行做法，如设备使用情况；了解现行制度的执行情况，如内部控制等；了解被审计单位对某一问题的态度和看法；发现需要进一步审计的线索。观察经常是和访谈、调查等沟通类方法结合起来使用。观察可以分为积极观察和被动观察。一般情况下，各国审计机关对于使用这种方法是极为慎重的，收集到的证据证明力不是很强，如果没有直接证据支持，如照片，审计结论容易引起争议，况且被审计单位对审计师到处跑也比较反感。一般情况下，来自通讯、电话或面对面调查取得的经验证据不足以构成审计师形成判断的基础，审计师的分析和结论更严重依赖于文件证据。

8. 比较

比较是人们极为自然的一种思维习惯，是对某一事物无法把握时，人们寻求思维定位的必然方法选择。在绩效审计中，无论是进行效益评价，还是找原因提建议，都希望有个参照物，帮助审计师判断，因此，它是绩效审计经常使用的方法。财务审计也使用比较方法，但是比较的对象主要是财会制度，而绩效审计的比较对象要广泛得多，只要有利于形成审计判断的都可以用来进行比较。比较方法的用途包括：①了解预期结果与实际结果的差异，如可行性研究和论证结果与实际使用情况的差异；②现行法律法规、规章制度和标准的执行情况，如发现违法违规问题；③与行业先进指标进行对比，找差距；④与被审计单位同类型单位之间进行比较；⑤同一审计对象的各被审计单位之间工作方法和效果的差异；⑥核对不同来源资料的一致性；⑦通过比较渲染审计结论。然而，我们通过对绩效审计实践的研究发现，这种方法的使用并不像人们想象的那样多，而且主要集中在被审计单位之间的比较以及被审计单位与先进单位之间的比较这两个方面。因此，在使用比较方法时应格外慎重，特别是要选择好合适比较的对象，注意可比性，否则通过比较得出的结论就得不到被审计单位认可。当进行国际比较时，这个问题就更加突出。而且，这种方法非常容易变成一种纯粹的分析和讨论，而不能得出有意义的确凿结论。

9. 借鉴

借鉴方法的用途是发现不足，明确如何改进，并且避免犯同样的错误。借鉴与比较有相同之处，都要涉及另外一个单位，但是借鉴的主要目的是用相同或类似地区行业或单位的做法作为本次绩效审计判断的依据，而不单纯是比较优劣。使用这种方法的关键是所借鉴的地区、行业或单位必须是令人信服的，比如先进的、发达的、有名的、公认的，或者是国外尤其是西方发达国家的相同或类似地区、行业或单位的理念和经验。借鉴方法就是利用人们的思维定式，达到传达审计师意图的目的，在审计报告中是非常有说服力的。

10. 分析

绩效审计与财务审计不同，财务审计重在查证，而绩效审计重在分析，找原因，提建议。分析法是绩效审计区别于其他审计的最具特色的方法之一，因此，分析方法是非常重要的。通过使用分析法，通常可以发现现象背后的深层次原因，得出总结性或结论性的东西。然而，在审计报告中，均不会明示这里使用的是分析方法，它往往潜藏在判断和结论性语言背后。审计师在使用分析法时最容易犯的错误是习惯性地根据教材的原理或自己想当然地下结论，没有充分结合被审计单位当时当地的实际情况，胡乱指手画脚。审计师容易犯的另一类错误是分析的结论模棱两可，过多强调客观原因，掩盖主观故意，甚至为被审计单位开脱责任，对事分析较多而对人分析较少。第三种错误是结论过于草率，给人感觉缺乏严密的论证。在使用分析法时，要求审计师有广博的知识和经验，有很强的综合分析能力，要做大量深入细致的幕后研究工作。最关键的是必须有明确的分析判断依据，什么是好的，什么是坏的，应该怎样，不应该怎样等。分析方法的用途是利于进行效益评价，指出存在的问题，进行原因分析，并提出改进的建议。由于使用的分析技术和重点不同，分析方法可以进一步具体分为若干种，如统计分析、管理分析、可行性研究报告评价、固定成本分析、盈亏平衡分析、成本效益分析、工程概预算评价、环境分析、运营模式分析、体制分析等。具体情况不同，分析方法不同。这些方法大多是从其他学科借鉴的，它们可以帮助审计师搞清问题，这是绩效审计方法开放性的表现，也是它与财务审计的重大区别。

11. 统计分析

统计分析方法是解决数值问题的最好工具，尤其是绩效审计。其中，总额分析、比例分析、结构分析、比率分析、设备完好率、使用率、毁损率、成新率、故障率、功能利用率、机时利用率、平均月收入、平均使用人次、公开招标率等指标，都是统计分析方法的应用。统计分析方法的用途是从总体上对被审计单位的绩效进行评价并分析原因。对于更复杂的统计分析方法，我国审计部门也可以大胆地尝试一下，如时间序列分析、多元回归分析、相关分析、敏感分析、假设检验、建立模型等。

12. 管理分析

管理不到位、简单粗放，缺少基本的程序性步骤和管理常识，是目前我国绩效审计发现的最大问题。这是体制原因造成的管理部门和管理人员的自然懈怠所致。这类问题的分析和揭露往往触目惊心、令人瞠目。审计机关应制定《管理评价指南》等相关文件。

13. 机构分析法

这是瑞典国家审计局在进行绩效审计的开始几年，使用相当广泛的方法。使用这种方法的目的主要是对被审计单位作广泛的了解。包括：①被审计单位的工作是否与国家上级部门或议会的方针政策一致；②检查该机构的工作状况和能力；③对该单位的内部控制进行评价。

在使用该方法时，可以分别从以下两个方面进行：第一，功能分析，对该机构的各个功能，如计划、组织、检查、评价、具体业务、电子数据处理等进行分析。进行功能分析的有效方法是先分析这些功能是否发挥了有效的作用，实施的效果如何，然后再进一步对功能本身进行分析。第二，制度分析，对适用于该机构的各项规章制度进行分析，并从总体上分析该机构工作的最终效果，把该机构放在更广泛的环境中，分析该单位的制度和组织是否与要达到的目标相一致，工作方式是否有利于完成应承担的任务。制度分析，可以为政策修订提供建设性意见。

14. 可行性研究报告分析法

绩效审计主要是对财政资金支出效益的审计，而可行性研究报告审计是绩效审计的关键环节。我国财政支出低效的主要原因大多是可行性研究环节做得不彻底、不科学，甚至没有可行性研究，造成先天不足。在编制可行性研究报告时，许多单位本末倒置，管理决策层先凭感觉断定该项目可行，然后再编制可行性报告，使可行性研究成为为项目获得批准编造理由的工具，弄虚作假、夸大效益、隐瞒缺点、报喜不报忧就不可避免地成为非常普遍的现象。一旦项目上马、完工，各种弊端便彻底暴露出来，实际效果与原先设想的相去甚远，但为时已晚。因此，对项目可行性研究报告进行详细分析是非常重要的。深圳市审计局在对深圳市海上田园旅游项目审计中发现，该项目开工前未进行可行性研究，也未作初步设计和编制项目总概算，致使该项目一经投入使用就出现大面积亏损。审计机关应制定《可行性研究报告审计评价指南》等相关文件。

15. 成本效益分析法

成本效益分析是考核政府部门资金使用效率的方法，使用范围非常广泛，包括财务预算的执行情况分析。成本效益分析可以只对财务或某一工作进行，也可以是整体成本与效益分析，甚至是对国家经济的影响。该方法可以在事前进行，也可以事后进行。效益是个广义概念，是以被审计单位所确定的合理目标为基础的，有些效益可以用货币计量，有些则无法用货币计量，如自然环境改善、竞争力提高等。因此，成本效益分析可以使用货币性或非货币性评估方法。

16. 环境分析

这里的环境是个广义的概念，可以是自然环境，也可以是经营环境、经济环境、政治环境或者是技术环境等。对环境状况有清醒的认识可以帮助审计师对被审计单位的现状给出合理的解释，并对未来的发展趋势作出客观的预测。

17. 体制/运营模式分析

我国国有单位的问题大多可以从体制和运营模式上找到根源。审计师要在对被审计单位体制和运营模式进行详细分析的基础上，提出建议被审计单位改变现行体制和管理模式的审计意见。哪个模式更适合，对产权是出租、承包、招标还是拍卖，是出售使用权还是产权，是国有独资还是股份制，是合资还是合作，是集团化还是分散化经营，是增资还是减资，为什么现在的模式是失败的，对这些问题，审计师都要作出全面客观的分析论证，切忌想当然、论证不充分。

18. 咨询

绩效审计涉及大量审计师不熟悉的领域，学习是必要的。建立专家库，咨询专家是许多国家审计机关的首选做法。例如，进行医疗设备审计、污水处理审计、工程审计等专业性很强，审计师必然要请外部专家帮助。按照审计惯例，审计师必须对外部专家的工作进行监督，并且由审计师对审计工作总负责。咨询方法的用途是咨询相关知识；帮助审计师作出审计判断；确保审计报告的权威性和精确性，减少公布前出错的可能性。咨询的方式包括直接请教；邀请专家直接参与审计工作；召开包括专家在内的研讨会，共同讨论和测试审计小组的观察和结论是否正确；召开听证会，一般是在一项审计开始前进行，以便审计师能够尽快地获得被审计单位和相关领域的信息。

19. 抽查

抽查是审计的基本方法，但是与财务审计相比，抽查对象和证明目的是截然不同的。抽查方法也不同，财务审计大多使用随机抽样，而绩效审计中较多使用判断抽样。

20. 财务审计

我国的绩效审计与国外不同，大多是合法性审计、真实性审计及绩效审计结合起来的综合审计，而且评价效益的最大方面是对被审计单位是否照章办事进行检查，如内部控制状况、财务管理是否到位。一个单位财会工作好坏是其他各项工作情况的综合反映。试想一下，如果一个国家投资近亿元的单位连续2年连起码的现金日记账、银行存款日记账都不设置，其他各项工作的水平和状况就可想而知了，在这种情况下不可能有效益可言。对这样的单位，严格地讲，合法性问题比效益问题更重要，更应该是审计部门关注的重点。对内部控制和财务会计资料进行核实，是我国开展绩效审计时无法回避的一项重要工作。在绩效审计中，财务数据是说明效益情况的重要资料，也是分析效益状况原因的重要证据。对于如此重要的资料，审计师必须使用财务审计方法予以核实。因此。在审计报告中，审计师有必要声明，“根据审计核实……”除非该项审计涉及财务问题不多，否则一定会用到财务审计中常用的方法，如顺查、逆查、证账表核对、函证、调节、盘存等。

10.4 政府绩效审计的评价指标

政府绩效审计评价指标体系是衡量被审计单位绩效的标准。政府绩效审计评价是对整个审计行为活动成果的测量与评价，这种评价体系旨在寻求一种公认的、不存在异议的评价标准，为审计师进行绩效审计提供明确的目标。政府绩效审计评价指标体系包括政府活动绩效审计的评价指标和国有企业绩效审计的评价指标。西方大多数国家都制定了详细的绩效审计标准，如美国会计总署制定了七条公共部门绩效审计测试与评估标准，对难以量化的标准提出了“优先实践”概念作为衡量标准，并实行定量法。澳大利亚制定了详细的绩效标准，包括工作绩效、生产率、使用率、职工允许空闲的时间等标准。由于我国政府审计的范围广泛、涉及的单位类型复杂、工作性质各不相同等，长期以来一直未能形成统一的政府绩效评价标准，这就给政府绩效审计的开展带来一定的困难。根据这一现状，结合我国现阶段的审计工作水平，我国政府审计机关应尽快建立一套完整的、具有可操作性的政府绩效审计评价指标体系。

10.4.1 政府活动绩效审计的评价指标

政府绩效评价的对象是政府财政及公共管理部门，由于政府活动范围宽泛，较难用一个统一的标准来评价绩效，因此，将政府活动分为收益性和非收益性活动，分别研究不同的绩效评价指标。

1. 政府非收益性活动绩效审计评价指标

政府活动的非收益性特征决定了评价指标的非定量性，因此，评价指标倾向于定性指标。一个具有管理绩效的政府部门或项目应具有经济性、效率性、效果性，最终绩效由经济性、效率性、效果性三个方面的指标决定。

(1) 经济性指标。

第一，被审计单位是否经济地取得资源，具体是指是否采用了较好的资源取得程序，以最合适的成本获取了最合适的资源。

第二，被审计单位是否最经济地利用资源。

第三，被审计单位是否遵循了有关经济性的法律法规，是否建立并运行了计量管理活动经济性的控制系统。

第四，国家关于工资、人员配备等的规定、职业准则、技术规范等是否恰当。

第五，单位各种资源取得的途径是否合法。

第六，资源是否被真正物尽其用，使用是否正当。

第七，有无完善的采购、库存、使用制度，有无积压浪费，其原因是什么。

第八，内部经费开支有无贪污浪费。

(2) 效率性指标。

第一，被审计单位是否有效地取得资源并适当保护了资源的安全、维护了资源的效益。

第二，被审计单位是否避免了重复工作、资源闲置和人员过剩，是否以最及时的方式生产和提供了最合适的数量和质量的产品与服务。

第三，被审计单位是否遵循了有关效率性的法律法规，是否建立并运行了计量效率性的管理系统，已报告的计量政府活动效果性所采取方式的有效性和可靠性如何。

第四，被审计单位是否采用了适当的管理程序。

第五，领导者基本素质。

第六，基础管理水平，包括决策前调查研究是否充分，决策程序的科学化和民主化，决策实施过程中是否根据已经变化的主客观情况适时地修订决策。

第七，部门的存在是否合理。

第八，部门是否建立适当的激励和约束机制。

第九，部门内部各科室的内部协调状况，控制能力的强弱。

第十，人力资源管理的好坏也是评价指标之一，包括人员的培训、评价、考核制度，部门内部沟通与交流，人员年龄与知识结构，领导与下属的关系，胜任工作的能力，有无人员闲置、重复劳动或工作闲置等。

(3) 效果性指标。

第一，立法部门或其他权威机构的预期结果和效益正在实现的程度。

第二，政府部门工作和职责履行得如何。

第三，被审计单位是否遵循了与政府部门活动效果相关的重要法律法规。

第四，提供某种服务的数量和成果。

第五，单位内部控制系统的设置，包括法律框架、公共经济责任与权力、信息系统的灵敏程度、政策与计划的拟定是否科学合理。

第六，单位所用工作方法的适当性，并据以评价效果的科学性和准确性。

第七，单位提供的数据是否准确、可靠、齐全。

第八，服务满意度，即公民对政府部门或项目的满意程度，通常情况下，该指标通过民意调查得出。

第九，综合社会贡献。

第十，部门的效益被其他部门抵销的程度如何，对其他政策和部门的影响程度。

第十一，人均 GDP，人均 GDP＝GDP 总额/该政府辖区内的总人数，其中 GDP 是国内生产总值，为一定时期内在一国范围内全部要素所生产的全部产品和服务的价值。

2. 政府收益性活动绩效审计评价指标

我国的社会制度决定了我国财政收支包含收益性投资的内容，主要表现为国有企业投资和其他所有制性质企业中国家投入的资本。收益性活动的特性决定了定量指标的使用较为恰当。

(1) 业务发展能力状况。

第一，业务增长率＝本年主营业务收入增长额/上年主营业务收入总额。

第二，资本积累率＝本年所有者权益增长额/年初所有者权益。

第三，非政府性收入比率＝非政府性收入总额/本年度收入总额。

(2) 资产运营状况。

第一，主营业务收入净额。

第二，资产总额。

第三，总资产周转率＝主营业务收入净额/平均流动资产总额。

(3) 财务效益状况。

第一，利润总额。

第二，平均净资产。

第三，净资产收益率＝净利润/平均净资产。

第四，总资产报酬率＝利润总额/平均资产总额。

第五，管理收益率＝管理收益/总资产。

第六，劳动生产率。

注意：劳动生产率是生产劳动人员在生产劳动过程中从事劳动的效率，它有两种算法：一种以单位时间内生产的产品数量为单位进行计算，即劳动生产率＝生产数量总额/生产时间；另一种以劳动生产人员生产单位产品所消耗的工时为单位进行计算，即劳动生产率＝生产时间/产品数量。

(4) 社会贡献情况。

第一，社会贡献率＝社会贡献总额/平均资产总额，其中，社会贡献是政府为国家或社会创造或支付的价值总额，包括工资、劳保退休统筹及其他社会福利支出、利息支出、税金支出、所提供的公共服务价值、公共工程价值等。

第二，社会积累率＝上缴国家财政总额/社会贡献总额。

第三，资产保值增值率＝期末资产总额/期初资产总额。

通常情况下，按照以上指标测定的被审计单位管理成果达到既定标准的80%以上，即可认为被审计部门或项目具有经济性、效率性、效果性和发展潜力。被审计单位总的绩效＝业务发展能力状况指标×权重/业务发展能力状况既定标准+资产运营状况指标×权重/资产运营状况既定标准+财务效益状况指标×权重/财务效益状况既定标准+社会贡献情况指标×权重/社会贡献情况既定标准。其中,各指标的既定标准和权重由审计师的专业判断和相关已有的对象评价标准得出。

10.4.2 非营利组织的绩效审计评价指标

我国非营利组织主要为公立事业单位,事业单位涉及行业众多,包括科学、教育、文化、卫生、应用科研事业单位、社会服务部门和社会福利救济事业单位等。绩效审计的评价指标也分为定量指标和定性标准。

1. 定量指标

(1) 财务收支预算执行情况指标预算完成率=当年预算完成数/当年预算计划数×100%。

(2) 收支状况指标。

第一,经费自给率=(事业收入+经营收入+附属单位上交收入+其他收入)/(事业支出+经营支出)×100%。

第二,事业结余率=(事业收入-事业支出)/事业支出×100%。

第三,人员支出比率=(基本工资+其他工资+补助工资+职工福利费+社会保障支出)事业支出×100%。

第四,公用支出比率=(公务费+设备购置费+修缮费+业务费+其他费用)/事业支出×100%。

第五,事业收入占总收入比率=事业收入/总收入×100%。

第六,经营收入占总收入比率=经营收入/总收入×100%。

第七,事业收入增长率=(当年事业收入/上年事业收入-1)×100%。

第八,经营收入增长率=(当年经营收入/上年营业收入-1)×100%。

(3) 资产管理情况指标。

第一,流动资产周转率=(事业收入+经营收入)/年平均流动资产×100%。

第二,总资产周转率=(事业收入+经营收入)/平均资产总额×100%。

第三,投资收益率=投资收益/投资成本×100%。

第五,资产负债率=负债总额/资产总额×100%。

(4) 经营能力情况指标。

经营毛利率=(经营收入-经营支出)/经营收入×100%

(5) 事业发展效果指标。事业发展效果指标由主管部门、单位职工、服务对象的测评分值相加(各占一定权重)。

2. 定性指标

定性标准是根据各单位不同的业务活动和管理特点设置的,主要用于计量单位的管理效率和工作业绩,如高校的教学质量,科研单位的科研项目评估,医院的社会效益和经济效益综合计量、患者的满意度,以及各单位人力资源管理,人、财、物的使用效率等。定性指标在设置上有一定的困难,其难度在于社会效益的反映、考核上。有些效益是间接的、潜在的、无法量化的;有的只能通过定性分析判断;有的必须通过相对的比较才能加以客观分析。

10.4.3 国有企业绩效审计评价目标

1. 国有企业绩效审计目标

(1) 管理绩效审计目标。国有企业管理制度是企业制度体系的核心,健全的管理制度是企业持续经营的可靠保障。内部控制制度、风险控制机制健全与否,预算管理执行是否顺畅,都是企业运营能力的反映。有了制度保证,企业的各项活动才能顺利开展,投资与筹资能力也能相应提高。

(2) 经济绩效审计目标。国有企业肩负着重大的历史使命,它承担着执行国家经济政策、引导宏观经济走向的责任,同时也肩负着重大的社会责任和环境责任,这体现了国有企业的"社会性"。与此同时,作为重要市场主体之一的国有企业,追逐利润是它的天性,通过经营力求资源使用的经济性、效率性是企业存在的根基,能否实现此目标同样也是绩效审计的重心。对于一些有显著社会效益、经济效益却不佳的项目,国有企业明知无利可图也要为之。由此可见,经济效益和社会效益是辩证统一的,两者互相影响、互为促进,社会效益是经济效益存在的使命,经济效益是社会效益发展的基础。

(3) 社会责任绩效审计目标。关注社会公益、慈善事业,是国有企业心系天下、履行社会责任的体现。在能力许可的前提下,国有企业应该正视自身的定位,积极参与公益捐助、慈善事业,全面履行企业公民义务,为社会和谐以及可持续发展贡献力量,因此着重选取社区活动、就业贡献率、社会捐赠率等指标评价我国国有企业履行支持地方社会发展责任的情况。

2. 国有企业绩效审计评价指标的确立

根据对国有企业管理绩效审计目标、经济绩效审计目标、社会责任绩效审计目标的分析,综合三个方面的指标最终形成国有企业绩效审计指标体系。该绩效审计评价指标体系是针对国有企业的一般性指标,由于行业有别、规模不同,每个企业都有自身的独特性,实际运用时要具体问题具体分析,不同情况分别对待,修正调整指标体系使之适合企业的实际。

(1) 管理绩效指标。

第一,企业目标。企业目标考察企业短、中、长期目标的制定与落实情况,员工是否积极参与目标的制定与执行,企业目标管理制度的有效性与科学性等。

第二,战略管理。战略管理评价主要考察企业制定战略的科学性,是否考虑企业的实际情况,员工对企业战略的认知程度,有无战略实施的保障措施,企业战略的实际效果等情况。

第三,风险控制。风险控制评价主要评价企业在风险方面的管理与控制活动,以及采取的措施和取得的成效。企业的主要风险包括管理风险、市场风险、财务风险等方面,绩效审计重点考核风险控制程序以及风险防范化解措施等。

第四,基础管理。基础管理评价主要是对企业运营相关支撑制度的审核,是对企业规章制度的健全性,内部控制建设的完善性,信息化、标准化管理的规范性等方面的评价,具体细化为日常财务管理、购销流程、存货管理、质量控制、法律事务、安全控制等方面。

第五,行业影响。行业影响主要评价企业核心业务的市场占有率,关键产品的市场受欢迎度,是否具备核心竞争力,对区域经济和国民经济的带动力、影响力以及引导力等情况。

(2) 经济绩效指标。

第一,净资产收益率。

净资产收益率＝净利润/净资产＝资产报酬率×权益乘数＝销售净利率×总资产周转率×权益乘数

净资产收益率又称股东权益报酬率，是净利润与股东权益的比率。它利用相互关联、相互影响的财务指标，全方位地对企业的盈利能力进行分析，反映国有企业对全体人民投入的每单位资本创利的效率。

第二，经济增加值（EVA）。

$$EVA = NOPAT - WACC \times TC$$

式中，$NOPAT$ 是调整后的税后净营业利润；TC 指资本投入量，是负债资本和权益资本的总和；$WACC$ 是加权平均资本成本。经济增加值指的是把全部资本成本从税后净利润中扣除后的剩余，并非传统意义上的会计利润，其本质是经济利润。经济增加值的这种价值管理理念与国有企业保值增值的经营目标相契合，除了考虑债务成本还兼顾到权益资本成本，这样就对企业绩效进行了全面的衡量。

第三，成本费用净利率。

成本费用净利率＝净利润/成本费用总额

该指标反映了企业每一单位成本能够获取的收益，企业效率越高，该指标值就会越大。这个比率既考核了企业的获利能力，又能评价企业成本费用管理能力和控制能力。

第四，资产收益率。

资产收益率＝净利润/总资产

资产收益率衡量企业资产的收益能力，同时反映总资产的使用效率。资产收益率越高，说明企业资产使用效率越高，获利能力越强。

第五，经营活动净现金流量。经营活动净现金流量用来衡量企业经营活动现金收支的能力，是企业财务状况的反映，企业的持续经营离不开可支配现金流。经营活动净现金流量反映企业营业收入中获取现金的程度，指标值越大，说明企业现金流越稳定，财务风险越小。

第六，不良资产率。

不良资产率＝不良资产总额/资产总额×100%

不良资产率是企业长期滞压存货、闲置固定资产等不良资产占企业总资产的比重。指标值越高说明企业资产使用效率越低，资产质量越差，盈利能力越低。

第七，总资产周转率。

总资产周转率＝销售收入/资产平均总额

总资产周转率是衡量企业全部资产使用是否充分的指标。假如指标值偏低，则表明企业总资产的使用效率不高，对企业的盈利能力是一种限制。

第八，营业利润增长率。

营业利润增长率＝本年营业利润增加额/上年营业利润总额×100%

该指标反映企业营业利润与上年相比较的增长速度，营业利润增长率越高，说明企业获利潜力越大，可持续发展后劲越足。

第九，总资产增长率。

总资产增长率＝本年资产增加额/年初资产总额×100%

衡量企业可持续发展能力的重要指标之一便是总资产增长率，企业规模的扩大尤其是内涵式规模优化是企业可持续发展的重要保障。该指标值越高，说明企业资产规模扩张速度越快，未来发展能力越强。

第十，国有资产保值增值率。

国有资产保值增值率＝期末所有者权益总额/期初所有者权益总额×100%

该指标是国有企业净资产变动情况的衡量指标，是判断国有资产有无流失现象是检验国有企业领导人责任履行情况的重要参考。

第十一，科技创新投入。科技创新投入是企业创新支出总额，该指标反映企业用于科研开发的投入。创新支出总额越高，表明企业越鼓励技术方面的创新，未来发展潜力越大。

(3) 社会责任指标。

第一，违规违纪金额。违规违纪金额指标反映国有企业经营过程违法违规的程度衡量国有资产流失情况，检查相关执行人履职情况的合法性。

第二，违纪数。守法合规方面除了考察企业违规违纪金额，还要看违纪数，违纪数越少说明企业越能合法经营、照章办事。

第三，每股收益。

每股收益＝(净利润－优先股股利)/普通股股数

每股收益又称每股利润或者每股盈余，是分析股份公司净利润的重要指标。每股收益越高，表明企业获利能力越强。

第四，客户满意度。该指标反映企业提供的产品或服务的质量，是企业履行客户责任好坏的重要体现。客户满意度指标值越大，代表企业越能满足客户预期，对企业发展越有利。

第五，人力资源投入。人力资源投入包括新引进人才的投入、现有员工教育培训支出等方面。人才优化过程具有相对滞后性，本期可能不会有明显效果，但会增强未来持续发展能力。人力资源投入越多，越能增强企业未来发展能力。

第六，工资增长率。

工资增长率＝该年度员工工资涨幅/上年度员工工资总额×100%

从企业员工工资的增长情况可以判断国有企业对员工负责的程度，愿意将剩余利润与员工分享的企业才是负责任的企业。工资的增幅可以提高员工的满意度和归属感，一般该指标值越大，员工满意度越强。

第七，纳税总额。纳税总额是企业本年度缴纳税款额，该指标反映企业会计年度内对国家财政的贡献程度，是履行国家税收责任的表现。

第八，环保投入。环保投入是企业为保护环境而付出的资金，该指标越高说明企业环境保护责任感越强，社会责任履行得越好。

第九，环境治理达标率。企业运营会对空气、土地、水资源造成不良影响，因此需履行环境治理的义务，底线则是环境治理要达标。有害气体排放、地表植被破坏、固体废弃物排放、地表地下水资源污染都是考察对象。环境治理达标率越高，表明企业为之付出的努力越多，社会责任感越强。

第十，就业贡献率。

就业贡献率=雇用该地区员工数量/企业职工总数×100%

就业贡献率是企业为当地解决就业的贡献程度，企业为当地解决就业的贡献越大，该指标数值越高；反之，则说明企业为当地解决就业的贡献越小。

第十一，社会捐赠率。

社会捐赠率=本期公益捐赠额/本期净利润×100%

现在的企业在自身发展壮大的同时，也都意识到作为市场经济成员的社会责任，参与公益事业的积极性越来越高。无论是民营企业还是国有企业，自发承担社会责任的行动越来越多。该指标数值越大说明企业社会责任感越强，履行社会责任越多。

相关思考 10-2

建立政府绩效审计评价标准的难点

1. 评价标准的非绝对性。在对审计事项进行判别时，传统的财务收支审计所使用的评价标准往往具有唯一性。财务收支合规性审计结论通常“非对即错”。而绩效审计是以合规性审计为基础，重点对审计事项实现的绩效程度作出评价。绩效审计的主要目的是对被审计事项经济性、效率性和效果性的评价，并提出改善管理、增强绩效的建议。由于经济性、效率性和效果性的涵盖范围和内容的复杂和广泛等特点，绩效审计不能简单用一个标准来全面评价一个绩效审计事项，往往需要将定性和定量结合起来评价。定性标准一般包括国家的法律法规、党和政府的各项方针、政策、主管部门有关规定等。定量标准的计算往往表现为各种指标，主要是物化劳动和活劳动消耗的绝对量指标以及反映工作效率、效果的相对量指标。各种指标，主要是物化劳动和活劳动消耗的绝对量指标以及反映工作效率、效果的相对量指标。

2. 评价标准的非单一性。传统的财务收支审计，评价一个审计事项的标准常常是以违纪违规金额的多少来衡量。而绩效审计评价标准除货币计量的财务数据外，还需要大量的非货币计量指标。绩效审计评价标准的非单一性，主要原因是政府绩效目标的多样性。除关注政府经济责任的履行情况外，还必须综合考虑政府履行社会责任的情况。政府绩效审计标准的确立还应包含对政府社会责任的评价，包括合理利用自然环境资源、保护和改善自然环境、维护生态平衡、维护社会的安定团结、充分就业、医疗住房、退休金等的保障程度等。因此，绩效状况仅靠财务数据无法全面涵盖，除评价公共资金经济效益外，还包括许多其他方面内容。

3. 评价标准时间的过程性。绩效审计项目往往涉及大额投资。这些项目不仅投资金额大，而且建设期很长，要分几个阶段才能完成。要对项目进行绩效评价，就涉及如何看待长远绩效和当期绩效标准的问题。长远绩效是指在较长时间里可能持续实现的绩效，当期绩效是指在当前实现的绩效。两者是对立统一的关系。在绩效管理的实务中，当前利益与长远利益常常会出现矛盾。例如，某项目完成的周期较长，当期可能收益不好，但项目可能在今后取得很好的效益。同理，一些项目当期可能收益很好，但并不能说明今后效益一定很好。许多管理者常常为追求一时的绩效而忽视甚至牺牲长远利益。因此，在评价时，既要重视反映短期绩效，又要重视反映长期绩效；既要注重经济发展，还要关注社会的可持续性发展。如何将长远的发展战略与短期绩效指标有机结合成为绩效评价标准确立的难点。

本章小结

本章主要学习政府绩效审计的产生和发展、政府绩效审计的程序、方法、评价指标四个组成部分，通过讲授，要求掌握政府绩效审计的程序；政府绩效审计的主要审计方法；政府绩效审计评价指标的运用；能够结合案例着重掌握政府绩效审计的程序和方法；为其在实务操作中奠定良好的基础。

重要概念

政府绩效审计　经济性审计　效率性审计　效果性审计　经济增加值

阅读资料

[1] 刘三昌.政府审计[M].大连：东北财经大学出版社有限责任公司，2016.
[2] 张庆龙，沈征.政府审计学[M].北京：中国人民大学出版社，2015.

本章练习

一、单项选择题

1. 评价被审计单位资源的占用和耗费是否节约和经济指(　　)。
A. 效率性审计　B. 效果性审计　C. 经济性审计　D. 绩效审计
2. 编制审计计划是(　　)。
A. 准备阶段　B. 实施阶段
C. 报告阶段　D. 后续审计阶段
3. 准备要点式审计工作底稿是(　　)。
A. 准备阶段　B. 实施阶段
C. 报告阶段　D. 后续审计阶段
4. 本年所有制权益增长额÷年初所有者权益是(　　)。
A. 业务增长率　B. 资本积累率　C. 净资产收益率　D. 投资收益率

二、多项选择题

1. 下列各项中，属于政府绩效审计常用方法的有(　　)。
A. 访谈　B. 文件查阅　C. 观察　D. 借鉴
E. 持有至到期投资
2. 政府绩效审计的阶段包括(　　)。
A. 准备阶段　B. 实施阶段　C. 报告阶段　D. 后续审计阶段
3. 下列各项中，属于社会责任指标的有(　　)。
A. 客户满意度　B. 纳税总额　C. 违纪数　D. 举报投诉率

三、简答题

1. 什么是政府绩效审计？政府绩效审计内容是什么？
2. 简述政府绩效审计的程序。

四、论述题

自20世纪90年代以来，我国一些地方政府和部门就开始了政府绩效管理的实践探索，取得了初步成效。但与此同时，仍存在着诸多需要解决的问题。在现实中各地推行的政府绩效管理评估内容仍过多关注GDP、财政收入等经济发展指标，而相对忽视与公众相关的社会管理和公共服务内容。而目前我国很多地方政府的绩效管理更重视绩效评估的环节，强调打分排序，对绩效管理整个过程缺乏统筹兼顾。在形式上，将社会公众和外部专家等群体纳入评估主体，但总体上仍然由政府来主导。而且我国绝大多数政府绩效评估还停留在打分排名、评比评优的阶段。也有很多地方政府将绩效管理工作单纯理解为绩效指标体系的设置与各项指标分数权重的分配，而对政府绩效管理运行所需要的领导体制和工作机制、评估程序、评估结果的运用与绩效改进等方面重视不够。请根据所学知识，阐述我国绩效管理应该如何进行改进。

第 11 章　信息系统审计

- 内容提要
- 重点难点
- 学习目标
- 知识框架
- 11.1　信息系统审计概述
- 11.2　信息系统审计的程序
- 11.3　信息系统审计的内容
- 11.4　信息系统审计的方法和技术
- 本章小结
- 重要概念
- 阅读资料
- 本章练习

内容提要

伴随着科技进步和企业管理理念的发展，越来越多的组织更加依赖于信息技术。与此同时，对信息系统审计的研究和实践也正不断发生着变化。本章主要阐述信息系统审计有其自身的特点，是审计的新领域，与传统审计相对独立，应从组织的整体风险控制、价值实现以及整个审计体系的角度来重新认识。

重点难点

本章重点为信息系统审计的程序与方法；本章难点为大数据背景下，信息系统审计技术的实际运用。

学习目标

随着现代信息技术的发展，审计的目标、对象、内容等已发生了变化。信息技术的应用与发展使得传统手工审计、传统的会计账簿审计审查、政府会计相关经济活动的审计处理工作都备受冲击。与此同时，信息系统的广泛建立和网络化的普及也为政府审计的发展创造了绝佳的机会，采用信息化手段和专业化工具的信息系统审计应运而生。信息技术如同双刃剑，如何应对不完善的信息系统可能给企业带来的风险，是摆在政府审计人员面前的一道难题。

1. 信息系统常出问题，有了信息系统之后的效率和准确性反而不如以前高?
2. 企业 IT 人才不足的情况下，IT 审计应该如何开展?
3. 现场审计费时费力，效率还不高，在线定时网络审计如何执行呢?
4. 信息系统审计应该审计什么内容? 怎么审才能发现问题?

知识框架

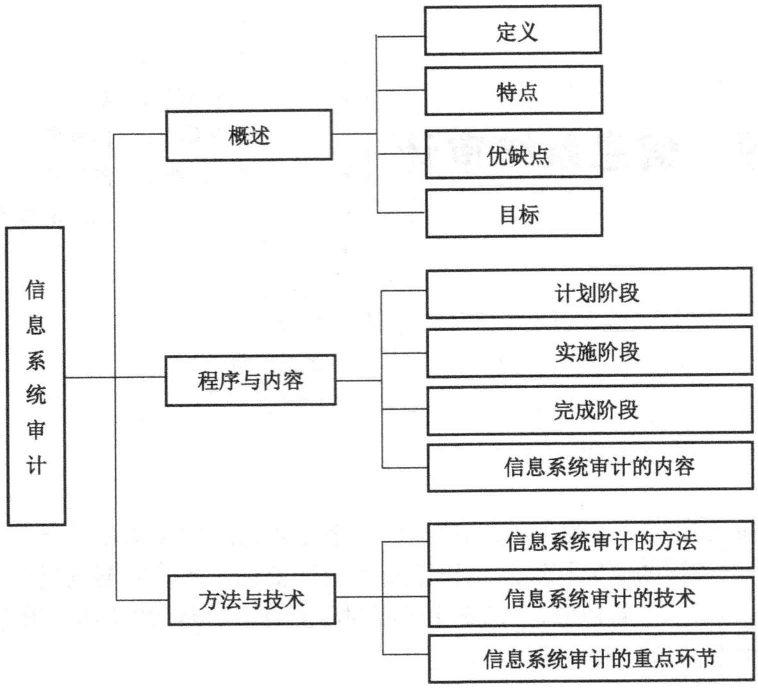

引入案例 金审工程介绍

金审工程，是审计信息化系统建设项目的简称，是《国家信息化领导小组关于我国电子政务建设指导意见》中确定的 12 个重点业务系统之一。在国务院领导同志的关心和国信办、国家计委、信息产业部、财政部等部门的大力支持下，金审工程有关基本建设审批程序已经全部履行完毕。2002 年 7 月 28 日，国家计委批准审计署开工申请，并下达 2002 年中央预算内基建投资 5 000 万元，专项用于审计信息化系统一期工程建设。

金审工程的总体目标是：建成对财政、银行、税务、海关等部门和重点国有企业事业单位的财务信息系统及相关电子数据进行密切跟踪，对财政收支或者财务收支的真实、合法和效益实施有效审计监督的信息化系统。逐步实现审计监督的三个“转变”，即从单一的事后审计转变为事后审计与事中审计相结合，从单一的静态审计转变为静态审计与动态审计相结合，从单一的现场审计转变为现场审计与远程审计相结合。增强审计机关在计算机环境下查错纠弊、规范管理、揭露腐败、打击犯罪的能力，维护经济秩序，促进廉洁高效政府的建设，更好地履行审计法定监督职责。

金审工程分期建设。一期建设工期为 2 年左右。一期建设的任务是：应用系统建设、局域网建设、安全系统建设、标准规范建设以及人员培训。截至 2002 年 10 月底，第一笔建设资金已经到位，审计署召开了金审工程工作会议，宣布金审工程建设项目开工，第一工程年度的任务已经下达。经过公开招标选定网络系统、应用系统集成商已经进驻审计署，按照信息化建设办公室的安排，提供各项咨询服务和技术支持。二期建设目标：为有效履行国家审计在信息化条件下对财政财务收支的真实、合法和效益的审计监督职责，初步建成国家审计信息系统，培养适应信息化的审计队伍，有效提升审计监督能力。

为了保障工程建设（申报）的顺利进行，审计署于 2000 年成立了由李金华审计长担任组长的信息化建设领导小组；2002 年 6 月 14 日建立了包括何德全院士、李国杰院士在内的金审工程专家咨询委员会；制定了三个工程管理办法：《金审工程建设管理暂行办法》《金审工程财务管理办法》和《金审工程项目管理办法》，编制了《审计软件开发指南》。

11.1 信息系统审计概述

伴随着科技进步和企业管理理念的发展，以计算机技术、通信技术以及网络技术为主要内容的信息技术在社会各行业的管理中正发挥着越来越重要的作用。无论是企事业单位，还是政府公共服务机构，都越来越依赖于信息系统。信息系统的可靠性、有效性和效率性影响着组织的正常运转。

与此同时，对信息系统审计的研究和实践也正不断发生着变化。从计算机辅助审计到面向系统数据的审计，再到对应用系统的审计，信息系统的审计范围和领域不断扩大。目前，对信息系统审计的认识受到较多传统审计的影响，不少研究人员认为信息系统条审计是传统审计的补充和延伸，是为传统审计提供支撑和服务的。但信息系统审计有其自身的特点，是审计的新领域，对信息系统审计的认识和研究要从企业整体风险控制、价值实现以及整个审计体系的角度来重新认识。

11.1.1 信息系统审计及其特点

2012 年 2 月，审计署计算机审计实务公告第 34 号发布了信息系统审计指南，在第三条中提出了信息系统审计的概念：本指南所称信息系统审计，是指国家审计机关依法对被审计单位信息系统的真实性、合法性、效益性和安全性进行检查监督的活动。

结合近年来的审计实践，对信息系统审计的概念，可以理解为：根据相关法律法规及标准规范，在规定的审计范围内，使用业务流程描述、系统测试、数据分析等技术方法，获得与评估审计证据，对信息系统的安全性、有效性和经济性进行专业判断的过程。

从审计的客体角度看，信息系统审计是审计人员对计算机会计信息系统进行的审计，即把计算机会计信息系统作为审计的对象。它包括两个方面：一是对被审计系统的开发过程进行审计，重点是对其安全技术和内部控制的审计。二是对被审计系统的运行过程及其结果进行的审计。

而从审计的主体角度看，信息系统审计是审计人员利用计算机进行辅助审计，也就是说，审计人员利用计算机，完成一部分审计工作，即把计算机作为审计工具。它也包括两个方面：一是开发各种通用及专用审计软件，来辅助审计机构和审计人员根据审计工作的不同要求完成各项审计任务。二是实现审计工作程序规范化和审计信息网络化的计算机系统。可见，得用计算机进行的审计和对计算机审计信息系统进行的审计都称为信息系统审计。

与手工审计方法相比，计算机审计是一种全新的、具有变革意义的审计方式，具有自身明显的特征，从会计信息系统审计的角度来讲，计算机审计具有更广泛的审计范围，更为隐蔽、易逝的审计线索。同时，对实时和动态的取证要求较高，取证技术也更为复杂；从计算机辅助审计来说，实现了审计过程由手工向计算机辅助工具的转变，相应的审计过程资料、审计结果、审计回馈实现了计算机存储、传递。审计工作小组的技能由原来传统的财务审计技能为主转变成为财务、计算机与网络技能知识兼具的复合性技能。审计平台中的专家职能库为审计技术的分享使用提供了更加便利的途径。

信息系统审计作为一种先进的审计技术方式，给政府审计工作带来了前所未有的工作环境和工作条件，为政府监督与管理增添了强劲的动力，与传统手工审计相比，显示了极大的优势和便利，但同时也可能会有一定的局限性和劣势，其优缺点，如表 11-1 所示。

表 11-1　　信息系统审计的优缺点

优　点	缺　点
· 审计软件代替手工操作，节省时间，减少工作量 · 为内部审计师提供了数据收集、测试及量化分析技术，从而增加了审计的准确性 · 允许内部审计师更多地参与内部控制系统的设计 · 促进内部审计师不断了解最新的现代技术之时 · 增加了对计算机输入、输出、程序及控制等运用的审计内容，从而扩大了审计覆盖面 · 明显可以减少审计步骤，提高审计工作进度	· 由于审计人员的专业性限制，存在数据完整性、系统化的问题 · 目前，存在有些复杂审计技术难以解决的问题，比如病毒、黑客、行业间谍 · 系统信息安全性保障不完善

11.1.2　信息系统审计的目标

计算机的使用和利用计算机会计信息系统进行会计业务的处理改变了手工会计的处理流程和方法，政府审计的内容与范围大大扩大，具体来说，国务院各部门的财政收支审计、地方政府各部门财政收支审计、国家的财政金融机构的财政收支审计、企事业单位的财务收支审计都是信息化政府审计的重要内容。此外，政府审计信息化工作还包括鉴证电子数据信息系统建设与运行的合法性、安全性和可靠性，以及各种信息化系统的内部控制审计、生命周期审计等工作。这些审计，无论从内容还是从范围上看，与传统的手工环境下的政府审计截然不同。因此，信息系统审计的方法也相应地发生了改变。在信息化环境下，信息系统审计的目标不再局限于鉴证领域，而向管理领域发展，信息系统审计被认为是帮助政府更好地达到下述目标的一项重要工作，而且鉴证、管理工作两不误。其具体目标，如图 11-1 所示。

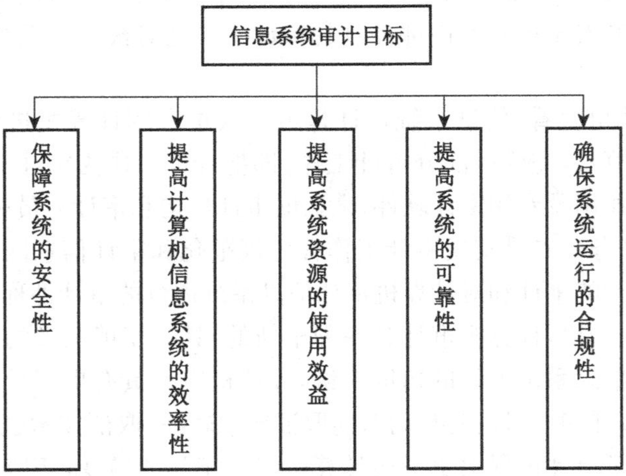

图 11-1　信息系统审计的主要目标

1. 保障计算机系统安全性

计算机会计信息系统包括系统开发、维护技术人员和系统应用人员(会计人员)等人力资源、计算机软硬件资源、会计资料数据资源等，而任何一方面都有不安全因素。因此，在对计算机会计信息系统的安全性进行审计时，要检查三方面的防范措施：

(1) 在物理方面是否具备必要的防火、防水、防潮措施。

(2) 在技术方面是否对软件和硬件实施了必要的加密手段。

(3) 在管理方面是否建有完善的安全保卫制度和内部控制制度。检查的目的在于对系统的安全性作出评价并提出改进建议，从而提高其信息系统提供数据的安全性。

2. 提高计算机信息系统的效率性

系统效率包括多方面内容。例如，系统的人力资源、软硬件资源和数据资源的利用程度；系统进行业务处理的正确性、完整性、有效性；输出信息的质量；用户使用的方便性等。在对系统的效率进行审计时，要检查系统资源能否充分利用、系统是否能有效完成具体的业务处理功能，系统提供的信息是否准确及时、用户使用是否方便等。最后，要对系统的效率作出评价并提出改进建议，从而达到提高系统效率的目的。

3. 提高系统资源的使用效益

计算机会计信息系统耗费各种各样的资源，如人力资源、软硬件资源、数据资源等，这些资源都是稀缺的，不同的应用系统都在竞争使用，一个高效益的系统应耗费最少的资源并取得所需要的输出。因此，审计人员对系统可利用的资源是否合理分配以及能否对改进作出评价，从而提高系统资源的使用效益。

4. 提高系统的可靠性

系统的可靠性是指处理过程正确、输出信息准确无误，系统运行稳定不易发生故障。系统的可靠性是系统运行的基础。对系统的可靠性进行审计时，要审查和证实系统提供的信息是否正确，是否恰当、公允和全面地反映了被审计单位的财务状况和经营成果；系统设计是否科学，模块的划分是否合理，程序对处理过程的描述是否准确无误；对系统软硬件的修改是否有约束；系统对环境的适应性如何；系统的说明资料是否齐全等。最后，要对系统的效率作出评价并提出改进建议，从而达到提高系统可靠性的目的。

5. 保证系统运行的合规性

信息系统审计应遵守国家的法律和有关部门的规章制度，审计人员在对系统的合法性、合规性进行审计时，要以现行的法律和规章制度为依据，对系统的输入、输出及处理过程进行详细的调查和分析，对其符合性作出评价并提出改进建议，从而达到提高系统合法性、合规性的目的。

知识拓展 11-1

信息系统审计的目标

《信息系统审计指南》第六条规定：信息系统审计的主要目标是通过检查和评价被审计单位信息系统的安全性、可靠性和经济性，揭示信息系统存在的问题，提出完善信息系统控制的审计意见和建议，促进被审计单位信息系统实现组织目标；同时，通过检查和评价信息系统产生数据的真实性、完整性和正确性，防范和控制审计风险。具体来讲，信息系统审计的目标应包括以下几个方面：

1. 安全性：信息系统的硬件、软件、网络和数据资源是否得到妥善保护，不因自然和人为的因素遭到破坏、更改或者泄露系统中的信息。

2. 有效性：系统能否实现既定目标、系统的各项业务的处理过程是否符合国家有关法律法规的要求。

3. 经济性：用最少的系统资源的投入，产生最多的拥护所需要的信息。

11.2 信息系统审计的程序

信息系统审计程序参照传统审计程序，包括确定审计范围、做好审计准备、进行审计评估、出具审计报告、提供管理咨询等过程。信息系统审计也可采用非现场审计与现场审计相结合的操作方式进行。对信息系统平台的审计采用现场审计模式，但对于应用系统审计，基于目前非现场审计手段相对落后，更倾向于两者的结合。即审前准备采用非现场方式实现，借助辅助审计系预抽取数据，分析确认审计重点，再结合现场审计实施。

11.2.1 审计计划阶段

计划阶段是整个审计过程的起点。其主要工作包括以下内容。

1. 了解被审系统基本情况

了解被审系统基本情况是实施任何信息系统审计的必经程序，对基本情况的了解有助于审计组织对系统的组成、环境、运行年限、控制等有初步印象，以决定是否对该系统进行审计，明确审计的难度，所需时间以及人员配备情况等。

了解了基本情况，审计组织就可以大致判断系统的复杂性、管理层对审计的态度、内部控制的状况、以前审计的状况、审计难点与重点，以决定是否对其进行审计。

2. 初步评价被审单位系统的内部控制及外部控制

传统的内部控制制度是为防止舞弊和差错而形成的以内部稽核和相互牵制为核心的工作制度。随着信息技术特别是以 Internet 为代表的网络技术的发展和应用，企业信息系统进一步向深层次发展，这些变革无疑给企业带来了巨大的效益，但同时也给内部控制带来了新的问题和挑战。加强内部控制制度是信息系统安全可靠运行的有力保证。依据控制对象的范围和环境，信息系统内控制度的审计内容包括一般控制和应用控制两类。

一般控制是系统运行环境方面的控制，指对信息系统构成要素（人、机器、文件）的控制。它已为应用程序的正常运行提供外围保障，影响到计算机应用的成败及应用控制的强弱。主要包括：组织控制、操作控制、硬件及系统软件控制和系统安全控制。

应用控制是对信息系统中具体的数据处理活动所进行的控制，是具体的应用系统中用来预测、检测和更正错误和处置不法行为的控制措施，信息系统的应用控制主要体现在输入控制、处理控制和输出控制。应用控制具有特殊性，不同的应用系统有着不同的处理方式和处理环节，因而有着不同的控制问题和不同的控制要求，但是一般可把它划分为输入控制、处理控制和输出控制。

通过对信息系统组织机构控制，系统开发与维护控制，安全性控制，硬件、软件资源控制、输入控制、处理控制、输出控制等方面的审计分析，建立内部控制强弱评价的指标系统及评价模型，审计人员通过交互式人机对话，输入各评价指标的评分，内控制审计评价系统则可以进行多级综合审计评价。通过内控制度的审计，实现对系统的预防性控制、检测性控制和纠正性控制。

3. 识别重要性

为了有效实现审计目标，合理使用审计资源，在制定审计计划时，信息系统审计人员应对系统重要性进行适当评估，确定内部控制的可行性程度，并作出结论。对重要性的评估一般需要运用专业判断。考虑重要性水平时要根据审计人员的职业判断或公用标准，系统的服务对象及业务性质，内控的初评结果。重要性的判断离不开特定环境，审计人员必须根据具体的信息系统环境确定重要性。重要性具有数量和质量两个方面的特征。越是重要的子系统，就越需要获取充分的审计证据，以支持审计结论或意见。

4. 编制审计计划

经过以上程序，为编制审计计划提供了良好准备，审计人员就可以据以编制总体及具体审计计划。

总体计划包括：被审单位基本情况，审计目的、审计范围及策略，重要问题及重要审计领域，工作进度及时间，审计小组成员分工，重要性确定及风险评估等。

具体计划包括：具体审计目标，审计程序，执行人员及时间限制等。

11.2.2 审计实施阶段

做好上诉材料的充分的准备，便可进行审计实施，具体包括以下内容。

1. 对信息系统计划开发阶段的审计

对信息系统计划开发阶段的审计包括对计划的审计和对开发的审计，可以采用事中审计，也可以是事后审计。比较而言，事中审计更有意义，审计结果的得出利于故障、问题的及早发现，利于调整计划，利于开发顺序的改进。

信息系统计划阶段的关键控制点有：计划是否有明确的目的，计划中是否明确描述了系统的效果，是否明确了系统开发的组织，对整体计划进程是否正确预计，计划能否随经营环境改变而及时修正，计划是否制定有可行性报告，关于计划的过程和结果是否有文档记录等。

系统开发阶段包括系统分析、系统设计、代码编写和系统测试三部分。其中涉及包括功能需求分析、业务数据分析、总体框架设计、结构设计、代码设计、数据库设计、输入输出设计、处理流程及模块功能的设计。编程时依据系统设计阶段的设计图及数据库结构和编码设计，用计算机程序语言来实现系统的过程。测试包括动态测试和静态测试，是系统开发完毕，进入试运行之前的必经程序。其关键控制点有：

分析控制点：是否已细致分析企业组织结构；是否确定用户功能和性能需求；是否确定用户的数据需求等。

设计控制点：设计界面是否方便用户使用；设计是否与业务内容相符；性能能否满足需要，是否考虑故障对策和安全保护等。

编程控制点：是否有程序说明书，并按照说明书进行编写；编程与设计是否相符，有无违背编程原则；程序作者是否进行自测；是否有程序作者之外的第三人进行测试；编程的书写、变量的命名等是否规范。

测试控制点：测试数据的选取是否按计划及需要进行，是否具有代表性；测试是否站在公正客观的立场进行，是否有用户参与测试；测试结果是否正确记录等。

2. 对信息系统运行维护阶段的审计

对信息系统运行维护阶段的审计又细分为对运行阶段的审计和对维护阶段的审计。系统运行过程的审计是在信息系统正式运行阶段，针对信息系统是否被正确操作和是否有效地运行，从而真正实现信息系统的开发目标，满足用户需求而进行的审计。对信息系统运行过程的审计分为系统输入审计、通信系统审计、处理过程审计、数据库审计、系统输出审计和运行管理审计六大部分。

输入审计的关键控制点有：是否制定并遵守输入管理规则，是否有数据生成顺序、处理等的防错、保护措施、防错、保护措施是否有效等。

通信系统实施的是实际数据的传输，通信系统中，审计轨迹应记录输入的数据、传送的数据和工作的通信系统。通信系统审计的关键控制点有：是否制定并遵守通信规则，对网络存取控制及监控是否有效等。

处理过程指处理器在接收到输入的数据后对数据进行加工处理的过程，此时的审计主要针对数据输入系统后是否被正确处理。关键控制点有：被处理的数据，数据处理器，数据处理时间，数据处理后的结果，数据处理实现的目的，系统处理的差错率，平均无故障时间，可恢复性和平均恢复时间等。

数据库审计是保障数据库正确行使了其职能，如对数据操作的有效性和发生异常操作时对数据的保护功能（正确数据不丢失，数据回滚以保证数据的一致性）。其关键控制点有：对数据的存取控制及监视是否有效，是否记录数据利用状况，并定期分析，是否考虑数据的保护功能，是否有防错、保密功能，防错、保密功能是否有效等。

输出审计不同于测试阶段的输出审计，此时的输出是在实际数据的基础上进行的，对其进行审计可以对系统输出进行再控制，结合用户需求进行评价。关键控制点有：输出信息的获取及处理时是否有防止不正当行为和机密保护措施，输出信息是否准确、及时，输出信息的形式是否被客户所接受，是否记录输出出错情况并定期分析等。

运行管理审计是对人机系统中人的行为的审计。关键控制点有：操作顺序是否标准化，作业进度是否有优先级，操作是否按标准进行，人员交替是否规范，能否对预计于实际运行的差异进行分析，遇问题时能否相互沟通，是否有经常性培训与教育等。

维护过程的审计包括对维护计划、维护实施、改良系统的试运行和旧系统的废除等维护活动的审计。维护过程的关键控制点有：维护组织的规模是否适应需要，人员分工是否明确，是否有一套管理机制和协调机制，维护过程发现的可改进点，维护是否得到维护负责人同意，是否对发现问题作了修正，维护记录是否有文档记载，是否定期分析，旧系统的废除是否在授权下进行等。

11.2.3 审计完成阶段

完成阶段是实质性的整个信息系统审计工作的结束，主要工作有：

整理、评价执行审计业务过程中收集到的证据。在信息系统审计的现代化管理时期，收集到的数据已存储在管理系统中，审计人员只需对其进行分析和调用即可。

复核审计底稿，完成二级复核。传统审计的三级复核制度对信息系统审计同样适用，它是保证审计质量、降低审计风险的重要措施。一级复核是由信息系统审计项目组长在审计过程进行中对工作底稿的复核，这层复核主要是评价已完成的审计工作、所获得的工作底稿编制人员形成的结论；二级复核是在外勤工作结束时，由审计部门领导对工作底稿进行的重点复核。在审计工作办公自动化的今天，二级复核制度同样可以通过网上报送及调用得以实现。

评价审计结果，形成审计意见，完成三级复核，编制审计报告。评价审计结果主要是为了确定将要发表的审计意见的类型及在整个审计工作中是否遵循了独立审计准则。信息系统审计人员需要对重要性和审计风险进行最终的评价。这是审计人员决定发表何种类型审计意见的必要过程，所确定的可接受审计风险一定要有足够充分适当的审计证据支持。签发审计报告之前，应当随工作底稿进行最终(三级)复核，三级复核由审计部门的主任进行，主要复核所采用审计程序的恰当性、审计工作底稿的充分性、审计过程中是否存在重大遗漏、审计工作是否符合事务所的质量要求等。三级复核制度的坚持是控制审计风险的重要手段。审计报告是审计工作的最终成果，审计报告首先应有审计人员对被审系统的安全性、可靠性、稳定性、有效性的意见，同时提出改进建议。

11.3 信息系统审计的内容

信息系统审计可以分为两大部分：信息系统内部控制审计和信息系统应用控制审计。

11.3.1 信息系统内部控制审计

计算机信息系统的内部控制一般包括：计算机信息系统的开发或取得的控制、计算机信息系统的处理控制、不相容职务的分离和安全控制。

1. 计算机信息系统开发或取得的控制

计算机信息系统取得的方式可以是外部购入，也可以是内部开发，现在还有由使用企业提出要求，开发企业针对这些要求进行开发的情况。下面主要针对自行开发的情况进行说明。

计算机系统的开发一般分为系统调查、需求分析和初始设计、系统开发、系统实施和系统维护几个阶段。

(1) 系统调查。该阶段的任务包括对系统开发可行性的研究和对系统功能需要的调查。控制要点包括：企业对系统的需求与系统开发的能力是否匹配；系统开发成本与给企业可能带来的收益是否相称。

(2) 需求分析和初始设计。该阶段主要是收集、整理企业对信息系统的使用要求。控制要点是配备能够达到设计要求的人员、设备及工作条件。

(3) 系统开发。该阶段要根据需求进行软件开发。控制要点包括：系统使用者参与整个开发过程，以使开发过程不出现偏离，同时对使用者进行系统的使用培训；书面列出系统的具体要求；在编码之前对系统设计进行自行检查；在新系统投入使用之前进行处分测试。

(4) 系统实施。该阶段是要把开发好的系统投入运行。控制要点包括：明确实施责任；建立执行标准；对初始运行进行有效控制；做好新旧系统转换；新系统投入使用应该由相关人员或部门的检验、认可。

(5) 系统维护。系统维护开始于系统投入使用，包括日常对软硬件的维护以及为适应新情况对系统的修改。控制要点包括：建立修改、维护规范；确保所有的修改都经授权制度；保证只有经过授权的修改才有效；应该有一套程序可以在异常情况下通知信息管理部门和最终用户。

2. 计算机信息系统的处理控制

计算机信息系统的处理主要涉及对信息系统处理资源的优化和日常信息的控制。

(1) 优化资源配置。优化资源配置即最大限度满足使用者目前及未来的使用。控制要点包括:明确系统性质和要求;建立内部管理报告制度、信息设计者与使用者定期沟通制度、定期检验制度、更新审批制度。

(2) 日常信息控制。日常信息使用的控制也是处理控制的重要内容。控制要点包括:建立授权下正常活动的标准;对所有的信息处理功能建立操作规范,包括数据转换和输入规范、计划安排和控制规范、数据资源管理规范、计算机操作规范等;对信息系统日常使用情况建立记录规范;对硬件、软件及存储介质的必要维护。

3. 不相容职务的分离和安全控制

由于计算机操作中不会留下笔迹等操作痕迹,不相容职务的管理在信息系统中更为重要。因此需要建立一套有效的组织控制结构,以保证不相容职务的恰当分离。

需要分离的职务包括:信息系统使用者与系统开发、支持部门之间的分离;信息系统部门内部的角色分离;使用者内部角色的分离,常见的有授权与执行业务、记录与执行业务、保管与执行业务等。

系统安全的控制包括:

(1) 接近控制。在目前黑客攻击严重的情况下,需要严格控制接近系统的人员。信息接近控制的主要目标是保证系统内信息不被滥用和破坏,常用的方法是加强用户密码和严格授权。

(2) 物理安全控制。物理安全是要防止设备遭受外力攻击,主要方法就是选择合适的安全存放、管理制度。

(3) 备份、恢复和紧急处理控制。系统在使用过程中可能会出现断电、设备损坏等紧急情况,这就需要系统的使用者随时备份,以恢复并继续正常工作。控制要点包括:强制定期备份要求;备份、恢复设施配备;备份、恢复制度定期检查。

11.3.2 信息系统应用控制审计

计算机信息系统的应用控制审计包括输入控制审计、处理控制审计和输出控制审计以及保持必要的审计线索。

1. 输入控制审计

主要审计:输入数据是否已经过审查;数据输入准确性控制情况;审核措施的有效性;错误的更正措施及其有效性。

2. 处理控制审计

对处理控制的审计多采用计算机辅助的方法,如测试数据法、平行模拟法等逻辑检查。

3. 输出控制审计

主要审计输出资料的处理、分发和保管制度。审计机关应建立登记、签收制度,确保资料的安全。

4. 保持必要的审计线索

审计线索对审计判断非常重要。由于计算机审计本身不容易显示审计线索,因此必须建立有效的控制程序来保证充分的业务处理线索。

常用的控制技术有:建立审计线索索引,按计划有序地存放审计线索;保留原始凭证副本;提供通过信息系统向前或向后追增数据的方法;记录资料的取得、保存过程;建立业务日记制度并严格执行;定期保存永久性副本;明确详细审查和分析数据等方法。

11.3.3 利用计算机进行政府审计的应对策略

国家"十二五"规划提出要推进经济社会各领域信息化,而数据作为国家和企业的核心资产在推进我国社会信息化建设的进程中发挥着基础性作用。工业和信息化部已经把信息处理技术作为四项关键技术创新工程之一在物联网"十二五"规划上提了出来,其中包括海量数据存储、数据挖掘、图像视频智能分析,这都是大数据的重要组成部分。审计署针对我国社会信息技术高速发展等外部环境发生的巨大变化提出了加强国家审计信息资源体系建设的工作目标,即以国家审计数据中心为核心,以省级分中心为重点,逐步建立完善中央和地方审计数据中心,构建审计管理、审计业务、审计方法和评价信息资源库,加快推进国家电子审计信息资源目录体系和交换体系建设。为充分应对大数据时代为审计工作带来的挑战,可从以下四个方面入手加强对大数据的分析、挖掘与利用,掌控数据审计的"金钥匙"。

1. 摸清信息系统运行特点,关注信息安全防护

通过召开座谈会、发放信息系统调查表、实地查看等方式,全面了解被审计单位信息系统建设运行情况,包括信息系统的数量、名称、版本、功能模块、管理部门、访问模式、数据存储等。重点对信息系统的数据资源进行调研,详细了解后台数据库的种类、版本、数据量、存储及备份方式等信息。明确信息安全在大数据发展中的重要地位,加大对大数据安全形势的调查力度,明确大数据的重点保障对象,了解对敏感和要害数据的安全防护措施,加快面向大数据的信息安全审计技术的研究,推动基于大数据的安全审计技术研发,培养大数据安全审计的专业人才,建立并完善大数据信息安全审计体系。

2. 紧密围绕审计工作目标,开展数据基础式审计

打破传统的以审计小组为单位分散审查的审计模式,整合全体审计资源,在综合分析审计人员的计算机水平、工作经验、专业审计领域等情况的基础上,成立数据集中分析团队。以审计工作目标为导向,以数据为基础,按照"总体分析、重点审计业务分析、重点审计事项分析"逐层深入的思路,以"三个坚持"为原则(即坚持数据分析必须以审计业务需求为核心,坚持数据分析对审计实践的指导,坚持审计实践对数据分析的推动),运用信息系统审计技术方法全面分析被审计单位信息系统在建设运行过程中存在的缺陷和不足,明确数据分析的思路和方法,开展数据基础式审计,为审计工作的顺利开展提供技术支持和数据保障。

3. 全面分析后台数据结构,锁定重点信息资源

海量数据的汇集加大了对重点及敏感数据审计的难度,对大数据的无序使用也会耗费大量的审计资源。通过查阅被审计单位规章制度,审查单位内部对大数据的使用管理是否到位,是否制定完善的数据库管理和安全操作制度,对重点领域的数据库是否制定了严格的日常监管措施,是否制定了移动设备安全使用规程,是否规范了大数据的使用方法和流程;借助采集的数据库设计文档和数据字典,掌握后台数据结构,明确重点领域数据库的范围;通过采用穿行测试、代码审查、文档查阅等技术方法确定与审计业务紧密相关的核心信息资源,如重点表、重点字段、表间关联及字段含义等,为深入开展数据分析做好准备。

4. 依托国家审计数据规划,深入开展数据分析

为加强审计信息资源体系建设,实现审计数据获取、建设、运用等工作的规范化,审计署陆续出台了中央部门预算执行、地方财政、社保、中央企业、国家税收、外资、住房公积金、医保及定点医疗机构等行业或领域的审计数据规划，旨在通过制定标准，逐步实现全国各级审计机关审计管理和审计业务数字化。依托国家审计数据规划，掌握好大数据的存储、分类、挖掘、快速调用和决策支撑等工作，整合大数据处理资源，协调大数据处理和分析机制，建立审计云数据存储平台，推动重点数据库之间的数据互通；共享审计云平台上的服务器运算能力资源，开发计算机审计方法和数据分析工具，运用数据挖掘、移动办公、云计算技术等技术远程开展海量数据审计分析，深度分析、挖掘出审计疑点及问题线索，以实现数据分析的精准化、深层化，掌控数据审计的"金钥匙"。

随着海量数据获取、存储与处理方法和技术的飞速发展，大数据时代已经来临，并对我国社会各个领域都造成了影响。社会对数据透明化与数据共享的日益强烈的需求，以及广泛兴起的数据关联运动、政府数据开放运动，使得数据在审计中的重要性更甚从前。面对大数据时代给审计工作带来的挑战，必须不断更新理念、夯实基础、筹划发展，以数据为核心实现信息技术与审计业务的有机融合，为建设国家电子审计体系奠定坚实的基础。

11.4 信息系统审计的方法和技术

11.4.1 信息系统审计的方法

1. 信息系统审计机构

政府应有专门的机构负责信息系统审计工作，制定信息系统审计管理制度和工作程序、设计审计方案、制作审计计划、开发审计评估、出具审计报告、提出改进建议、提供管理咨询。

2. 常规审计与专项审计

信息系统审计也可分为常规审计和专项审计。常规审计为例行的全面审计，如每年一次对信息系统进行全面的审计，包括管理流程、技术平台、项目开发和生产系统审计，对信息系统做出全面的评估、鉴证，提出管理建议。专项审计可以针对信息系统管理的某一方面进行专门的审计，可以视实际情况选择进行。例如，信息系统运行安全的专项审计，可以对政府部门在信息系统方面的安全管理措施、技术措施的实际应用情况进行审计评估、鉴证，提出管理建议。专项审计针对政府部门重点关心的专项问题，针对性强。

3. 现场审计与非现场审计

信息系统审计可在现场进行，也可在非现场进行。现场审计适用于需在现场访谈、观察、测试、调查的情况。例如，对信息系统操作流程与实际业务操作流程符合度的审计，需在现场观察数据流与实物流的流转情况。非现场审计主要借助非现场审计系统进行，通过计算机系统进行审计。例如，对万能险账户积数与账户余额的监控，可以通过计算机系统进行远程随机实时审计，也可要求被审计单位打印指定账户积数与余额后传真至审计机构进行审计。现场审计与非现场审计可以发挥定期审计与随机实时审计相结合的优势，使信息系统审计制度化。

4. 外部审计、内部审计与自查审计

外部审计是指由外部独立的专业审计机构进行的审计，可对信息系统作出合理、公正的评价，可参照财务审计，每年进行一次。内部审计主要由保险公司内部的审计机构对信息系统进行审计，其目的在于帮助信息管理部门找差距，并督促和辅导信息管理部门提高信息系统管理水平。自查审计主要由各级信息技术管理部门对照信息技术管理标准自查、自纠，进行自我管理与自我完善。

5. 通过审计系统进行审计

信息系统审计的常用方法有访谈、观察、现场测试、调阅文档、调查信息系统相关角色等，也可以开发审计系统对生产系统进行审计。

要实现通过审计系统对生产系统进行审计，必须加强对生产系统建设的事前和事中审计，在生产系统立项、建设时，应明确审计要求，审计人员应参与生产系统的立项、需求分析、设计、验收等工作。在生产系统中，应设置审计接口，记录审计轨迹，由计算机自动记录审计线索，对于修改与删除的操作，应参照会计的红字更正法，在生产系统中留下可追溯的记录。在对生产系统进行验收的过程中，除评价系统是否达到了设计目标、是否满足需求外，还需强调生产系统的可审计性。在开发生产系统的同时，也要开发相应的审计系统，使生产系统投产后就有相应的审计系统投产运行。

开发相应的审计系统，应借鉴国际通用的审计软件，形成一套有保险公司自身特色的通用审计系统，通过对数据的采集、比对、分析，对关键审计点的跟踪、监控、反馈，保障生产系统健康、安全地运行。通过审计系统的应用，汇集大量的审计案例，分析其中的规律，强化已有的控制点，发现或部署新的控制点。这样，一方面进一步改进生产系统的运行状况；另一方面进一步完善审计系统自身功能，使生产系统与审计系统的应用水平共同提高。

11.4.2 信息系统审计的技术

信息系统审计过程与一般的审计过程一样，分为审计准备、审计实施和审计终结阶段。其中，审计准备和审计终结阶段的技术方法与传统审计并无很大区别，所以下面我们主要介绍审计实施阶段的审计技术方法。

审计实施阶段，审计人员的工作又可以分为三个层次：了解、描述和测试。

(1) 信息系统了解的方法，如询问、检查、观察等。

(2) 信息系统描述的方法包括文字描述法、表格描述法和图形描述法。

(3) 信息系统测试的方法：了解和描述方法在传统审计中同样有，但是信息系统测试的方法却是信息系统审计独有的。

第一，测试数据法，即审计人员设计一套虚拟的业务数据，将其输入到计算机中，观察比较输出是否与预期相符。

第二，平行模拟法，即审计人员开发一个与被审计单位信息系统或程序模块功能完全相同的模拟系统，将被审计单位的真实数据放入模拟系统中运行，观察其输出是否与被审计单位信息系统相一致。

第三，嵌入审计模块法，即在被审计单位的信息系统中加入为审计而编写的程序代码。嵌入的模块成为信息系统的组成部分，并可以在特定的时间间隔或是条件触发时为审计人员提供有关数据和报告。

第四，虚拟实体法，即对测试数据法的改良，一般做法是在信息系统中建立虚拟的实体(如虚拟的供应商、客户、员工等)，然后将虚拟实体的有关数据与真实的运行数据一起输入信息系统进行处理，最后将虚拟实体的输出结果与预期进行比较，确定信息系统的控制功能是否发生作用。

第五，受控处理法，即审计人员在对被审计单位的真实业务数据在处理之前先进行核实，核实之后在被审计单位的信息系统上监督处理或亲自处理，并将处理结果与预期结果进行比较分析，以判断被审计单位的系统是否符合预定的要求。

第六，受控再处理法，即将已经由被审计单位处理过的真实数据，在审计人员的监督下，或由审计人员亲自在相同的信息系统或以前保存的程序副本上再处理一次，将二次处理的结果与以前处理的结果相比较，判断当前的信息系统程序是否符合既定要求。

第七，程序代码检查法，即程序代码检查法是通过检查源程序代码的内部运行逻辑来发现所存在的问题，并对程序是否符合规章制度规定、能否完成预定功能及其质量进行评判的方法。

11.4.3 信息系统审计的重点环节

1. 数据环节

在审计中，必须使用一种方法能够向前、向后追踪单个交易和资产记录，以便使审计人员选择一些交易对其进行详细检查，确认交易记录是否符合一般的审计目标。例如，对会计事项信息的检查，要检查它的完整性、时效性、合规性和信息披露等方面，检查内容包括与本会计年度有关的交易是否全部记录在册；所有记录的交易是否都是合理发生的并与本会计年度有关；记录的交易是否数据准确，计算无误：记录的交易是否符合基本的和辅助的法律规定，符合特定权威机构的要求；对记录的交易是否进行正确的分类，并符合信息对外披露的要求等。对财务报表信息的检查，要检查完整性、存在性、会计计量、所有权以及信息披露等方面，检查内容包括是否记录了所有的资产和负债：所有记录的资产和负债是否都是存在的；对资产和负债的计量是否精确，计算方法是否符合按合理性、一致的标准制定的会计政策的要求：确认资产是被审主体所有的、负债是被审主体应该承担的，并且资产和负债是否由合法的经济活动产生的；资产、负债、资本和存货是否都得到正确的披露。同时对信息系统提供的业务信息也要进行分析，例如，每月的工资总数、某阶段的付款清单和订货信息等，要弄清基本的交易情况，并一直追踪到信息源。对上述信息的分析可以采用计算机辅助审计技术，按照特定的标准对数据进行汇总、分类、排序、比较和选择，并进行各种运算。

2. 内部控制环节

内部控制一般而言是指组织经营管理者为了维护财产物资的安全、完整，保证会计信息的真实、可靠，保证经营管理活动的经济性、效率性和效果性以及各项法律和规范的遵守，而对经营管理活动进行调整、检查和制约所形成的内部管理机制，是组织为实现管理目标而形成的自律系统。计算机系统的内部控制主要分为应用控制、一般控制和管理控制等三个方面，在审计过程中要对被审计单位内控制度进行评价，包括电算化系统的内控制度。为了对系统的内控制度进行评价，审计人员必须验证内部控制系统是否存在，并能提供令人满意的证据，证明它正在有效地发挥作用。在计算机系统中，应检查以下方面来证明内控制度的有效性：

(1) 控制系统资源的存取。包括物理资源，如终端、服务器、连接盒、相关文档等；还包括逻辑资源，如软件、系统文件和表、数据等。

(2) 控制系统资源的使用。用户应该只能对授权给他们的那些资源进行操作。

(3) 建立按用户职能分配资源的制度。把重要的任务功能按用户或用户组进行分离，以减少无意的误操作、滥用系统资源和对数据的非授权修改。

(4) 记录系统的使用情况。按时间顺序建立一个使用记录，记录内容应包括例外事例和与安全有关的事件是由谁触发的，财务信息的创建、修改和删除是由谁完成的。

(5) 确认处理过程的准确性。用产生财务控制信息，确认处理过程的准确完成。

(6) 管理人员对财务信息系统的修改。应该保证财务信息系统的所有修改都是经过授权、有文档记录、经过彻底(独立地)测试的，确认最后以一种有控制的方式投入使用。

(7) 保护财务信息系统免遭计算机病毒的袭击。必须建立一套控制措施，检测病毒，防止病毒感染财务信息系统。

3. 数据传输转移环节

在信息系统中，有些数据需要在两个财务信息系统或财务信息系统与业务信息系统之间相互转移，在此过程中可能会出现一些问题，尤其是在需要手工重新录入时。因此，在审计时，要重点关注以下方面：在转移过程中数据可能会发生变化；新的科目代码表与老的可能不一样，需要在两个财务信息系统之间建立复杂的对应关系；中心数据库可能被一些地理上分散的服务器取代；当前财务信息系统中的数据质量不佳；当用一个总的信息系统取代一个预定财务信息系统时，需要补充许多新的数据。在检查这一环节时，一定要保证输出的消息是经过批准、完整和精确的，保证输出的消息在约定时间内准确地发送给指定的接收者，保证流入的消息是完整、准确和真实可靠的。

本章小结

信息系统审计是一个通过收集和评价审计证据，对信息系统是否能够保护资产的安全、维护数据的完整、使被审计单位的目标得以有效地实现、使组织的资源得到高效地使用等方面作出判断的过程。信息系统审计过程与一般审计过程一样，分为准备阶段、实施阶段和报告阶段。其中，准备阶段和报告阶段所涉及的技术方法与财务审计所运用的技术方法区别不大，而实施阶段所涉及的技术方法则具有信息技术的特色。在实施阶段，针对被审计的信息系统，审计人员所开展的工作可以分为三个层次，即了解、描述和测试。

重要概念

信息系统审计　测试数据法　受控处理法　嵌入审计程序法　整体测试法

阅读资料

[1] 尹平，郑石桥.政府审计学[M].北京：中国时代经济出版社，2013.

[2] 刘碧湘.如何利用大数据推进计算机审计[J].科技信息，2013(21)：107.

本章练习

一、案例分析题

以案释法　以利再战——四个计算机审计AO技术应用案例解析

在审计实践中有一个共同的心得，即应用计算机审计AO技术软件，再辅以人工延伸调查和甄别，实现

“人机”合一，优势互补，相辅相成，就能使隐藏在海量财务数据背后、难以察觉、查证困难的违法违规或经济犯罪问题，得到及时、彻底和有效地发现和揭露，大大提高了被审计单位财务管理信息化条件下突破问题的能力、效率和成果。这方面的具体案例，不仅能帮助我们理解和丰富计算机审计理论，而且，更能发挥以案释法作用，帮助我们学习和掌握同类审计项目的计算机辅助审计操作原理和方法。下面，试举四例，来具体说明计算机审计AO技术软件的应用程序、方法和成效。

利用AO圈定查核范围，稿费里的“猫腻”原形毕露。在某文化事业单位的经济责任审计中，笔者发现该单位前后5年支出的稿费高达50余万元，且每篇8元、10元的小额稿费笔数较多。一笔笔核对，查清楚是否存在虚列支出问题，难度较大。而该单位又以资料未完整保存为由，拒绝提供用稿台账。我们遂通过AO现场审计实施系统，将5年“事业支出”电子账中，有稿费字样的记录全部导出到电子表格，然后按照200多条记录中所标明的凭证号，逐笔抽审稿费单据，看是否有用稿人姓名、稿件内容、作者单位、作者住址等信息。经过近20天的查核发现，一般10元、8元一张的稿费单据，作者的基本信息齐全，但几百元、上千元一张的稿费单据却没有，且不符合起名的规则，涉嫌造假金额35.7万元。对方仍然咬定支出不假，审计责成其立即通知稿件作者、带身份证前来核对。一看事情要露馅，对方不得不承认，上述稿费确实虚假，如此走账系为了处理不合理开支。

利用AO梳理查核重点，违规运作互助金问题被一网打尽。在农民互助合作社资金审计中，针对被审计单位达23家，时间紧，任务重，总体情况和突出问题难以厘清的实际，笔者将有关数据库整合成一个大的数据库，注册资本金、社员人数、吸纳金额、年末余额、投放金额、年末余额、收入、支出、所有者权益、逾期金额、投放利率等11项指标很快被筛选出来，并专门建立Excel表格，在兼顾成立时间和分布区域两大因素的基础上，确定了需要抽查的8个重点单位。再把检查评估互助合作社资金的风险程度作为重要审计目标，一面收集和逐笔勾对所有银行对账单，查出相关互助社账外挤占挪用互助资金3 437万元；一面关注运作业务，违规吸纳、投放、担保、存放等一系列问题，也被计算机的强大筛选汇总功能一一清出。将曾经审计过的劳动局社保处和事保处业务数据库，进行无缝对接，发现有3 188万元的互助资金，被违规投放给185名机关事业单位人员。

利用AO查找信息系统漏洞，扒开埋藏很深的房管部门“内鬼”画皮。在某房管部门审计中，笔者绘制出房产证办理和内控流程图，并采集了相关业务数据，确定了相关数据库的表格，并一一厘清了表间的勾稽关系，判明了一些应有的内控措施在数据表中对应位置。检查发现，该单位信息系统内控几近失效，突出表现在薄弱环节较多，各节点之间，缺乏相互监督制约，把关不严，契税税票信息应该录入却被人为地跳过。在梳理出办理房产证时，因内控失效，有可能导致的包括有不真实的税票等多种情形，并从办证档案入手，查出了一张假契税税费。经过循线追踪，再次将地税部门契税征收管理数据库与房产办证数据库相互比对、整合和业主姓名联表，终于查出了2年间有发房产证记录的却没有缴纳契税记录的房产一共有30余份，涉及契税金额达60余万元。经进一步与业主查证核实，查出该房管部门房证科副科长汪某，以代办房产证快速省钱为幌子，利用办证信息系统与缴税费系不兼容的漏洞，成功逃避各种审查，偷逃和侵占国家税费的案件。

利用AO理清审计头绪，截留五保户低保金的“黑手”伸手被捉。在城乡低保金的专项审计调查中，利用SQL语句把经验想法通过计算机实现出来。笔者在采集财政局、民政局和县残联相关数据后，导入AO2011，按照新的字段名生成各乡镇城镇低保参保信息表、各乡镇农村低保参保信息表、各乡镇集中供养五保户信息表、各乡镇分散供养五保户信息表、2008—2010年死亡人口汇总审计表、2010年民政福利企业残疾人名单等。通过身份证号码和集中供养五保户汇兑表比对，以姓名和镇村为关键字和城镇农村低保汇总审计表进行表间链接，筛选出重复享受低保的对象户、低保户在民政福利企业工作情况、死亡人员虚报冒领低保资金的数据。其后，兵分三路，对计算机筛选出的所有疑点进行了兜底核对，共走访了16个镇区的159个村，累计走访低保户近500家。查出了某镇民政办主任姜某，隐匿和私存47份五保老人低保存折的问题，涉案金额达15万多元。共追回问题资金上缴财政罚没专户款34.07万元，封存重复享受低保存折52本，清退不符合条件的城乡低保对象1 371人；移送案件线索3个，受到党纪处分3人。

政府审计模拟试题

模拟试题(一)

得分	

一、单项选择题(本大题共10小题、每小题1分、共10分)

1	2	3	4	5	6	7	8	9	10

1. 我国古代的政府审计最早产生于(　　)。

A. 宋代　　B. 元明清　　C. 西周　　D. 秦汉时期

2. 以下不是政府审计本质的现代学说的是(　　)。

A. 国家治理论　　B. “免疫系统”论

C. “看门狗”和经济卫视论　　D. 查账论

3. 政府审计按审计的内容分类,分为财务收支审计、财经法纪审计和(　　)三类。

A. 固定资产投资审计　　B. 经济效益审计

C. 金融审计　　D. 政府绩效审计

4. 我国政府审计机关的领导体制是(　　)。

A. 双重领导体制　　B. 垂直领导体制

C. 分级领导体制　　D. 行政领导体制

5. 审计准则不具有法律效力的是(　　)。

A. 政府审计基本准则　　B. 通用审计准则

C. 专业审计准则　　D. 审计指南

6. 按照国家预算管理体制和各级审计机关财政审计对象划分,我国设立(　　)。

A. 三级预算　　B. 四级预算

C. 五级预算　　D. 六级预算

7. 以下属于固定资产建设立项审批程序的是(　　)。

A. 编制初步设计　　B. 可行性研究

C. 开工前审计　　D. 土地征用审批

8. 以下不是国有企业审计方法的是(　　)。

A. 账户入手法

B. 上审一级法

C. 实地盘点法

D. 假设问题存在求证法

9. 以下不属于领导干部任期经济责任审计结果报告三种基本格式的是（　　）。

A. 条纹式　　B. 叙述式　　C. 框架式　　D. 表格式

10. 审计机关在实施绩效审计工作（　　），向被审计单位和项目发送审计通知书。

A. 3 日前　　B. 5 日前　　C. 15 日前　　D. 30 日前

得分	

二、判断题（本大题共 10 小题，每小题 1 分，共 10 分）

1	2	3	4	5	6	7	8	9	10

1. 事后审计一般用来查审计目标、计划、预算、决策、合同等情况，以便及时发现和纠正差错，保证目标实现。（　　）

2. 世界上采用立法模式的国家有美国、加拿大、意大利、西班牙等。（　　）

3. 我国审计长是审计署的行政首长，由国务院总理提名，全国人民代表大会决定人选，国家主席任免。（　　）

4. 政府审计人员职业道德包括审计机关人员的职业品德、职业纪律、职业胜任能力和职业责任。（　　）

5. 集权型模式有利于审计组织灵活开展审计业务活动，但不利于整个审计业务活动的协调统一和审计目标的实现。（　　）

6. 审计组由审计组组长和其他成员组成，审计组组长由小组内部协商确定。（　　）

7. 被审计单位应在收到审计报告之日起 30 日内，将书面意见送交审计组或审计机关。（　　）

8. 商业银行的内部控制是商业银行为实现经营目标，通过制定和实施一系列制度、程序和方法，对风险进行事前防范、事中控制和事后评价的动态过程和机制。（　　）

9. 审计档案凡未标明保密期限的，按照绝密级 30 年、机密级 20 年、秘密级 10 年认定。（　　）

10. 领导干部任期经济责任审计的对象是领导干部，审计期间是领导干部的任职期间，这一任期一般为 3～5 年，长则达 8～10 年。（　　）

得分	

三、名词解释（本大题共 5 小题，每小题 4 分，共 20 分）

1. 政府审计：

2. 财政审计：

3. 固定资产投资审计：

4. 内部控制：

5. 政府绩效审计：

得分	

四、简答题(本大题共 4 小题,第 1 小题 5 分,第 2 小题 6 分,第 3 小题 10 分,第 4 小题 9 分,共 30 分)

1. 简述财政预算收入执行审计的重点。
2. 简述审计结果报告与审计工作报告的联系与区别。
3. 简述国有企业财务收支审计的目标及审计程序。
4. 简述建设项目的资金的主要来源及其审查的主要内容。

得分	

五、论述题(本大题共 2 小题,第 1 小题 14 分,第 2 小题 16 分,共 30 分)

1. 政府审计程序是审计机构及其审计人员在项目审计中自始至终必须遵循的工作步骤和操作规程。请结合所学理论和相关实务知识,论述政府审计的程序。

2. 结合金融审计的有关理论知识,论述金融审计与金融监管的联系与区别。

模拟试题(二)

得分	

一、单项选择题(本大题10小题,每小题1分,共10分)

1	2	3	4	5	6	7	8	9	10

1. (　　),国务院设立了我国最高审计机关——中华人民共和国审计署。

A. 1982年12月　　B. 1983年9月

C. 1985年8月　　D. 1994年8月

2. 以下不是政府审计本质传统观点的是(　　)。

A. 查账论　　B. 方法过程论

C. 国家治理论　　D. 经济监督论

3. 以下不是按审计组织方式分类的是(　　)。

A. 委托审计　　B. 联合审计

C. 驻地审计　　D. 就地审计

4. 以下为司法模式的国家是(　　)。

A. 法国　　B. 美国　　C. 瑞典　　D. 德国

5. 以下不属于审计项目过程质量控制标准的是(　　)。

A. 审计方案　　B. 审计证据

C. 审计人员　　D. 审计报告

6. 审计文件资料的归档时间应当在该审计项目终结后的(　　)内,不得迟于次年(　　)月底。

A. 6个月,5　　B. 5个月,4　　C. 4个月,3　　D. 3个月,2

7. 就审计实施情况和审计结果向派出的审计机关提出的书面报告是(　　)。

A. 政府审计报告　　B. 审计机关公告

C. 审计结果报告　　D. 审计工作报告

8. 按投资项目性质不同,以下不属于固定资产投资审计的是(　　)。

A. 建设投资审计　　B. 施工企业审计

C. 技术改造投资审计　　D. 房地产企业审计

9. 以下不属于保险业务内部控制审计的是(　　)。

A. 产品开发审计　　B. 销售管理审计

C. 投行业务审计　　D. 会计处理审计

10. 以下不属于绩效审计内容的是(　　)。

A. 投资性审计　　B. 经济性审计

C. 效率性审计　　D. 效果性审计

得分	

二、判断题(本大题共 10 小题,每小题 1 分,共 10 分)

1	2	3	4	5	6	7	8	9	10

1. 政府审计按审计的内容分类分为财务收支审计、财经法纪审计和经济效益审计。 ( )
2. 政府审计人员职业化要求政府审计人员独立化、制度化、专门化、精英化。 ( )
3. 我国副审计长,由国务院总理提名,全国人民代表大会决定人选,国家主席任免。 ( )
4. 我国的审计机关领导体制特点是垂直领导体制。 ( )
5. 审计署有关专业审计司和省级审计机关分别于每年 7 月和次年 1 月向审计署提出上半年及全年计划执行情况的综合报告。 ( )
6. 审计组由审计组组长和其他成员组成,审计组组长由小组内部协商确定。 ( )
7. 金融审计与金融监管的方式和手段相比具有更强的专业性。 ( )
8. 领导干部任期经济责任审计的对象是领导干部,审计期间是领导干部的任职期间,这一任期一般为 3～5 年,长则达 8～10 年。 ( )
9. 固定资产投资审计对象是“国家建设项目” ( )
10. 政府绩效审计是一种发表正式审计意见的常规审计。 ( )

得分	

三、名词解释(本大题共 5 小题,每小题 4 分,共 20 分)

1. 双重领导体制:
2. 专项审计调查报告:
3. 财政预算执行审计:
4. 固定资产投资审计:
5. 政府绩效审计:

得分	

四、简答题(本大题共 4 小题,每 1 小题 10 分,第 2 小题 6 分,第 3 小题 5 分,第 4 小题 9 分,共 30 分)

1. 简述财政预算支出执行审计的重点。
2. 简述商业银行审计实施的重点。
3. 简述建设项目开工前审计的内容。
4. 简述审计结果公告的审批程序。

得分	

五、论述题(本大题共 2 小题,第 1 小题 12 分,第 2 小题 18 分,共 30 分)

1. 请结合所学理论和相关实务知识,从审计主体、审计目标、监督性质、审计方式、独立性、经费来源、遵循的准则方面论述政府审计,社会审计与内部审计的区别。

2. 结合政府审计程序的相关理论知识,论述政府审计实施阶段的工作要点。

政府审计模拟试题参考答案

模拟试题(一)

一、单项选择题(本大题10小题,每小题1分,共10分)

1	2	3	4	5	6	7	8	9	10
C	D	B	A	D	C	B	B	C	A

二、判断题(本大题10小题,每小题1分,共10分)

1	2	3	4	5	6	7	8	9	10
×	×	√	√	×	×	×	√	√	√

三、名词解释(本大题共5小题,每小题4分,共20分)

1. 政府审计:是指国家审计机关对中央和地方政府各部门及其他公共机构财政财务收支的真实性、公允性,运用公共资源的经济性、效益性、效果性,以及提供公共服务的质量进行审计。

2. 财政审计:是指国家审计机关依照国家法律、行政法规的规定,对国家财政收支的真实性、合法性、效益性实施的审计监督。其目的是严格财经纪律,维护国家财政经济秩序,加强财税管理,促进廉政建设,保障国民经济健康有序发展。

3. 固定资产投资审计:是指审计机关(或审计机构)运用审计技术对国民经济各部门固定资产投资活动以及与之相联系的各项工作进行的审查、监督。

4. 内部控制:是指由企业董事会、监事会、经理层和全体员工实施的、旨在实现控制目标的过程。内部控制的目标是合理保证企业经营管理合法合规、资产安全、财务报告及相关信息真实完整,提高经营效率和效果,促进企业实现发展战略。

5. 政府绩效审计:是指政府审计机关及其审计人员按照一定的法律和标准,对公共机构的财政经济管理活动的经济性、效率性和效果性进行审查并做出独立、客观、系统的评价,以检查公共资源责任和提高绩效为目标的一种独立的经济监督活动。

四、简答题(本大题共4小题,第1小题5分,第2小题6分,第3小题10分,第4小题9分,共30分)

1. (1) 审查预算收入的调整情况(1分)

(2) 审查年度税收计划执行情况(1分)

(3) 审查其他项目的财政收入征收情况(1分)

(4) 审查预算收入的收纳、划分、留解情况(1分)

(5) 审查国内外债务收入及管理情况(1分)

2. 联系:审计工作报告是在审计结果报告的基础上形成的,它们既有联系又有区别。它们的联系在于,两种报告的核心内容都是相同的,审计结果报告是审计工作报告的有机组成部分,在一些基本数字、基本情况、对预算执行情况的评价以及主要问题等方面具有一致性。(2分)

区别:

(1) 报告对象和目的不同(1分)

(2) 报告的主体不同(1分)

(3) 报告内容的范围不同(1分)

(4) 报告的侧重点不同(1分)

3. 目标:对被审计企业会计信息特别是损益的真实性、交易活动的合法性实施监督,对国有企业经营活动的效益性进行评价,并严肃处查处各种弄虚作假行为和重大违法违规问题。(2分)

程序:

(1) 调查被审计企业基本情况(1分)

(2) 实施分析程序(1分)

(3) 确定审计风险(1分)

(4) 制定审计方案(1分)

(5) 送达审计通知书,提出书面承诺和述职要求(1分)

(6) 实施内部控制测试(1分)

(7) 进行具体业务的审计(1分)

(8) 国有企业审计评价(1分)

4.(1) 国家财政拨款和国家基本建设基金的投资,需要建设单位(业主)出示国务院有关部门的项目立项批准文件、设计任务书批复及专项资金批复文件,确认国家的投资额度和投资进度安排。(1分)

(2) 银行贷款,必须审查提供贷款银行(支行及以上级别)出具的贷款承诺书或双方签署的贷款合同。(1分)

(3) 利用外资,首先要了解利用外资的额度,以及是否经过有批准权的对外经济贸易主管部门的批准;其次要了解外资的偿还办法和还本付息进度安排,需要建设单位(业主)提供财政部门或外汇管理部门对此出具的批准性文件;最后还要审核提供资金的外方与建设单位(业主)签署的有关合同、协议,有无违反中国法律和不合理之处。(2分)

(4) 地方政府机动财力,需要建设单位(业主)出具经人民代表大会批准的地方政府财政预算方案或专项资金安排计划。(1分)

(5) 信托投资基金,是一种新型的固定资产投资项目资金来源,在使用上需要严格审查其是否具备向固定资产投资项目投资的能力(主要审查其经营和投资范围的批准文件)。(1分)

(6) 社会集资,包括发行股票、公司债和建设债券等不同形式,要首先审查社会集资是否经有权部门(一般是省级人民政府职能部门)的批准;其次审查社会集资的全套文件是否齐备;最后审查社会集资的市场条件是否具备、社会集资落实的可能性。(2分)

(7) 企事业单位自有资金,往往占项目投资比较大的比重。审查企事业单位自有资金的合规与充足与否。(1分)

五、论述题(本大题共2小题,第1小题14分,第2小题16分,共30分)

1. (1) 政府审计项目计划阶段:政府审计项目计划的编制;政府审计项目计划的调整、报告、披露;政府审计工作方案的编制、调整。(3分)

(2) 政府审计准备阶段:组成审计组;进行审前调查;开张审前培训;下达政府审计通知书;编制政府审计项目实施方案。(3分)

(3) 政府审计实施阶段:进驻被审计单位;了解被审计单位的基本情况;测试内部控制和评价相关信息系统;对被审计项目进行实质性测试。(3分)

(4) 政府审计终结阶段:审计组编写审计报告;审计组征求被审计单位意见;审计组起草审计决定书和审计一览处理通知书;审计机关复核和审定审计报告。(3分)

(5) 政府审计整改检查阶段:政府审计整改检查等(2分)

2. 金融审计与金融监管的联系。

金融审计实际上是金融监管的一个组成部分。金融监管与金融审计的最终目标是一致的。金融审计应该在摸清被审计单位资产、负债、损益真实情况的基础上,以资产质量为主线,查找金融业经营管理中的漏洞和管理缺陷,为监管当局完善监管方式和监管政策服务,促进安全、高效、稳健的金融运行机制的建立。(3分)

金融审计与金融监管的区别:

(1) 两者的监管职责不同。审计机关在经济活动中,既不参与政策法规的制定,也不参与经济活动和经济管理的过程,处在与各方没有利益关系的超脱地位,起到独立监督、鉴证、评价的作用。而金融监管机构的职能涵盖了从监管规章制度、办法的制定,到行业的准入、运营退出以及行业机构高层人员的任职资格审查等诸多方面,直接参与经营管理。(3分)

(2) 两者监管的侧重点不同。金融监管是一项非常全面的工作,需要对行业的整体实施监督和管理,以维护行业的合法、稳健运行。而政府金融审计是从财务的角度对行业资产、负债、损益的真实性、合法性和效益型,以资产质量的安全性,内部控制的健全、有效及会计信息的真实性,经营行为的合规性等方面进行监管。(3分)

(3) 两者涉及的范围不同。金融监管机构的监管范围是我国境内所有依法设立的银行金融机构和非银行金融机构,既包括含有国有成分的金融机构,又包括不包含国有成分的金融机构。而政府审计所涉及的只是含有国有成分的金融机构。(3分)

(4) 两者监管方式和手段不同。金融监管的方式和手段与金融审计相比具有更强的专业性。金融审计所使用的方式和手段具有综合性。(3分)

金融审计与金融监管既不可等同,也不可割裂,更不能相互取代。(1分)

模拟试题(二)

一、单项选择题(本大题10小题,每小题1分,共10分)

1	2	3	4	5	6	7	8	9	10
B	C	D	A	C	B	A	D	C	A

二、判断题(本大题10小题,每小题1分,共10分)

1	2	3	4	5	6	7	8	9	10
√	√	×	×	×	×	×	√	√	×

三、名词解释(本大题共5小题,每小题4分,共20分)

1. 双重领导体制:是指地方审计机关受其上级审计机关和本级地方政府的双重领导,上级审计机关的领导以业务领导为主,本级地方政府的领导以行政领导为主。

2. 专项审计调查报告:是指审计机关依法对与预算管理或者国有资产管理使用等与国家财政收支有关的特定事项向有关地方、部门、单位进行专项审计调查所出具的结果报告。

3. 财政预算执行审计:是指由审计机关对本级和下级政府筹集、分配财政资金活动进行的审计监督。财政预算执行审计属于事中审计。主要是审计监督本级财政部门和下级政府组织财政收入、分配财政资金的活动,贯彻执行国家财经法规,平衡财政收支,以及财税部门内部控制管理等情况。

4. 固定资产投资审计:是指审计机关(或审计机构)运用审计技术对国民经济各部门固定资产投资活动以及与之相联系的各项工作进行的审查、监督。

5. 政府绩效审计:是指政府审计机关及其审计人员按照一定的法律和标准,对公共机构的财政经济管理活动的经济性、效率性和效果性进行审查并做出独立、客观、系统的评价,以检查公共资源责任和提高绩效为目标的一种独立的经济监督活动。

四、简答题(本大题共4小题,第1小题10分,第2小题6分,第3小题5分,第4小题9分,共30分)

1.(1)审查银行账户设置是否符合规定。(1分)

(2)审查财政部门向各部门批复预算的情况。(1分)

(3)审查预算支出的调整。(1分)

(4)审查预备费的动用。(1分)

(5)审查预算支出资金的拨付。(1分)

(6)审查财政预算支出的真实性、合法性。(1分)

(7)审查财政预算支出的使用效益。(1分)

(8)审查往来资金。(1分)

(9)审查结算资金。(1分)

(10)审查债务支出。(1分)

2.(1) 审查资产负债管理的有效性和真实性。(1 分)

(2) 审查损益的真实性。(1 分)

(3) 审查有价证券业务的合法性、真实性。(1 分)

(4) 审核会计报表填列的真实性、合法性。(1 分)

(5) 审查法定准备金制度和存贷款利率的真实性、合法性。(1 分)

(6) 审计与评价商业银行的内部控制。(1 分)

3.(1) 建设项目投资来源的审查。(1 分)

(2) 建设项目立项的审查 。(1 分)

(3) 建设项目审批程序的审查。(1 分)

(4) 建设规模和建设标准的审查。(1 分)

(5) 建设项目现场条件的审查。(1 分)

4.《审计署审计结果公告办理规定》要求凡对外公告的审计结果,必须填写《审计结果公告审批单》,履行规定的审批程序,经过审计长会议研究通过后,方能办理对外公告。未经批准擅自发布审计结果公告的,应当依法追究有关单位和个人的责任。(2 分)

审计结果公告应当符合下列审批程序:

(1) 中央预算执行和其他财政收支的审计结果需要公告的,应当在每年向总理提交的审计结果报告中说明,国务院在一定期限内无不同意意见,才能公告;(2 分)

(2) 向国务院呈报的重要审计事项的审计结果需要公告的,应当在呈送的报告中向国务院说明,国务院在一定期限内无不同意意见,才能公告;(2 分)

(3) 涉及重要任期经济责任的审计结果需要公告的,应在报送组织人事部门并征求被审计的领导干部本人同意后,才能公告;(2 分)

(4) 其他审计事项的审计结果需要公告的,由审计署审批决定。(1 分)

五、论述题(本大题共 2 小题,第 1 小题 12 分,第 2 小题 18 分,共 30 分)

1.(1) 政府审计:(4 分)

审计主体 :政府审计机关

审计目标:对单位的财政收支或者财务收支的真实、合法和效益依法进行审计

监督的性质:行政性监督

方式 :强制执行

独立性 :单向

经费或收入来源:经费列入预算,由本级人民政府予以保证

遵循的准则:审计署制定的《审计法》和国家审计准则

(2) 社会审计:(4 分)

审计主体 :事务所注册会计师

审计目标:对被审计单位会计报表的合法性和公允性依法进行审计

监督的性质 :民间监督

方式 :受托委托

独立性 :双向

经费或收入来源 :审计收入来源于客户

遵循的准则:《注册会计师法》和审计准则

(3) 内部审计:(4 分)

审计主体 :各部门、各单位内设的专门机构和人员

审计目标:对组织内部的经营活动和内部控制的适当性、合法性和有效性进行审计

监督的性质 :内部监督

方式 :自行安排

独立性 :单向

经费或收入来源 :无偿

遵循的准则:审计署制定的内部审计准则

2.(1) 进驻被审计单位。下发审计通知书后,政府审计组随即可以进入被审计单位实施审计工作。在湘有关单位人员进行调查取证时,审计人员出示工作证件和审计通知书副本。可以召开由被审计单位负责人、财会人员、相关负责人袁和审计人员参加的审计启动工作会议。在此期间,被审计单位应当配合审计机关的工作,明确审计工作的纪律,按照审计机关的规定权限和要求,积极提供相关情况和资料,并提供必要的工作条件。(3 分)

(2) 了解被审计单位的基本情况。审计组实施审计时,应当调查了解被审计单位及其相关情况,为审计人员做出下列职业判断提供基础:确定职业判断适用的标准;判断可能存在的问题;判断问题的重要性;确定审计应对措施。(5 分)

(3) 测试内部控制和评价相关信息系统。审计组应当根据对被审计单位内部控制了解的情况,评估内部控制的可信赖程度,决定是否需要测试内部控制的有效性。在下列情况下,应当测试相关内部控制的有效性:第一,某项内部控制设计合理且预期运行有效,能够防止重要问题的发生;第二,仅实施实质性审查不足以为发现重要问题提供适当、充分的审计证据。(5 分)

(4) 对被审计项目进行实质性测试。审计组在完成了对被审计单位内部控制的测试和相关信息系统评价后,即可开始对被审计单位的经济业务进行有重点、有目的的实质性测试。实质性测试是审计人员对各类交易、账户余额、列报的真实性进行的测试。实质性测试是项目审计工作的中心环节,它既是审计人员收集、鉴定和综合审计证据的过程,也是审计机关出具审计意见书和做出审计决定的基础。这一阶段的工作主要是正确运用各种审计方法,取得充分适当的审计证据和编制审计工作底稿等。

① 收集审计证据。

② 检查重大违法行为。

③ 做好审计记录。(5 分)

参考文献

[1] 孙敏.国有企业领导人员经济责任审计研究[J].上海企业,2014(8):73-75.

[2] 陈韵雯.审计项目计划管理分析[J].审计月刊,2014(8):19-20.

[3] 中央经济责任审计工作部际联席会议.党政主要领导干部和国有企业领导人员经济责任审计规定实施细则.2014-07-27.

[4] 中华人民共和国国务院.国务院关于2013年度中央预算执行和其他财政收支的审计工作报告.2014-06-24.

[5] 中华人民共和国审计署.中华人民共和国审计署审计结果公告2014年第18号:华润(集团)有限公司2012年度财务收支审计结果.2014-06-20.

[6] 中华人民共和国审计署.中华人民共和国审计署审计结果公告2014年第7号:中国银行股份有限公司2012年度资产负债损益审计结果.2014-06-18.

[7] 国务院法制办公室.国务院关于修改《中华人民共和国审计法实施条例》的决定(征求意见稿).2014-06-09.

[8] 刘尧.对国家治理视角下财政审计发展的思考[J].行政事业资产与财务,2014(3):84-85.

[9] 刘长翠,张宏亮,黄文思.资源环境审计的环境:结构、影响与优化[J].审计研究,2014(3):38-42.

[10] 刘雷,崔云,张筱.政府审计维护财政安全的实证研究[J].审计研究,2014(1):35-52.

[11] 宋红凯.浅析我国财政审计工作[J].现代经济研究,2014(1):270.

[12] 刘碧湘.如何利用大数据推进计算机审计[J].科技信息,2013(21):107.

[13] 赵衍东.资源环境审计的现状及对策的研究[J].商业经济,2013(14):18-23.

[14] 赵树刚,丁政,向红,等.深化财政审计推动完善国家治理[J].审计月刊,2013(7):24-25.

[15] 李晓慧,金彪.中央企业领导人员经济责任审计的现状及其特征研究[J].审计研究,2013(6):33-44.

[16] 审计署哈尔滨特派办理论研究会课题.中国特色绩效审计方法体系探讨[J].审计研究,2013(6):49-56.

[17] 阮哈建,刘西友.大数据与审计机关的应对策略[J].中国内部审计,2013(6):84-85.

[18] 蒋益俊,陈伟.论审计证据与审计风险[J].南京审计学院学报,2013(3):82-88.

[19] 丛秋实,黄作明,柳巧玲.面向服务架构的家算计审计系统研究[J].审计与经济研究,2013(2):35-41.

[20] 周丽红.关于我国开展资源环境审计若干问题的探讨[J].山西经济管理干部学院学报,2013(1):53-55.

[21] 岳利敏.云计算在审计中的运用[J].群文天地,2013(1):285-285.

[22] 秦荣生.云计算的发展及其对会计、审计的挑战[J].当代财经,2013(1):111-117.

[23] 中华人民共和国审计署.中华人民共和国审计署审计结果公告2013年第16号:10个省1 139个节能减排项目审计结果.2013-05-17.